经济金融前沿译丛

欧元区与金融危机

The Euro Area and the Financial Crisis

米罗斯拉夫·贝拉米（Miroslav Beblavý）
大卫·科巴姆（David Cobham） 编
卢多维特·奥多（L'udovit Ódor）

张红地 译

中国金融出版社

责任编辑:马　杰
责任校对:刘　明
责任印制:丁淮宾

图书在版编目(CIP)数据

欧元区与金融危机(Ouyuanqu yu Jinrong Weiji)/米罗斯拉夫·贝拉米等编;张红地译. —北京:中国金融出版社,2013.4
ISBN 978-7-5049-6836-4

Ⅰ.①欧… Ⅱ.①米…②张… Ⅲ.①金融危机—影响—欧元区—货币政策—研究　Ⅳ.①F825.00

中国版本图书馆 CIP 数据核字(2013)第 054170 号

出版	中国金融出版社
发行	

社址　　北京市丰台区益泽路2号
市场开发部　(010)63266347,63805472,63439533(传真)
网上书店　http://www.chinafph.com
　　　　　(010)63286832,63365686(传真)
读者服务部　(010)66070833,62568380
邮编　　100071
经销　　新华书店
印刷　　保利达印务有限公司
装订　　平阳装订厂
尺寸　　169毫米×239毫米
印张　　20.5
字数　　322千
版次　　2013年4月第1版
印次　　2013年4月第1次印刷
定价　　49.00元
ISBN 978-7-5049-6836-4/F.6396
如出现印装错误本社负责调换　联系电话(010)63263947

撰稿人

BIWAJIT BANERJEE，哈弗福德学院
MIROSLAV BEBLAVÝ，国立考门斯基大学
WENDY CARLIN，伦敦大学学院，欧洲政策研究中心
LAURENT CLERC，法国中央银行
DAVID COBHAM，赫瑞瓦特大学
BORIS COURNÈDE，经济合作与发展组织
AURELIJUS DABUSINSKAS，爱沙尼亚央行
DANIELE FRANCO，意大利中央银行
VÍTOR GASPAR，葡萄牙中央银行
ANGEL GAVILÁCH，西班牙银行
STEFEN GERLACH，歌德大学，欧洲政策研究中心
FRANCESCO GIAVAZZI，博科尼大学，欧洲政策研究中心，美国国家经济研究局
PABLO HERNÁNDEZ DE COS，西班牙银行
THOMASF F. HUERTAS，欧洲银行监管局，金融服务局
JUAN F. JIMENO，西班牙银行
DAMJAN KOZAMERBIK，斯洛文尼亚央行
PHILIP R. LANE，都柏林圣三一学院，欧洲政策研究中心
JACQUES MÉLITZ，赫瑞瓦特大学，法国国家统计与经济研究所，欧洲政策研究中心
DIEGO MOCCERO，经济合作与发展组织
BENOÎT MOJON，法国中央银行
EWALD NOWOTNY，奥地利国家银行
L'UDOVÍT ÓDOR，斯洛伐克财政部（之前在斯洛伐克国家银行）
THORVARDUR TJÖRVI ÓLAFSSON，爱尔兰中央银行，丹麦奥胡斯大学

欧元区与金融危机

ATHANASIOS ORPHANIDES，塞浦路斯中央银行，欧洲政策研究中心
THÓRARINN G. PÉTURSSON，爱尔兰中央银行
MARTTI RANDVEER，爱沙尼亚中央银行
JUAN A. ROJAS，西班牙银行
LUIGI SPAVENTA，罗马大学，欧洲政策研究中心
ZDENĚK TŮMA，查尔斯特大学
DAVID VÁVRA，OGRESEARCH 公司
STEFANIA ZOTTERI，意大利中央银行

缩略语

ABS 资产支持证券
AIB 爱尔兰联合银行
BCBS 巴塞尔银行监管委员会
BEA 经济分析局（美国）
BEPGs 经济政策大纲方针（欧盟）
BIS 国际清算银行
BLS 银行贷款调查系统（欧洲央行）
bp 基点
CBA 成本—收益分析
CCA 共同货币区
CDS 信用违约互换
CEBS 欧洲银行监管委员会
CEE 中东欧
CESEE 中东欧及东南欧
CPI 消费者物价指数
DGECFIN 经济和金融事务总司
DGSD 存款保障计划（欧盟）
DSGE 动态随机一般均衡
EBA 欧洲银行监管局
ECB 欧洲中央银行
ECOFIN 经济金融事务委员会
EDIRF 欧洲存款保险清算基金
EDP 过度赤字程序（欧盟）
EEA 欧洲经济区
EFSA 欧洲金融稳定机构

EFSF 欧洲金融稳定安排

EFSM 欧洲金融稳定机制

EIB 欧洲投资银行

EIU 经济学人智库

ELA 紧急流动性支持

ELG 合格债务担保（爱尔兰）

EMS 欧洲货币体系

EMU 欧洲货币联盟（经济与货币联盟）

EONIA 欧元隔夜平均指数

ERB 以汇率为基础的

ERM Ⅱ 欧洲汇率机制 Ⅱ（自1999年开始）

ESAs 欧洲监管当局

ESM 欧洲稳定机制

ESRB 欧洲系统风险委员会

ESRI 经济与社会研究所（爱尔兰）

EU 欧盟

FDI 外国直接投资

FDIC 联邦存款保险公司（美国）

FDICIA 联邦存款保险公司促进法案（美国）

FPC 财政政策委员会

FRB 联邦储备委员会

FSA 金融服务局（英国）

FSB 金融稳定委员会（欧盟）

FSC 财政稳定支出

FX 外汇

GDI 可支配收入总额

GDP 国内生产总值

HICP 消费者物价调和指数

HP Hodrick – Prescott 滤波

IADB 美洲开发银行

IFS 国际金融统计（IMF）

IMF 国际货币基金组织

INBS 爱尔兰全国建筑协会

INE 国家统计局（西班牙）

IPN 通胀持久性研究小组

IT 通货膨胀目标制

LIBOR 伦敦银行同业拆放利率

LOLR 最后贷款人

MAR 平均绝对评估

NAMA 国家资产管理局（爱尔兰）

NATO 北大西洋公约组织

NPR 拟议决策公告（联邦存款保险公司）

NPRF 国民养老储备基金（爱尔兰）

NTMA 国库管理局（爱尔兰）

OBR 预算责任办公室（英国）

OCA 最优货币区

OECD 经济合作与发展组织

OIS 隔夜指数掉期

OLG 迭代

ONS 国家统计局（英国）

PCAR 审慎资本评估

PCE 个人消费支出

PLT 价格目标制

PPF 生产可能性边界

PPP 购买力平价

PV 现值

REER 实际有效汇率

RFE 联邦计划局（比利时）

RPI 零售价格指数

RPIX 扣除利息支付的零售价格指数

RWAs 风险加权资产

SGP 稳定增长公约

SITC 国际贸易标准分类
SME 中小企业
SRR 特别处置机制（英国）
SVAR 结构向量自回归
TAF 定期资金招标工具（欧洲中央银行）
TARP 问题资产救助计划（美国）
TFEU 欧洲联盟运行条约
TFP 全要素生产率
TPO 临时国有化
UIP 非抵补利率平价
ULC 单位劳工成本
VAR 向量自回归
VAT 增值税
WPI 批发价格指数

目　　录

1　序言 ……………………………………………………………… 1
2　欧洲金融稳定的新构架 …………………………………………… 7

第一部分　危机的经验

3　经历金融风暴：基本理论和灵活应变的重要性 ……………… 21
4　爱尔兰危机 ……………………………………………………… 56
5　西班牙危机：起源和发展 ……………………………………… 76
6　金融危机与波罗的海国家 ……………………………………… 90

第二部分　通往欧元区之路

7　欧元之路：斯洛伐克和斯洛文尼亚的比较 …………………… 121
8　欧元真的是"贵欧元"吗？引入欧元对斯洛伐克
　　非贸易品价格的影响 ………………………………………… 145
9　欧元对中东欧、东南欧的贡献：欧元仍有吸引力吗？ ……… 168
10　欧元对中东欧国家是否仍有吸引力？ ……………………… 173

第三部分　欧元区的未来

11　经常账户为何对货币联盟产生影响：来自欧元区金融危机的
　　经验 …………………………………………………………… 183
12　欧盟框架下的国家财政准则 ………………………………… 203
13　更好的处置之路：从纾困到自救 …………………………… 223
14　金融稳定和货币政策：来自欧元区的教训 ………………… 244
15　通胀目标制？ ………………………………………………… 266
16　欧元区的非均等性及其影响欧元区未来的原因 …………… 291
17　欧元区：如何重拾信心？ …………………………………… 299

| 18 | 如何重塑欧元区的信心？ | 305 |
| 19 | 如何解救欧元？来自美国的经验 | 309 |

图

图 4.1	私人信贷占 GDP 的比率，1984—2008 年	59
图 4.2	对外净负债占爱尔兰银行危机的比率，2003—2010 年	60
图 4.3	经常账户盈余，1998—2010 年	61
图 4.4	10 年期债券收益率之差：爱尔兰与德国，2007—2010 年	65
图 5.1	回溯法计算的实际利率，1995—2008 年	78
图 5.2	涌入移民的年龄分布	79
图 5.3	公共财政，1995—2008 年	79
图 5.4	政府公共债务，1995—2008 年	80
图 5.5	外部不平衡，1995—2008 年	80
图 5.6	经常账户余额，1995—2008 年	80
图 5.7	人口结构变化：数据与模型，1998—2008 年	82
图 5.8	人口结构和利率水平变化：数据与模型，1998—2008 年	84
图 6.1	与历史衰退的比较	94
图 6.2	波罗的海国家之间的比较，2004 年 9 月或 2004 年 10 月	98
图 6.3	产出缺口和实际有效汇率指数：波罗的海国家，2004—2009 年	110
图 6.4	商品出口和实际有效汇率指数：波罗的海国家，2004—2009 年	110
图 6.5	产出缺口：2010 年 7 月对波罗的海国家的估计，2000—2011 年	112
图 6.6	2007 年产出缺口：预测和估计，2005—2010 年	113
图 7.1	12 个月的消费者物价调和指数和马斯特里赫特通胀标准，2000—2010 年	125
图 7.2	单位劳动成本，2000—2009 年	128
图 7.3	对斯洛伐克产出缺口的多种方法估计，2000—2008 年	129
图 7.4	实际汇率：斯洛文尼亚，2000—2010 年	133
图 7.5	汇率变化和外汇干预：斯洛伐克，2004—2008 年	135

图8.1	消费者物价调和指数（HCIP）：欧元区、捷克共和国和斯洛伐克，2001—2010年	151
图8.2	客运消费物价调和指数：欧元区、捷克共和国和斯洛伐克，2001—2010年	152
图8.3	餐馆、咖啡厅和类似企业的消费物价调和指数：欧元区、捷克共和国和斯洛伐克，2000—2010年	153
图8.4	理发和个人护理企业的消费物价调和指数：欧元区、捷克共和国和斯洛伐克，2000—2010年	153
图8.5	感受通胀：欧元区、捷克共和国和斯洛伐克，2001—2010年	156
图8.6	斯洛伐克消费者物价调和指数（HICP）的12个月移动平均与欧元区和捷克的相关性，2001—2010年	157
图9.1	(a) 产出增长，2006—2010年；(b) 产出差异，2003—2015年：中东欧和欧元区	170
图10.1	人均GDP：OECD国家	174
图10.2	实际汇率：欧元区，标准化，1999—2009年	174
图10.3	贸易余额：欧元区	175
图10.4	加入欧洲货币联盟前后的通胀率	176
图10.5	危机期间的汇率和GDP增长	176
图10.6	政府债券的利差	177
图11.1	生产可能性边界	192
图11.2	建筑业增加值，1999—2009年，占整体增加值的比重	195
图14.1	非金融部门的负债：美国和欧元区，1999—2010年	247
图14.2	短期利率和泰勒基准利率：(a) 欧元区，1999—2009年；(b) 美国	249
图14.3	消费者物价调和指数：欧元区，1999—2010年	250
图14.4	对信用标准的冲击（第一排）和货币政策的立场（第二排）的影响：欧元区国家	252
图14.5	信用标准冲击（第一排）和货币政策冲击（第二排）对利率方差的贡献：欧元区国家	253
图14.6	没有货币政策冲击的设想，1985—2009年	255

图 14.7	超额准备金每日平均值	257
图 14.8	欧洲中央银行核心利率	258
图 14.9	3个月银行间利率和隔夜指数掉期之间的利差：欧元区和美国，2007—2009年	259
图 14.10	欧元系统的供给和流动性回收，2007—2010年	261
图 14.11	资产担保债券相对于五年掉期利率的利差，2008—2010年	262
图 15.1	长期的价格水平：价格目标制和通胀目标制的模型效应比较	274
图 15.2	价格指数和价格目标路径：指定国家，1998—2008年	276
图 15.3	名义利率对负面需求冲击的反应	278
图 15.4	在实行价格目标制前后的瑞典CPI变化，1928—1938年	285
图 15.5	汇率和贴现率：瑞典，1928—1938年	286
图 16.1	实际有效汇率，1999—2009年	296

表

表 3.1	国家/地区样本	24
表 3.2	产出萎缩程度的回归结果	30
表 3.3	消费萎缩程度的回归结果	32
表 3.4	产出萎缩持久度的回归结果	34
表 3.5	消费萎缩持久度的回归结果	36
表 3.6	发生银行危机可能性的probit估计	37
表 3.7	发生货币危机可能性的probit估计	39
表 3.8	发生银行、货币或者双重危机可能性的probit估计	39
表 3.A1	数据来源和定义	49
表 5.1	人口结构变化的作用，1998—2008年	83
表 5.2	利率与人口结构变化的作用，1998—2008年	83
表 5.3	财政政策的作用	85
表 5.4	劳动力和商品市场扭曲的效应	86
表 6.1	产出缺口与金融变量之间的相关性（相关系数）：欧盟成员国，2004—2009年	102

表6.2	外国资本流入构成：波罗的海国家，2004—2009年	103
表6.3	信贷资产配置的变化：选取的北欧银行在集团和爱沙尼亚的资产配置，2008年第三季度至2010年第四季度	105
表6.4	经周期调整的政府财政收支状况，2004—2010年	107
表6.5	欧盟基金对经周期调整后的政府财政收支状况的影响：爱沙尼亚，2005—2010年	107
表6.6	欧盟新成员国的十大贸易伙伴进口的下降	109
表6.A1	不同组别的国家和变量在危机中的变化	117
表7.1	重要事件发生时期的指标，1998—2007年	122
表7.2	行政指导价和间接税对上年通胀的同比影响，1999—2008年	126
表7.3	新成员国的政策困境	132
表7.4	财政指标，2000—2009年	138
表8.1	欧元区被访者对问题的统一答案形式设计是："在×区域引入欧元时，对于以下项目，你切身体会到价格变化了百分之几？"	146
表8.2	选定区域的通胀率：欧元采用后和欧元采用前的7月	154
表8.3	通向单一货币之路的名义升值/贬值	155
表8.4	采用欧元前六个月和采用后十二个月的感受通胀和实际HICP	158
表8.5	采用欧元时期的实际通胀和感受通胀：塞浦路斯、欧元区、斯洛伐克和斯洛文尼亚	159
表8.6	特定服务价格变化的统计数据：布拉迪斯拉发和布尔诺，2008年7月和2009年7月	160
表8.7	肉片和煮土豆的价格变化分布：布拉迪斯拉发和布尔诺	161
表8.8	女性理发的价格变化分布：布拉迪斯拉发和布尔诺	162
表8.9	微观数据集的所有价格变化分布，2008年7月—2009年7月	162
表8.10	官方通胀数据与企业层面通胀数据的比较：布拉迪斯拉发、布尔诺，与上年同比，2008年7月—2009年7月	163
表8.A1	比较下列国家在欧元采用前18个月到前6个月的通胀	165

表 8.A2　比较下列国家在欧元采用前 30 个月到前 18 个月的通胀 …… 166
表 8.A3　比较下列国家在欧元采用前 42 个月到前 30 个月的通胀 …… 166
表 11.1　政府财政余额和债务，2008—2009 年，占 GDP 的比重 …… 184
表 11.2　累计经常账户占 GDP 的比重，1999—2008 年 …………… 185
表 11.3　人均收入和劳动生产率，1998、2000 和 2008 年 ……… 187
表 11.4　潜在增长及构成，1989—2008 年 ……………………… 189
表 11.5　增长的决定因素，1995—2005 年 ……………………… 190
表 11.6　家庭单位，占可支配收入的比重，2000—2008 年 ……… 196
表 11.7　国内信贷，占 GDP 的比重，2000、2004 和 2008 年 …… 196
表 11.8　四国的证券投资占总投资的比重，2001 和 2008 年 …… 197
表 12.1　欧盟各国财政框架的共同特征 ………………………… 207
表 13.1　救助办法综述 …………………………………………… 231
表 13.2　通过减记/逐步缓释以实现自我救助 …………………… 236
表 13.3　通过将后备资金转为股东权益以实现自我救助 ……… 237
表 13.4　通过转换实现自我救助：时间框架与转化率的决策者 … 239
表 15.1　瑞典的价格目标制 ……………………………………… 284
专栏表 15.1　通胀目标值和价格目标制的效应对比 …………… 271
专栏表 15.2　后视行为下的刺激效应 …………………………… 272
专栏表 15.3　较低的均衡通胀水平时的通胀目标制和价格目标制之间的比较：短期名义利率为负的时间占比 …… 273

专栏

15.1　价格目标值与高通胀目标制，以防止经济触碰零利率 …… 270
15.2　通胀目标制和价格目标制下的再分配效应 ………………… 277

1 序言

Miroslav Beblavý，David Cobham，L'udovit Ódor[①]

本书汇集了2010年9月6日至8日在布拉迪斯拉发市召开的"欧元区和金融危机"会议的学术成果。本次会议是由斯洛伐克国家银行主办，爱丁堡的赫瑞瓦特大学、布拉迪斯拉发市的国立考门斯基大学协办。会议期间，中央银行家、学者和欧洲政策制定者之间展开了激烈讨论，观点的集粹直接或间接地促进了本书的修订。本书所围绕的基本问题是：欧元区金融危机和未来经济大萧条的影响是什么？

本书自第二章开始切入正题。第二章，塞浦路斯的中央银行行长Athanasios Orphanides阐述了有关欧洲金融稳定的观点。本书的第一部分讲述了欧洲债务危机的经验。第三章，Thorvardur Olafsson 和 Thorarinn Petursson 分析了不同国家或地区的债务危机持续恶化的原因。第四章，Philip Lane 分析了爱尔兰的情形。第五章，Angel Gavilan、Pablo Hernandez de Cos、Juan F. Jimeno 和 Juan A. Rojas 对西班牙进行了研究。第六章，Aurelijus Dabusinskas 考察了波罗的海各国的情形。本书的第二部分主要涉及中东欧及东南欧国家加入欧元区。第七章，Biswajit Banerjee、Damjan Kozamernik 和 L'udovit Odor 分析了斯洛伐克和斯洛文尼亚两国加入欧元区的不同策略。第八章，Miroslav Beblavy 研究了斯洛伐克加入欧元区是否引起了该国物价的显著上涨（特别是非贸易的商品和服务价格）。奥地利央行行长诺沃特尼（Ewald Nowotny）和前捷克央行行长图马（Zdenek Tuma）、David Vavra 分别在第九章和第十章对中东欧和东南欧国家是否应该加入欧元区及如何加入的问题进行了探讨。[②] 本书的第三部分对欧元区的未来进行了展望。

[①] 在此对会议的所有讨论者和参加者表示感谢，对斯洛伐克国民银行的 Martin Suster 对会议和对本书所作的贡献表示感谢。

[②] Tuma 博士未能参加会议但在之后不久友善地提交了自己的观点。

第十一章，Francesco Giavazzi 和 Luigi Spaventia 呼吁大家关注欧洲货币联盟内部（EMU）的经常项目赤字。第十二章，Daniele Franco 和 Stenfania Zotteri 认为需通过国家财政制度来避免欧元区未来可能发生的危机。第十三章，Thomas F. Huertas 认为内部救助机制可以作为将来救助金融机构的一种备选方案。第十四章，Laurent Clerc 和 Benoit Mojon 回顾了自采用欧元以来欧元区货币政策实施的情况以及自危机发生以来欧元体系面临的挑战。第十五章，Boris Cournede 和 Diego Moccero 评估了价格目标制（相对于通胀目标制）对货币政策的操作及实施的贡献程度。随后，Wendy Cardin、Vitor Gaspar、Stefan Gerlach 和 Jacques Melitz（从第十六章到第十九章）对如何重新树立公众对欧元的信心作了论述。

本书各位作者的经历背景不同，但给出了一个共同认可的关键方案，除此之外，他们还提出五个重要观点。第一个论点就是重塑和加强欧盟的监管。在第二章，行长 Orphanides 认为，除了实施更好的审慎监管之外，监管的重点还应放在监管问题上，特别是危机的解决方案。经过此轮金融危机，欧元成员国及其金融体系暴露了自身的各种漏洞，直接导致了各国应对危机解决机制的混乱和低效，纳税人为此付出了巨大的代价。Orphanides 呼吁各国基于三大准则——限制道德风险、责任公平分担和成本效率——来建立统一的欧盟解决机制。

透视此轮危机可以发现，作为货币联盟的支柱之一的"不纾困"准则，仅是欧盟的一厢情愿，并不对金融机构和成员国形成可信的威胁。一些与会者认为这个问题需要解决，但并未对此达成一致。Huertas（第十三章）认为欧盟成员国不应救助大型金融机构，他提倡以内部救助代替外部救助：他提议以次级债务的形式为大型金融机构创造一种资本缓冲，次级债务可以在危机时自动转化为资本。这样，承担初级缓冲的就不是纳税人而是金融机构的债权人。在第十九章中 Melitz 认为，欧洲货币联盟的禁止救助计划已无存在必要。仿照美国的州政府的情形，欧盟成员国可进行政府违约，同时，政府政策应该限于制定和操作针对银行的审慎规则，这些政策的制定是以欧洲央行的最后贷款人职能为基础的。Gerlach 在第十八章认为，禁止救助原则是注定行不通的，同时他提出了一种会切实承诺救助但救助条件非常苛刻的机制。这一机制可暂时替代欧洲金融稳定安排（EFSF），有效地实现自动减记（20%~30%），它的实现条件却十分苛刻,甚至包括政府预算的预批。

第二个关键论点是:众多热门的学术讨论开始着眼于财政政策的协调,仅考虑货币同盟的传统模型正面临着挑战。与传统模型相比,一些学者的研究更加注重国家的经常账户赤字。特别是 Giavazzi 和 Spaventa 两位学者,在第十一章,他们认为忽视经常账户赤字会酿成大错:尽管货币同盟消除了通货贬值的风险,但如果外部融资并非用于"生产性目的",高额的经常账户赤字就会引起一揽子问题。也就是说,外部融资用于非贸易品消费或者国内消费,政府就会面临跨期预算约束。投资于前者(即用于建设和住房)使得西班牙和爱尔兰的经济十分脆弱,投资于后者(即用于国内消费)使得希腊和葡萄牙的经济压力倍增。

上文的概述突出了各国的不同情形,这与 Lane(第四章)和 Gavilan 等(第五章)对单一国家的研究结果是基本一致的。Lane 认为爱尔兰的经济扩张可以分为两个显著的阶段:一是 20 世纪 90 年代后半期由生产力提高所带来的"凯尔特之虎"式产出繁荣,二是 2000—2010 年由非贸易部门的地产投资所推动的繁荣。他认为欧洲货币联盟可能推动了爱尔兰的繁荣——衰退周期,但他仍强调了银行监管、财政等相关政策的缺失和欧洲货币联盟关系的正向推动等因素。Gavilan 等通过小型开放经济模型分析了西班牙在危机前的经济强劲增长时期出现大规模经常账户赤字的原因。他们的分析强调了西班牙加入欧洲货币联盟所引起的利率下降和吸纳移民所带来的人口变化等因素。考虑到这些因素,模型中的财政政策变量变得可有可无;劳动力和产品市场的结构变化虽在短期内加剧了经济恶化,在长期中却会提高经济的增长率。

这与 Olafsson 和 Petursson 的观点相似。在第三章,他们利用了危机前的各种解释变量对后危机时代欧盟各国的相关变量进行解释。研究发现,危机前的国内通货膨胀和宏观经济不平衡,如大规模经常账户赤字直接决定了危机的广度和深度,这是因为大型的银行系统是与消费的锐减以及银行业承担的风险或货币危机息息相关的。汇率的波动将趋于平缓,但仍会增加爆发危机的风险。另一方面,由于单方的汇率盯住,欧洲货币联盟(EMU)关系不会带来负面效应。此外,在第十六章,Carlin 也强调了欧元区各国间的相对物价水平的问题:因为名义汇率不能调整,这些差异(经常账户不平衡)会被忽视掉(而非考虑进去)。

第三个论点与财政政策有关。将经常账户赤字问题放在前面并不意味着财政政策问题已失去其重要性了。与之相反，多位学者高度强调了加强《稳定增长公约》（SGP）和构建有效国家财政构架的必要性。在本书的第十七章，曾提出欧盟体系人口挑战问题的 Gaspar 认为，市场规律（即通过利率变化发挥市场作用）和《稳定增长公约》并没有对各国财政当局构成约束。因此，市场要求欧元区监管应作出重大调整，这包括开出更高的金融机构罚款、对接受救助的受困国家开出更为苛刻的条件。Gerlach 在第十八章强调赋予《稳定增长公约》更多的灵活性以替代现行不完善的市场规则，以促使各国政府严格按预算行事。他呼吁建立一个渐进的制裁机制。Franco 和 Zotteri 在第十二章对欧盟各国已推行的或正在筹划的财政政策改革进行了论述，并浓墨重彩地对德国、法国的改革和财政规则进行了分析。这些国家层面的金融改革需要补充到欧盟或者整个欧元区，这有助于各国财政约束的完善，并有利于欧元区经济的稳定。然而，他们需要得到公众的支持。Carlin 在第十六章对财政政策的长期目标提出了自己的建议：财政政策不仅要保持物价稳定，还要确保与货币联盟的其他国家的物价水平保持相对稳定。

第四个观点是此次危机暴露了传统货币政策体制的部分缺陷。在名义利率达到有效下限后，大西洋两畔的决策者面临的市场情况很不乐观。他们不得不利用量化宽松和信贷宽松等非常规的货币政策工具来释放流动性。一些学者试图去分析货币政策实施的缺口并对灵活的通胀目标制变化带来的成本和收益进行分析。在第十四章，Clerc 和 Mojon 对金融体系的脆弱是否是因实施货币政策导致、是否应将金融稳定问题吸纳到货币政策实施中等问题进行了思考。尽管他们的模型结论是危机演进过程中的利率上升对房产价格影响甚微，但他们仍建议欧洲中央银行把监管范围从资金和信贷扩展至房产价格，并根据监管动态变化及时决策，甚至在物价水平看似稳定时也应如此。他们认为欧洲中央银行的价格稳定目标和其旨在维持金融稳定的流动性操作之间有着潜在冲突。在第十五章，Cournede 和 Moccero 对物价水平目标制能否代替通货膨胀目标制的问题进行了探讨。如果过去的情形并非如此，那么经济下行的风险就会降低。此外，一旦经济运行接近衰退的临界点，那么物价水平目标制将会优于通货膨胀目标制。大量的文献也显示了物价水平目标制的优点：降低通胀的波动性及由此保持名义政策利率的相对稳定、降低长期利率的通货膨胀风险溢价和增加资本积累。对物价目标制的担忧主要集中在它缺少实际操作经验，并且，从通胀目标制向物价目标制转变可能带来其他问题（如公信力问题），交易员也可能会缺少前瞻性。

最后一个观点是，各国欧元化并没有一个标准做法，这主要取决于嵌入外国资本的赶超模型的设立。在第七章，Banerjee、Kozamernik 和 Odor 对斯洛伐克和斯洛文尼亚加入欧元区的成功路径进行了比较分析。在采纳欧元前，两国的状况迥异，两国货币政策的实施也是有显著差别的。斯洛文尼亚选择了较为稳定的汇率水平并对欧元化进程施加了较多的行政干预，而斯洛伐克对汇率大幅升值并采取了深度的结构改革，这使得该国相对于欧元区各国，出现了生产率的提高。这也证明了一国将外部融资投资于生产力的重要性。在第六章，Dabusinskas 和 Randveer 对受危机重创的波罗的海各国所受影响进行了比较分析。这些国家经历了长期的经济繁荣并遭受了居民消费减少 1/5 的重创。根据 Dabusinskas 和 Randveer 的分析论证，波罗的海国家经济所呈现的较高的周期波动性是因其金融部门的顺周期性强劲发展而起。波罗的海各国金融部门的外国资本流入显著高于欧元区的大多数新成员国。此外，汇率体制（货币当局或固定汇率制度）使得这些国家过度自信。

所有这些说明了基于外部融资的赶超模式并非是无风险的，还需要仔细选择合适的配套政策。对于欧元区新成员国来说，危机使得欧元区国家身份的吸引力变成了一种复杂的感觉。一方面，正如 Olafsson 和 Petursson 在第三章中所述——欧元区成员身份为成员国应对金融市场的过度波动提供了一道防护；另一方面，希腊的问题也说明了这个精英俱乐部的成员身份并不是包治百病的灵丹妙药，如果欧盟的内部问题无法得到解决，欧元的将来是复杂多变的。这为许多欧元区新成员国的反对者留下了话柄，也降低了各国在不久的未来努力达到马斯特里赫特标准的动力。在第十章，Tuma 和 Vavra 认为"这个维持长期名义稳定的条款是整个欧元计划中的唯一一个具有实质性的东西。"这也许可以有效地印证东南欧国家采用固定汇率制度，却不足以说明中东欧国家采取独立货币政策（这些国家主要是出于政治考虑才加入欧元区）。另外，Nowotny 在第九章论述到，对于潜在的欧盟成员国而言，欧元仍保持着它的吸引力，但是，他强调，加入欧元区意味着作出了结构改革的承诺，这会使得经济体没有权力来进行竞争性贬值。

Beblavy 在第八章对欧元化的一个特定问题进行了分析，即在斯洛伐克欧元化的案例中，较快或预期之外的价格上涨是否与引入欧元纸币和硬币相关。这一问题的答案是否定的，从某种意义上来说，斯洛伐克加入欧元区时正处于一个通胀紧缩的时期。但是，加入欧元区之时，一些特定的非贸易品价格出现了显著上涨。总的来说，Beblavy 认为各国欧元化的经验大相径庭，斯洛伐克的经验也不是说能放之四海而皆准。

从"欧元区和金融危机"会议到此书付梓于剑桥大学出版社的四个月中，欧盟、欧洲中央银行和欧元区各国在冗长的讨论之后，已然采取了一系列措施来强化各国货币政策、财政政策和金融政策之间的协调和可信度，这些举措仍在进行当中。本书并未涉及这些政策创新的内容，本书的多数章节是在 2011 年 10 月或 11 月前完成（只有 Lane 的第四章是在 12 月底前完成）。到目前为止，仍有众多重点难题仍未解决。此外，与会者广泛认同的一点是：尽管好的政策可以减少危机爆发的可能性并降低危机的幅度，但是却难以完全抑制危机的爆发。我们认为本书中提出的分析与建议是与现实中事件和政策变化的逻辑思路相一致的。但是，本书还有很多值得商榷的地方。

2　欧洲金融稳定的新构架

Athanasios Orphandides

　　此次我们所经历的全球金融危机凸显了几个重要的政策挑战，这些政策挑战是我们过去所没有遇见的，也促使我们集中心思去作出改善。在欧洲，危机暴露出了管理的缺位、金融监管的不足和监管框架的不健全。形成有效的微观宏观审慎监管和促进两个或多个监管机构的协调合作显得迫在眉睫。央行在保障金融安全方面发挥的重要作用在此次危机中得以充分体现，同时也可以发现，央行仅仅维持价格稳定是不足以保障金融稳定的，还需要适当的政策工具以强化其维持金融稳定的能力。

　　此次危机引发了对欧盟经济金融政策框架和新的监管构架的批判性思考。本轮危机造成的严重经济损失以及人们想要防止将来危机再现的这种想法，为欧洲金融稳定框架的优化提供了一个很重要的机遇，也突出了人们对建立全面危机管理体制的迫切需要。这并不是说大家在之前没有意识到这个问题。欧洲法规监管体制的不健全以及危机处理的潜在成本是众所周知的。可能出于复杂原因或出于危机处理时的政治敏感考虑，或者出于对政治的优先考虑，管理当局将过分依赖于危机的预防，以免出现棘手问题，如与跨境金融机构相关的潜在损失分担问题。

　　在欧洲当前的环境下，金融危机不仅说明了当前欧盟跨境安排的不足，也说明了危机管理的分散性，而应对这些问题的解决措施也是不力的。我希望欧元区的经济在成员国间能进一步实现一体化，金融机构能实现进一步的成长及跨境发展。欧元区各国通过采用共同的欧元而将彼此的经济利益牢牢地束在一起，提高经济效率并充分开发共同市场带来的经济福利显得十分必要。一体化带来的经济利益是毫无疑问的，但要发掘欧盟所体现的巨大潜力，就需要我们花费更多的精力在欧盟范围内建立全面的解决机制来保障欧洲的金融稳定。

　　在这种大背景下，我想感谢斯洛伐克国家银行邀请我参加此次"欧元区和金融危机"会议。我主要对如何加强欧洲的金融监管框架来保障金融稳定的相关问题进行了探讨。也就是说，我对用来加强监管的宏观微观审慎政策工具及欧洲危机管理框架的完善等问题进行了研究。我也对监管提出了一些参考性的想法。在我论述之前，我想声明，我所陈述的所有观点仅为个人观点，并不反映欧洲中央银行管理委员会同事们的观点。

金融稳定是一个多元的概念。它涵盖了整个金融系统的稳定，包括金融机构、金融中介和金融市场。最近的国际金融危机就是与金融机构的破产和运营不善及信贷市场、金融机构融资受限相关的。这使得包括欧盟在内的实体经济及其纳税人遭受严重的损失。

由于实体经济的运行成本是与金融的不稳定、对公众融资的威胁相关的，我们有必要去制定相关政策，既要减少危机爆发的可能性还能吸收危机带来的负面影响。这需要两个要素：一是审慎的监管政策，二是危机管理和处理框架。这两个要素是相互影响的：有效的审慎监管极度依赖于金融机构的内在激励，因而也与潜在的管理成本以及金融机构的股东行为相关。这就是后面仍会提及的一个概念[1]。对于跨境金融进行监管，欧盟需要采取一个不偏不倚的中立态度。

正如前文所述，此次危机凸显了审慎监管的脆弱。在微观审慎监管下，系统性风险被整体低估。可以说，为保持金融体系的整体稳定，将监管的视角延伸至宏观审慎监管已属迫在眉睫。但应如何推出新的审慎监管政策工具呢？或如何加强现有的审慎监管政策工具呢？目前，政府决策者、监管者、学者以及金融机构正将一些仍存在争议的政策建议纳入到预防危机的政策体系中去[2]。这些政策建议推动了特定的审慎政策工具的诞生，以应对系统性风险积累。系统性风险——也就是金融崩溃的风险——主要源自金融系统内的传递和实体经济的相互影响。在"经济较好时期"，杆杠率的上升及金融机构风险敞口的加大使得金融的不平衡不断积累，这直接加剧了金融系统的不稳定，因此，宏观审慎政策需要考虑到系统性风险的周期性。审慎政策工具能减少整个金融系统风险的过多积聚。

对资本和流动性的高审慎要求会提高信贷机构在市场冲击、市场状况

---

[1] Claessen、Herring 和 Schoenmaker（2010）做了详细论述。
[2] 国际货币基金组织（2010a）。

2 欧洲金融稳定的新构架

不好时期的恢复能力。为实现这一目标，巴塞尔银行监管委员会引领构建了全球协调的监管框架。2009年12月，巴塞尔委员会（BCBS）通过了关于一系列加强资本和流动性监管的征求意见稿（巴塞尔银行监管委员会，2009b）。这些建议旨在提高银行资本的质量、稳定性和透明度（突出普通股权，淘汰混合一级资本，废除三级资本）；引入简单的资本—资产比率（杠杆率）；在经济繁荣时引入缓冲资本（逆周期缓冲资本）；禁止在消耗资本缓冲之后进行留存资本缓释（资本留存措施）；加强资本框架中的风险覆盖（增加对交易对手信用风险的资本要求，这些风险主要源自于衍生品、回购及证券融资活动）。

审慎监管还能够抑制流动性风险的积聚，这种风险在危机前一直是被忽视的。引入定量的流动性比率或标准，能够限制金融机构对不稳定的非核心融资的依赖，并抑制期限不匹配风险的积累，此外，还应对如外国货币存款等其他具备波动特征的流动性进行足够的流动性覆盖和期限匹配。

提高流动性和资本标准应该降低过高的杠杆率，提升金融机构在经济周期各个阶段的恢复能力。根据经济周期相应调整监管，也许还能沿着时间轴来更好地平滑风险。为达到这一目的，可以仿照西班牙的动态拨备实践，通过计提预期损失拨备的方法来替代当前的实际损失拨备做法。实际上，欧盟从2009年开始就采用动态拨备的做法进行了意见征集。

新推出的宏观审慎政策工具能够防止金融体系脆弱的累积，正是这种脆弱增加了系统性风险。此类政策和控制措施旨在应对经济体中特定经济部门过高的杠杆率所引起的金融不平衡，早期对金融市场或房地产市场发展过热的监测就是一个例证。政府可以通过直接减少特定经济部门的信贷需求等措施来纠正经济不平衡。也可以采用审慎的担保政策，如对担保物收取最低保证金和/或设定质押率上限。由于金融机构可能会试图避开政策监管，所以质押率和保证金要求并不一定能有效减少风险。然而，仍能发现这些政策工具有效降低风险的例子。近期笔者亲身经历的一个例子就是塞浦路斯于2007年降低质押率的做法，当时正值房地产价格飙升、信贷急剧扩张的巅峰时期。塞浦路斯在危机爆发之前实施了严格的质押率，提高了房地产信贷的吸震能力，2008、2009年欧洲各国银行陷入困境，而塞浦路斯却能够保持金融稳定，这是重要原因之一。

宏微观审慎监管政策中体现出来的监管短板被归咎为此次国际金融危

机的主要原因。尽管欧盟对各成员国出台了一些相同的政策指令，但监管金融业的规章法律是在国家层面上制定出来的而没有在欧元区范围内实现统一。即使政策规章是相同的，各国在政策理解和严格事实上的差异也会导致欧元区监管体系的分散无力，当前欧洲的监管太过专注在微观和机构层面。

此次危机不仅凸显了宏微观审慎监管的需要，也对宏微观监管的协调，特别是及时提供信息方面，提出了要求。考虑到微观审慎监管和系统性风险分析之间的信息协同效应，将微观审慎监管纳入央行的监管职能之下，显得相当必要。中央银行将能更好地获取监管信息，特别是系统性相关的金融中介机构的信息，从而能从整体上更好地评估金融体系的风险和脆弱性。总而言之，危机带来的经验教训就是，央行在对信贷和金融的监管中发挥大央行作用应该有利于整体经济稳定[1]。

在欧洲，欧盟决策层已然开始主动加强金融监管中的宏观审慎因素。2009年，欧洲委员会根据de Larosiere报告，将宏观审慎的监管职能赋予欧洲系统风险委员会（ESRB），该委员会主要是关注金融监管体系中的系统性风险。从制度层面和欧盟层面来看，对于监测金融结构不平衡及相应结构脆弱区域的政策，欧盟系统风险委员会将有效地对其进行系统性风险评估。欧盟系统风险委员会能基于风险评估制定相关的政策建议，这些建议将通过上文提及的宏观审慎政策工具转化成具体有效的政策实施。

为强化欧洲的微观审慎监管，欧洲当局成立了欧洲监管局（ESAs）。监管局的成立对监管标准内容及细节的协调统一起到了推动作用。新成立的欧洲监管局包括欧洲银行管理局（EBA），而欧洲银行监管局将欧洲金融监管框架的优点和微观审慎监管主体的经验有效地结合了起来，这些国家层面的微观审慎监管主体与金融机构的关系密切。然而，在某些特殊的跨境情形中，政府监管部门出台的旨在进行有效协调的某些政策工具可能略显不够，建设一个综合全面的跨境监管框架以强化欧洲金融风险管理显得迫在眉睫[2]。

在建立微观审慎和宏观审慎联系过程中，新成立的欧洲监管局和欧洲

---

[1] 见Orphanides（2009，2010）。
[2] 见欧洲委员会（2009）。

系统风险委员会的紧密合作加强了欧洲的金融稳定。例如，欧洲系统风险委员会和新成立的欧洲银行监管局会共同对金融机构开展压力测试以评估其应对不利市场冲击的弹性。

除了要整合微观审慎监管和宏观审慎监管之外，在泛欧范围内建立统一的监管标准也是当务之急，这样使得监管者可以在欧洲范围内而不是国与国之间来探讨监管难题。然而，当前在欧洲建立一个统一的跨国金融监管机构显然准备不足，我们应当努力以使得当前高度分散化的监管体系更显效率，从而在危机预防管理中协调一致。

有效审慎监管有利于预防金融危机的发生。但是，建立有效的危机管理机制，才能在危机发生时覆盖经济成本和预算成本并迅速回归金融稳定。构建一个透明的预先约定的危机管理框架也有助于减少银行的道德风险，从而降低了发生金融危机的可能。成立法定机构以及时决策，建立规则以明晰潜在损失分担原则，能在危机爆发前有效影响金融机构的激励机制和行为表现，从而能有效防止过多的风险承担。事实上，de Larosiere 报告呼吁"在欧盟中建立一个统一可行的监管框架"。但是，建立全面的欧洲风险监管框架的进程缓慢，而全面的风险监管框架应该包含监管者的迅速介入干预、银行的危机解决和资不抵债的金融机构停业的正式程序。欧盟一直致力于建立一个危机管理框架，同时，欧盟委员会对 G20 组织表示，它将在 2010 年 10 月提出危机管理框架的"方向性构思"。与此同时，欧盟号召金融稳定委员会（FSB）与巴塞尔银行监管委员会（BCBS）进行合作，在 2010 年 11 月 G20 首尔峰会时，提出一个具体的政策建议以减少系统重要性金融机构带来的道德风险。

此次危机为欧盟提供了一次全新的机会来建立与监管框架相对应的风险管理框架以促进决策者之间的协调，还使欧盟考虑到了道德风险、责任分担和成本分配这些潜在的问题。建立一个全面的风险管理框架也与欧洲人支持欧盟对重要国际金融机构的活动进行严格监管的想法相一致。根据 2010 年春天的欧洲公众舆情投票显示，75% 的欧洲人认为欧盟成员间的经济金融政策的协作将是应对危机的一个重要手段（欧盟委员会，2010a）。笔者观察到，斯洛伐克的支持率达到了 89%，而塞浦路斯是 87%，与比利时同居第二位。

在欧元区的稳定框架中，流动性问题严格遵从欧洲央行的指令，这体现了欧洲人严谨的做事方法。这样看来,处理流动性问题是存在相应的行为机制的。实际上,自 2007 年 8 月的市场混乱伊始,市场的反应见证了欧洲央行有效缓解了市场的流动性问题,这些市场反应最先出现在货币市场之中。比较之下,各国对破产清算问题的处置各不相同,这些差异体现为引发系统性风险的因素、识别潜在的资不抵债的不同或如何及何时投放公共资源。正如众多观察家所指出的并得到危机的惨痛教训所验证的,在这样一个高度分散化的监管体系中,涉及跨境金融机构的危机管理是非常没有效率的,也是一项艰巨的任务。2008 年 9 月的富通案例也凸显了国家间的利益冲突和比利时、荷兰、卢森堡联盟(Benelux)——欧元区最为紧密的联盟——在解决跨境金融机构难题时的力不从心。

也许,意在处理跨境金融机构问题的风险管理框架是最大的难题,这些金融机构本应开始早期干预、实现银行清算以及破产清算。当前,欧洲并没有对陷入困境的金融机构进行早期干预的共同做法。机制的缺失滋生了金融机构管理的道德风险,而这些金融机构可能发现自身已然陷入困境了。这就需要监管机构设立一整套有效的监管工具以便在早期对金融机构进行干预,从而避免金融机构的停业或至少能控制损失。尽管股东只能形成小范围的统一,但切实的早期干预能促使金融机构有效保护资本金从而减少系统性风险和道德风险。而机制的缺失使得决策当局在危机中难以优化决策,而且增加了纳税人的负担。

当早期干预无力解决困境银行的难题,在银行破产前,"银行清算"是重组问题银行最为节约成本的一种方式。政府当局采取的处理措施可能包括资产负债的转移、桥银行或为了保护现有资产设施而拨离出好银行/坏银行。如果有可能,将这些资产马上投入运营。在很多公司或法律之下,银行清算往往会侵害股东权益,这就需要一个适合的法律框架。此外,银行清算还需要成本,这就需要融资,融资最好是来自于金融业自身。然而,融资、责任分担以及政府当局需要对银行清算负有责任等观点充满着争议。正在形成的全球共识是银行的股东和无保险的债权人应首先承担银行的损失,这也与污染者支付原则相一致。目前的核心问题就是如何有效实施这一想法。

正如 Fonteyne 等(2010)所提出的,可以设立一个欧洲清算机构并赋予其权力,以较低成本来解决大型的跨国金融机构难题。欧盟委员会建议各成员国对银行预征税费来筹资设立银行清算基金，以解决银行清算措施的资金需要并使用政府资金支持境况不佳的银行。欧盟与 G20 一起，特别要求国际货币基金组织对这一融资建议进行研究（G20 匹兹堡峰会，2009）。然而，清算基金起到了银行破产保险或救助困境银行的作用，这滋生了道德风险。

Foneyne 等（2010）认为，清算框架应包括欧洲存款保险和清算基金，这需要预先通过存款保费和系统性征税来融资，以最小化危机管理成本。笔者进一步认为，欧洲银行业的危机管理清算框架应设计并实施，各国也应达成共同的政策目标。这些预先达成的政策目标协议，使得政府在危机中能快速作出决策，各国也会同意第三方机构，如欧洲清算机构，来进行金融危机管理。

也许读者会回想起，2007 年 10 月 9 日，欧盟经济及金融事务委员会（ECOFIN）采用了一整套涉及跨境金融危机管理的公共准则（欧盟委员会，2007），这被各国金融监管机构和中央银行所接受并纳入 2008 年 6 月 1 日的危机管理备忘录（欧盟委员会，2008）。下文列举了几条关键的准则：

- 危机管理的目的是为了保护欧盟及各国的金融稳定，防止银行破产；
- 危机管理应以最低的集体成本，将对经济潜在的不利影响降至最低；
- 受危机影响的欧盟成员国应基于平等公平的原则，分担直接的预算净损失。

尽管这些准则是合理的，但没有约束力的承诺难以确保法规的持续实施，因而危机出现了。在此背景之下，欧盟及欧元区成员国和国际货币基金组织一起，于 2010 年 4 月同意对希腊进行贷款，但各成员国需要得到本国议会的批准。然而，上个月，某欧元区成员国的议会以压倒性的票数反对这笔贷款。由此可见，尽管 2010 年欧元民调显示公众大力支持经济金融政策的协调统一，但欧盟成员国达成团结一致仍面临着挑战。

这凸显了欧盟危机管理需要实现各项准则的可操作性，成为强有效的具有约束力的制度化安排。避免或最小化损失是消除欧盟各国关于责任分配的分歧的最好办法，这就需要精确定义最小化的成本：成本效率也是处理道德风险、"太大不倒"、"太大不能救"金融机构等问题所必备的。事实上，只有一个成本效率的清算才能切实地构成破产和退出的威胁（Cihak

和 Nier，2009）。以成本效率的方式处理陷入危机跨境银行应使得被保险的存款者无损失、存款保证体系的损失最小化、抵押品的损失最小化以及政府预算的损失最小化。

启动破产清算程序时，清算措施并不能使问题银行起死回生，但这些程序可以保证银行实现有序破产清算。然而，欧盟二十七国的破产清算制度存在差异，促进它们的统一显得十分必要。特别是在破产立法和程序上，各国差异甚大。值得称赞的是，欧盟委员会成立了专家组对破产法律进行研究，各国破产制度的融合虽然可行，但却十分困难。

巴塞尔银行监管委员会（2009a）提出，对大型金融机构而言，应急清算计划（"生前遗嘱"）是危机清算应急准备中最具效率的。这些机构应制定详细的定期更新的公司破产计划，这些计划还应被监管当局认可。从本质上来看，破产计划应该"详细地规定银行跨国分支机构的责任分担"（分支机构的风险分担计划应得到所在国家监管机构的批准）（Calomiris，2009：10）。同样重要的是，监管者应有权要求银行集团制定逐步清算计划，以保证各项措施能生效实施。虽然不能盘活整个银行集团，但预留的清算措施方法的空间比较大。

欧元区危机对各成员国的协调合作提出了更高的要求，并对欧元区的监管提出了质疑。当危机来临时，欧元区哪个机构负责主管监管并采取统一的集体行动？如何约束成员国遵守统一规定的政策？范龙佩（Van Rompuy）的工作团队对欧元区的监管并加强现存的欧洲货币联盟条款（欧盟理事会，2010b）是否全面？是否还存在财政领域无法有效实现宏观调控的难题？从这个角度来看，欧盟理事会提议宏观监管应超过预算监管的维度，关注宏观经济的不平衡（欧盟理事会，2010）。

一些评论员认为欧元区监管的特征就是缺少政策的一致性，大多数成员国将国内政策，特别是工资水平，与欧元区的政策管理连在一起①。甚至在稳定增长公约下，成员国也没有完成他们承诺的财政指标。当然，危机暴露了欧元区监管的缺位，很多的缺位是大家期待范龙佩的团队应该做到的，其中包括加强对预算政策的监管并采取更多有效的正确措施，提升

---

① 见 Bini Smaghi（2010）、Gaspar（2010）、国际货币基金组织（2010b）和 Pisani – Ferry（2010）。

2 欧洲金融稳定的新构架

对竞争的监管并修正各种宏观经济的不平衡。特别地，有三大支柱支撑着强力的监管，这将会迫使各国当局遵守马斯特里赫特条约和稳定增长公约。第一，加强稳定增长公约，如有效的财政监管、广泛的惩罚、加强财政监管的独立性等；第二，关注竞争中的不平衡，如发送对表现良好的国家监管并加强监视经济波动的成员国；第三，构建常设的危机管理框架，最小化道德风险，同时为确实需要援助的国家提供支持。在这样一个框架下，欧元区应设立一个危机管理机构。

此次危机为建立全面风险管理体制创造了良好的历史机遇，以替代当前各国基于本国利益而制定的金融稳定安排的简单拼凑。正如前文概括，应以预先融资安排为支撑，建立一个泛欧机构以解决跨境银行难题。进一步来说，加强制度安排和法律责任，使欧盟成员国更大限度地履行各自承诺并提供融资和贷款保证以帮助陷入金融困境中的成员国，即拓宽对成员国的金融援助，如纳入2010年5月成立的欧洲金融稳定安排以缓解欧元区主权债务市场的紧张形势及金融的不平衡。

在危机的这个阶段，尽管各方付出努力以加强监管框架、采取集体措施和相互提供支持，对于欧盟各成员国政府而言，特别是欧元区各国政府，申明对欧洲方案的支持才是最重要的。鉴于欧洲民众强力支持更严格的欧洲经济监管，若不能在合理的时间内加强欧洲监管体制，是非常可惜的。

这次危机凸显了建立欧洲金融监管体制的必要性。微观审慎和宏观审慎监管的制度框架取得了进展，如最近的泛欧金融监管机构的成立。预防金融危机的审慎监管工具的发展受到了制约。但在构建欧洲危机管理和清算框架的过程中，发现仍有很多不足和还有很多工作需要纠正和完善。

笔者的言论为建立危机管理框架提供了一些思考，即要注意到道德风险、责任分担成本效率以及欧洲各国金融监管机构的政策协调。毫无疑问，这些讨论促进了欧洲的经济监管，其中笔者提出了一些新的问题并进行了进一步的思考。在一些欧洲论坛与国际论坛中，与会者经常讨论如何有效提高监管以及如何面对将来潜在的危机。很显然，预防管理及清算制度的统一安排对于保持金融稳定至关重要。

停笔之际，笔者认为，经济系统的核心要素——自由市场及劳动、资本、商品和服务的自由流动——没有任何改变的话，避免危机恐怕难以做到。然而，建立监管框架能够保持经济的效率并维持增长，同时还可以减少危机的发生频率和损失。建立这一框架是我们当前的主要任务。

参考文献

Basel Committee on Banking Supervision (2009a). *Report and Recommendations of the Cross-Border Bank Resolution Group*, Bank for International Settlements, September

(2009b). *Strengthening the Resilience of the Banking Sector – Consultative Document*, Bank for International Settlements, 17 December.

Bini Smaghi, L. (2010). 'The financial and fiscal crisis: a euro area perspective', speech delivered at Le Cercle, Brussels, 18 June.

Calomiris, C. (2009). 'Prudential bank regulation: what's broke and how to fix it', April, mimeo.

Čihák, M. and E. Nier (2009). 'The need for special resolution regimes for financial institutions – the case of the European Union', IMF Working Paper, No. **09/200**.

Claessens, S., R. J. Herring and D. Schoenmaker (2010). *A Safer World Financial System: Improving the Resolution of Systemic Institutions*', Geneva Reports on the World Economy, 12, Geneva: International Centre for Monetary and Banking Studies.

Council of the European Union (2007). *Conclusions of the 2822nd Council Meeting of Economic and Financial Affairs*, Luxembourg, 9 October.

(2008). *Memorandum of Understanding on Cooperation Between the Financial Supervisory Authorities, Central Banks and Finance Ministries of the European Union on Cross-Border Financial Stability*, Brussels, 1 June.

(2010a). 'Spring 2010 Eurobarometer: EU citizens favour stronger European economic governance', Brussels, 26 August.

(2010b). *Task Force on Euro Area Governance*, Spring.

de Larosière, J. (2009). *Report of the High-Level Group on Financial Supervision in the EU*, Brussels, 25 February.

European Commission (2009). *Proposal for a Regulation of the European Parliament and of the Council Establishing a European Banking Authority*, Brussels.

(2010). 'Surveillance of euro area competitiveness and imbalances', *European Economy*, **1/2010**.

Fonteyne, W., W. Bossu, L. Cortavarria-Checkley, A. Giustiniani, A. Gullo, D. Hardy and S. Kerr (2010). 'Crisis management and resolution for a European banking system', IMF Working Paper, No. **10/70**.

G20 Pittsburgh Summit (2009). Leaders' Statement, 24–25 September.

Gaspar, V. (2010). 'Euro area governance and the global crisis', keynote opening address at the Fifth Pan-European Conference on EU Politics, organised by the European Consortium for Political Research at Universidade Fernando Pessoa and Faculty of Economics of Porto University, 23 June.

International Monetary Fund (2010a). 'Central banking lessons from the crisis', IMF Policy Paper, 27 May.

(2010b). 'Euro Area Policies: 2010 Article IV Consultation – Staff Report', July.

Orphanides, A. (2009). 'Dealing with crises in a globalised world: challenges and solutions', panel remarks at the Twelfth Annual International Banking Conference 'The International Financial Crisis: Have the Rules of Finance Changed?', 25 September.

(2010). 'Monetary policy lessons from the crisis', Central Bank of Cyprus Working Paper, No. **2010–1**.

Pisani-Ferry, J. (2010). 'Euro-area governance: what went wrong? How to repair it?' *Bruegel Policy Contribution,* **2010/05**.

第一部分　危机的经验

3 经历金融风暴：基本理论和灵活应变的重要性

**Thorvardur Tjorvi Olafsson
and Thorarinn G. Petursson**[①]

3.1 背景介绍

最近一次的全球金融海啸已经引起了大萧条以来从未被如此重视过的经济反应。但是，当一些国家经受由于系统范围内的银行和货币崩溃而引起的经济萎缩时，另外一些国家所受影响则相对较轻。这一章旨在依靠非结构性经济分析，用46个中高收入国家的一些危机前的潜在解释变量来解释世界范围内各个国家不同的经历。我们通过估算出口和消费的缩减程度来衡量宏观经济变量所受的严重影响。潜在的危机前解释变量主要选取能够反映全球危机的传播渠道，比如说金融渠道、贸易渠道、宏观渠道、制度渠道。当然我们也会选取一些到目前为止我们还无法分类的变量。作为分析当前经济危机的其他方法，我们同样也使用跨国的序列 probit 回归来确定危机期间引起国内银行系统性危机的主要原因。

我们的研究结果发现宏观渠道在其中起着非常重要的作用，正如国内宏观经济环境的不平衡和易变性在决定这次危机影响严重程度中起着

[①] 这篇文章是为"欧洲地区和金融危机"这场会议准备的，会议于2010年9月6—8日在布拉迪斯拉发的斯洛伐克国家银行举行，主办方是斯洛伐克国家银行、爱丁堡瑞瓦特大学以及布拉迪斯拉发中心大学。我们很高兴参加这个会议，在这里要由衷地感谢 Atanas Christev 对文章初稿提出的建设性意见和建议。我们同样也要感谢 David Cobham 在这个项目上与我们做的深入的探讨，感谢 Francis Breedon、Mar Gudmundsson、Andrew Rose 以及冰岛中央银行峰会上的参会者对文章的初期版本提出的宝贵意见。最后，我要衷心地感谢 Luc Laeven 和 Fabio Valencia 与我分享了他们最新更新的银行业危机的数据库资料，感谢 Helga Gudmundsdottir 对我数据上的支持。所有的错误和法律后果由我承担。这篇文章所陈述的观点不代表冰岛中央银行。

重要作用，危机时期通胀率的上涨被视为一个重要的危机前的宏观经济指标，它是解释危机中许多变量的关键。我们也找到了一些说明金融因素重要性的证据。尤其是，我们发现大的银行系统可能与更深层次和滞后的消费有关，也预示着系统性银行更高的风险和货币危机。我们的研究结果显示，汇率波动越自由，经济受的紧缩也越小，时间也越短。但是与此同时，加大了银行和货币危机的风险。我们同时发现，那些将本国汇率钉住欧元的国家受的冲击相对较大，但是他们的通胀水平又将减轻危机的程度。最后，我们发现了一些证据证明国家联系和制度因素的作用。

一些近期文献试图解释全球金融危机影响的国别差异。比如说，Berkmen（2009）研究表明，私人投资杠杆、信贷增速、汇率制度的灵活程度、贸易组成以及财政状况都能很好地解释各个国家增速预期的不同。Lane 和 Milesi – Ferretti（2011）研究表明，账户赤字、信贷和生产增速、贸易和生产之间的敞口都会对后危机时代国内的产出和需求（包括消费）增长产生重要影响。另外，还有一些文献，对原始经济环境的重要性提出质疑。Rose 和 Spiegel（2009a，2009b）将产出增长、股价和汇率的变化以及国内信贷水平的回归作为危机预警变量，发现初始环境的影响有限。只有危机前的资产价格变化和经常账户赤字被认为是有弹性的危机预警变量。而对于危机前的信贷增速则很难证明。Claessens（2010）尽管已经发现信贷增长、按揭贷款债务、资产价格溢价、经常项目赤字以及贸易敞口将预示产出紧缩程度和后危机时期的财务压力指标，但他同样也质疑初始经济环境的重要性。

然而，结果令我们对当前危机中初始经济环境的预测能力更加乐观，不论是在解释危机的持续性和国别差异的重要影响，还是在银行和货币危机发生的预测准确性方面。因此，这告诉我们每个国家特定的初始经济环境决定了危机对本国经济产生的影响程度。特别是，具有良好经济环境和灵活经济框架的国家更容易抵御金融风暴。我们发现这些结果在经验数据中对不同的变量都非常具有弹性。

这一章余下的内容安排如下。第二部分以国家作为样本，加入危机因素和潜在解释变量到这个分析中。第三部分展示的是经验结果，主要是关于危机对真实经济的影响和引起银行货币危机的可能性。同时也包括一些敏感性测试。这一章的结尾是对这个重要结果的解释。第四部分是总结。

3.2 数据

3.2.1 国家/地区样本

这一部分主要分析的是国家样本情况。从危机爆发以来，高收入国家的国内银行货币危机愈演愈烈，焦点集中在高收入国家上。因此，目标样本国家需要达到经合组织国家的收入水平和规模。那些经过一价定律调整后人均GDP低于经合组织国家最低值的，调整过的GDP总量低于规模最小的经合组织国家的国家样本被剔除出去①。所以这个样本出自2006—2008年的世界各国概况中227个国家和地区中的64个国家和地区。再剔除一些数据不全的国家，最终剩下46个国家和地区，包括经合组织现有的33个成员国，再加上保加利亚、克罗地亚、塞浦路斯、爱沙尼亚、中国香港、拉脱维亚、立陶宛、马耳他、罗马尼亚、俄罗斯、南非、中华台北和泰国。

因此，这个分析包括了欧盟所有27个成员国，其他6个欧洲国家以及13个欧洲以外的国家和地区。其中27个工业国，19个新兴市场国家，其中12个是中东欧国家。最后，这其中有7个超小型经济体，他们的人口总数不到250万。

这个样本序列包含了具有较长范围内的货币政策框架的国家。其中，有16个经济和货币联盟国家，4个国家的货币在ERM Ⅱ框架内钉住欧元，另外四个国家采取双边钉住的汇率政策。这其中还包括22个国家采取浮动汇率政策，其中19个国家有很明确的通胀控制目标。② 这项分析包含的国家也具有较完善的货币框架。表3.1提供了样本国家/地区的一个概览。

---

① 但是，也有一个例外，马耳他尽管经济水平不及冰岛也被包含在内，目的是为了增加一个小的开放经济体的观察值。

② 货币体制的信息是来自于国际货币基金组织2009年2月23日对一国汇率机制和货币政策框架的分类（数据从2008年8月31日开始），但是为了反映斯洛伐克欧元区国家的身份，斯洛伐克的数据从2009年1月开始更新。

表 3.1　　　　　　　　　国家/地区样本

澳大利亚	法国	立陶宛	斯洛伐克
奥地利	德国	卢森堡	斯洛文尼亚
比利时	希腊	马耳他	西班牙
保加利亚	中国香港	墨西哥	瑞典
加拿大	匈牙利	荷兰	瑞士
智利	冰岛	新西兰	中华台北
克罗地亚	爱尔兰	挪威	泰国
塞浦路斯	以色列	波兰	土耳其
捷克共和国	意大利	葡萄牙	英国
丹麦	日本	罗马尼亚	美国
爱沙尼亚	韩国	俄罗斯	
芬兰	拉脱维亚	南非	

3.2.2　危机预警指标

没有唯一的、最佳的方法去测算金融危机造成的损害到底有多大。这一章以及前文其他文献中所得出的结果都指出需要看多项经济指标。因此，本文也提出了很多不同的经济指标。尽管很多文献将经济指标聚焦在产出的损失上，但本文将把重点放在消费的损失上，因为我们认为这次危机的一个重要特点就是家庭的高负债在危机中起着非常重要的作用，它的存在扩大了本次金融危机的影响。而与此同时，许多国家的消费发生了巨额的缩减。

根据 Cecchetti、Kohler 和 Upper（2009）的研究，我们使用 2007 年第一季度至 2008 年第四季度到 2009 年第四季度之间经过季度调整的 GDP（消费）的差分作为衡量产出（消费）缩减的指标。① 为了分析同样的因素是否能够解释危机影响的深度和持续时间，或者不同的因素是否在解释不同国家复苏速度上有所不用，我们也将焦点集中在危机的持续时间上。我们用 2008 年第三季度至 2009 年第四季度经过季度调整的 GDP（消费）

---

① 其他一些指标也被考虑到了，比如说 2007 年第一季度到 2008 年第四季度之间的峰值和 2008 年第四季度到 2009 年第四季度之间谷底之间的差异，以及 2008 年第三季度与 2008 年第四季度到 2009 年第四季度谷底数值之间的差异。结果是相当接近的（两组数据的相关性都达到了 0.9 以上）。工作报告版本中更详细地记录了对此方法的支持和反对意见。

3 经历金融风暴：基本理论和灵活应变的重要性

季度增长率为负值的季度数作为产出（消费）缩减的持续时间。为了避免与本次危机无关的正常商业规律因素，本次研究的起始点也选在金融危机刚开始进入恐慌的2008年9月。当然，我们可能会被质疑说2007年中期开始出现金融危机苗头的时候，一些从紧的金融环境已经开始阻止经济的进一步下滑，并使一些经济体较早地进入了复苏阶段。但是我们关注的是自从2008年下半年经济进入恐慌阶段之后经济缩减持续的时间。[①]

我们同样也希望研究可能发生的银行货币危机中的国家间的变量。系统性银行危机发生可能性的研究是基于 Laeven 和 Valencia（2008）的研究报告和我们自己的精心努力，感谢二位的慷慨相助。他们从我们的样本中选取十个在本次全球金融危机中经历过系统性银行危机的国家：奥地利、比利时、丹麦、德国、冰岛、爱尔兰、卢森堡、荷兰、英国以及美国。我们把拉脱维亚、俄罗斯和瑞士（对于这一点，两位作者在与我的通信中的态度是模棱两可的）加入到了这份名单，依据是这些国家的银行业都受到了巨大的压力，同时也受到了外界政策的影响。因此，在我们的样本中有十三个国家发生了系统性的银行危机。

根据 Laeven 和 Valencia（2008）对货币危机的定义（Frankel 和 Rose（1996）也这么定义），我们选取国际清算银行的名义有效汇率指数。如果一个国家在2008—2009年年均名义有效汇率贬值超过30%甚至更多，或者贬值率相比前两年至少高出10个百分点，那么我们就把这些国家定义为经历货币危机的国家。根据这个定义，2008至2009年间，只有两个国家经历了货币危机，分别是冰岛和韩国。因此，只有冰岛同时经历了这两种危机（附录表3.A1有更详细的阐述）。[②]

真实经济体危机指标之间存在着正相关，但是这些是无法避免的：危机持续时间和消费缩减指标之间的相关性是0.39，而产出的绝对值与消费

[①] 我们同样考虑其他衡量持久性的方法，得出的结果也类似。两个例子就是在峰值下的季度数以及两个连续增长的季度之前的季度数。这两种方法的相关性，一方面由于数据选择不同有所差异，另一方面，它们对于产出和消费缩减的相关性均高达0.8以上。

[②] 冰岛克朗在2007年至2009年之间累计贬值48%，而韩元成功地只贬值了30%。将这个标准扩展至其他一些在2008至2009年间大幅贬值的货币，包括英镑（2007至2009年间贬值了22%），罗马尼亚列伊（2007年至2009年间累计贬值19%）。然而，我们决定按照更严格的标准执行，因为我们发现并没有明显的数据表明英国在2008—2009年期间发生了货币危机。

缩减数之间的相关性高达0.78。银行货币危机指标和这些经济指标之间的相关性均很好地低于0.3。

3.2.3 潜在的危机前解释变量

我们使用了一系列变量来寻找哪些变量对经济活动的低迷和可能引发的银行货币危机起决定性的作用。从广义上来讲，根据危机如何在世界范围内传播，我们可以将传播渠道分为四类：金融渠道、贸易渠道、宏观经济渠道以及一些反映制度因素的渠道。为了避免内生性问题，所有的解释变量均取危机前的值，数据大多选取的是2006年或2007年的值，或者是在2007年或更早阶段取断点的时间序列。这些变量以及它们变动的机理将在下文进行讨论，更多详细的描述性的数据可以在本章的工作报告中找到（Olafsson和Petursson，2010）。关于变量的定义以及数据来源可以在附录表3.A1中查询。

经济结构：这第一组解释变量包括两层意思，一方面是经济总体规模，另一方面是发展水平。首先我们选取人均收入这一指标来将样本定在更发达国家这一层次（Claessens，2010；Lane，Milesi - Ferretti，2011），当然也同样选取了其他与收入呈正相关的经济和制度因素。我们同样引进了GDP水平这一变量，用来反映小国受到危机的冲击更大（Rose，Spiegel，2009），因为小国重建平衡需要更大的成本，面对更大的危机敞口，不具备吸收巨大冲击的能力。

金融结构和发展：作为第二组解释变量，我们选取了三个指标来衡量金融结构和发展水平。一直有人认为危机爆发前几年金融业的发展成熟程度即使不是引起危机的直接原因，至少它发行的一些具有更高道德风险、不透明、复杂的金融产品，由于金融监管当局不能有效地进行监控从而扩大并加快了危机在不同金融市场之间的传递。如果大型市场只反映国内机构的情况，国内机构提高自己的杠杆，并通过资产泡沫和不平衡的资产负债表的扩张，这个论断将更为正确（Dell'Ariccia，Detragiache，Rajan，2008；Claessens，2010）。大型银行，由于它是全球化经营，因而会加速经济危机往国内传递（Davis，2008；Claessens，2010），同时也可能增加监管者的风险，或者说使国内监管当局不得不出手解决大型银行所面临的问题，动用财政和货币资源去支持它们的发展（Buiter，Sibert，2008；Demirguc - Kunt，Serven，

2009)。①同时，发展更完善的金融市场可能更有能力吸收这些冲击和各种风险，相比年轻的金融市场更有利于经济的复苏，它可以动用某些金融工具去规避一些在危机过后可能会消失的风险。这种影响的程度是一个经验数据。为了描述这个效果，我们选用广义货币（M2）与 GDP 比值作为金融发展程度的度量，最大五家银行的总资产和 GDP 的比值来衡量银行业的规模，股票市场的资产总量与 GDP 的比值作为国内股票市场的发展水平的度量。

国际间的联系：描述金融危机的文献都将国际贸易作为危机传播的一个重要渠道。随着全球经济衰退引起全球需求的降低，那些与世界经济联系更紧密的国家所受到的溢出效应也越大（Levchenko, Lewis, Teasar, 2009；Rose, Spiegel, 2009）。因此，我们用五个变量来解释外部宏观经济通过贸易渠道向国内的传递。我们选取了贸易开放度，国内产出与世界产出缺口之间的关系来表示贸易程度，工业制成品在全部出口商品中的比重来表示贸易结构效应，衡量贸易的多样性，以及贸易模式来衡量国际经济震荡对国内经济的传递。

国际金融联系：第四组解释变量着重于各国间通过国际金融体系的联系。更紧密的金融联系将加快金融危机的溢出效应向国内金融系统传递（Davis, 2008；Rose, Spiegel, 2009）。但是也有人认为，尽管一旦危机发生时，这些有更紧密金融联系的国家更容易受到冲击，但是它们也更容易进入复苏。根据 Kose、Prasad、Terrones（2009）的研究，我们用国外资产和负债的总额与 GDP 的比值来度量金融开放程度（比值更高说明更容易受到全球经济衰退的影响，但是根据 Lane、Milesi‐Ferretti（2011）的研究报告，多样化的资产有利于减轻国内金融危机）。我们同样认为资本程度将会加速危机的传递（资本流动量越大，发生回流的风险也就越大）。② 最

---

① 由于受数据的限制，我们不能提供一些我们讨论的在这次危机中起着重要作用的银行数据，比如说银行的内在联系，币种之间的相互需求，以及在危机中银行系统货币与到期日不匹配的情况。另一个由于数据限制原因缺失的是危机前银行的营业额，这可以很直观地捕捉到许多国家银行业所面临危机的严重程度，更清晰地展现出不同的市场结构在传播危机中的不同效应。

② 我们根据 Forbes 和 Chinn, 2004），我们采用对外直接投资（FDI）来衡量资本流动。这可能并不是最容易受影响的资本流动指标，但是我们很难获得整个国家的资产组合流动或者银行贷款的流动数据，根据 Tong 和 Wei（2009）的研究，这个指标可能是更容易受影响的资本流动指标。然而，Dooley、Fernandez‐Arias 和 Kletzer（1994）质疑了这个观点，他们认为高层次的对外直接投资可能与高度的资本流动性相关。

后,我们再引入一个变量,统计 2008 年秋季美联储在外的离岸美元流动性,这些全球证券市场的净值签在地放缓了美元的流动性短缺问题,使得国内货币市场的操作更方便,减缓了对国内爆发银行货币危机的担忧。

潜在的经济波动:这第五组变量我们用三个经济指标去解释。经济的易变性说明经常遭受频繁而剧烈的冲击,或者说在处理危机时很少成功,根源在于制度体系太弱、缺乏公信力。更大的潜在波动性说明该国更容易受到全球危机的影响。我们用国内产出缺口的标准差来表示经济的波动性。我们同样也引入了名义汇率的标准差,汇率的波动说明经济潜在的不稳定性,通胀更高且波动,以及政府公信力和货币政策透明度的缺失(Kuttner, Posen, 2000)。然而,更易波动的汇率也反映出一国汇率政策的灵活性,这有助于帮助一国减轻经济危机的冲击,通过汇率贬值提高本国出口产品的竞争力来帮助本国经济复苏。① 但是并不是所有的货币运动都有利于本国经济的调整。因此,根据 Petursson(2010) 的研究,我们最终将汇率波动性中非基础性波动部分作为衡量经济潜在变动的变量。

经济不平衡与易变性:描述初始经济环境的第六组变量主要是关于危机前的宏观经济环境,大致的关系是宏观经济环境越不平衡,经济体的金融经济环境越容易往不利的方向发展。这是金融危机的一个非常显著的特点。Barajas、Dell's Ariccia、Levchenko(2009)研究提出,例如,宏观经济的不平衡将增加危机爆发的可能性。他们同样发现,失衡越大,危机之后伴随着经济衰退时间也越长。为了确定危机中的不平衡性,我们选取通胀(更高的通胀可能意味着更大的需求压力,更无效的通胀预期,更无能的政策决定机构以及更难用货币刺激去减轻危机)、经常账户盈余(更大的赤字将使国家更容易受到资金突然回流的影响)、金融杠杆(更高的金融杠杆将使国内资产负债表更易受到资产价格突然逆转的影响,也面临更大的再融资风险)、财政当局的潜在易变性(更大的预算赤字将降低通过财政手段减轻危机的空间,更大的政府债务可能会扩大危机的危害)、中央银行外汇储备(低水平的储备将限制货币当局采用货币政策支持国内货

---

① 然而,灵活的汇率机制吸收经济冲击的作用可能在实际中要受到限制,如果货币存在严重不匹配,由于非金融私人部门或者公共部门的资产负债表将会被贬值,这将引起大范围的偿付问题和银行资产的减值。数据的限制阻止了我们将这类货币不匹配纳入我们的分析中。

币以及在美元流动性紧缺时，支持国内流动性的能力。①

制度因素：我们认为拥有更强制度的国家更易处理危机环境，更有利于维持平衡的宏观经济环境（Acemoglu，2003）。这将使国家更不易受危机的影响，正如我们在前面所讨论的。第七组初始经济变量因此包含十个不同变量来衡量制度因素的不同方面。其中四个变量是关于制度质量，四个变量是关于市场的灵活性。我们同样也选取了两个变量来衡量过去金融危机的经验。我们通常认为经历过类似危机的国家将会从过去的失误中获得经验，以防止经济易变性的发生。但是，与此同时，危机的复发也说明了较弱的机制和可信度的缺失，这需要较长时间的恢复。因此，过去的经验也会使新危机发生时信心的丧失。

货币和汇率机制：人们通常认为现存的汇率机制在危机中扮演很重要的角色。因此，一些人认为欧洲货币联盟在保护爱尔兰、马耳他以及其他一些南欧国家整体崩盘的过程中至关重要，而另一些人认为灵活的汇率机制在银行系统的崩盘和爱尔兰危机中起着关键作用。另一方面，一些人开始强调浮动汇率制在后危机时代复苏过程中发挥重要作用。另一些人认为过度强调通胀控制的国家在国际贸易机制下更容易受到金融危机的威胁。冰岛就是一个典型的例子。我们之前讨论了在控制初始环境基础上，加入了别的一些除货币和汇率机制以外的变量来表示危机中发挥的作用。②

3.3 经验结果

在这一部分，我们开始分析各初始条件之间的关系。我们用国家间的回归解释产出和消费萎缩之间关系的深度和广度。用国家间的可能性回归来解释系统性的银行和货币危机的可能性。3.1节、3.2节阐述的就是这个

---

① 比如说，可以参照 Fratzscher（2009）、Obstfeld、Shambaugh 和 Taylor（2009）。然而，外汇储备从某种意义上说对于一个国家参加货币互换并不那么重要。根据 Allen 和 Moessner（2010），国际上比较大的金融中心，比如说欧元区，英国、瑞士和澳大利亚，如果在不能使用公开市场操作而不得不提供大量外汇流动性的情况下，它们将会失去手中大量的外汇储备。

② 比如说，Berkmen 等（2009）发现，采用钉住汇率的国家相比于灵活汇率制的国家会经受更大程度的经济紧缩。相反，Coulibaly（2009）的研究表明，货币联盟内的国家相对来说更不易受货币危机的影响。

结果,而3.3节阐述了敏感性分析结果。主要结果的经济学解释被放在3.4节中描述。

注意,危机前的解释变量数据和分析目的是寻找哪些变量在预测经济萎缩的深度和广度中发挥着重要作用,以及这些国家是否真正经历了银行或货币危机,或者是全部。再者,本想在研究中包含过多的解释变量,而有限的理论并不能指出哪些因素应该被包含,在最终呈现方法前,我们必须先做一些必要的试验。因此,所有的变量都已经被测试过,但是,只有在置信区间内影响显著的变量才被保留下来。

3.3.1 危机对实体经济影响

表3.2~表3.5给出了主要的结果,比如较优的基本情况以及不同货币和汇率机制的额外虚拟变量的边际贡献率。正如表中所示,我们所选取的变量可以解释不同国家产出和消费损失的四分之三。因此,我们很快就能得出结论,初始条件会影响危机,这与Rose、Spiegel(2009)和Claessen(2010)得出的结论相反。[①]

表3.2　　　　　　　　　产出萎缩程度的回归结果

	具体值				
	(1)	(2)	(3)	(4)	(5)
常数	-0.093	-0.096	-0.086	-0.089	-0.084
	(0.002)	(0.001)	(0.002)	(0.002)	(0.004)
	[0.001]	[0.001]	[0.001]	[0.001]	[0.002]
产出相关性	0.066	0.063	0.055	0.069	0.060
	(0.030)	(0.048)	(0.055)	(0.023)	(0.050)
	[0.023]	[0.021]	[0.042]	[0.016]	[0.044]
产出波动性	2.981	3.016	2.941	2.754	2.909
	(0.001)	(0.001)	(0.001)	(0.002)	(0.001)

---

① 正如表3.2~表3.5所示,我们在危机存续期内只能解释三分之一到一半的跨国变化。相对危机深度,危机存续期间我们可以解释的某个国家的变化更少,说明危机存续期间国家的变化远比危机深度的变化小。再者,这也可能说明危机已经在某些国家结束,而只有当危机在所有国家全面爆发时,危机持续期的变化才会变得更大。

3 经历金融风暴：基本理论和灵活应变的重要性

续表

	具体值				
	(1)	(2)	(3)	(4)	(5)
	[0.002]	[0.001]	[0.001]	[0.003]	[0.002]
汇率可变性	-0.905	-0.872	-0.700	-0.866	-0.794
	(0.002)	(0.003)	(0.012)	(0.002)	(0.007)
	[0.013]	[0.019]	[0.047]	[0.012]	[0.025]
通胀率	1.562	1.553	1.406	1.453	1.463
	(0.000)	(0.000)	(0.000)	(0.000)	(0.000)
	[0.002]	[0.002]	[0.002]	[0.003]	[0.003]
金融杠杆	0.023	0.024	0.028	0.022	0.025
	(0.012)	(0.012)	(0.002)	(0.017)	(0.008)
	[0.001]	[0.001]	[0.004]	[0.011]	[0.002]
欧洲货币联盟虚拟参数		0.005			
		(0.661)			
		[0.617]			
通胀目标虚拟参数			-0.025		
			(0.014)		
			[0.022]		
汇率钉住虚拟参数				0.019	
				(0.200)	
				[0.263]	
浮动汇率虚拟参数					-0.014
					(0.200)
					[0.148]
R^2	0.726	0.728	0.766	0.738	0.738
标准误差	0.032	0.033	0.030	0.032	0.032

注意：圆括号内的数值代表的是常规标准差下的 P 值，而方括号内的数值代表在稳定标准差下的 P 值。

表 3.3　　消费萎缩程度的回归结果

	具体值				
	(1)	(2)	(3)	(4)	(5)
常数	-0.089	-0.081	-0.081	-0.083	-0.077
	(0.000)	(0.002)	(0.000)	(0.000)	(0.001)
	[0.000]	[0.000]	[0.000]	[0.000]	[0.002]
银行系统规模	0.013	0.013	0.013	0.013	0.013
	(0.004)	(0.003)	(0.002)	(0.001)	(0.004)
	[0.000]	[0.000]	[0.003]	[0.002]	[0.006]
通胀率	2.368	2.291	2.403	1.811	2.320
	(0.000)	(0.000)	(0.000)	(0.000)	(0.000)
	[0.001]	[0.001]	[0.000]	[0.001]	[0.000]
经常账户盈余	-0.248	-0.261	-0.219	-0.240	-0.222
	(0.009)	(0.007)	(0.017)	(0.003)	(0.017)
	[0.032]	[0.031]	[0.046]	[0.019]	[0.047]
已往银行危机	0.033	0.029	0.040	0.031	0.039
	(0.094)	(0.148)	(0.039)	(0.064)	(0.046)
	[0.018]	[0.033]	[0.005]	[0.011]	[0.008]
欧洲货币联盟虚拟参数		-0.014			
		(0.415)			
		[0.190]			
通胀目标虚拟参数			-0.032		
			(0.034)		
			[0.040]		
汇率钉住虚拟参数				0.078	
				(0.000)	
				[0.002]	
浮动汇率虚拟参数					-0.027
					(0.081)
					[0.099]
R^2	0.704	0.708	0.735	0.794	0.726
标准差	0.050	0.050	0.048	0.042	0.049

注意：圆括号内的数值代表的是常规标准差下的 P 值，而方括号内的数值代表在稳定标准差下的 P 值。

3 经历金融风暴：基本理论和灵活应变的重要性

经济萎缩的程度

在这次危机爆发过程中，宏观经济指标的易变性和不均衡性在决定实体经济萎缩中起着特别重要的作用。尤其是通胀，它在决定产出和消费萎缩量中起着重要作用。以上的结果显示（分别呈现在表3.2、表3.3中）危机前通胀每上升1个百分点，产出将会萎缩1.6个百分点，而消费将会萎缩2.4个百分点。以上的结果还显示，产出的易变性还有一个相当大的影响。产出缺口的标准差每上升1个百分点，产出将会萎缩3个百分点。这其中也有部分私人部门的杠杆，私人部门对于GDP的杠杆每上升10%，产出将会萎缩0.2个百分点。然而，一个更灵活的汇率机制会产生更少的产出萎缩。有效名义汇率的标准差每上升1个百分点，产出萎缩将会减少0.9个百分点。宏观经济指标还会通过经常账户平衡表来引起消费的萎缩。表3.3中的结果表示，经常账户头寸每增长10个百分点，消费萎缩量将会减少2.5个百分点。

贸易和金融渠道在决定产出和消费萎缩中，同样起着决定性的作用。因此，国内经济与世界经济联系越紧密，比如说国内经济与世界经济的相关性每上升0.1个百分点，产出萎缩就会增加0.7个百分点。而有着大银行系统的国家将会面临更大的消费萎缩：银行系统的总资产占到GDP总值100%的大国相对于一般国家，消费萎缩度要高出1.3个百分点。此外，我们还发现，在过去三十年间，经历过系统性银行危机的国家相比没经历过危机的国家消费萎缩度要高出3.3个百分点。

最后，我们还发现，采用单边钉住汇率机制的国家在这次危机中遭受了严重影响，而欧洲货币联盟的国家所受冲击却不显著。采用浮动汇率制的国家，尤其是具有正式通胀目标的国家，它们往往更容易从危机中走出来。因此，采用钉住汇率的欧洲货币联盟之外的国家相对于联盟中的其他国家，消费萎缩要高出8个百分点，而采用具体通胀目标国家的产出减少则相对低2.5个百分点，消费萎缩也低3.2个百分点。

经济萎缩的持续性

我们已经发现宏观渠道在决定危机持续性上起着重要作用（详见表3.4和表3.5）。而且，我们发现具有更高通胀率的国家，其受到的影响也会被延长。通胀率每上升1个百分点，产出紧缩将会延长0.3个季度，而消费紧缩将会延长0.5个季度。危机前更高的政府债务也会引起更长的产出紧缩：债务比率高出 10% 将会引起经济紧缩延长 0.1 个季度。而对于危机的深度，我们发现更大程度的汇率可变性将伴随着更快的经济复苏：名义有效汇率的标准差每上升 1 个百分点，产出的紧缩将会缩短 0.3 个季度，而消费紧缩也将缩短 0.2 个季度。我们同样也发现金融渠道在影响产出紧缩的程度中起着重要作用。因此，金融开放程度越高的国家经历的紧缩相对也越长，尽管经历的紧缩程度相对较轻。比如说，金融开放度相对于 GDP 的值增加 100%，产出的紧缩将缩短 0.03 个季度。而资本流动程度将会产生一些负面的影响：资本流动数量占 GDP 的值上升 10 个百分点，产出的紧缩将会延长 0.7 个季度。然而，我们发现外贸开放度越高的国家经历的产出紧缩也相对更短：贸易占 GDP 的比率上升 10%，将会使产出紧缩缩短 0.1 个季度。这个结果同样说明了，过去经历过货币危机的国家相对于没有经历过货币危机的国家，产出紧缩将延长 0.7 个季度。

表 3.4　　　　　　　　产出萎缩持久度的回归结果

	具体值				
	(1)	(2)	(3)	(4)	(5)
常数	2.465	2.548	2.598	2.477	2.432
	(0.000)	(0.000)	(0.000)	(0.000)	(0.002)
	[0.001]	[0.001]	[0.001]	[0.001]	[0.004]
贸易开放度	-0.719	-0.740	-0.749	-0.794	-0.717
	(0.040)	(0.034)	(0.037)	(0.024)	(0.044)
	[0.048]	[0.013]	[0.023]	[0.014]	[0.025]
金融开放度	0.030	0.033	0.029	0.029	0.030
	(0.000)	(0.000)	(0.000)	(0.000)	(0.001)
	[0.000]	[0.000]	[0.000]	[0.000]	[0.000]
资本流动性	7.220	7.812	7.144	6.932	7.288
	(0.002)	(0.001)	(0.003)	(0.003)	(0.003)
	[0.001]	[0.000]	[0.000]	[0.000]	[0.001]
汇率可变性	-26.148	-30.116	-25.069	-25.895	-26.507
	(0.001)	(0.000)	(0.002)	(0.001)	(0.001)

3 经历金融风暴：基本理论和灵活应变的重要性

续表

	具体值				
	(1)	(2)	(3)	(4)	(5)
	[0.001]	[0.000]	[0.000]	[0.000]	[0.000]
通胀率	30.110	30.825	28.886	26.172	30.142
	(0.001)	(0.001)	(0.002)	(0.005)	(0.002)
	[0.001]	[0.000]	[0.001]	[0.003]	[0.000]
政府债务	1.382	1.587	1.313	1.561	1.389
	(0.014)	(0.007)	(0.025)	(0.007)	(0.016)
	[0.002]	[0.003]	[0.020]	[0.004]	[0.013]
已往货币危机	0.730	0.793	0.737	0.726	0.735
	(0.039)	(0.026)	(0.040)	(0.037)	(0.042)
	[0.061]	[0.036]	[0.061]	[0.061]	[0.055]
欧洲货币联盟虚拟参数		-0.457			
		(0.205)			
		[0.156]			
通胀目标虚拟参数			-0.124		
			(0.701)		
			[0.682]		
汇率钉住虚拟参数				0.649	
				(0.151)	
				[0.146]	
浮动汇率虚拟参数					0.040
					(0.905)
					[0.898]
R^2	0.494	0.515	0.495	0.521	0.494
标准差	0.930	0.922	0.941	0.916	0.942

注意：圆括号内的数值代表的是常规标准差下的 P 值，而方括号内的数值代表在稳定标准差下的 P 值。

表 3.5　　消费萎缩持久度的回归结果

	具体值				
	(1)	(2)	(3)	(4)	(5)
常数	2.195	2.187	2.371	2.271	2.443
	(0.000)	(0.000)	(0.000)	(0.000)	(0.000)
	[0.000]	[0.000]	[0.000]	[0.000]	[0.000]
汇率变动性	−20.742	−20.643	−16.695	−19.857	−15.916
	(0.022)	(0.035)	(0.074)	(0.024)	(0.093)
	[0.012]	[0.017]	[0.033]	[0.018]	[0.044]
通胀率	46.381	46.391	43.983	37.925	42.350
	(0.000)	(0.000)	(0.000)	(0.001)	(0.000)
	[0.000]	[0.000]	[0.000]	[0.000]	[0.000]
欧洲货币联盟虚拟参数		0.012			
		(0.977)			
		[0.977]			
通胀目标虚拟参数			−0.535		
			(0.175)		
			[0.127]		
汇率钉住虚拟参数				1.038	
				(0.058)	
				[0.017]	
浮动汇率虚拟参数					−0.547
					(0.168)
					[0.120]
R^2	0.358	0.358	0.386	0.411	0.386
标准差	1.237	1.252	1.224	1.198	1.223

注意：圆括号内的数值代表的是常规标准差下的 P 值，而方括号内的数值代表在稳定标准差下的 P 值。

最后，我们发现除了一些采用多边钉住的汇率机制国家相对于浮动汇率制国家和钉住欧洲货币联盟的国家影响要延长 1 个季度以外，其他货币和汇率机制虚拟变量并没有产生额外的影响。

3 经历金融风暴：基本理论和灵活应变的重要性

3.3.2 银行和货币危机的可能性

为了预测系统性银行或者货币危机的可能性，我预估了一个多变量可能性模型。表3.6～表3.8展示的是银行危机、货币危机以及两者共有危机。① 由于可能性系数很难解释，我们选取这个可能性回归中单位变化引起的反应作为边际效应，用数据的平均值表示。② 然而，对于二元回归，我们对危机可能性的结果是0到1之间。对于两种危机共存的情况，我们只记银行危机或者货币危机的边际效应，因为两种危机共同发生的边际效应很小，在数据中几乎不可能出现两种危机共同出现。两种危机都不发生的情况的边际效应与发生一种危机的情况类似（只是相反的情况而已）。表3.6～表3.8中也有一些结论性的数据，包括准确预测危机的成功率（使用50%的指数）以及在常规的可能性模型上的改进（常规模型指的是只包含常数）。

表3.6　　　　　　　发生银行危机可能性的 probit 估计

	具体值				
	(1)	(2)	(3)	(4)	(5)
常数	-18.358	-22.200	-30.500	-19.932	-30.594
	(0.002)	(0.002)	(0.003)	(0.009)	(0.007)
人均GDP的自然对数	4.050	4.895	6.972	4.526	7.213
	[2.25]	[2.14]	[0.66]	[1.31]	[0.74]
	(0.006)	(0.005)	(0.003)	(0.019)	(0.013)
银行系统规模	0.645	0.694	1.108	0.604	0.802
	[0.98]	[0.83]	[0.29]	[0.48]	[0.23]
	(0.001)	(0.000)	(0.019)	(0.000)	(0.001)
通胀率	81.585	96.780	133.488	78.020	126.755
	[12.41]	[11.63]	[3.46]	[6.19]	[3.58]
	(0.001)	(0.001)	(0.009)	(0.007)	(0.004)

---

① 对于银行和货币危机的具体值来说，变量值取1说明银行或者货币危机发生了，取0则表示不发生。对于双危机的情况，取0表示两者均不发生，取1表示两者发生一种情况，取2表示两种危机同时发生。

② 对于个位数的单位变化，我们采用1%为基数的单位变化衡量；对于两位数或者更高的单位变化，我们采用10%为基数的单位变化。对于人均GDP，我们的单位改变量为1000美元。

续表

	具体值				
	（1）	（2）	（3）	（4）	（5）
外汇储备的规模	-3.214	-2.770	-4.772	-6.001	-4.501
	[-4.89]	[-3.33]	[-1.24]	[-4.76]	[-1.27]
	(0.053)	(0.083)	(0.017)	(0.065)	(0.016)
欧洲货币联盟虚拟参数			0.586		
			[8.18]		
			(0.414)		
通胀目标虚拟参数				-2.276	
				[-8.10]	
				(0.018)	
汇率钉住虚拟参数					1.684
					[32.39]
					(0.126)
浮动汇率虚拟参数					-1.538
					[-5.78]
					(0.047)
自然对数的可能性	-11.706	-11.437	-8.592	-10.491	-10.031
假 R^2	0.573	0.582	0.686	0.617	0.634
准确的观察样本	37	39	41	41	39
增长百分比	0.308	0.462	0.615	0.615	0.462

注意：方括号内的数字代表这些解释银行危机可能性的变量改变一个单位的边际效应（×100用百分数表示），用平均数来估算，虚拟变量不用估算边际效应，在虚拟变量中，数字代表的是银行危机发生的可能性从0变到1的效应。圆括号里面的数值代表标准差下的P值。准确的观察样本这一项指的是每个模型预测准确的样本数，使用50%的平均值。增长百分比指的是一个简单的常数可能性模型被修订后，错误案例上升的百分比。

在逐个对结果进行分析之前，我们必须注意到这个预测结果必须要被谨慎使用，因为此类危机在这些国家样本中发生的概率很低（两次货币危机，一次双重危机）。这样的结果只有象征性的意义。但是这对于预测银行危机来说，并不成为问题，因为总共有13个观察变量（占到所有样本的28%）。

3 经历金融风暴：基本理论和灵活应变的重要性

表 3.7　　发生货币危机可能性的 probit 估计

	参数估计	边际效应	P 值
常数	−20.558	—	0.004
人均 GDP 的自然对数	5.471	$2.10E-7$	0.002
银行系统规模	1.040	$1.10E-7$	0.005
汇率可变性	62.843	$6.63E-7$	0.003
财政盈余	−40.440	$-4.27E-7$	0.005
中央银行独立性	−13.353	$-1.41E-7$	0.016
已往银行危机	7.402	0.89	0.003
可能性的自然对数	−3.075		
假 R^2	0.626		
准确的观察样本	45		
增长率	0.500		

注意：方括号内的数字代表这些解释货币危机可能性的变量改变一个单位的边际效应（×100 用百分数表示），用平均数来估算，虚拟变量不用估算边际效应，在虚拟变量中，数字代表的是银行危机发生的可能性从 0 变到 1 的效应。圆括号里面的数值代表标准差下的 P 值。准确的观察样本这一项指的是每个模型预测准确的样本数，使用 50% 的平均值。增长百分比指的是一个简单的常数可能性模型被修订后，错误案例上升的百分比。

表 3.8　　发生银行、货币或者双重危机可能性的 probit 估计

	具体值				
	(1)	(2)	(3)	(4)	(5)
人均 GDP 的自然对数	5.490	−5.458	5.696	6.103	5.822
	[4.38]	[4.40]	[4.22]	[4.12]	[4.21]
	(0.000)	(0.000)	(0.001)	(0.001)	(0.003)
金融深化	−0.471	−0.463	−0.556	−0.633	−0.558
	[−1.03]	[−1.02]	[−1.14]	[−1.17]	[−1.11]
	(0.023)	(0.038)	(0.055)	(0.029)	(0.059)
银行系统规模	0.545	0.544	0.554	0.506	0.542
	[1.19]	[1.20]	[1.13]	[0.94]	[1.07]
	(0.002)	(0.002)	(0.006)	(0.001)	(0.006)
汇率可变性	29.566	29.093	31.827	31.700	32.462
	[6.47]	[6.43]	[6.47]	[5.87]	[6.44]
	(0.017)	(0.023)	(0.014)	(0.013)	(0.017)
通胀率	56.909	56.163	56.876	46.700	56.964

续表

	具体值				
	(1)	(2)	(3)	(4)	(5)
	[12.45]	[12.41]	[11.54]	[8.65]	[11.29]
	(0.014)	(0.020)	(0.023)	(0.015)	(0.032)
财政盈余	−14.814	−15.154	−14.233	−20.175	−14.995
	[−3.24]	[−3.35]	[−2.89]	[−3.74]	[−2.97]
	(0.010)	(0.006)	(0.010)	(0.008)	(0.010)
限制水平1	2.633	22.447	23.188	24.449	23.560
	(0.000)	(0.000)	(0.001)	(0.000)	(0.002)
限制水平2	27.539	27.319	28.100	28.860	28.515
	(0.000)	(0.000)	(0.001)	(0.000)	(0.002)
欧洲货币联盟虚拟参数		−0.097			
		[−2.11]			
		(0.883)			
通胀目标虚拟参数			−0.505		
			[−9.84]		
			(0.495)		
汇率钉住虚拟参数				1.291	
				[36.00]	
				(0.151)	
浮动汇率虚拟参数					−0.448
					[−8.81]
					(0.527)
对数似然	−14.185	−14.176	−13.831	−13.294	−13.907
假R^2	0.555	0.555	0.566	0.583	0.564
准确的观察样本	39	39	40	41	40
增长百分比	0.500	0.500	0.571	0.643	0.571

注意：方括号内的数字代表这些解释银行或货币危机可能性的变量改变一个单位的边际效应（×100用百分数表示），用平均数来估算，虚拟变量不用估算边际效应，在虚拟变量中，数字代表的是银行或货币危机发生的可能性从0变到1的效应。两种危机共同发生的可能性特别小，所以这里没有表示。两种危机都不发生的边际效应与发生一种危机的边际效应一样，只是符号相反。圆括号里面的数值代表标准差下的P值。准确的观察样本这一项指的是每个模型预测准确的样本数，使用50%的平均值。增长百分比指的是一个简单的常数可能性模型被修订后，错误案例上升的百分比。

3 经历金融风暴：基本理论和灵活应变的重要性

银行危机的决定因素

表3.6中列出了对系统性银行危机起预测作用的各种不同变量。首先，更高的人均GDP伴随着更大可能的银行危机。这个发现只能说明高收入国家在这次金融危机中陷入系统性银行风险的可能性比较大，但是它没有任何结构性的意义。更有意思的是，危机前银行系统规模更大意味着爆发危机的可能性也更大。之前分析的边际效应说明银行系统的资产占GDP的比值每上升10个百分点，爆发系统性银行危机的可能性也增加1个百分点。危机前更高的通胀率也意味着爆发银行危机的可能性更大：表3.6说明通胀率每上升1个百分点，爆发系统性银行危机的可能性将上升12个百分点。最后，外汇储备与GDP的比值越高，发生系统性银行危机的可能性就越低。用边际效应解释就是外汇储备占GDP的比值上升10个百分点，爆发系统性银行危机的可能性将下降5个百分点。

表3.6同样也展示了增加不同货币机制下的虚拟变量的影响。对于采用单边钉住汇率政策的欧洲货币联盟成员，其虚拟变量没有重要影响。但是外向型国家和浮动汇率国家在5%置信区间内影响效果是显著的。结果显示，外向型国家发生系统性银行危机的概率比非外向型国家要低8个百分点，而在其他条件保持不变的情况下，采用浮动汇率制的国家发生危机的概率也要降低6个百分点。我们必须注意的是，尽管制度变量加进来之后边际效应受到一定程度的削弱，但是原始的回归模型仍然显著。

货币危机的决定因素

表3.7给出了对货币危机有显著预测效果的变量。但是，我们从一开始必须注意到货币危机只有两个观察变量，因此得出的结果很大程度上是寻找冰岛和韩国之间的差异，另一方面是对比整个变量样本。我们不能马上得出结论。也就是说，我们发现还是要把人均GDP作为控制变量。更大的银行系统伴随着更大的发生危机的可能性。危机前更灵活的汇率制度以及更高的财政赤字比例都将会增加货币危机的可能性。然而，更加完善的制度因素，意味着央行决策的更大独立性以及受过去银行危机影响的程度更小，这都有利于降低在这个阶段发生货币危机的可能性。由于这段时间内发生货币危机的可能性极低，因此，解释变量变化产生的边际效应也非常小，如表3.7所示。再者，需要说明的是，我们不可能采取预测性很好的二元变量模型上增加制度因素的解释变量去预测其最大可能性。

双重危机的决定因素

最后，表3.8给出了大量预测双重危机的变量。在分析双危机变量之前，需要将人均GDP作为一个控制变量。银行系统的规模和通胀水平与双重危机的爆发密切相关，就如之前在表3.6中得出的对银行危机可能性的分析一样。更大的汇率波动和更高的财政赤字意味着发生货币危机的可能性更大，正如表3.7所示，这些变量每上升1个百分点，银行或者货币危机爆发的可能性将分别上升6个百分点和3个百分点。然而，金融深化每加深10个百分点，爆发银行或者货币危机的可能性将会降低1个百分点。最后，制度因素的虚拟变量在其中的影响效果不显著。

预测的银行和货币危机可能性

这个可能性模型在预测银行和货币危机的可能性上表现得非常成功。以上三种决定变量的分析可以准确地预测危机的80%~98%，在有些加入制度虚拟变量的情况下，还会有更大的提高。以上的分析同样对常量可能性模型的效果有了显著提升，从30%提高到50%。这些模型还能够基本区分危机和非危机国家：在20%的置信区间下，发生危机的概率为59%~91%，在40%的置信区间下，发生危机的可能性为76%~96%。

表3.6所示的银行危机回归模型在预测比利时、冰岛、爱尔兰、拉脱维亚、卢森堡、荷兰以及瑞士银行危机的可能性接近100%，而对英国爆发银行的危机的可能性预测得相对较低，为70%。这个模型预测奥地利和美国发生银行危机的可能性为50%，丹麦34%，俄罗斯为23%，以及德国为18%。当然也有一些预测错误的情况：该模型预测瑞典发生银行危机的可能性是70%，而爱沙尼亚、匈牙利和挪威略高于50%。① 西班牙发生危机的可能性更低，只有31%。② 然而，只有四个国家（丹麦、德国、俄罗斯和瑞典）的结果表示与零有显著差异。

---

① Allen 和 Moessner（2010）质疑，瑞典和丹麦可能在美联储没有采取相应的公开市场操作，雷曼兄弟倒闭和欧洲央行采取行动之后向它们的银行提供了有效的支持，因为提供必要的外汇储备支持将会用尽它们的大多数储备。爱沙尼亚的瑞典银行得到了来自其母公司的支持，瑞典央行和它的爱沙尼亚交易对手进行了一定的公开市场操作。匈牙利开始向国际货币基金组织和欧盟寻求帮助，欧洲中央银行和瑞士国家银行决定为匈牙利中央银行设立公开市场操作的便利，为匈牙利国内的商业银行提供欧元和瑞士法郎的流动性支持。

② 西班牙储蓄银行的问题在2010年5月就已经很明显了，在我们的样本期外，那时候西班牙银行大规模控股了CajaSur银行，并计划加速并购Cajas剩下的大量股份。

3 经历金融风暴：基本理论和灵活应变的重要性

表3.7货币危机回归模型预测冰岛发生危机的可能性为93%，但是在预测韩国货币危机中的表现是失败的（仅仅只有15%）。它同样也错误地高估了其他国家的危机可能性，它预测以色列达到43%，保加利亚为23%——但是只有韩国和以色列的预测误差在95%的置信区间内是显著的。

最后，预测双重危机的表3.8中对奥地利、俄罗斯、英国和美国发生银行危机的可能性优于表3.6中的预测，但是对于拉脱维亚的预测不够准确。对于其他国家，这两种预测的结果基本类似。对于银行危机预测模型中的错误预测，模型中匈牙利和瑞典发生银行危机的高概率仍然维持，但是爱沙尼亚、挪威和西班牙发生危机的概率大幅下降。另外，这个模型对于保加利亚的预测是错误的，达到54%。再者，对以色列的错误预测已经消失了。最后，这个模型准确地预测了冰岛发生双重危机的可能性，达到了79%。

3.3.3 稳定性测试

我们尝试在经验数据中选取各种变动来检验结果的稳定性。首先，我们保留GDP和人均GDP作为控制变量，来观察高收入国家和效果受到影响的大小，如前面所分析的。这种推论在其他变量上也同样适用。由于在我们的样本中有大量的国家，很有可能出现小国被赋予了过高权重的情况，这将削弱这次全球危机从发源地美国传播到其他大国的影响效应。为了检测效果偏离对结果的敏感性分析，我们选取GDP的自然对数作为替代变量，使用最小二乘回归重新预估整个回归模型。然而，我们发现我们的结果对此并不敏感，因此我们的推论也不能被改变。我们也不增加不同国家集团的虚拟变量，不同地区和大陆，不同收入和规模的集团以及不同国家类型。

我们同样重新预估了之前的所有回归，每次舍弃一个观察量，然后观察剩下的解释变量是否还显著。我们发现它们仍然都显著。然而，有四个例外：舍弃香港这一样本将使得外汇储备变量在危机等式中显得不那么显著；舍弃卢森堡的数据使得金融深化在产出持续等式中影响不显著，在双危机等式中金融深化的影响也显得不显著；舍弃挪威的数据使得财政收支平衡在双危机模型中显得不显著。我们对制度虚拟变量做了同样的敏感性分析。国际贸易和汇率钉住机制的虚拟变量都被证明在样本缺减的情况下仍然是富有弹性的，但是浮动汇率的国家在消费缩减等式中显得不是十分显著。然而，只要取出冰岛的数据，浮动汇率国家的数据在消费缩减等式中还是非常显著的。

3.3.4 结果的解释

在这一节中，我们将着重解释这章的重点结论。然而，在此之前，我们必须强调的是该研究并不是常规笼统地分析金融、银行或者货币危机，而是聚焦在通货危机以及它的结果上。因此，本章中有些结果可能只适用于本次危机，而对其他危机并不适用。但是，一些有趣的结论值得我们重视，它们不仅有利于我们去理解这次危机，而且有利于我们理解一些相似的危机，可能含有一些重要的政策意义。

其中一个重要结论就是，危机前通货膨胀的效用有多强大，通常危机前的通胀效应是最显著的影响效应。因此，通胀程度较高的国家趋向于经历更深层次的经济萎缩，并且更容易受到银行和货币危机的危害。我们认为通胀效应其实是反映了危机中宏观经济的一个失衡程度，也反映了此类国家受到的政策限制。货币政策宽松的程度以及其向实体经济传递的能力受现时通胀压力和通胀程度是否被充分预期所影响。高通胀的国家相比于具有良好通胀预期的国家，在危机中它们更不愿意使用货币政策去刺激本国的经济。[①]

再来看看其他的宏观经济失衡和易变性的变量，通常我们认为危机中宏观经济失衡越明显，最后的结局也会越惨痛。更高的私人部门杠杆，更大的经常账户赤字，[②] 更大的产出波动，或者更低的外汇储备，都会从一方面或者另一方面导致更深层次的萎缩和更大的系统性银行危机。很有意思的一个现象，外汇储备的水平对于货币危机发生的可能性并没有显著影响。相反，我们发现更低水平的储备增加了银行危机的风险，这恰恰反映

---

① 对于通胀重要性结论的发现可以说是偶然的，来自国际货币基金组织首席经济学家Olivier Blanchard和他的合著者（Blanchard, Dell's Ariccia, Mauro, 2010）近期的推荐，他们认为高的通胀目标，会产生较高的平均通胀，对危机的反应会更平和，因为它会扩大降低利率的效应去抵消危机。我们认为更高的通胀将会使危机更加糟糕，而不是更好，而这个结果似乎对于不同危机的衡量是稳定的，也符合不同的稳定性检验。特别是，值得强调的是它们不是由于个别观察值的高通胀引起的（我们的观察值中最高的通胀率是10%，而所有国家样本的平均通胀率是3.4%）。

② 有意思的是，更高的经常账户赤字会扩大消费紧缩，但是对产出紧缩没有影响。这其中的逻辑就是，更高的经常账户赤字要求国内需求作出调整，伴随的是净出口的调整（特别是来自进口的缩减），最后降低产出的效应。

了非常强大的大银行体系和国内弱小货币当局提供的有限的外汇流动性之间的矛盾,这通常被认为在危机中一个最脆弱的地方。然而,我们发现外汇储备的影响在剔除香港这个观察量之后也显得不显著,中央银行的公开市场操作和实际储备头寸之间的矛盾同样难以控制。

我们同样发现财政头寸也发挥重要的作用。因此,我们发现危机中积累的更大的政府债务,将引起更长期的产出缩减。这似乎符合逻辑:政府债务头寸越恶化,危机过后政府采取财政手段复苏经济的空间越小。我们同样发现,危机前更大的财政赤字,增加了银行或者货币危机的风险。其中的内在逻辑是:更大的财政赤字往往伴随着危机突然爆发的风险,加剧了引起恐慌和全面危机的不稳定性。然而,这个结果的显著性取决于挪威是否在这个国家样本中。

再者,我们同样发现,银行系统的规模同样起着重要作用。首先,银行系统越大,消费紧缩的程度就会越大。这个逻辑解释就是,一旦危机发生,政府需要花费大量的钱去支持银行系统,而没有钱去支持国内需求。它同样可以反映出一个国家家庭消费信贷对整个银行系统的依赖性。我们同样可以发现,更大的银行系统伴随着发生更大的银行和货币危机的可能性。然而,我们的结论表明,更发达的金融体系将会降低银行或货币危机的风险。但是,在剔除卢森堡这一观察量之后,这最后的结论并不显著。

我们发现对于世界经济联系的紧密程度,无论是通过贸易渠道,还是通过金融渠道,对于扩大危机的影响来说,结论是不明确的。因此,更强的贸易和金融联系往往伴随着更大更长时间的产出紧缩,因为全球金融恐慌,资本的突然反转流出,全球需求的突然紧缩会对那些依赖于资本流动或者开放贸易的国家产生沉重打击。金融开放程度对产出紧缩的持续性影响很大程度上受到卢森堡巨大的对外经济平衡表的推动,然而,一旦剔除卢森堡的数据,这个结论就显得不那么显著。因此,在解释金融开放程度和世界经济危机之间联系的时候,必须考虑这个大的异常值敏感性问题。然而,即使卢森堡被剔除出样本,资本流动的影响仍然是显著的。同时,我们发现越是贸易外向型经济越容易从危机中复苏。这可能在一定程度上解释了这类国家(尤其是亚洲国家)在2009年全球经济危机中相对于贸易开放程度较低的国家更容易从危机中复苏。

我们同样发现汇率的灵活性的作用有点不明确。尽管我们的结果显示

欧元区与金融危机

更大的汇率灵活性将会降低经济萎缩的时间和程度，但是它增加了银行或者货币危机的风险。因此，汇率的灵活性使得经济体更加容易在危机中调整它们的相对价格，但是同样也更容易受银行或者货币危机的影响。灵活在这个意义上就如一把双刃剑。这个结论在单边汇率钉住体制被进一步证实：我们发现这类多边钉住的国家在受到的经济和消费萎缩也尤为明显。然而，这仅仅适用于货币联盟以外的国家采取钉住政策的情况：相比较其他多边钉住国家，我们并没有发现欧洲货币联盟的国家有任何的额外负效应。同时，我们发现，有着固定通胀目标的国家（通常是浮动汇率国家）往往受到的经济紧缩程度较小，发生系统性银行风险的可能性也较小。①

我们同样发现在过去经历过银行或者货币危机的国家往往会经历更深更长时间的消费紧缩，更有可能经历货币危机的痛苦。因此，从过去危机中学习的经验在现时危机中并不起作用，至少对于货币当局处理危机的可信度由于过去危机的负面影响而大打折扣。好的货币机构的重要性已经在我们的研究中被强调过，中央银行的独立性降低了发生货币危机的可能性。而其他的一些制度性的因素并没有被发现有这么显著的影响。

我们的结果同样也发现了一个通常被认为是影响危机的重要因素的变量，最后被证明并不是一个显著的变量。特别地，我们发现美联储提供美元流动性的便利性对系统性银行危机的爆发并不起重要作用。中央银行公开市场操作的建立被广泛赞誉为有效地减轻了美元在货币和外汇互换市场上的流动性压力，并且有效地阻止了全球金融危机不稳定的进一步恶化（详见 Allen, Moessner, 2010）。然而，我们的结果并不能否定国际金融便利的重要性，因为我们无法确定一旦缺失它们会有什么后果。我们同样过度看重中央银行的公开市场操作在限制系统性银行危机中的作用，因为我们对银行危机的衡量并没有区分一个银行危机和整个银行系统的崩盘。我们同样没有发现贸易结构三个变量的作用（制成品出口的比例、贸易多样性和贸易集中度），样本中如果增加更多的发达国家样本，这样的结果可能会改变。

尽管我们的发现认为汇率制度的灵活性可以使一国更灵活地应对危

---

① 这与 Carvalho Filho（2010）的研究一致，他们同样也发现了这次危机中信息技术从中获益。

机,但是也增加了该国发生货币危机的风险,即使明显地取出一个欧洲货币联盟国家的样本,这种情况仍然存在。比如说,我们必须记住一个给定国家危机前的初始经济变量相对于它的汇率机制来说并不是外生的。此外,在一个货币联盟内,大量的外债和经常项目赤字将会以本币来计,很少被看做是脆弱性的表现。再者,很明显我们发现欧洲货币联盟保护了其成员国免受货币危机的影响,通过一定的渠道减轻危机的实际影响(Cecchetti, Kohler, Upper 2009,发现货币危机往往引起更大的产出损失)。最后,正如之前提到的,在样本中我们对银行危机的衡量并不区分不同银行危机的大小。比如说,我们通常认为冰岛大型银行系统崩盘的影响被大大削弱,因为其是欧洲货币联盟的成员,得到了强大的机构援助——比如,欧洲中央银行为其提供了强大的流动性支持。

3.4 结论

本章的主要目的是寻找哪些因素在决定本次全球金融危机的宏观经济影响方面的重要作用,以及为什么有的国家经历了系统性银行危机而有的国家则要相对轻一点。为了达到这个目的,我们选取了46个中上等收入国家危机前的一系列变量进行研究,通过金融市场向实体经济传播的四个可能性渠道进行研究:金融渠道、贸易渠道、宏观渠道以及制度渠道。

我们发现,通过危机前的各种宏观因素的不平衡和易变性,宏观渠道在本次危机震荡的传播过程中起着重要的作用。因此,我们发现,在本次危机中有着较高的通胀率,较大的经常项目赤字,更大的私人部门杠杆,更大的产出变动,或者更差的财政状况的国家往往趋向于经历更深层次的产出或者消费紧缩,更可能经历系统性银行或者货币危机。

我们同样发现金融渠道的重要影响。因此,具有相对较大银行系统或者说较强国际金融联系的国家,趋向于经历更深层次的产出或消费的紧缩。此外,我们发现大的银行系统显著地增加了发生系统性银行或者通货危机的可能性。

对于贸易渠道的影响的结论是不确定的。尽管我们发现,与世界经济联系更紧密的处于经济周期中的国家往往经历着更深层次的产出紧缩,但是我们同样也发现,贸易开放程度越高的国家,其产出紧缩的时间也相对越短。

　　对于汇率制度灵活性的作用我们的结论也是不明确的。我们发现，更大汇率制度灵活性往往和相对较小和较短的紧缩联系在一起，但是与此同时，却增加了发生货币危机或者系统性银行和货币危机的可能性。我们同样发现，采用单边汇率钉住的国家往往经历着更深的消费紧缩，但是对于欧洲货币联盟国家，这个揭露又不那么明显。这说明，货币联盟以外采取钉住汇率的国家往往更容易受到此次金融危机的影响。我们同样发现，具有固定通胀目标（一般来说是浮动汇率国家）的国家一般经历着较小的经济紧缩，发生系统性银行危机的可能性也较小。

　　最后，我们发现，过去经历过系统性银行或者货币危机的国家，在这次危机中并没有受益。事实上，我们的结论显示经历过过去危机的国家趋向于经历更深、更长的紧缩，遭遇货币危机的可能性也更大。我们得出的结论是，过去经历中获得的有益的正面效应被之前危机产生的不信任所抵消了。我们同样发现一些不确定性的结论，比如说机构质量的重要性，中央银行独立性越强，发生货币危机的可能性就越小。

　　这些结论的政策含义是清晰的，也是毫无争议的。因此，保证全球危机相对稳定的关键因素是保持良好的宏观经济环境，比如说，阻止经济体因不稳定而重建，制止银行系统变得太过庞大而使得本国经济难以支撑。我们的结论表明，实现了这些方面的经济体将更容易抵挡金融震荡，并且能更快地从危机中复苏。汇率机制的灵活性似乎也降低了实体经济遭受的影响，加快了经济的复苏，但是同时也增加了发生货币危机的可能性。但是，汇率制度的灵活性以及具体的通胀目标似乎都有助于降低系统性银行危机的风险。虽然我们并没有发现加入欧洲货币联盟有何显著的正效应，但是我们发现对于欧洲货币联盟以外的采取单边钉住汇率的国家所经历的负效应，货币联盟内的国家不会经历这些额外的负效应，可以说货币联盟减轻了钉住汇率产生的影响。欧洲货币联盟可能同样阻止了联盟内国家货币危机的发生，以及降低了联盟国家发生银行危机的规模。

附录：数据

　　数据定义以及来源详见表3.A1。

3 经历金融风暴：基本理论和灵活应变的重要性

表 3.A1　　　　　　　　　　　　**数据来源和定义**

变量	描述	来源
因变量		
产出紧缩的程度	2007年第一季度到2008年第四季度之间峰值开始到2009年第四季度之间的经过季度调整的GDP取差分	欧盟统计局、路透、各国中央银行和全球展望
消费紧缩的程度	2007年第一季度到2008年第四季度之间峰值开始到2009年第四季度之间的经过季度调整的私人消费水平取差分	欧盟统计局、路透、各国中央银行和全球展望
产出紧缩的持久度	2008年第三季度到2009年第四季度间经过季度调整的GDP季度增长值为负的季度数	欧盟统计局、路透、各国中央银行和全球展望
消费紧缩的持久度	2008年第三季度到2009年第四季度间经过季度调整的私人消费水平季度增长值为负的季度数	欧盟统计局、路透、各国中央银行和全球展望
银行危机	系统性银行危机的指标：如果一个国家的公司和金融部门犯了很多错误，金融机构和公司正面临着大量的到期合同的支付，并导致不良贷款率的上升，几乎耗尽了整个银行系统的资本金，此时，我们记为1，否则记为0	Laever 和 Valencia（2008）更新的数据库，以及作者自己的整理
货币危机	货币危机的指标：如果在2008—2009年一国的名义有效汇率贬值30%或者更多，并且当前的贬值速度相比于前两年增快了10%，我们将该国记为1，否则记为0	有效汇率来自国际清算银行数据库
经济结构		
GDP水平	2008年的GDP水平（通过一价定律调整过，单位为十亿美元）	世界各国概况（www.cia.gov/publications/factbook）
人均GDP	2008年的人均GDP（通过一价定律调整过，单位为十亿美元）	世界各国概况（www.cia.gov/publications/factbook）
金融结构和发展		
金融深化	2007年广义货币（M2）占GDP的比重	国际货币基金组织/国际金融统计和当地中央银行
银行系统规模	2007年本国最大的五家银行的资产总和占GDP的比重	《银行家》数据库（2008）

欧元区与金融危机

续表

变量	描述	来源
股票市场资本化	2007 年公开交易股票的市场价值占 GDP 的比重	世界各国概况（www.cia.gov/publications/factbook）
国际实体经济联系		
贸易开放度	2007 年进出口总额占 GDP 的比重	国际货币基金组织/国际金融统计
产出相关性	1985 年第一季度至 2007 年第四季度经季度调整后的国内生产总值与世界产出之间的相互关系（如果只能获得区间的 GDP，我们可以生成一个趋势 GDP）。对于法国、德国、意大利、日本、英国以及美国，计算世界产出时，用总的世界产出减去国家的产出。	欧盟统计局、路透、各国中央银行和佩特森（2010）
制成品出口比重	2006 年制成品出口在整个商品出口中所占的比重（国际商品出口类别中的 5~8 类，剔除 667 项和 68 项）	联合国/联合国贸易发展会议数据库（www.unctad.org/Handbook）
贸易多样性	克莱因手指法则的一个修改模型，用来衡量一个国家的贸易结果与所有国家的平均水平之间的偏离程度；指数分布在 0 到 1 之间，数值越高说明与世界平均水平之间的偏离越大	联合国/联合国贸易发展会议数据库（www.unctad.org/Handbook）
贸易集中度	H-H 指数衡量的是一国贸易品的市场集中度，指数分布在 0 到 1 之间，数值更大说明贸易集中度越高	联合国/联合国贸易发展会议数据库（www.unctad.org/Handbook）
国际金融联系		
金融开放度	2007 年国外资产和负债总和占 GDP 的比重	Lane 和 Milesi-Ferretti（2006）更新的数据库
资本流入	2007 年对外直接投资的流入占 GDP 的比重	联合国/联合国贸易发展会议数据库（www.unctad.org/Handbook）
美元流动性	这个指标指的是是否参与 2008 年美联储流动性项目：1 代表参与，0 代表不参与	McGuire 和 von Peter（2009）

3 经历金融风暴：基本理论和灵活应变的重要性

续表

变量	描述	来源
潜在的经济波动性		
产出波动性	1985 年第一季度至 2007 年第四季度之间经过季度调整的 GDP 增长的标准差（如果只能获得区间 GDP，我们可以生成一个趋势 GDP）	欧盟统计局、路透、各国中央银行
汇率波动性	1994 年至 2007 年间名义有效汇率季度变化的标准差	国际清算银行数据库中的实际有效汇率
汇率影响	这项指标衡量的是汇率风险溢价的标准差，比如，1990 年第一季度至 2005 年第四季度之间，理性预期达到现值在利率平价的条件下与实际有效汇率之间的差异，适用于所有的国家，除保加利亚、克罗地亚、罗马尼亚和俄罗斯外	佩特森（2010）
经济不平衡和易变性		
通胀率	2007 年平均消费价格指数通胀率	欧盟统计局、路透、各国中央银行
经常账户盈余	2007 年经常账户余额占 GDP 的比重	国际货币基金组织/国际金融统计
外汇储备规模	2007 年外汇储备占 GDP 的比重	国际货币基金组织/国际金融统计
金融杠杆	2007 年国内信贷占国内存款的比率	国际货币基金组织/国际金融统计
财政盈余	2007 年政府财政盈余占 GDP 的比重	国际货币基金组织/国际金融统计、欧盟统计局、路透、各国中央银行和统计机构
政府负债	2007 年政府债务占 GDP 的比重	国际货币基金组织/国际金融统计、欧盟统计局、路透、各国中央银行和统计机构

续表

变量	描述	来源
制度因素		
政府效率	这是一个衡量政府执政能力的指标,该指数从2007年开始测算,从-2.5到2.5,指数越高,说明政府执政越有效率	世界银行数据库（http://info.worldbank.org/governance/wgi/index.asp）
监管质量	这是一个衡量政府监管能力的指标,该指数从2007年开始测算,从-2.5到2.5,指数越高,说明政府监管的质量越高	世界银行数据库（http://info.worldbank.org/governance/wgi/index.asp）
合法的结构和资产的安全性	这是一个衡量司法体系质量的指标,包括司法独立性,法庭的公平性,财产权利的受保护性,军队干涉必须在法律范围内,法律体系的完整性,合同的法律效应和实体财产出售的限制等；该指数从2006年开始测算,数值从0到10,更高的数值代表更高质量的法律体系	经济自由网络（www.freetheworld.com/2008/2008 Dataset.xls）
中央银行独立性	衡量中央银行的总体独立性,指数从0到1,指数越高说明独立性越强	Fry等（2000）
信贷市场监管	衡量国内信贷市场的监管压力,从2006年开始测算,指数从0到10之间,指数越低说明监管压力越大	弗雷泽机构数据库中关于经济自由度的数据（www.freetheworld.com/2008/2008 Dataset.xls）
劳动力市场监管	衡量国内劳动力市场的监管压力,从2006年开始测算,指数从0到10之间,指数越低说明压力越大	弗雷泽机构数据库中关于经济自由度的数据（www.freetheworld.com/2008/2008 Dataset.xls）
商业监管	衡量国内商业的监管压力,从2006年开始测算,指数从0到10之间,指数越低说明压力越大	弗雷泽机构数据库中关于经济自由度的数据（www.freetheworld.com/2008/2008 Dataset.xls）
经济自由度指标	衡量经济自由度的指标,衡量的范围包括政府的规模、法律结构、货币流动性、国际贸易自由度以及市场的监管力度；从2006年开始测算,指数从0到10,指数越高经济自由度越高	弗雷泽机构数据库中关于经济自由度的数据（www.freetheworld.com/2008/2008 Dataset.xls）

3 经历金融风暴：基本理论和灵活应变的重要性

续表

变量	描述	来源
过去的银行危机	表示过去经历过银行危机的指标：1 代表经历过银行危机，0 代表没有经历过	Laeven 和 Valencia（2008）
过去的货币危机	表示过去经历过货币危机的指标：1 代表经历过货币危机，0 代表没有经历过	Laeven 和 Valencia（2008）

参考文献

Acemoglu, D., S. Johnson, J. Robinson and Y. Thaicharoen (2003). 'Institutional causes, macroeconomic symptoms: volatility, crises and growth', *Journal of Monetary Economics*, **50**: 49–123.

Allen, W. A. and R. Moessner (2010). 'Central bank co-operation and international liquidity in the financial crisis of 2008–9', BIS Working Paper, No. **310**.

Barajas, A., G. Dell'Ariccia and A. Levchenko (2009). 'Credit booms: the good, the bad, and the ugly', unpublished manuscript.

Berkmen, P., G. Gelos, R. Rennhack and J. P. Walsh (2009). 'The global financial crisis: explaining cross-country differences in the output impact', IMF Working Paper, No. **09/280**.

Blanchard, O., G. Dell'Ariccia and P. Mauro (2010). 'Rethinking macroeconomic policy', IMF Staff Position Note, No. **10/03**.

Buiter, W. H. and A. Sibert (2008). 'The Icelandic banking crisis and what to do about it: the lender of last resort theory of optimal currency areas', CEPR *Policy Insight*, No. **26**.

Carvalho Filho, I. (2010). 'Inflation targeting and the crisis: an empirical assessment', IMF Working Paper, No. **10/45**.

Cecchetti, S. G., M. Kohler and C. Upper (2009). 'Financial crisis and economic activity', National Bureau of Economic Research Working Paper, No. **15379**.

Claessens, S., G. Dell'Ariccia, D. Igan and L. Laeven (2010). 'Cross-country experiences and policy implications from the global financial crisis', *Economic Policy*, **61**: 267–93.

Coulibaly, B. (2009). 'Currency unions and currency crises: an empirical assessment', *International Journal of Finance and Economics*, **14**: 199–221.

Davis, E. P. (2008). 'Liquidity, financial crises and the lender of last resort – How much of a departure is the sub-prime crisis?', in P. Bloxham and C. Kent (eds.), *Lessons from the Financial Turmoil of 2007 and 2008*, Reserve Bank of Australia.

Dell'Ariccia, G., E. Detragiache and R. Rajan (2008). 'The real effects of banking crises', *Journal of Financial Intermediation*, **17**: 89–112.

Demirgüç-Kunt, A. and L. Serven (2009). 'Are the sacred cows dead? Implications of the financial crisis for macro and financial policies', World Bank Policy Research Working Paper, No. **4807**.

Dooley, M., E. Fernandez-Arias and K. Kletzer (1994). 'Recent private capital inflows to developing countries: Is the debt crisis history?', National Bureau of Economic Research Working Paper, No. **4792**.

Forbes, K. J. and M. D. Chinn (2004). 'A decomposition of global linkages in financial markets over time', *Review of Economics and Statistics*, 86: 705–22.

Frankel, J. A. and A. K. Rose (1996). 'Currency crashes in emerging markets: an empirical treatment', *Journal of International Economics*, 41: 351–66.

Fratzscher, M. (2009). 'What explains global exchange rate movements during the financial crisis?', European Central Bank Working Paper, No. **1060**.

Fry, M., D. Julius, L. Mahadeva, S. Roger and G. Sterne (2000). 'Key issues in the choice of monetary policy frameworks', in L. Mahadeva and G. Sterne (eds.), *Monetary Policy Frameworks in a Global Context*, London: Routledge.

Kose, A., E. Prasad and M. Terrones (2009). 'Does openness to international financial flows raise productivity growth?', *Journal of International Money and Finance*, 28: 554–80.

Kuttner, K. N. and A. S. Posen (2000). 'Inflation, monetary transparency, and G3 exchange rate volatility', Institute for International Economics Working Paper, No. **00–6**.

Laeven, L. and F. Valencia (2008). 'Systemic banking crises: a new database', IMF Working Paper, No. **08/224**.

Lane, P. R. and G. M. Milesi-Ferretti (2006). 'The external wealth of nations Mark II: revised and extended estimates of foreign assets and liabilities, 1970–2004', IMF Working Paper, No. **06/69**.

(2011). 'The cross-country incidence of the global crisis', *IMF Economic Review*, 59: 77–110.

Levchenko, A. A., L. Lewis and L. L. Tesar (2009). 'The collapse of international trade during the 2008–2009 crisis: in search for a smoking gun', Paper prepared for the *IMF Economic Review* Special Issue: Economic Linkages, Spillovers and the Financial Crisis.

McGuire, P. and G. von Peter (2009). 'The US dollar shortage in global banking and the international policy response', BIS Working Paper, No. **291**.

Obstfeld, M., J. C. Shambaugh and A. M. Taylor (2009). 'Financial instability, reserves and central bank swap lines in the panic of 2008', *American Economic Review*, 99: 480–6.

Ólafsson, T. T. and T. G. Pétursson (2010). 'Weathering the financial storm: the importance of fundamentals and flexibility', Central Bank of Iceland Working Paper, No. 51.

Pétursson, T. G. (2010). 'Inflation control around the world: why are some countries more successful than others?', in D. Cobham, Ø. Eitrheim, S. Gerlach and J. F. Qvigstad (eds.), *Twenty Years of Inflation Targeting: Lessons Learned and Future Prospects*, Cambridge University Press.

Rose, A. K. and M. M. Spiegel (2009a). 'Cross-country causes and consequences of the 2008 crisis: early warning', Federal Reserve Bank of San Francisco Working Paper, No. **2009–17**.

(2009b). 'Cross-country causes and consequences of the 2008 crisis: international linkages and American exposure', National Bureau of Economic Research Working Paper, No. **15358**.

The Banker (2008). *Top 1000 World Banks*, London: The Financial Times.

Tong, H. and S. Wei (2009). 'The composition matters: capital inflows and liquidity crunch during a global economic crisis', IMF Working Paper, No. **09/164**.

4 爱尔兰危机

Philip R. Lane[①]

4.1 介绍

爱尔兰位于这场严酷的危机的中心。尽管全球金融危机以不同程度影响着所有的经济体，但是它对爱尔兰的影响极其深重，从 2007 年第四季度到 2010 年第三季度，爱尔兰的 GDP 已经累计下降了 21 个百分点。这使得爱尔兰被列为此次危机中受影响最深的国家（Lane，Milesi - Ferretti，2011）。

连同经济上受到的冲击，爱尔兰经历了一场严酷的财政危机。在经历长期的刺激政策之后，其财政状况从 2007 年的盈余变为赤字，2009、2010 年的赤字占到 GDP 的 11% ~ 12%。由于这些财政赤字大部分是结构性的，因此按照其原有的经济增长速度是难以支撑这样的财政结构的。此外，对于银行系统一次性的再融资成本将爱尔兰的政府赤字在 2009 年推高到占 GDP 的 14.5%，2010 年更是高达 GDP 的 32%，使得整体的公共债务水平快速上升。

推动这些数值快速上升的是爱尔兰资本市场的毁灭性、爆炸性地增长。由于爱尔兰的银行系统通过扩张性的融资手段助长了资产泡沫，因此，资产价格的下跌以及建筑工程业的崩溃导致爱尔兰的银行系统遭受沉重的打击。结果，银行系统的崩盘通过信贷链条和财政危机传递变成整个国家的经济危机，这个传递效应一方面是通过对银行系统融资的成本产生

---

① 这篇文章是"欧洲地区和金融危机"会议文章的一个修订版，会议于 2010 年 9 月 6 ~ 8 日在布拉迪斯拉发的斯洛伐克国家银行举行，主办方是斯洛伐克国家银行、爱丁堡赫瑞瓦特大学以及布拉迪斯拉发中心大学。我要感谢 Wendy Carlin 和与会者的积极反馈。十分感谢 Niamh Devitt、Peter McQuade 和 Donal Mullins 在学术研究上的帮助。这一章是 IRCHSS 资助的"欧洲货币联盟对爱尔兰宏观经济政策的影响分析"项目的一部分。

直接效应，另一方面是资产贬值缩水导致收入降低带来的间接效应。

这些问题产生的连锁效应就是导致爱尔兰主权债务危机在2010年突然出现，使人们开始怀疑政府是否可以同时完成三个任务，保证经济增长，保持财政的可持续性以及维持一个健康的银行体系。最后，我们等来的是2010年11月来自国际货币基金组织和欧盟承诺的为期三年的官方资金援助。

这一章的主要目的是描述爱尔兰的问题到底出在哪里，我们将在第二部分阐述这个问题。在第三部分，我们将回顾爱尔兰政府自2007年以来是如何处理危机的。接下来，我们会在第四部分分析爱尔兰作为欧洲货币联盟成员国在这次危机中所起的作用。第五部分是总结。

4.2 爱尔兰经济的繁荣与破灭

1994至2000年期间，爱尔兰经历着产出、就业率以及生产率的快速增长，那段时间的爱尔兰被称为经济增长的奇迹。这段时期可以被解读为爱尔兰的快速积累时期，爱尔兰在经历长期落后于其他欧洲国家之后开始赶上欧洲的一些发达国家（Honohan, Walsh, 2002）。特别地，由于爱尔兰在20世纪70年代大量的政策失误导致了其宏观经济环境的不稳定，经济发展长期经历停滞。

这一时期的经济停滞直到1987年随着一项由各政党统一通过的财政政策的修正才被改变，各政党一致同意为了重建经济，要提供一种利商的经济环境。尽管爱尔兰的经济在20世纪80年代开始好转，但是到1992至1993年期间又由于欧洲经济衰退和货币危机受到了影响。因此，爱尔兰经济真正进入持续快速不被打断的增长是从1994年开始。

20世纪90年代以来经济的良好表现源于多种因素。1987年的财政调整营造了一个稳定的财政环境，而20世纪80年代中期以来的经济停滞则消除了国内70年代末80年代初以来的高通胀状况。70年代和80年代二级和三级教育的入学率也迅速上升，因此新加入的劳动力数量远远大于同期退休者的数量。

国内的这些积极变化同时也伴随着世界经济和贸易的整体好转。特别地，随着国内"轻"经济的发展，即那些"价值高、质量轻"部门的产品，如电脑、医药品等，使得爱尔兰原本相对薄弱的地缘因素在出口中的障碍相对减小。这也吸引了大量的国外对本国的直接投资，主要是来自美国的一些大型跨国公司。在某种程度上，这些公司选择爱尔兰是希望将爱尔兰作为一个它们向新兴欧洲统一市场出口产品的一个跳板。然而，大量的出口品也流向了其他一些目的地，比如说流回美国本国市场。

随着对外直接投资带来生产率的提升，国内市场的需求也被带动起来，因此经济发展也是理所当然的。就业率快速上升却没有工资上涨的压力，这一切都源于之前的高失业率，大量未就业的妇女以及大量的海外劳工准备回国就业。

尽管从1994年开始房屋价格迅速上涨，但是最初的增长是由原来的低房价（受1992—1993年的货币危机影响）以及收入的快速增长导致。而且，20世纪90年代以来的信贷扩张也受到了一定的限制（Kelly，2010）。

1999年至2000年间欧元对美元的贬值，刺激了爱尔兰的出口，国内经济的快速增长又得到了一定的提升。此外，爱尔兰在1997年加入欧洲货币联盟时同意降低利率。尽管爱尔兰在欧洲货币联盟成立之前的1998年春天进行了再估价，但是这个规模是很小的。此时，爱尔兰的就业率几乎达到了饱和，而且面临很大的工资上涨压力。

伴随着政府公共支出的大量增加和大幅的减税措施，爱尔兰在2000—2001年也实施了巨大的财政扩张措施。尽管20世纪80年代末以来政府支出占GDP的比重在逐年下降，但是财政扩张的规律是不可违背的。因此，加入欧洲货币联盟的第一年爱尔兰经历了快速增长，也面临着巨大的通胀，这是爱尔兰与其他伙伴国所不同的（Honohan，Lane，2003）。

2001年全球经济的衰退也是爱尔兰经济的转折点。当时普遍认为爱尔兰会进入欧洲经济发展的常规节奏，因为劳动力增长的空间已经被完全挤占，而实际价格的升值意味着外国投资者需要的边际增长率也在逐渐消失（至少对于劳动密集产业是这样，比如说制造业或者呼叫中心）。

这个预言是错误的。经济在2003年又开始进入快速增长，并持续到2007年。然而，但是这一轮的增长与"凯尔特虎"那些年的增长完全不同。特别地，这一轮的经济增长主要体现在建筑业上，经济增长靠居民和商业资产的建设来驱动。结果，由于资产价格上升带来的正财富效应促使私人消费的增长。由于与资产相关的税收的强大保障，政府的公共财政支出仍然大幅度上升，但是仍然维持着预算盈余，债务占GDP的比例也在逐年降低。

结果就是就业率在快速上升,但是生产率并没有提升太多。尽管外国直接投资仍然在上升,但是其投资的目标主要是那些较少需要低技术工人的高附加值行业,即使这个行业非常需要高水平的工人但是其对低技术水平的劳动力并没有限制。

资产市场投资的扩张使得信贷市场也迅速扩张,私人信贷占 GDP 的比重在 2003 年到 2007 年间迅速上升(详见 Kelly,2010)。图 4.1 显示这个时期信贷加速扩张。

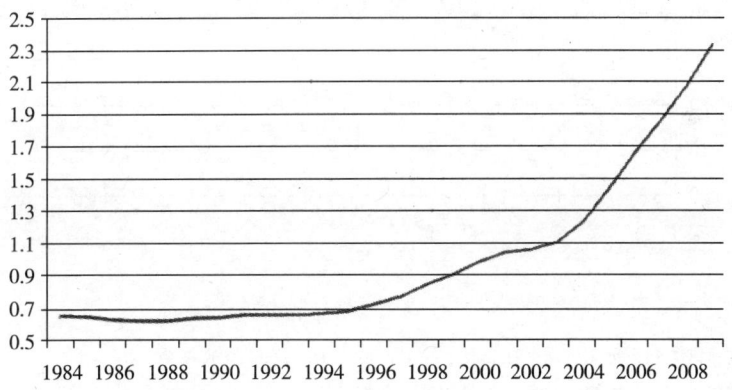

注:存款银行和其他金融机构的私人信贷占 GDP 的比重。
资料来源:世界银行金融发展数据库。

图 4.1　私人信贷占 GDP 的比率,1984—2008 年

这部分信贷的扩张大部分提供给了私人家庭,也有一部分提供给了房地产开发商。这些资本家拥有着大量复杂的资产组合,包括新的住宅地产、商业零售地产以及商业写字楼。在都柏林甚至存在着大量重建的激烈竞争,将已有的建筑拆除去建造密度更高的复杂建筑物。在这场泡沫的巅峰时期,一些地块被天价竞标。

除了国内的业务,许多开发商甚至开始进军国际市场,在伦敦、美国以及欧洲新兴地区的主要地方开发房地产(爱尔兰国内的居民也热衷于购买国外的资产,包括度假房产和投机性资产)。

这些信贷的大部分来自当地银行。结果,这些银行又大量依赖于国际资金批发市场上的资金、短期同业存款以及国际债券的发行。然而，也有一部分来自英国公司在爱尔兰分支机构的资金。激烈的竞争也导致了相当低的贷款利差以及宽松的文件审核标准。图 4.2 说明了这个时期爱尔兰核心银行过度对外扩张产生的对外净负债情况。

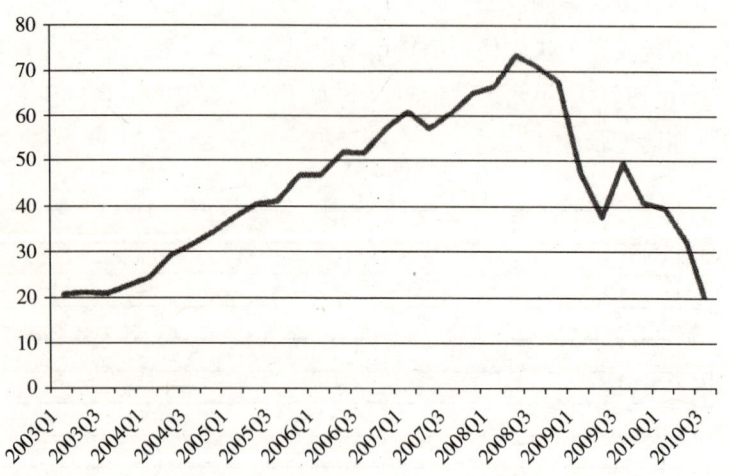

注：国内银行部门的对外净负债，用其与 GDP 的比率来表示。
资料来源：作者根据爱尔兰中央银行的数据计算得出。

图 4.2　对外净负债占爱尔兰银行危机的比率，2003—2010 年

一些标准的回馈机制在这场增长风暴中被扩大。其中循环抵押起了重要作用，资产价格的上升增加了国内投资者的净资产，这反过来也产生了更大的杠杆，进一步推动了资产市场。同样地，国内银行业的高收入也使得这些金融机构不断扩张自己的资产负债表，使得表内的净对外资产不断增加。如图 4.3 所示，经常账户盈余已经从 2003 年将近零，变成 2007 年赤字占 GDP 的 6%。

与资产相关产业的税收保证了政府增加的国内需求，包括实行一些政府投资的大项目。一个重要转变就是从 2004 年开始有了大量来自新兴国家的移民。大量的移民减轻了建筑业对劳动力需求的压力，同时也增加了开发商信心，他们认为这些潜在的房屋需求将推动房价继续上涨。

最终，这个需求推动的增长风暴推动了国内通胀率的上升。由于这意味着短期利率非常低，因此又推动了借贷和投资需求。此外，由于采取的

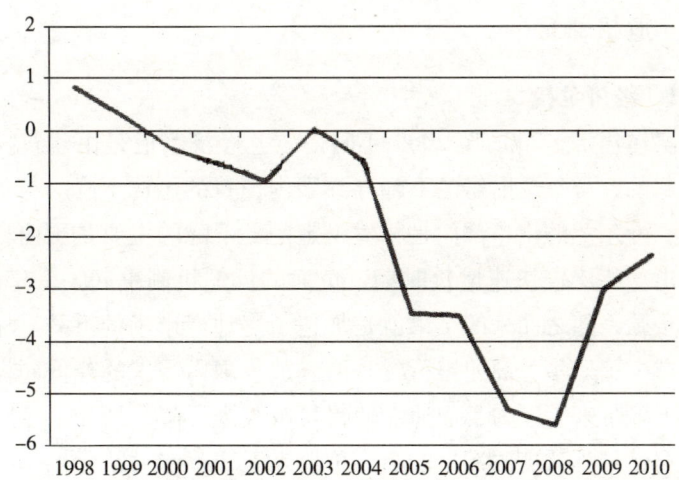

注：经常账户占 GDP 的比率。
资料来源：作者根据爱尔兰中央统计局的数据计算得出。

图 4.3 经常账户盈余，1998—2010 年

是非指数化的税收系统，这也推动了税收收入的增加。

很明显，资产价格在 2006 年秋天已经过了它的峰值。然而，人们希望会有一个软着陆，资产价格以及建筑相关的产业可以逐渐降低，并通过其他产业的扩张得到一定的缓解。事实上，尽管历史经验显示房价大幅下跌是必然趋势，但是由于经济在 2007 年仍然持续强劲的增长，因此经济崩溃的风险并没有立刻呈现（Kelly, 2007）。

最终，2007 年至 2008 年之间国际金融市场的变化成了国内经济崩溃的最终导火索。早在 2008 年上半年，爱尔兰国内银行已经发现它们已经很难从国际批发市场进行融资了，同时，国内投资者正在从房地产市场上撤资。2008 年 9 月雷曼银行倒闭后，爱尔兰商业银行发现国际信贷市场崩溃后意识到国内资金链也面临断裂，这些压力在危机全面爆发之后到达顶峰。① 我们将在第三部分讨论危机的管理问题。

---

① 爱尔兰危机还有其他一些衡量尺度，包括对爱尔兰国际声誉的损坏、国内民众对政党和政府管理系统信心的丧失。我在这一章中不会提及这些宽泛的问题。

4.3 危机管理

4.3.1 经济危机

对于实体经济，2008 至 2009 年间爱尔兰经济衰退是由建筑投资的突然下降引起的，爱尔兰财富的下降导致国内消费的迅速下降。与很多发达国家不同，爱尔兰的出口部门是相对稳定的，下降的主要是国内自身消费部门的产出。相比较快速增长时期，负面的反馈机制也起了一定的作用。银行紧缩贷款，随之而来的结果就是加速了房地产市场的下跌。坏账的增加进一步减少了爱尔兰商业银行贷款的发放。国内需求的降低同样也给资产价格的下降带来了压力，而通缩使得税收收入下降，增加了政府的债务负担。根据爱尔兰从英国进口的商品价值来看，英镑对欧元汇率的急剧贬值也在一定程度上导致了通缩，这部分也是爱尔兰贸易收入的一部分。从 2008 年 9 月至 2010 年 11 月间，消费价格指数（CPI）已经累计下降了 6.2 个百分点。

经济的衰退迅速导致了大量的失业，失业率从 2007 年的 4.6% 上升到 2010 年的 13.3%。此外，考虑到劳动参与率开始下降，移民净流出开始重新出现，所以真正的失业率可能达到 12%。随着国内需求的降低，经常账户余额发生重大变化，其占 GDP 的比重从 2008 年的 5.6% 下降到 2010 年的 2.4%。

4.3.2 财政危机

国内消费的下降，资本市场交易的降低意味着税收收入的急剧下降，从一定程度上讲，政府需要采取一系列其他的措施来增加税收收入，同时限制公共支出的增加。

其中就包括采取累进税制，这将大幅增加中高收入者的边际收入税率。对于在公共部门服务的劳动者来说，在公共部门年金水平新政颁发之后支付水平有了明显的降低，但是招聘冻结政策也同步实施了。2010 年还实行了其他一些政策措施（2009 年 12 月宣布），包括更大范围地削减公共部门的支付水平，削减社会福利的支付以及限制支付承诺计划。

这些措施都限制了财政状况的进一步恶化。即使这样，经济体潜在的弱势状态以及税基的崩溃使得 2009 年和 2010 年的财政赤字比例占到 GDP 的 11%～12%，即使考虑了对银行系统的一次性补贴计划仍然如此。

一定比例的结构性赤字是正常的。但是其中的关键问题就在于这些在经济繁荣时期来自于资产相关的税收收入在一定程度上减少了一些更加常规和稳定的税收收入（详见 Lane，2007）。特别地，在这一时期中低收入群体的税收被明显减免。此外，爱尔兰的税基很窄，没有类似于年度资产税或者地方税等重要税种。因此，一项主要的挑战就是扩大税基。

在支出方面，在经济繁荣时期，公共支出水平和社会福利支出已经被大幅提升。最初的财政调整已经削减了部分这方面的增加。然而，2010年一项和公共部门谈判的协议规定公共部门的支出不能再被降低了（除非遭遇特殊情况），因此只能从退休金冻结和生产率改革方面节约资金。其中一种节约的方法就是减少政府在公共建设项目方面的投资，当然也必须容忍名义投资减少带来的实际消费的降低。

财政紧缩措施必然是一种顺周期的经济行为，它将扩大经济衰退的程度。因此，在经济繁荣的年份应该采取更大的经济刺激政策，积累足够的紧急流动资金作为缓冲器，来应对负面经济冲击带来的巨大冲击（Lane，1997；Lane，1998a；Lane，2010）。

总的来说，2008至2010年的财政紧缩政策总的规模达到了146亿欧元，占2010年GDP的9.3%。在2010年11月，政府宣布了一份2011—2014年的四年计划，在未来四年政府将累计削减150亿欧元的财政支出。当然，这份计划是得到欧盟和国际货币基金组织资金援助的基础，这将在后面详细讨论。按照国际货币基金组织现在的预测，这个财政紧缩包裹将使其债务比在2014年稳定在GDP的124%。

4.3.3 银行危机

除了这些基本的财政问题，爱尔兰全国的资产负债表，由于政府要解决银行业的危机而显得尤为紧张。在2008年9月底，最急切的任务就是稳定银行系统。在那个时候，普遍认为主要的问题是银行缺乏流动性。因此，爱尔兰政府通过为银行担保大量为期两年的负债（存款、优先债务以及过期的次级债）来解决银行的资金状况。到2008年后半年，这项政策已经转变为为银行系统提供额外的注册资本支持，因为银行与资产相关的损失已经远远超过了先前的估算（然而，这种原始资本的注资相对于后来估算的大规模潜在损失来说是非常微小的）。在2009年4月，爱尔兰政府同样也成立了国家资产管理局（NAMA），实行从银行购买大量与开发相关的贷款（高于市场价）。

这三项策略有一定的内在一致性，当然在具体执行过程中也面临一些问题。① 一个基本的问题就是最初对贷款的担保过于宽泛（Honohan, 2010a）。通过担保优先债务以及部分次级债，使债券持有人承担部分损失的做法基本实现了，但是这样解决银行危机的手法增加了纳税人的成本。

关于资产转移，主要的目的是要将银行资产负债表中与开发相关的贷款转移到 NAMA，因为这部分贷款是整个贷款损失中不稳定的来源。在 2009—2010 年，NAMA 以较低的平均折扣购买了大量的贷款，因此这种转移相当于让银行把贷款上的损失具体化。根据欧盟规则的指引，这个折扣按照再贷款的基准来执行。因此，由于其中还包含着大量的交易成本，因此每笔个人贷款都应该被分别计算。再者，这一过程实现起来特别漫长说明转移发生得很慢，这就阻碍了银行快速清理其资产负债表（根据欧盟和国际货币基金组织的约定，剩下的向 NAMA 转移资产不需要按照再贷款的标准执行）。

尽管资产的转移具有透明性，但是这也意味着银行之前需要大量的再融资项目。只有一个银行（爱尔兰银行）可以吸收新的私人资本，这也将有助于政府结束对整个爱尔兰银行体系过多的控制。因此，由于银行部门可能存在不确定的损失，过高的再融资成本使得政府债务迅速上升，增加了主权债务危机的风险。

尽管所有银行都在经历着相当大的损失，但是最大的损失（相对于贷款规模）出现在两个边缘银行上，它们的公司治理非常薄弱。最大的受害者是盎格鲁—爱尔兰银行，它在 2009 年上半年已经国有化。尽管它在零售存款市场上只有很小的份额，但是通过在批发市场上的贷款融资，它在资产抵押贷款市场增长迅猛。到目前为止，这个银行面临的损失是整个爱尔兰银行系统中最大的。此外，有一家更小的互助银行（爱尔兰全国建筑协会，INBS）也经历着毁灭性的资产抵押贷款损失。然而，两家主要商业银行的损失（爱尔兰银行和爱尔兰联合银行，AIB），这些银行的风险敞口将导致整个经济的进一步恶化，这意味着该银行系统已经变得缺乏免疫力。

---

① 解决银行危机的其他方法也在被讨论。比如说，许多国内的经济学家都提出的对银行系统采取先发制人的国有化程序，这在 2009 年国际货币基金组织的第四条款报告中也有提及。

尽管公共财政对爱尔兰银行和爱尔兰联合银行的注资可以被看做是一种金融投资，最终可以收回成本，但是投入到盎格鲁—爱尔兰银行和爱尔兰全国建筑协会的资金肯定是打水漂了。投入到盎格鲁—爱尔兰银行和爱尔兰全国建筑协会的资金直接将2009年的政府赤字推高到GDP的14.5%，2010年更是高达32%。

4.3.4 欧盟/国际货币基金组织协议

爱尔兰政府在2010年11月最终向欧盟和国际货币基金组织申请援助。做出这个决定有以下几方面原因。对于银行系统，这届政府曾经担保在2010年9月会向它们引入私人部门资金。结果，这导致了爱尔兰的银行过度依赖欧洲中央银行和爱尔兰中央银行提供的货币流动性。相反，欧洲中央银行的观点是这部分流动性是在爱尔兰银行业危机进一步恶化时提供的，而且是作为爱尔兰银行资本率下降产生风险敞口的一个缓冲器。

此外，资产抵押贷款的预期损失在2010年夏天进一步上升，因为第二期转让给NAMA的资产折扣率比预期更低。同时，盎格鲁—爱尔兰银行新的管理层决定从NAMA以外的渠道获得贷款，并且要求对盎格鲁—爱尔兰银行进一步追加资本金。

这些额外的资本需求使市场开始担心财政状况是否足够支撑这些资本要求。一般来说，这种额外的资本需求将会对整个爱尔兰银行系统产生不稳定性，而这种尾部风险也将推动爱尔兰主权债务危机（见图4.4）。

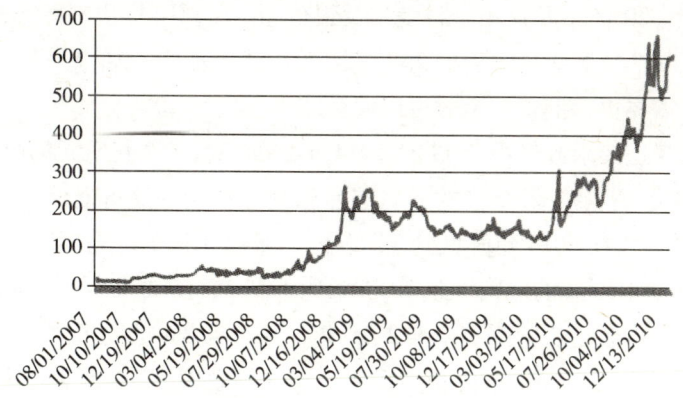

注：图中指的是10年期政府债券收益率之差。
资料来源：作者根据国际金融数据计算所得。

图4.4　10年期债券收益率之差：爱尔兰与德国，2007—2010年

另外，2010年6月公布了对2009年GDP数据的下调，以及2010年国际货币基金组织第四条款对爱尔兰的经济增长预期也做了下调，这些都导致人们对爱尔兰财政状况是否可持续做了一个新的评估。从某种程度上说，较低的GDP增长预期说明人们对金融危机对一国经济增速的影响持悲观态度。然而，一个额外的因素是这种调整包括考虑了货币贬值因素的调整，货币贬值短期内对GDP的影响是负面的，在中期内增长缓慢，因此名义GDP的五年预期比之前的要低。

欧盟和国际货币基金组织提供的整个金融援助计划的金额是850亿欧元，这相当于2010年爱尔兰GDP的54%。然而，其中的175亿欧元来自国内，主要来自爱尔兰主权财富基金（国家养老储备基金，NPRF）持有的资产和负责管理国家债务的机构的资产盈余（国库管理局，NTMA）。剩下的675亿欧元由不同的组织承担，欧盟委员会下设的欧洲金融稳定机制（EFSM）承担225亿欧元，国际货币基金组织承担225亿欧元，欧洲金融稳定局（EFSF）和一些双边贷款（来自英国、瑞典和丹麦）承担225亿欧元。

根据协议，此次援助的主要意图是使用其中的500亿欧元援助爱尔兰政府，使得爱尔兰政府在未来三年不需要通过债券市场融资或者抵消存在的债务的方式来弥补财政赤字。对于银行系统，100亿欧元的援助将被分成两部分，一部分（80亿欧元）将为爱尔兰银行系统提供额外的资本金，另一部分（20亿美元）用于将爱尔兰银行的一些风险贷款出售给私人投资者以增强其信贷等级。最后的250亿欧元视情况而定，如果爱尔兰银行系统在将来需要更多的资本金时可以向其注入。

该协议还要求政府在2011至2014年之间缩减150亿欧元的政府支出，其中2011年至少缩减60亿欧元。按照乐观的预期，这可能使爱尔兰的赤字占GDP的比在2014年降低到3%以内。然而，这个计划同时也认识到，可能由于GDP增速的原因，到2014年达不到3%的要求。在这种情况下，计划中规定将会延长紧缩政策至2015年，来达到3%的要求。

对于不同贷款的混合利率按照7.5年，年利率5.8%计算。尽管这符合国际货币基金组织的贷款标准，但是欧盟对于成员国内部的贷款利率则要低于这个标准。尽管这种官方贷款需要一定的费率来防止道德风险的发生，但是300个基点的溢价贷款使得贷款更加难以实现财政收支的可持续性。这限制了欧盟成员国之间的团结，但是同样也增加了其他成员国的怀疑，当它们面临风险时，是否也和爱尔兰一样面临主权地位可持续性的威胁。尽管背景不完全一致，但是很明显地可以看出，2010年12月冰岛和英国、丹麦签订的贷款援助计划的利率是3.2%，这个利率相当于资金的成本价。类似地，欧洲委员会提供给欧元区以外的欧盟国家（匈牙利、拉脱维亚）的资金援助也没有收取类似的惩罚费率。

根据结构化改革，协议的主要目的是降低银行系统的风险（详见Honohan, 2010c; Honohan, 2011）。这其中就包括一些要素。第一，额外的资本注入目标是使核心资本充足率达到12%。第二，银行必须通过将这部分资产转卖给NAMA或者打包出售给私人投资降低持有的风险贷款水平（正如之前所提到的，有20亿欧元的资金被用于援助私人部门购买打包贷款，否则私人投资者将会因为风险敞口太大而放弃购买）。第三，银行将通过取消分支机构或者处置其他一些非核心资产来缩小自己的规模。第四，两家主要的受损银行（盎格鲁—爱尔兰银行和爱尔兰全国建筑协会）的破产计划将会被加速。第五，250亿欧元的备用资金将被用做银行额外贷款损失的缓冲器。

最后，这些金融措施还伴随着一些额外的第三方机构对贷款质量的监督。尽管爱尔兰中央银行已经在2010年3月公布了一份谨慎的资产评估报告（PCAR），该报告显示为贷款损失提供的保障非常谨慎（更新于2010年9月），但是贷款质量的不稳定意味着，为了使市场了解贷款损失的可能分布情况，我们必须公布更多的信息。另外，来自第三方评价机构对贷款账簿的检查有助于保证2011年PCAR报告的严谨性。如果这份报告最后显示额外的银行资本也是可取的，那么这也符合欧盟和国际货币基金组织的贷款标准。

总的来说，这次银行业改革的目标就是要形成一个更小规模、更低风险和更高资本充足率的银行系统。反过来，这些改变将有助于增强欧洲中央银行提供流动性的可持续性，同时也使爱尔兰银行业私人批发资金市场的可能性增大。

这项协议还有一个重要的要求就是在爱尔兰银行系统资本重组的过程中，银行债券持有者也应该承担部分损失。如果爱尔兰银行债券的持有者承担部分损失，那么政府的财政压力也会轻很多。现在非担保的银行债券余额大概是 320 亿欧元，其中 120 亿欧元是次级债，200 亿欧元是优先债。这些债券都是在 2008 年 9 月担保（现在已经过期）之前发行的，但是还没有到到期日。此外，还有 250 亿欧元是在 2009 年合格债务担保（ELG）计划下发行的新的债券①（也发行了一小部分新的非担保的债券）。

欧盟和国际货币基金组织已经认识到次级债的持有人已经不可能全额偿付债券。现在有一项债券交易计划，盎格鲁—爱尔兰银行的次级债持有人可以以 20% 的价钱赎回这部分债券。在过去两年，在其他一些银行也有一些自愿的次级债交换计划，估计折价已经超过 70 亿欧元（市场普遍认为，这些先前较早的债券交易计划是不成熟的，因为在这个系统可能的损失还未完全界定之前，很难确定一个合适的折扣率）。

然而，根据欧盟和国际货币基金组织协议的部分规定，小部分的非担保优先债券也需要被减记。尽管爱尔兰国内的法律传统将优先债券持有人视同为存款者，但是还是有一些法律途径去破除二者之间的联系。比如说，当政府注资的规模超过了危机前的资本水平时，优先债持有人就不能寄希望自己的债券能够获得全额偿还。

然而，关于调整非担保的优先债的协议并没有达成。媒体的报道显示，欧洲当局认为重构优先债券将会创造欧洲银行业的先例，会对整个银行货币市场造成重大影响。但是，我们可以开发一系列的客观标准去界定哪些类型的优先债应该被减记，这样可以限制影响的传播范围。

事实上，欧盟委员会的工作报告（2011）已经明确了一系列的准则，尽管欧盟委员会的报告是在对将来银行债券合同的限制，而不是改变已有银行债券的偿还率。而且，更进一步，对银行优先债券的重构将有利于改善主权财政状况，对主权债务市场也有一个稳定作用。在写关于如何处置非担保的银行优先债券的方案的时候（2011 年 1 月）也留下了一个未解决的问题，这个问题将在即将到来的爱尔兰大选中有所体现。

关于其他结构性改革，主要的任务是提高劳动力市场的运作效率，改变自危机以来失业率急剧上升（其中很大一部分是长期失业）的局面。尽管最低工资已经下降了 12 个百分点，但是失业率还有 4 个百分点的下降空间。此外，这项计划将刺激更具活力的劳动力市场激活措施，其他一些严

---

① 这场争论的焦点就在于非担保债券，因为对担保债券的重构涉及更深远的主权债务问题。

厉的工资设定系统也会被确立。关于商品市场，必须下定决心对垄断部门的免税庇护（比如在法律和医药领域），鼓励公共部门生产力的提高。

但是，来自这些改革的支付增长可能会有一个很长的滞后期，在协议期内我们不能依赖这些改革来保证可持续性的增长。类似地，公共部门的改革具有提高效率的潜力，但是整个收入的增长只会在长期内显现。因此，在短期内期望一个直接的成规模的增长是不现实的。

综上所述，欧盟和国际货币基金组织的协议给爱尔兰提供了一个解决危机的环境。但是，实施这些计划中的财政调控过程充满了各种挑战（详见 Beetsma, Giuliodori, Wierts, 2009）。此外，重建银行系统的成本是不确定的，这基于银行资产折价出售时的议价能力。

无论是债务率还是银行系统的健康状况，都依赖未来几年名义 GDP 的增长率。从这方面考虑，未来几年的 GDP 增长速度还有很大的不确定性。爱尔兰财政部和主要的经济预测机构（经济与社会调查局，ESRI）对于未来几年的经济增长表示乐观，它们指出小国可以依靠出口拉动来实现经济的复苏，同时随着不稳定因素的下降和消费者信心的恢复，现在较高的预防性储蓄存款的水平也会降低。而与此观点相反的是，他国的经验数据显示，在经历了重大银行危机之后，产出的恢复是十分缓慢的，即使历史经验与爱尔兰的现状不那么精确匹配（Reinhart, Reinhart, 2010）。

回顾爱尔兰危机的过程，我们想问的是，爱尔兰的经历对于欧洲货币联盟的其他国家有什么影响和启示。

4.4 爱尔兰和欧洲货币联盟

从表面上看，人们普遍认为是因为加入了欧洲货币联盟推动了爱尔兰本轮经济的兴衰更替。[①] 第一，爱尔兰在"凯尔特虎"经济增长最强劲的时候加入了欧洲货币联盟，充分就业只是在最近出现，同时在劳动力市场上也出现了一定的短缺。因此，爱尔兰的初始经济环境和整个欧元区经济是很不相同的。

在加入一个货币联盟之前的一个常规做法是对本国货币重新进行评估，在价格水平需要保持一致的情况下就使得名义汇率具有升值的压力，

---

① 这一部分在 Lane（2009）有详述。

而不是表现在加入联盟之后通胀率的变化。尽管爱尔兰在1998年春天进行过一次币值重估,但是相对于当时经济繁荣的规模来讲显然是不充分的。① 因此,在爱尔兰加入欧洲货币联盟的前几年里,由于爱尔兰镑和欧元之间的汇率被低估,国内的通胀压力巨大。

第二,欧洲货币联盟成立本身就存在着一个不对称的危机冲击。特别地,尽管几个核心成员国在成立欧洲货币联盟之前就已经经历过利率收敛,但是对于一些非核心国家来说,它们在20世纪90年代末加入欧洲货币联盟时经历了利率的大幅下调,比如说爱尔兰、葡萄牙、西班牙、希腊。对于这些国家,货币贬值的历史意味着利率承担了大量国家风险的溢价。再者,越小的国家在货币或通货市场上具有越低的流动性,因此流动性的溢价也加入到这些国家的利率水平上。因此,由于货币贬值的风险和货币流动性风险的消除,欧洲货币联盟成为这些国家的主要经济冲击来源。准确来说,保持其他条件不变的情况下,居民、企业和政府现在面临的是资本成本的永久性降低。结果,引发了这些国家消费的爆炸性增长(详见 Fagan, Gaspar, 2007)。

第三,由于爱尔兰更多的是与欧洲货币联盟以外的国家进行贸易,因此欧元对外的币值变化对爱尔兰的影响要大于其他联盟成员国。特别地,1999 至 2002 年期间欧元兑美元汇率的快速贬值对于爱尔兰产生的正效应远远大于其他欧元区国家,因为爱尔兰与美国的经济联系使得其经济相比于其他欧元区国家受到更大的刺激推动。这也推动了爱尔兰国内这一时期需求的快速增长,也使得爱尔兰国内的通胀率要高于欧元区其他国家(Honohan, Lane, 2003)。更近,2008 年秋天以来,英镑相对于欧元的贬值对爱尔兰的冲击远远大于其他欧元区国家。

第四,在成立欧洲货币联盟之后对国家银行系统的有效分割意味着,爱尔兰银行系统市场结构的调整对于国内金融监管当局是一个严峻的挑战。特别地,随着盎格鲁—爱尔兰银行在资产抵押市场上放贷量的上升,同时也包括爱尔兰其他一些银行在借贷市场上对标准的放松,使得爱尔兰整体的信贷规模迅速上升(Honohan, 2009, 2010a, 2010b)。同样地,来自英国银行在爱尔兰分支机构的同业竞争也导致国内信贷规模的快速上升。

---

① 斯洛伐克在2009年初加入欧元区时,货币相比2008年贬值了15%。

结果，国内信贷规模的扩张使得爱尔兰国内的整体需求相对其他欧元区国家扩张得更快，银行系统的国别风险也大大增加。

第五，自1999年以来，爱尔兰的政府支出和税收也和其他欧元区国家大不相同。欧元区的国家都严格遵守政府支出和税收占GDP的比例。然而，财政扩张是无法避免的经济规律，因此，财政政策的扩张无疑将扩大爱尔兰和其他欧元区国家之间的分歧。①

第六，欧盟国家劳动力市场在2004年对新成员国移民的不对称开放产生一个新的差异冲击。尤其是，爱尔兰是欧元区国家中唯一向中东欧国家工人开放劳动市场的国家，而欧盟国家中也只有英国和瑞典采取类似措施。开放后移民的规模远远超过了事先的预期，这对于爱尔兰经济造成的冲击是其他欧元区国家不曾有的。

总的来说，这些特殊的国家因素意味着爱尔兰宏观经济的稳定需要更有效的国家稳定政策。然而，政府在监管银行系统风险方面的努力是失败的。在加入欧元区后这个问题更加棘手，因为更大范围的金融市场使得爱尔兰银行面临的风险被进一步放大。而且，财政政策的运用并不能应对经济周期的影响。货币和财政政策的无效性使得政策并不能抑制经济疯涨的势头，这就扩大了危机的规模。

银行监管的不足已经在爱尔兰政府授权的两篇报告中被详尽地讨论过（Honohan，2010a；Regling，Watson，2010）。在这两份报告之后，又开始了一个新的银行业调查来探究监管失败的原因。这份调查将更详尽地讨论引起银行危机的一些具体因素。然而，随着中央银行新的管理者的就任以及金融监管机构的重组，一些主要的改革措施已经开始施行了。

关于财政政策，在宏观和微观层面均有不足之处（详见Lane，2010）。尽管在经济繁荣时期预算也会超支，但是规模是很小的，而且结构性赤字的规模也是在系统预估范围内的（无论是国内机构还是国际机构）。按净值算，尽管有着吸引人的标题数字，但是其财政头寸的结构是相当脆弱的。从微观层面来看，繁荣时期税收的增长使得大量额外的资本投入到各种资产中，这种扭曲扩大了经济的循环。

因此，得到的经验就是财政系统需要重新设计以便更有弹性地应对将

---

① Lane（1998b）和Hunt（2005）分析了爱尔兰财政政策的长期顺周期模式。

来的冲击。一个更宽的税基可以提供更加稳定的税收收入，而税率的设定应该是反周期的或者至少是非周期的。关于财政盈余，危机表明像爱尔兰这类小型开放经济体在经济繁荣时期应该采取更强有力的经济刺激以便为经济下行期间提供财政政策调控空间。现在一个非常重要的议题就是，常规的财政规则和独立的财政政策委员会能否有助于制定出反周期的财政政策（Lane, 2010）。事实上，欧盟和国际货币基金组织的协议已经规定在2011年上半年，引入财政义务法和预算建议委员会。

处理国家经济稳定问题的失败表明爱尔兰在加入欧洲货币联盟之初经历着额外的宏观经济风险。结果，货币联盟成员国的身份限制了其在危机中使用财政政策的能力。然而，从某种意义上讲，欧元区成员国的身份使其在危机期间获得了大量的经济稳定政策的帮助。最直接的就是，爱尔兰银行从欧洲中央银行获得了大量的流动性用以支付因贷款损失而无法偿还的私人批发资金。此外，高负债的爱尔兰居民在危机期间也受益于欧洲中央银行的低利率政策。

如果爱尔兰没有加入欧元区，银行系统的对外负债将需要用外币计算，银行危机将会伴随着货币危机同时出现。再者，一种独立的货币不会在21世纪第1个10年中期开始的信贷扩张中获得担保。这场信贷风暴已经影响了欧洲的许多非欧元区国家（冰岛、中东欧国家）以及许多由于汇率过调而放大了信贷风暴影响的国家，随之而来的就是货币贬值并扩大了资产负债表的问题。而且，从利率与房价以及资产价格的潜在产出成本之间的微弱关系来看，即使是独立的货币政策，中央银行也很难仅仅通过利率政策来遏制房地产扩张的趋势（Dokko, 2011）。

当然，也有一些比较"完美"的贬值措施，比如说一次性对爱尔兰实际汇率的重构将会刺激本国的出口。然而，正如 Eichengreen（2010）在报告中详述的，退出欧元区将会在金融和物流方面带来巨大的冲击。特别是对于像爱尔兰这样有着如此深厚的国际金融和经济联系的国家，这种转换成本将会尤其高。

而且，长期使用一种独立货币所带来的问题也是宽泛的，正如上面所讨论的一样。尤其当这种新的货币是紧接着欧洲货币联盟的出现而出现的，它面临的问题将尤为严峻，因为一种新的货币体制的可信度以及它抗通胀的能力都需要经受市场的考验。因此，一种新的爱尔兰币种的货币体制可能需要维持一个相对高利率的初始阶段。

就欧元区相对宽泛的机构改革框架而言，危机前的国内宏观经济政策和财政监管的失败意味着，欧盟委员会需要采取更加严厉的监管措施来降低将来发生危机的风险。

但是，缺少全欧元区范围内解救问题银行的特殊机制，使得解决爱尔兰银行危机问题显得异常困难且花费巨大。关于将来的危机，欧盟委员会现在提出的一些措施应该能起到一定的作用（比如说，当银行出现严重危机时，一些非担保的优先债券持有者需要采取自救手段），但是这对于解决目前的危机来说太晚了。更宽泛地说，欧洲系统风险委员会（ESRB）和欧洲联合监管局（ESAs）应该有助于管理全欧洲金融系统的风险。

尽管成立欧洲金融稳定局（EFSF）已经帮助欧盟和国际货币基金组织为爱尔兰提供资金，但是这笔贷款惩罚性溢价的利率实在太高，这不符合欧元区成员国保持团结及共享普遍的融资利率的原则，这种过高的利率将对受援国产生重大影响以至于其最终无力偿付。而且，欧洲金融稳定局只能向成员国政府提供贷款。为了促进金融稳定，一个更加灵活的机制应该是能向爱尔兰政府提供潜在的尾部风险担保，以解决爱尔兰银行业所面临的危机（同样见 Honohan, 2011）。

现在可能的做法是永久性机构欧洲稳定机制（ESM）可能在 2013 年取代欧洲金融稳定安排（EFSF），而欧洲稳定机制的任务将包括风险共担机制的建立。但是，很明显欧洲稳定机制需要做的就是向它的债券持有人证明这种风险共担机制在应对将来财政管理问题时是有效的。然而，转向由欧洲稳定机制管理也会带来一定的不确定性，即在处理当前主权债务危机中所潜在的不稳定性。

4.5 结论

2003—2007 年的资产泡沫被认为给爱尔兰经济带来了沉重的代价，导致了严重的经济衰退，严重的财政危机以及近乎崩溃的银行体系。尽管是国际金融市场的泡沫和被低估的风险导致了这场资产泡沫的产生，但是主要责任还是在于国内政策制定者没有及时遏制这个势头。从这一点上，有着两个失误，一方面是金融监管者没有控制好系统性的金融风险，另一方面是财政政策没有实行逆周期操作。

同样地，由于2007—2008年的国际金融危机接近于触发资产价格的硬着陆，即使采取一些不可避免的补救措施去调整，这种经济泡沫的疯涨在某一时点还是会停止的。

在国内层面，爱尔兰危机提供的首要经验教训就是，它再次确认了一点，当货币联盟成员有着共同稳定的宏观经济环境和银行系统，严厉的财政政策和金融监管是必要的。在欧盟层面，爱尔兰危机突显了一个不完善货币联盟的设计带来的巨大成本，货币联盟需要进一步深化改革去降低将来发生危机的可能性，增强欧洲银行系统在危机中的适应能力。

参考文献

Beck, T., A. Demirgüç-Kunt and R. Levine (2000). 'A new database on financial development and structure', *World Bank Economic Review*, 14: 597–605.

Beetsma, R., M. Giuliodori and P. R. Wierts (2009). 'Budgeting versus implementing fiscal policy in the EU', *Economic Policy*, 24: 753–804.

Dokko, J., B. Doyle, M. T. Kiley, J. Kim, S. Sherlund, J. Sim and S. Van Den Heuvel (2011). 'Monetary policy and the global housing bubble', *Economic Policy*, 66: 237–87.

Eichengreen, B. (2010). 'The breakup of the euro area', in A. Alesina and F. Giavazzi (eds.), *Europe and the Euro*, University of Chicago Press.

European Commission (2011). 'Technical details of a possible EU framework for bank recovery and resolution', DG Internal Market and Services Working Document.

Fagan, G. and V. Gaspar (2007). 'Adjusting to the euro', ECB Working Paper, No. 716.

Honohan, P. (2009). 'Resolving Ireland's banking crisis', *Economic and Social Review*, 40(2): 207–32.

(2010a). *The Irish Banking Crisis – Regulatory and Financial Stability Policy 2003-2008*, Central Bank of Ireland.

(2010b). 'Euro membership and bank stability: friends or foes?', *Comparative Economic Studies*, 52: 133–57.

(2010c). 'Financial regulation: risk and reward', Speech to International Financial Services Summit, 10 November.

(2011). 'Restoring Ireland's credit by reducing uncertainty', IIEA Speech, 7 January.

Honohan, P. and P. R. Lane (2003). 'Divergent inflation rates under EMU', *Economic Policy*, 37: 58–94.

Honohan, P. and B. Walsh (2002). 'Catching up with the leaders: the Irish hare', *Brookings Papers on Economic Activity*: 1–79.

Hunt, C. (2005). 'Discretion and cyclicality in Irish budgetary management 1969-2003', *Economic and Social Review*, 36: 295–321.

Kelly, M. (2007). 'On the likely extent of falls in Irish house prices', *Quarterly Economic Commentary*, Summer: 42–54.

—— (2010). 'Whatever happened to Ireland?', CEPR Discussion Paper, No. **7811**.

Lane, P. R. (1997). 'EMU: macroeconomic risks', *Irish Banking Review*, Spring: 24–34

—— (1998a). 'Irish fiscal policy under EMU', *Irish Banking Review*, Winter: 2–10

—— (1998b). 'On the cyclicality of Irish fiscal policy', *Economic and Social Review*, **29**: 1–16.

—— (2000). 'Disinflation, switching nominal anchors and twin crises: the Irish experience', *Journal of Policy Reform*, **3**: 301–26

—— (2007). 'Fiscal policy for a slowing economy', in *Budget Perspectives 2008*, Economic and Social Research Institute

—— (2009). 'European Monetary Union and macroeconomic stabilisation policies in Ireland', Report Prepared for National Economic and Social Council

—— (2010). 'A new fiscal framework for Ireland', *Journal of the Statistical and Social Inquiry Society of Ireland*, **39**: 144–65.

Lane, P. R. and G. M. Milesi-Ferretti (2011). 'The cross-country incidence of the global crisis', *IMF Economic Review*, **59**: 77–110.

Regling, K. and M. Watson (2010). *A Preliminary Report on the Sources of Ireland's Banking Crisis*, Dublin: Government Publications.

Reinhart, C. and V. R. Reinhart (2010). 'After the fall', in *Macroeconomic Challenges: The Decade Ahead*, Federal Reserve Bank of Kansas City Economic Policy Symposium, forthcoming, www.kansascityfed.org/publications/research/escp/escp-2010.cfm.

5 西班牙危机：起源和发展

Angel Gavilan, Pablo Hernandez de Cos,
Fuan F. fimeno and fuan A. Rojas

5.1 介绍

危机对于西班牙经济的影响，尽管很大程度上与其他国家类似，但是还是有一些重要的区别。首先，GDP 的累计下降并不是特别巨大（-4.5%）。其次，银行业对危机的影响相对较温和，因为西班牙银行在危机一开始就清理掉了"有毒资产"，因此对于公共财政产生的压力也相对较小。再次，尽管 GDP 的下降不是很多，但是累计就业率的下降（-9.4%）和失业率（将近12%）的上升都非常高，这就是西班牙劳动力市场的一个显著特质。最后，经过十年的财政巩固，西班牙财政经历了长期的财政盈余，债务占 GDP 的比率也维持在 40% 以下，2009 年财政状况突然恶化，赤字占到 GDP 的 11.1%。尽管维持着较低的债务占 GDP 的比率，且政府承诺到 2013 年恢复良好的财政状况，但是西班牙还是被认为是希腊债务危机的一个"连带受害者"。尽管银行系统的风险目前来看得到了控制，但是西班牙由于在货币联盟内失去了控制汇率和利率的主动性，面临着恢复竞争力和经济增长的窘境；同时受危机影响，危机前私人部门累计的债务正在下降，而公共部门的债务正在急剧上升。

为了了解这一系列的事件和恢复经济增长的政策选择，我们必须了解西班牙经济在危机前长期扩张的因素，以及相机抉择政策带来的影响。危机前的经济扩张有两方面因素：(1) 信贷的大规模扩张，随着西班牙加入欧洲货币联盟，利率的降低带来了信贷规模的扩张；更宽泛地，信贷条件的放宽也导致了信贷规模的扩大；(2) 这一时期大量的国外移民涌入西班

5 西班牙危机：起源和发展

牙导致西班牙人口结构发生变化。①

在经济扩张期间，也出现了一些不平衡问题：西班牙经济在这一时期开始更依赖于外部融资。尽管公共部门的财政状况逐步巩固，但是由于利率下降私人部门的负债率急剧上升，整体信贷规模也在上升，这就产生一股投资热潮，大量资金流入了房地产市场。再者，由于生产力增长缓慢，以及国内劳动力和商品市场之间的严重扭曲，西班牙经济的价格竞争力受到严重影响。

这一章的主要目的是探究西班牙经济发展的原因。为了进行这一讨论，我们根据西班牙的人口和经济结构扩张和不平衡构建一个结构性模型，这个模型符合西班牙经济在应对全球金融危机时所处的状况。② 这个章节剩下部分是这么安排的。第二部分阐述了西班牙经济在繁荣扩张时期的宏观经济发展。第三部分分析西班牙的人口结构发展和利率水平在影响宏观经济发展中所起的作用。第四部分讨论的是在这个时期，哪些财政和结构性政策可以改变经济现状。第五部分做一个总结，并提出一个金融危机模型，分析当遇到和西班牙 2007 年一样的宏观经济情况下，如何渡过危机。

5.2　从加入欧元区到危机

经济扩张主要由两个因素导致：一方面是利率的下降，信贷的扩张；另一方面是在这一时期大量的移民涌入西班牙。尽管这一时期财政政策是扩张性的，且政府公共债务在下降，但是经常账户出现了巨大的赤字，这严重损害了一国的国际投资头寸。在这一部分，我们用案例去证明这些事实。③

---

①　Estrada、Jimeno、Malo de Molina（2009）详尽描述了 1990—2007 年爱尔兰宏观经济特征的主要表现。Suarez（2010）描绘了西班牙经济在增长循环中的优势和劣势，实体经济和金融业不平衡性的积累导致了这个结局，现阶段面临的困难以及一些正在进行的改革措施预示着它将逐渐复苏。

②　详见 Gavilan 等（2011）。

③　这些数据来源于经合组织的经济展望报告，除了西班牙经常账户余额和国际投资头寸（来自西班牙银行）。人口数据来源于西班牙国家统计局（INE）。

5.2.1 利率

图 5.1 展示的是用回溯法测算的西班牙的长期实际利率和短期实际利率。正如图 5.1 所示，尽管在 2005 年后利率有小幅上升，但是整个时期内利率的下降是明显的：在 1995—2005 年期间，长期（短期）利率下降了大概 7（6）个百分点。自 2000 年初欧洲货币联盟成立以来，一直实行较为宽松的货币政策，西班牙固定的通胀预期的形成和正的通胀差异都可以用利率下跌来解释。① 正如 Fagan 和 Gaspar（2008）所述，这其实也描述了其他一些如西班牙一样加入欧元区时有着高利率的国家所面临的宏观经济状况。

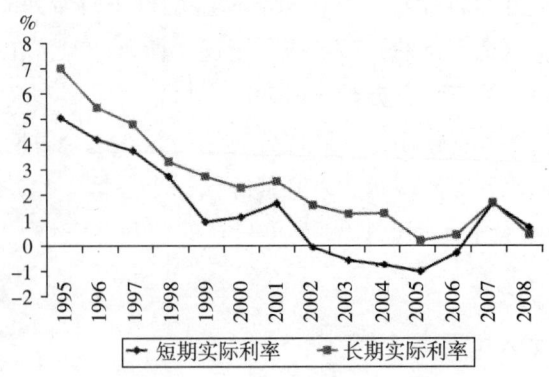

图 5.1　回溯法计算的实际利率，1995—2008 年

5.2.2 移民

大量的移民涌入是西班牙经济扩张发展的另一个重要因素。西班牙，一个传统的移民外流国家，这股向内移民热潮在欧洲货币联盟产生之前突然达到高潮，自那以后，移民潮剧烈地改变着西班牙的人口结构。因此，在西班牙居住的外国人从 1995 年的 35 万（占当时人口的 1%），增加到 2008 年的 522 万（占总人口的 11%）。此外，这些移民还改变了西班牙人口的年龄结构，降低了老年化比率，因为在国际移民潮中，进入西班牙的移民的年龄结构往往比当地人的年龄结构更年轻（见图 5.2）。

---

① 事实上，对于这种下跌在多大程度上降低了金融成本一直存在争议。有些人认为（比如说，Blanco, Restory, 2007；Gimeno, Marques, 2008）通胀不稳定性的降低很好地解释了实际利率的大幅下降，所以金融成本实际降低的数额并不如预测得那么明显。

5 西班牙危机：起源和发展

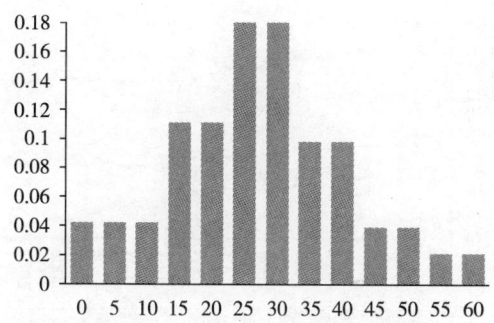

图 5.2　涌入移民的年龄分布

5.2.3　财政巩固

从图 5.3 中我们可以清晰地看到，截止到 2007 年，西班牙通过缩减开支，增加收入，很好地完成了财政巩固。因此，政府赤字在 1995 年占 GDP 的 6.5%，随后逐渐消失，2007 年时转为盈余，占 GDP 的 2%。然而，在 2008 年，随着全球金融危机的到来，政府支出再次增加，收入减少，公共财政赤字占 GDP 的 4%。总的来说，这一时期的财政巩固政策大大降低了政府的负债，使政府的负债从 1995 年占 GDP 的 63.3% 下降到 2008 年的 39.7%。正如图 5.4 中所示，西班牙在这方面的表现要远远好过其他一些欧洲国家。

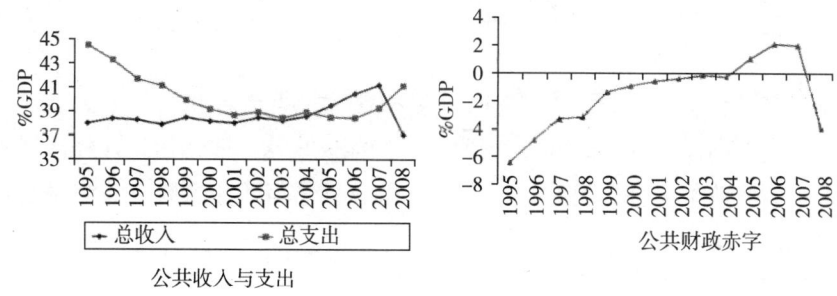

图 5.3　公共财政，1995—2008 年

5.2.4　外部不平衡

正如图 5.5 所示，西班牙经常账户余额占 GDP 的比重在 1995—2008 年期间呈现单方面下降趋势，国外净资产占 GDP 的比重出现显著下降，从 1995 年的 -22% 下降到 2008 年的约 -80%。在此期间经常账户赤字有所

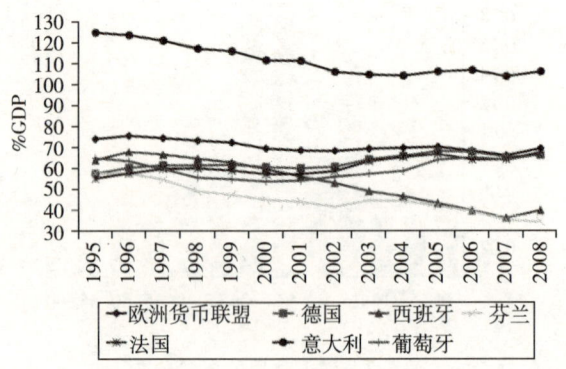

图 5.4 政府公共债务，1995—2008 年

上升，尽管财政账户得到了巩固，但私人部门负债的上升是造成外部不平衡的主要因素。

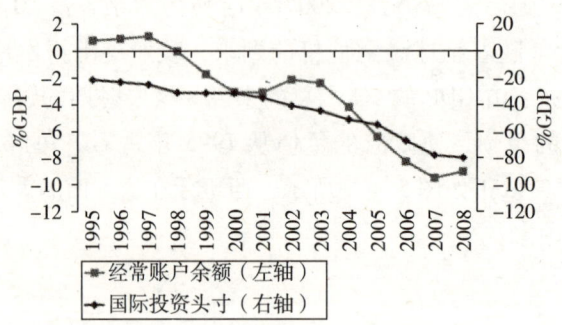

图 5.5 外部不平衡，1995—2008 年

通过国别比较（图 5.6），很明显我们能发现这一时期西班牙经济对外部融资的依赖是十分强烈的，不仅仅是相对于葡萄牙和希腊，对美国的比

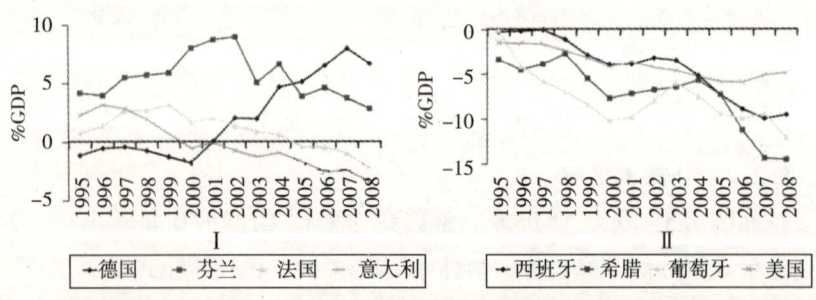

图 5.6 经常账户余额，1995—2008 年

较尤为明显。这也同样比较了欧洲货币联盟内其他成员国的处境。因此，尽管德国和芬兰有着大量的经常账户盈余，但是法国和意大利的经常账户赤字也明显小于西班牙。

5.3 解释经济扩张，衡量不平衡程度

为了对西班牙加入欧洲货币联盟之后的经济状况进行一个定性，我们采用结构性模型对危机时期西班牙的一些经济数据进行解释，并对相机抉择的政策作出评估。如果没有理论依据，我们既不能对推动经济扩张的因素进行量化分析，也不能定义一个不平衡指标来讨论调整过程的本质。[①]

在这里，我们的理论模型框架是叠代模型（OLG），根据 Auerbach 和 Kotlikoff（1987），Rajas（2005）和 Storesletten（2000）针对货币联盟内小国的模型，加入了商品市场和劳动力市场的垄断竞争的因素（见 Gavilan，2011），然后使模型标准化来复制西班牙经济的主要特征。这个模型的人口统计学结构是非常详细的，因为移民潮是这个时期影响西班牙经济的主要因素。因此，对于个人来说不同的是年龄，而对于一个国家来说，年龄对于西班牙来说是移民的劳动能力。加入人口因素，实际利率的变化将被视为一个外生变量。财政政策是固定的，因为按照规则规定，一旦政府债务占 GDP 的比例与欧元区稳定和发展条约（SGP）规定的比例（60%）不符，将会通过征收劳工税来进行惩罚。我们可以从数据中发现，这条规则在短期内保证了劳工税的相对稳定，而从长期来看，西班牙的人口年龄结构将会要求税收调整以防止债务上升。在这个架构下，有远见的个人都会考虑到，一旦财政政策发生改变，这就意味着公共债务的动荡，将来必定会发生劳工税的变革。

一个自然的疑问是，移民和实际利率对扩张时期的主要宏观经济指标的影响程度有多大。当然，将移民潮作为一个外生变量是有争议的，因为正是因为就业率的上升才吸引了大批的移民。一个更根本的解释是引入其他外生变量（技术或者其他表现），正如 Martin 和 Ventura（2010）所述，

[①] 范龙佩时代的欧盟提议加强经济监管，各成员国的宏观经济就处于被监督状态。欧盟委员会（2010）发布的监管报告就是一个例子。典型地，这些监管措施提供了各国宏观经济环境的丰富而详细的信息，但是缺乏一些解释，因为它们缺少参照模型而无法知道会碰到哪些宏观经济指标并进行解释。

欧元区与金融危机

投资者信心的变动引起了泡沫的破裂或者金融市场的繁荣。经济扩张的其他方面，比如说建筑业和房地产泡沫，可以用信贷规模的过度扩张来解释，因为它们的产出物是实际抵押资产（详见 Arce，Campa，Gavilan，2008）。我们将在本章的第五部分讨论替代模型策略。

我们现在回头来解释这个问题，1998 年以来利率的大幅降低和人口结构的巨大变化在多大程度上影响了 1998—2008 年西班牙宏观经济情况的变化。我们的方法是比较我们模型测算的在 1998—2008 年利率和人口结构的变化对西班牙经济产生的影响与实际影响之间的差别。① 这个差异如图 5.7 和表 5.1 所示。劳动力人口的上升引起就业率、总投资的提高，进而促进 GDP 增长。特别地，人口结构的变化可以解释总投资扩张的 60%。人口结构的变化还有力地解释了公共账户的变化。尤其是，政府债务占 GDP 的比例从 1998 年的 64.1% 下降到 2008 年的 53.8%。其中有 42% 的观察量符合

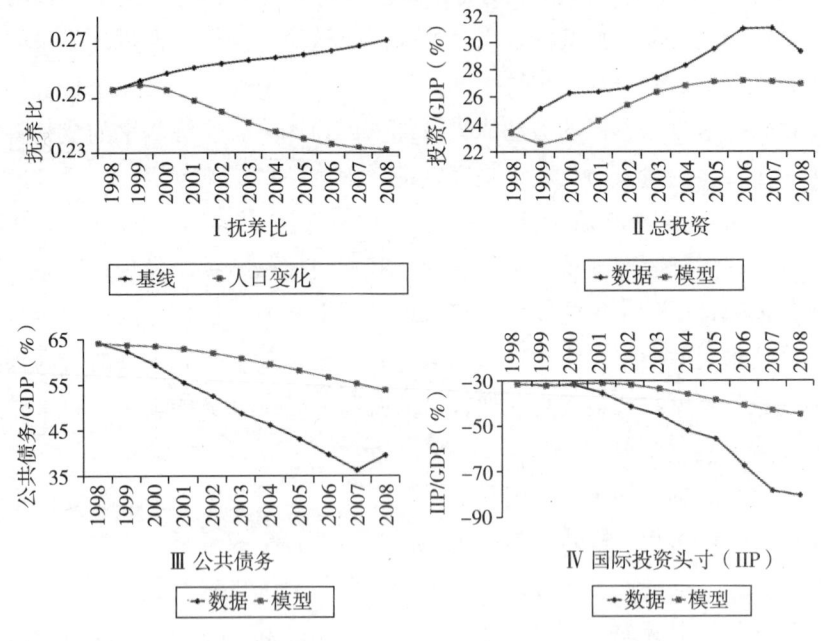

图 5.7　人口结构变化：数据与模型，1998—2008 年

---

① 这个模型的任何模拟都需要假定一个利率发展轨迹、移民水平以及将来的出生率和死亡率。更详细地请见 Gavilan (2011)。

5 西班牙危机：起源和发展

这个规律，同时，税收收入的增加与经济活动的扩张也紧密相关。

表 5.1　　　　人口结构变化的作用，1998—2008 年　　　　单位：%

	数据		模型	
	1998 年	2008 年	1998 年	2008 年
投资/GDP	23.5	29.3	23.4	26.9
公共债务/GDP	64.1	39.5	64.1	53.8
对外资产/GDP	−31.7	−80.6	−31.7	−44.9

对于人口结构变化对经济外部失衡的影响（用对外净资产占 GDP 的比重衡量），例如之前提到的投资的上升、储蓄总额的小幅变化、经常账户的负效应以及经济体国际投资头寸的恶化：1998—2008 年西班牙对外净资产占 GDP 的比重下降中，有 27% 可以用人口结构的变化对经济造成的冲击来解释。

关于利率下降的作用，我们必须区分两种情形，一种是 1998—2008 年暂时性的利率下降，所以在 2010 年的时候利率迅速回归到 1998 年的水平，之后维持稳定；另一种情况是，利率下降是永久性的，不会再回到 1998 年的水平，2008—2010 年利率也只是小幅回升，并维持在 1.5% 的水平。在人口结构水平变化中增加利率变化会产生两方面影响。首先，它会促进总体投资水平的进一步扩张，通过降低债务负担，会使公共债务大幅改观（表 5.2）。并表明，之前的影响发挥了重要作用，因此，利率下降导致经济体的国际投资头寸表进一步恶化。事实上，对于所有这些影响，永久性利率下降产生的影响都要比暂时性的下降大。因此，这个模型很好地描绘了 1998—2008 年，西班牙经济在政府债务比率和对外净资产占 GDP 的变化（图 5.8）。

表 5.2　　　利率与人口结构变化的作用，1998—2008 年　　　单位：%

	数据		模型	
	1998 年	2008 年	1998 年（情境 1）	2008 年（情境 2）
投资/GDP	23.5	29.3	27.4	30.1
公共债务/GDP	64.1	39.5	41.3	40.1
对外资产/GDP	−31.7	−80.6	−63.9	−77.3

总之，西班牙利率和人口结构的变化与这一时期其公共财政的改进是

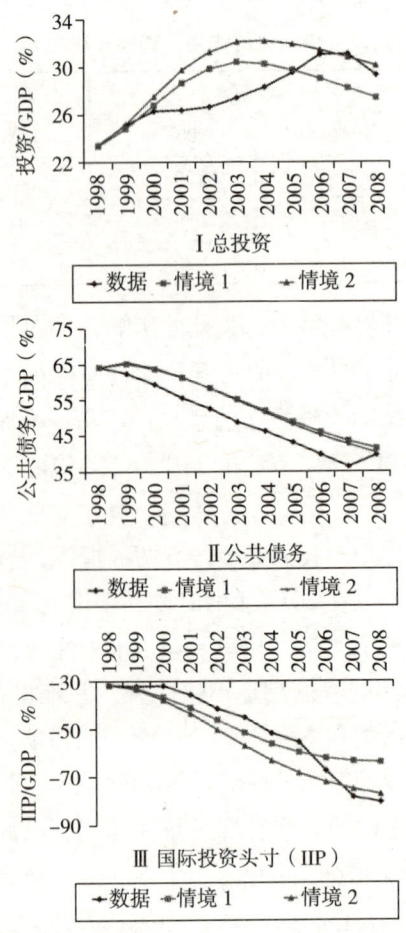

图 5.8 人口结构和利率水平变化：数据与模型，1998—2008 年

紧密相关的（如果利率变化是暂时性的，则相关性为93%；如果利率变化是永久性的，则相关性为97%）。

很显然，结果依赖于生产力增长的轨迹。事实上，主要是来自外部的融资支撑了建筑业和非贸易部门的投资，正如 Giavazzi 和 Spaventa（2010）所述的，它违背了跨期的预算约束，因此，被称为外部失衡。生产力的增长需要调整这一时期累积的经常账户赤字，而事实上，这一时期的赤字大大超过了同期的生产力增长（详见 Banco de Espana，2006）。然而，这个结果也说明了大额的经常账户赤字并不总能说明"外部失衡"。

5.4 衡量财政政策和结构性改革的作用

正如第三部分所述，1998—2008 年，西班牙经济中出现的投资热潮、财政账户的巩固、外部债务的增加大部分都可以用经济对利率和人口结构变化的自然反应来解释。然而，人们普遍认为政府应该采取相应的政策去遏制私人债务的大规模累积。在此背景下，有两种最受欢迎的政策，一种是在经济繁荣时期采取更进一步的财政巩固措施，另一种是及时纠正劳动力和商品市场的扭曲。

关于财政政策，我们不能假设，正如之前模拟练习中描述的，每个时期的政府消费在 GDP 中所占的比重被假定为常量（17.3%），我们现在考虑的是两种可供选择的财政政策。在这两种情境中，政府消费维持不变，按人均计算，以 1998 年的标准，情形 1 可持续 10 年，情形 2 可持续 20 年。

正如后面将提到的，假如分析期内 GDP 随着利率和人口结构的变化而增长，这些财政政策实际上意味着政府财政支出在 GDP 中的占比暂时降低了，这在情境 2 中会更持久。名义上看，情境 1（情境 2）该比例从 1998 年的 17.3% 下降到 2008 年（2018 年）的 15.8%（14.8%）。

这项政策的影响严重依赖于当局对将来生产力、税收以及公共消费的预期。尽管公众的眼界是有限的，但是在这些假设的财政政策下，反映在税收改变上的财政支出变化更多影响的是当代人。因此，尽管在 1999—2008 年政府消费的降低可以使截至 2008 年的公共账户情况得到有力改善，但是紧缩的财政政策在帮助解决这一时期的经济外部失衡上的效果是十分微弱的。特别是，利率暂时性地降低、政府消费临时性地紧缩，在 2008 年只能使经济的失衡程度下降 1%（表 5.3）。即使是利率永久性下降，更长期的紧缩性财政政策反而会加剧经济的不平衡性。

表 5.3　　　　　　　　　　财政政策的作用　　　　　　　　单位：%

	模型（2008 年）		
	基准	财政政策 1	财政政策 2
投资/GDP	27.4	27.5	28.0
公共债务/GDP	41.3	36.7	36.9
对外资产/GDP	−63.9	−63.0	−75.9

这个结果是很明显的。当然，政府消费的下降会改善公共账户，从其自身来讲，也会降低对外部融资的需求。然而，对于居民的预期来讲，人们会认为公共债务占GDP比例的下降预示着将来劳动所得税的下降（一旦财政政策实施的话），他们将会立马改变劳动和消费观，私人部门借款将会增加。这方面的增加将会抵消政府财政需求的下降，根据财政紧缩的临时性程度，它可能会预示着更大的外部经济失衡。

对于修正产品和劳动力市场的不完美性方面，我们研究了劳动力和商品市场下降2%会引起模型如何变化。[①] 不出意外，降低了这个市场的无效性之后，相比较基准水平，将有助于经济的扩张、整体的投资和就业率的上升以及经济的外部竞争力的增强。根据这个模型，同样降低两个百分点的商品市场和劳动力市场的价格，商品市场将带来更大的正效应。也就是说，在2008年，对商品市场进行改革相对于劳动力市场的变革，GDP会高出1.5%，就业率会高出0.7%，而贸易水平低0.3%。从长期来看，这种差异仍然存在，商品市场修正两个百分点，相对于劳动力市场来说，对GDP的效应会提高1.6%，就业率会高出0.6%，也只有贸易水平低0.3%。

表5.4　　　　　　　　劳动力和商品市场扭曲的效应　　　　　　　单位：%

	模型（2008年）		
	基准	财政政策1	财政政策2
投资/GDP	27.4	27.6	28.4
公共债务/GDP	41.3	38.0	36.6
对外资产/GDP	-63.9	-65.0	-68.4

这种结构性改革对西班牙1998—2008年公共账户和外部失衡的影响总结在表5.4中。伴随着经济活动的扩张，这项改革给这一时期的公共账户巩固带来的效应更加明显。但是，如果在2008年实行这项改革，经济的外部失衡也会更大。原因在于，由于这项财政政策的实行，居民普遍认为将来会有更低的税收和更有效的经济发展。因此，为了顺利消费，他们增加

---

① 这个模型的校准考虑到现在劳动力（商品）市场上存在20%（10%）的涨价。这些值需要降低到已经在关于西班牙经济的文献中有所提及的正常范围内。例如，可见Andres, Ortega, Valles（2008）。

了当前的私人借款量，增加了总的投资量，这使得公共财政状况得到改善，但是却导致了更高的外部债务。

因此，商品市场的结构性改革（正如我们在该部分中考虑的一种情形）如同财政紧缩政策一样，只能在短期内降低公共债务在 GDP 中的占比（1998—2008 年）。再加上结构性改革对于 GDP、就业率、投资和竞争力的长期积极影响，是财政政策相机抉择中所缺失的。因此，不仅仅是在 1998—2008 年，而且也包括在将来，我们也要将结构性改革作为改善经济体公共账户的一个有利工具。正如之前提到的，在这个意义上，这项改革可能会给经济带来短期的外部失衡，不必引起我们过多的担心。这些恶化的情形主要来自于：(1) 增加的投资（无效的已经被剔除）；(2) 居民的消费行为。这些都是居民对于将来经济的良好预期，认为经济会更加健康，商品和劳动力市场的扭曲会减少。

5.5 总结

巨大的经常项目赤字是西班牙经济在危机前的快速发展时期的主要特征之一。这一章试图解释这种上涨背后的主要驱动力。最后，我们通过调整一个小型开放经济体模型，模拟了最近十年西班牙经济的主要特征。通过这个模型，我们找出了解释这些发展的两个主要因素：第一，从西班牙加入欧元区以来利率的下降；第二，伴随着巨大的移民潮引起的西班牙人口结构的变化。

除去以上两个因素，它们已经在已有的文献中被强调过，我们这一章主要探究了政府政策在解决西班牙经济外部性中发挥的作用。第一，相关的文献中已经提到财政政策可能在解决经济失衡中发挥一定的作用。在这一章中，财政政策的作用被分成两种情形进行讨论，试图衡量的是如果在过去十年采取紧缩性的财政政策会对外部失衡产生怎样的影响。对这项限制性的财政政策的模仿是通过降低财政支出来实现的。结果显示紧缩性财政政策虽然可以降低经济的外部不平衡性，但是效果是很小的，同时还要视紧缩政策的临时性程度而定。一项临时性的财政紧缩措施在降低外部不平衡性上的作用是微弱的，它仅仅是通过节约公共支出，而并没有改变私人部门的支出。相反，一项永久的财政紧缩措施将会对经济体的对外净资产产生负面影响，因为它会扭曲有远见的机构的决定，降低私人储蓄。

第二，我们同样研究了对劳动力市场和商品市场在修正经济不平衡性中的作用。这在一定程度上是因为在经济繁荣时期，西班牙相对于它的竞争对手经历了更大程度的价格和成本的上升，这些可能会对净出口产生影响，有证据显示这种价格和工资的上升很大程度上受市场刚性和竞争不充分影响。我们的研究结果显示，如果在1998—2008年，西班牙经济对劳动力和商品市场进行结构性改革，经济的扩张、投资以及就业率将会比我们现在观察到的那个时期更好。相对于未改革的情形，经济体的外部竞争力将会提升，公共账户将会得到更大程度的改进。然而，这项改革也会使2008年西班牙经济的外部失衡更加严重。市场扭曲被降低之后，投资将会增加，而当居民预期将来会有更低的税率和更有效的经济发展的时候，他们也将平缓自己的消费，这些都将使将来的经济恶化。尽管如此，我们还是有必要提及这个，尽管在短期内会扩大经济的失衡，但是在长期内，结构性改革还是会促进GDP、就业率、投资以及竞争力的提升，同时也是实现财政稳固的一项非常有效的工具。

这一章同样可以用来分析西班牙经济在危机之后应该采取何种财政政策。事实上，经济危机彻底改变了人们对西班牙经济的展望。危机至少从部分上，帮助西班牙修正了经常账户的赤字，但是它同样也带来了巨大的公共财政账户赤字和失业率的上升。遇到这些问题有各种不同的政策可供选择。我们希望分析这些不同政策的结果及其利弊，以及它在将来对外部经济不平衡性的影响。

参考文献

Andrés, J., E. Ortega and J. Vallés (2008). 'Competition and inflation differentials in EMU', *Journal of Economic Dynamics and Control*, **32**(3): 848–74.

Arce, Ó., J. M. Campa and A. Gavilán (2008). 'Asymmetric collateral requirements and output composition', Banco de España Working Paper, No. 0837.

Auerbach, A. J. and L. J. Kotlikoff (1987). *Dynamic Fiscal Policy*, Cambridge University Press.

Banco de España (2006). *Informe Anual*.

Blanco, R. and F. Restoy (2007). 'Have real interest rates really fallen that much in Spain?', Banco de España Working Paper, No. 0704.

Estrada, A., J. F. Jimeno and J. L. Malo de Molina (2009). 'The Spanish economy in EMU: the first ten years', Banco de España Occasional Paper, No. 0901.

European Commission (2010). 'Surveillance of intra-Euro-Area competitiveness and imbalances', *European Economy*, 1.

Fagan, G. and V. Gaspar (2008). 'Macroeconomic adjustment to monetary union', ECB Working Paper, No. **946**.

Gavilán, A., P. Hernández de Cos, J. F. Jimeno and J. Rojas (2011). 'Fiscal policy, structural reforms and external imbalances: a quantitative evaluation for Spain', Working Paper, No. **1107**, Banco de España.

Giavazzi, F., and L. Spaventa (2010). 'Why the current account may matter in a monetary union', Chapter 11 in this volume.

Gimeno, R. and J. M. Marqués (2008). 'Uncertainty and the price of risk in a nominal convergence process', Banco de España Working Paper, No. **0802**.

Martin, A. and J. Ventura (2010). 'Theoretical notes on bubbles and the current crisis', CEPR Discussion Paper, No. **8038**.

Rojas, J. A. (2005). 'Life-cycle earnings, cohort size effects and social security: a quantitative exploration', *Journal of Public Economics*, **89**: 465–85.

Storesletten, K. (2000). 'Sustaining fiscal policy through immigration', *Journal of Political Economy*, **108**: 300–23.

Suárez, J. (2010). 'The Spanish crisis: background and policy challenges', CEPR Discussion Paper, No. **7909**.

6 金融危机与波罗的海国家

Aurelijus Dabusinskas 和 Martti Randveer[①]

6.1 引言

在经历了几年强劲的经济增长之后,波罗的海各国开始陷入了一次世界上最严重的经济衰退。从历史的角度来看,波罗的海国家经历的这次衰退预计所造成的累计损失几乎相当于1997至1998年亚洲金融危机期间各国总损失的两倍。以拉脱维亚为例,其经济遭受了规模几乎等同于大萧条期间美国所经历的巨大损失。

尽管在危机之前,波罗的海国家在经济的结构特点(比如都采用固定汇率制)和宏观经济发展等方面有诸多的相似之处,但是它们在应对经济危机所造成的负面冲击的能力仍然有所不同。爱沙尼亚在面对经济危机的冲击时比其他的波罗的海国家表现得更为出色,并且于2011年加入欧元区。拉脱维亚面对危机的表现最为脆弱,它需要靠国际货币基金组织和欧盟的经济援助,经济前景十分不乐观。

本章的内容基于以下三个问题展开:第一,为何波罗的海国家的经济周期性波动如此剧烈?第二,为什么经济危机会对波罗的海国家造成如此大的负面冲击?最后,在面对共同的危机时,各个国家在应对能力上表现出的差异其原因何在?为了回答前两个问题,我们在第二部分中将波罗的海国家和经合组织国家及其他一些发展中国家所经历的经济周期进行了比较。进而,我们在三个波罗的海国家之间就其宏观经济、经济政策和经济结构变量的异同进行了讨论。在第三部分,我们探究了能够放大波罗的海国家经济周期的诸多因素和机制,比如:金融领域的顺周期发展、财政政

[①] 感谢 Liina Kulu 和 Priit Jeenas 所做的研究支持以及 Karsten Staehr 和 Dmitry Kulikov 的讨论及有益建议。

策、劳动力市场的发展等。在第四部分我们讨论了两个经济政策方面的关键问题：(1) 波罗的海各经济体在经济周期中所处阶段的高度不确定性；(2) 各国为抵御周期性的经济冲击所采取的主要政策。如果我们只关注后危机时代，那么我们对于经济危机影响的分析将是不完整的，因此我们的研究也关注了危机之前几年的情况，这将在第五部分中得到体现。

本章的意义主要来自两个方面。第一，有助于对波罗的海国家在危机前和危机后进行比较分析。第二，丰富了研究影响不同国家近期衰退程度的决定因素的文献。

6.2 描述性和对比性的证据

在本节中，我们将对波罗的海国家最近的经济周期和经合组织国家及其他一些发展中国家在过去50年中所经历的经济波动进行比较。进而研究三个波罗的海国家在宏观经济、经济政策和经济结构变量方面的异同。在波罗的海国家间进行比较分析的目的在于揭示在危机中这一地区各国间经济损失存在较大差异的潜在原因。

6.2.1 与经合组织国家及一些发展中国家以往衰退的比较

为了识别经济周期和明确周期具体的时间，我们借鉴了 Claessens (2008) 等人最近采用的由 Bry 和 Boschan (1971)、Harding 和 Pagan (2002) 开发的方法。该方法应用对数序列函数计算出经济周期的各个转折点。一个完整的周期始于一个峰值，终于下一个峰值，其中包含着两个阶段——收缩阶段（从波峰至波谷）和扩张阶段（从波谷至波峰）。比如，经济达到波峰的标志是在 t 时刻的产值变量 y_t 满足：

$[(y_t - y_{t-2}) > 0, (y_t - y_{t-1}) > 0]$

并且，

$[(y_{t+2} - y_t) < 0, (y_{t+1} - y_t) < 0]$；

而经济达到波谷的标志则是上述变量满足

$[(y_t - y_{t-2}) < 0, (y_t - y_{t-1}) < 0]$

并且，

$[(y_{t+2} - y_t) > 0, (y_{t+1} - y_t) > 0]$。

上述方法同样假设一个完整的经济周期至少包含 5 个季度，而收缩期和扩张期应至少各自持续两个季度。我们采用这个方法并应用 GDP 数据来识别各国的经济周期。

我们选取了全部经合组织国家①和部分新兴经济体②进行研究，并将它们分为发达国家和新兴经济体两组。前者包括了除捷克、匈牙利、韩国、墨西哥、波兰、斯洛伐克和土耳其之外的全部经合组织国家，而上述这些国家则被归类为新兴经济体一组。最终我们的研究样本包括了23个发达国家和18个新兴经济体。

我们从国际货币基金组织发布的《国际金融统计》（IFS）中取得了自1960年第一季度至2007年第四季度的季度研究数据。具体来说，我们主要取得了以下14个宏观经济变量：产出（GDP）、个人消费支出、投资、政府消费支出、出口额、进口额、净出口、就业率、失业率、外资净流入、银行贷款、实际利率、股票价格和基于CPI的实际有效汇率。绝大多数变量都经过调整剔除了季节性因素③，GDP及其构成采用不变价格计算，银行信贷和股票价格也基于GDP平减指数进行了调整。

我们一共发现了133次经济衰退，其中93次发生在发达国家，40次发生在新兴经济体。在我们的研究中，除了样本中包含的国家数目之外，另一个会影响到经济周期数目的重要因素是数据的可得性（发达国家的数据可得性更高）。表6.A1展现了衰退前和衰退后各个变量的变动情况，同时可以看到变量中更多的是GDP构成、金融类变量和外部变量，但体现劳动力市场的变量却相对较少。

图6.1说明的是在经济到达波峰的t时刻之前4年（16个季度）和之后3年（12个季度）的宏观经济平均发展状况。波峰之后的观察时间相对较短是因为近期经济衰退的样本相对有限。例如爱沙尼亚和拉脱维亚经济的峰值出现在2007年第四季度，而我们只能得到其前后8到9个季度的数据；立陶宛经济在2008年第二季度达到高峰，但我们只得到了前后6到7

---

① 包括澳大利亚、奥地利、比利时、加拿大、捷克、丹麦、芬兰、法国、德国、希腊、匈牙利、冰岛、爱尔兰、意大利、日本、韩国、卢森堡、墨西哥、荷兰、新西兰、挪威、波兰、葡萄牙、斯洛伐克、西班牙、瑞典、瑞士、土耳其、英国和美国。

② 包括阿根廷、巴西、智利、哥伦比亚、印度尼西亚、约旦、马来西亚、菲律宾、俄罗斯、南非、泰国。我们选取上述国家是考虑到它们金融开放程度较高，同时考虑了数据的可得性。

③ 经过调整的变量有：产出、个人消费支出、投资、政府消费支出、出口额、进口额、净出口、就业率、失业率、银行贷款。

6 金融危机与波罗的海国家

个季度的数据①。总体来说，图 6.1 展现了发达国家、新兴经济体和波罗的海国家各经济变量的平均情况。为了更好地描述数据的整体变化趋势和情况，图中还分别对所有样本 5% 和 95% 的百分位图进行了描述以作为参照。

通过图 6.1 我们很快可以看出波罗的海国家的经济周期非常明显，无论是扩张期还是衰退期都是如此。比如，在经济周期的这两个阶段，其产出都处在 95% 和 5% 百分位图之外。

在其他多个方面，波罗的海国家在经济周期中的走势都和新兴经济体的经济走势很相似。新兴经济体在经济周期中的特点包括宏观经济变量的大幅波动、资本流入的突然中止、消费的波动幅度超过产出、反经济周期的贸易情况、反经济周期的实际利率，并且实际利率的波动趋势领先于经济周期②。而除了最后一点，上述特点在波罗的海各经济体中也同样有所体现③。

国内需求的由盛而衰是波罗的海国家产出变动的主要因素。私人消费和投资在经济扩张时超过了 95% 百分位区间，而在衰退时落到 5% 的百分位区间之下。在个人消费方面（事实上，这也是在我们所有的数据当中变动幅度最大的一项）变动最大的国家是拉脱维亚。而且，无论是在经济的上升期还是衰退期，这三个波罗的海国家个人消费的变化程度都要高于其各自产出的变动程度。

波罗的海国家的经济在繁荣时期表现出了一定程度的外部脆弱性，其

---

① 在这里我们描述波罗的海国家经济数据的时候采用了非加权平均值。因为立陶宛的数据较少，在图 6.1 中该国最后两个季度的数据我们用爱沙尼亚和拉脱维亚相关数据的平均值作为替代。

② 例如，Neumeyer 和 Perri（2005）及 Aquiar 和 Gopinath（2007）也提到了这点。研究发展中国家样本可以得到下面的结论：（1）其宏观经济的波动要超过发达国家；（2）在波峰之后外资净流入会出现下滑；（3）在波峰之后实际利率出现上升；（4）在经济衰退中贸易收支会得到改善。然而，我们并没有发现明显的证据表明实际利率会引导经济周期的走势，从波罗的海地区最近一次经济周期的过程来看，消费的波动幅度也并没有显著高于经济增长的波动率。

③ 乍一看，波罗的海国家的经济周期类似于一种定式的经济繁荣衰退周期，这种范式是在拉美国家实施汇率基础的通胀稳定计划之后被观察到的（Calvo 和 Vegh，1999）。尽管这两种经济周期确实相似，但两者的显著区别在于时间跨度不同。汇率基础的繁荣—衰退周期是与启动汇率稳定计划直接联系的。它的繁荣阶段是从实施汇率稳定计划开始，不管汇率稳定计划是否成功，整个繁荣阶段将持续 3 年，随后开始衰退。因此，汇率基础的经济周期大约经历 5 年。而波罗的海国家的经济周期大约持续 10 年。

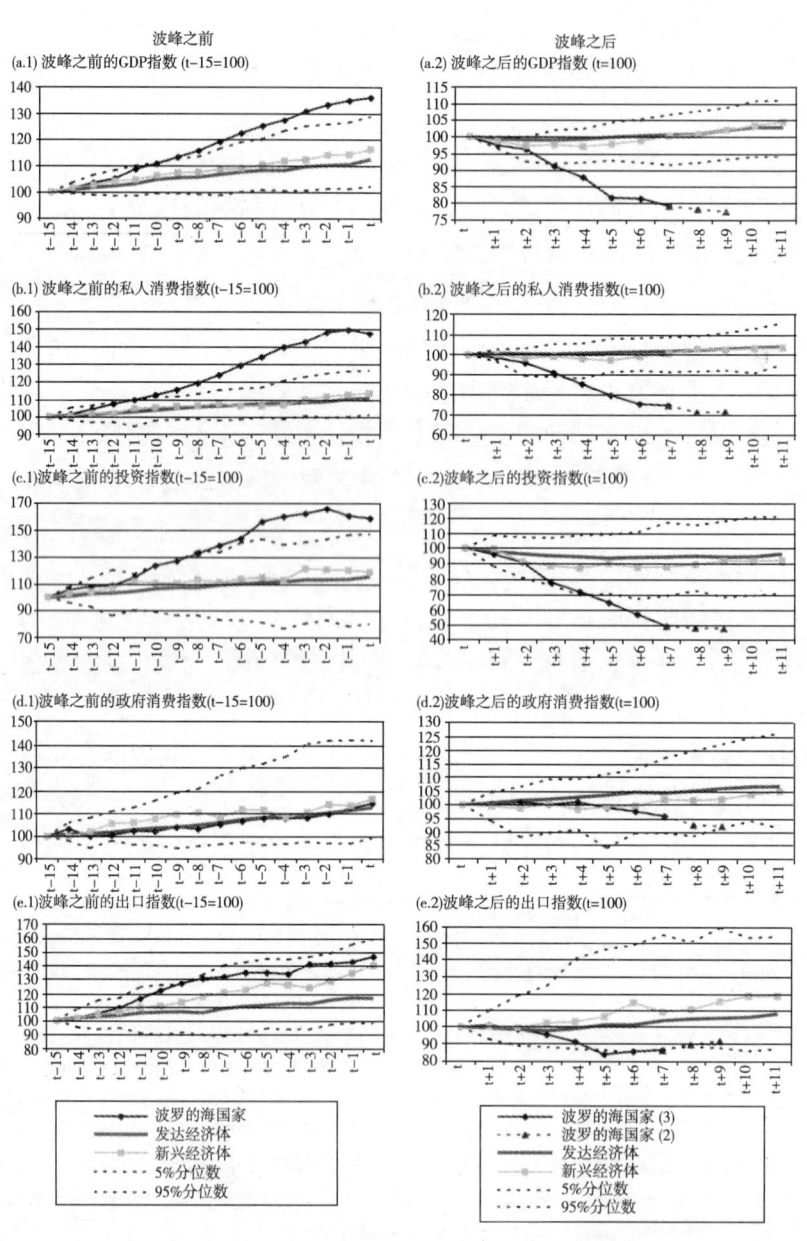

图6.1　与历史衰退的比较

6 金融危机与波罗的海国家

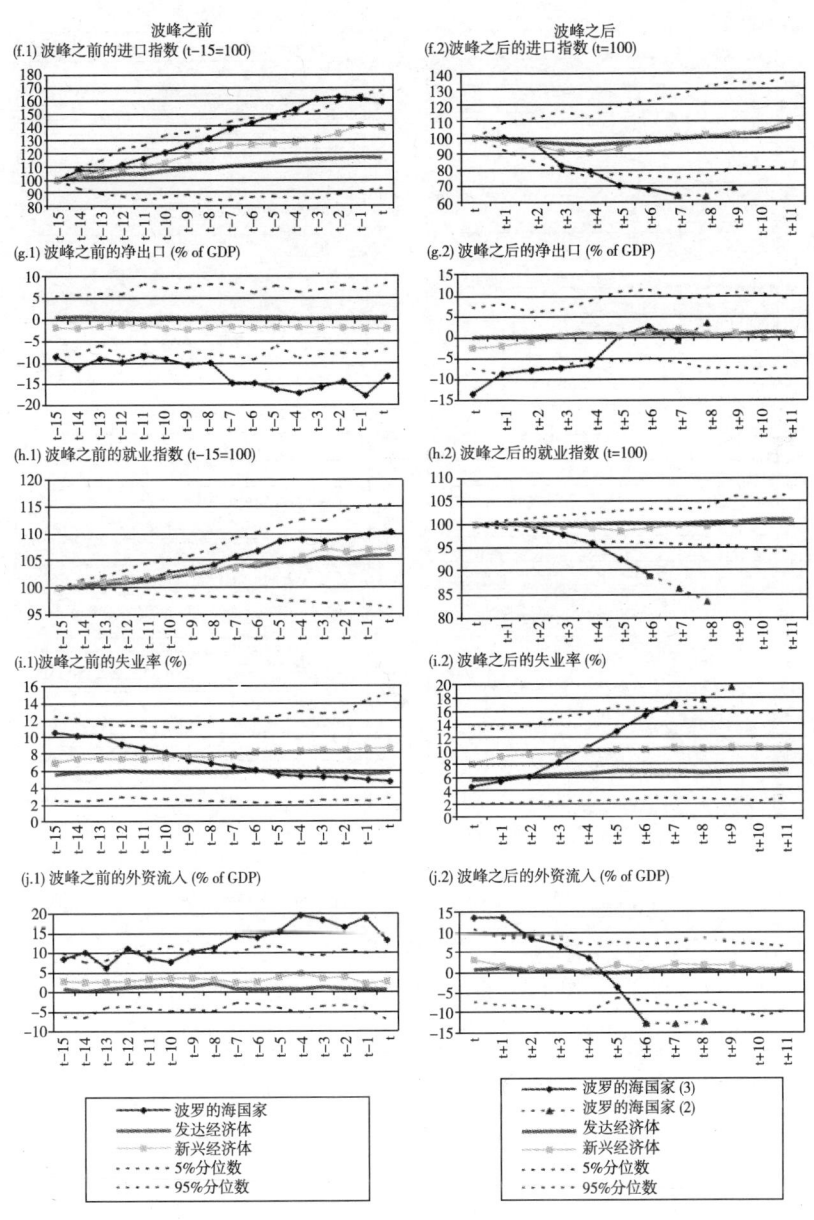

图 6.1 与历史衰退的比较（续）

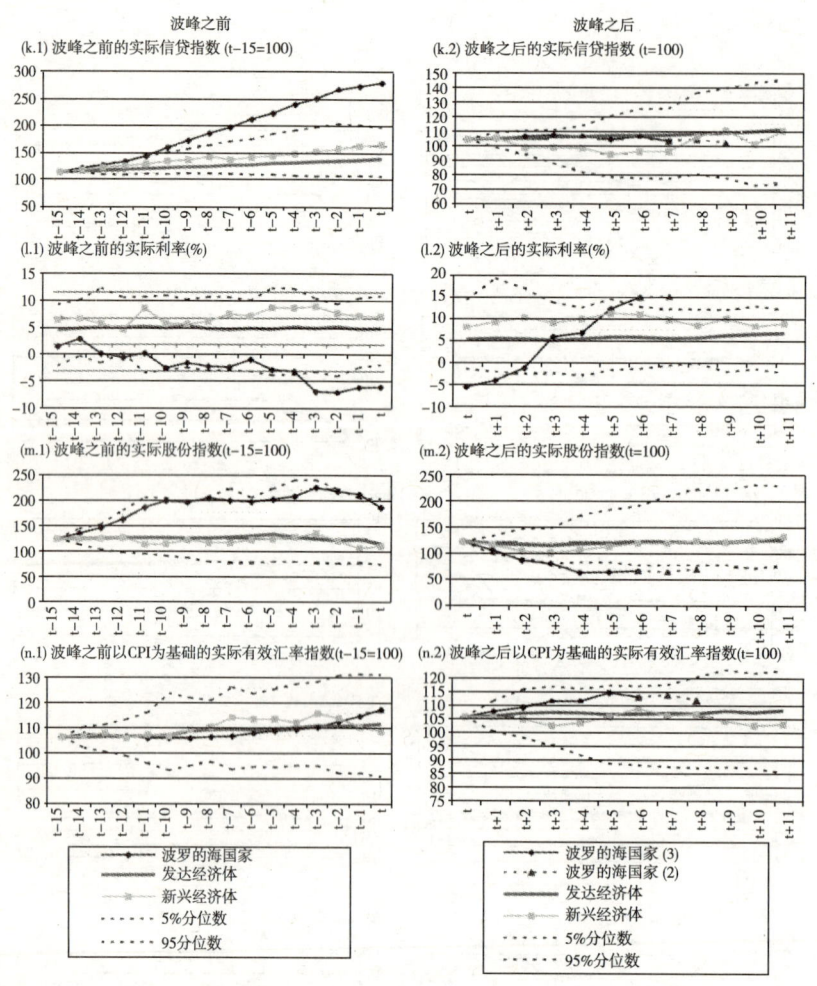

图 6.1　与历史衰退的比较（续）

外汇赤字和外资流入都明显高于新兴经济体。这样的横向比较所体现的另一个特点是当遭受经济危机的时候，波罗的海国家的反应要快得多。外资流入的突然停止就意味着这一年多约占 GDP 15% 的外资流入要转化成超过 GDP 10% 的外资净流出。同样最初约占 GDP 15% 的贸易赤字也会变成盈余。上述两项变动的程度都要显著高于新兴经济体的水平。

对于波罗的海国家来说，金融类指标也有着不同于其他地区的显著特点。比如实际利率的累计变化，在危机前仍为负，在衰退过程中却由负转正，共提高了15个百分点，这个数字要高于新兴经济体的相应水平。而银行信贷的情况却并不一样，在危机之前，波罗的海国家信贷储备的增长是这三组样本里最大的，但是它下降的速度却慢于新兴经济体。

产出的急剧下降也反映在了劳动力市场变量上。在衰退期间波罗的海国家就业率的下降和失业率的上升程度都要明显高于新兴经济体和发达国家。

然而，波罗的海国家的经济周期中也有着以下两个特征，这两点似乎与这些经济体异常的巨大波动状况不相称。第一，在衰退以前政府消费支出的增长情况与在类似经济状况下的发达国家和新兴市场国家的平均水平很接近，这说明财政政策并不是支持经济增长的强劲动力，至少并不是通过公共消费刺激经济增长。第二，基于CPI的实际有效汇率在经济扩张时期并未出现显著升值。在大多数时间里，其升值幅度要比新兴经济体小。而且根据其他国家的经验，实际有效汇率在经济进入衰退之后仍然会有一年左右的时间保持升值状态。

6.2.2　波罗的海国家之间的比较

在上文的比较中，波罗的海国家因为其经济结构的相似性（比如经济规模、开放程度、汇率制度、快速的金融整合以及劳动力市场的弹性）被归入同一样本组，而且其宏观经济的发展也基本遵循类似的轨迹。但是每个国家应对全球性金融危机的能力是不同的。比如爱沙尼亚和立陶宛在面对经济冲击的时候就比拉脱维亚表现得更加出色。为了更好地理解各国在应对能力上体现出的不同，接下来会介绍波罗的海国家之间所存在的差异。我们从宏观经济的发展状况开始，然后介绍经济政策和结构特征。

以上三个国家的宏观经济变量在经济危机时期都经历了巨大的波动（见图6.2），但拉脱维亚经济的周期性波动要强于爱沙尼亚和立陶宛。这点在外部的以及竞争性的变量上体现得尤为明显，在其他一些金融变量上也能得到印证。

从国际贸易失衡程度和资本流入的情况来看，在危机之前拉脱维亚就是波罗的海各国中受外部冲击可能性最大的国家。在经济复苏期间，其贸易赤字占GDP的比重达到15%，而爱沙尼亚和立陶宛则是10%。在拉脱维亚，经济的突然停滞和紧接着资本的大量流出以及国际贸易收支的被迫改善都表现得更加明显。在衰退期，拉脱维亚的外资净流量相比较其GDP

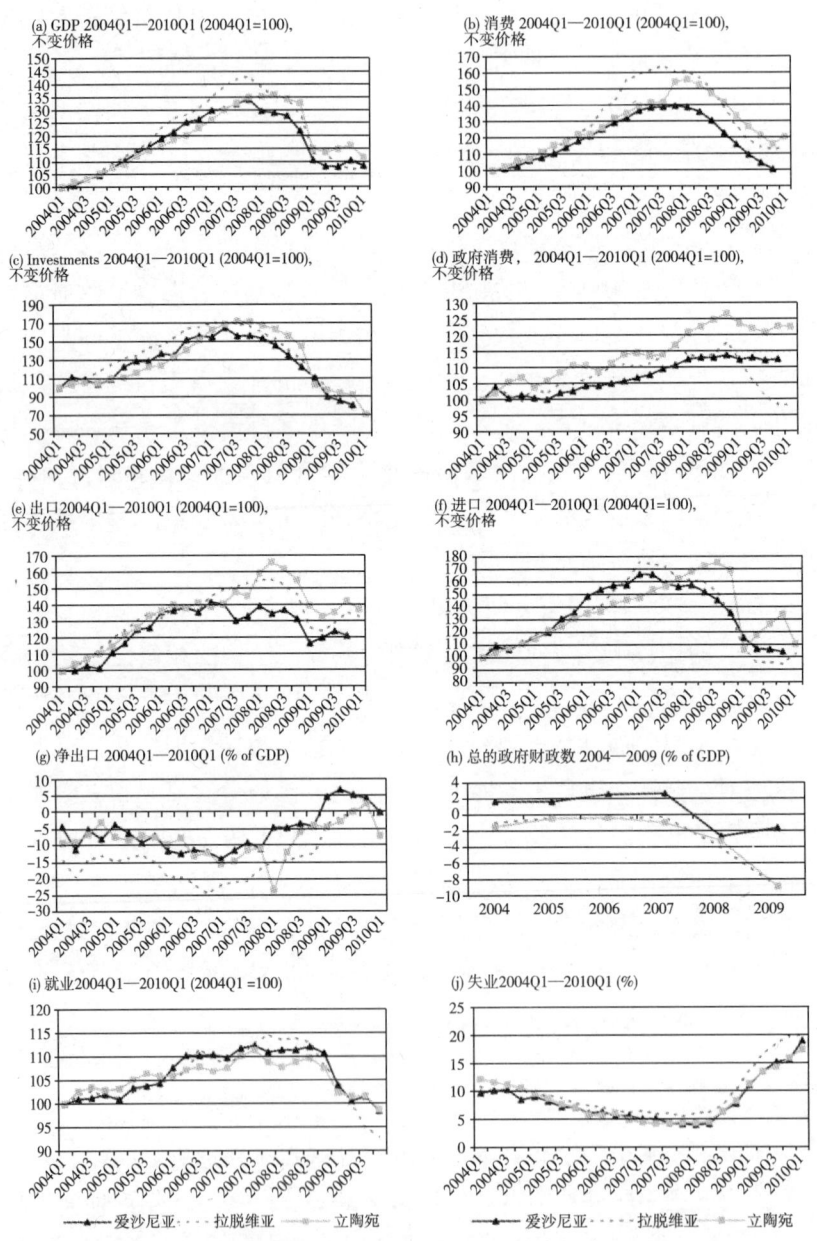

图 6.2 波罗的海国家之间的比较，2004 年 9 月或 2004 年 10 月

6 金融危机与波罗的海国家

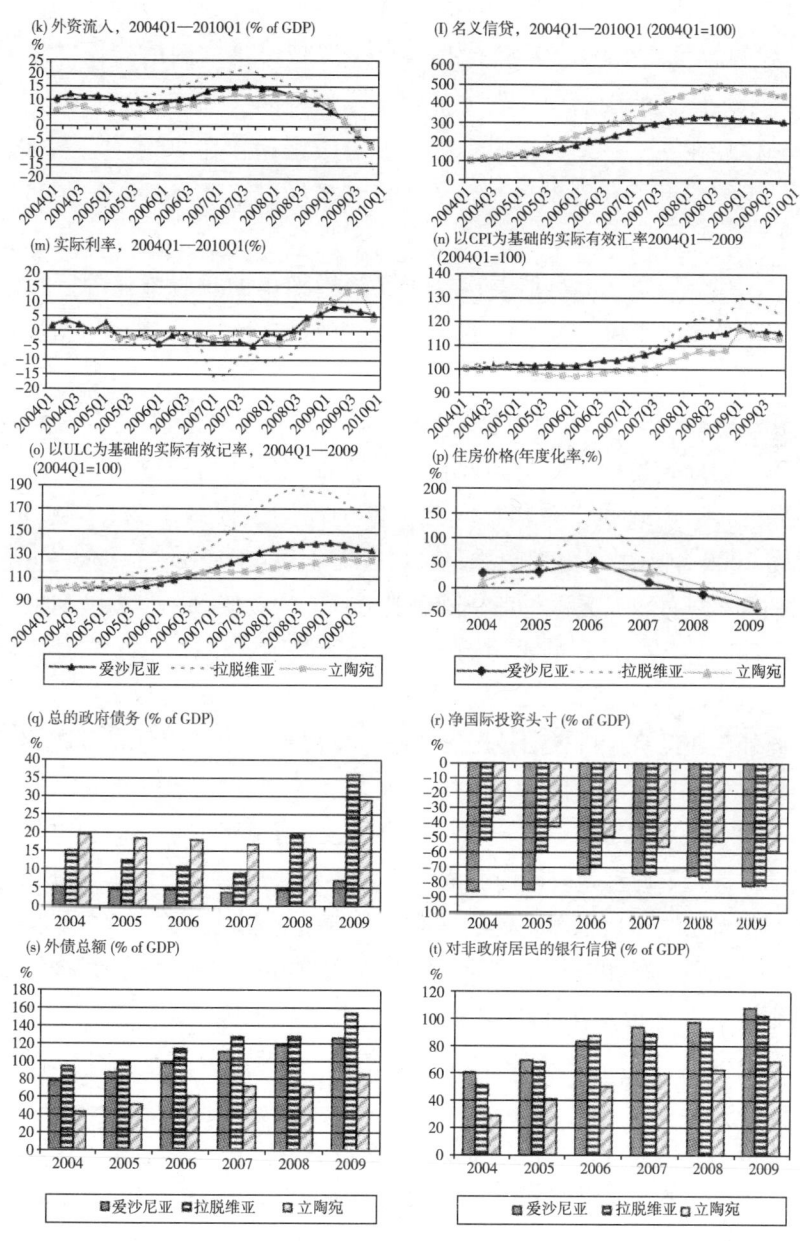

图 6.2 波罗的海国家之间的比较，2004 年 9 月或 2004 年 10 月（续）

欧元区与金融危机

而言变化了惊人的 35 个百分点，而爱沙尼亚和立陶宛则只变动了 20% 左右。

在 2004 年至 2007 年经济的快速增长对拉脱维亚国内的物价和工资水平产生了巨大的影响，导致了该国实际汇率的大幅度升值。最为显著的差异体现在基于单位劳动成本的实际有效汇率，在 2004 年至 2008 年期间拉脱维亚货币升值 85%，而立陶宛和爱沙尼亚则分别只升值 25% 和 40%。

在一些金融变量上也能看出处于经济周期中的拉脱维亚的巨大波动性。相比爱沙尼亚和立陶宛而言，拉脱维亚的实际利率和房屋价格波动都要更加明显。

在经济政策方面，波罗的海国家之间的差异主要体现在财政政策上。虽然很难去断定爱沙尼亚的财政约束一直都比较严格的准确原因：在经济扩张期，其财政收支余额比其他波罗的海国家要高出 2.5% 到 3% 左右。在 2009 年出现了更大的差距，拉脱维亚和立陶宛的财政赤字占到了 GDP 的 9% 左右，而爱沙尼亚仍然维持在 2% 的较低水平。爱沙尼亚的财政赤字能够控制在这样的水平的另一个原因是其有意在 2011 年加入欧元区。

此外，在经济危机之前拉脱维亚财政状况的一个特点就是其积累了大量的财政储备，总量约占 GDP 的 10%，这可以在一定程度上用于弥补 2008 年和 2009 年的财政赤字。而拉脱维亚的情况则完全不同，它依靠国际援助保证了财政稳定。同时，立陶宛发现从金融市场上筹集资金比之前要困难得多了。而这也影响到了国债的发行。在危机之前，这三个国家公共部门的总负债都相对较低，爱沙尼亚的国债占 GDP 比重约为 4%，而立陶宛则是 17%。但是在 2009 年底，这个差距扩大了，爱沙尼亚的国债占 GDP 的比重为 7%，立陶宛则达到了 29%，拉脱维亚更是达到了 36% 的水平。

波罗的海国家间的货币政策和汇率政策的差异相对来说要小一些。以上这三个国家都采取了固定汇率制，爱沙尼亚和立陶宛采用货币局制度，而拉脱维亚也采取了相似的制度，这在很大程度上限制了独立的货币政策的实施。在此背景下，各国间最主要的差异体现在存款准备金率上。在经济危机之前，爱沙尼亚的准备金率是 15%，而拉脱维亚和立陶宛分别是

8%和4%。

波罗的海国家在金融深化程度和对外债的依存度上也存在一定程度的差别（见图6.2）。2004年到2009年期间，爱沙尼亚和拉脱维亚金融深化的步伐比立陶宛要快。因此，到2007年底的时候，爱沙尼亚和拉脱维亚对私营机构的银行贷款约占GDP的90%，而立陶宛的这一比例仅为60%。而类似的差异也可以从净国际投资头寸和总外债这两个变量上得到体现。

最后，我们再用两个金融变量的差异将拉脱维亚与爱沙尼亚和立陶宛进行对比。第一，拉脱维亚外资银行的比重要显著低于它的两个邻邦。2008年拉脱维亚外资银行的资产比重为64%，而在爱沙尼亚该比例为98%，立陶宛则是92%。第二，非居民存款只有在拉脱维亚才构成资金的重要来源。2008年，拉脱维亚非居民存款占总存款的比重为40%，而在爱沙尼亚则仅仅为不到15%。

6.3 波罗的海国家经济周期的起因和扩张机制

在第二部分中，从国际和历史的视角来看，波罗的海国家最近经历的经济周期是非常显著的。在全球性的经济危机来临前刚刚经历了一个很强的经济扩张期之后，这些国家又目睹了世界上最严重的经济衰退。在本节中我们将关注波罗的海各国的经济周期的起因和扩张机制。在此我们将会讨论五个因素：金融领域的贡献、财政政策与货币政策的角色、劳动力市场的发展、国际贸易的冲击、产品竞争力机制的有效性。

对于波罗的海国家如此强烈的周期性波动最好的解释是其金融部门的顺周期性。表6.1显示了欧盟国家之间产出缺口和一些金融变量（包括贷款、实际利率和外资净流入）的相关性。根据这些数据，波罗的海国家在金融类变量和产出的周期性成分之间的联动效应比其他欧盟国家要强烈得多。这在外资流入和实际利率两个变量上体现得尤其明显。正如前面提到的，在经济扩张时期，波罗的海国家的外资流入非常巨大，但衰退时期则恰恰相反；与此相似，实际利率在经济高峰到来之前一直都是负利率，而高峰之后却出现了快速的上升。贷款和产出缺口之间的联动效应也非常明显，这一现象在其他一些欧盟国家也同样存在。

表 6.1　　　产出缺口与金融变量之间的相关性
（相关系数）：欧盟成员国，2004—2009 年

	外国资本流入	实际利率	信贷缺口
拉脱维亚	0.90	-0.86	0.76
立陶宛	0.80	-0.71	0.73
爱沙尼亚	0.78	-0.86	0.70
斯洛文尼亚	0.77	-0.05	0.51
匈牙利	0.71	-0.19	0.51
西班牙	0.69	0.00	0.56
波兰	0.50	-0.46	0.64
爱尔兰	0.46	-0.15	0.80
塞浦路斯	0.44		-0.36
希腊	0.44	0.29	0.86
英国	0.30		
丹麦	0.22		0.45
意大利	0.01	0.72	0.57
斯洛伐克	-0.03	0.24	0.42
卢森堡	-0.18	-0.18	0.53
葡萄牙	-0.19	0.13	-0.29
比利时	-0.22	-0.33	0.57
捷克共和国	-0.26	0.50	0.43
马耳他	-0.26		-0.03
荷兰	-0.28	-0.20	0.33
芬兰	-0.50	-0.01	0.72
奥地利	-0.52	0.58	0.42
法国	-0.53	-0.52	0.69
德国	-0.74	0.07	-0.02
未加权平均值	0.14	-0.10	0.46

注：产出缺口和信贷的周期通过 HP 滤波法计算得出。实际利率是长期政府债券的名义利率与 GDP 平减指数之差。表中数据为季度数据。

数据来源：欧盟统计局及笔者计算。

具体分析，外资流入的变动最主要受"其他投资"的影响，其中主要有银行贷款和跨境存款（见表6.2）。① 实际上，波罗的海国家和中部欧洲国家（波兰、捷克、匈牙利、斯洛伐克）间资本流入的差异主要体现在其他投资的规模上。然而这两组国家中外商直接投资（FDI）占GDP的比重十分接近，波罗的海国家经由金融部门的资本流入规模却要大得多。

表6.2　　　　　外国资本流入构成：波罗的海国家，
　　　　　　　　2004—2009年（占GDP的百分比）

	2004	2005	2006	2007	2008	2009
FDI	3.9	7.3	5.6	5.0	3.3	0.6
证券投资	2.8	-5.9	-2.9	-1.8	1.3	-2.1
其他投资	4.6	10.7	18.4	15.5	5.8	-6.3
总资本流入	11.4	12.2	21.2	18.7	10.4	-7.8

数据来源：欧洲中央银行。

在经济繁荣期间以银行为中介的高资本流入的产生有很多原因。根据Bakker和Gulde（2010年）的研究，欧盟新成员国高资本流入的原因在于投资者对于这一地区的乐观情绪和其收入水平与西欧诸国逐渐趋同的预期，以及外国投资者希望抓住新兴市场高成长性的战略性考虑和充足流动性及较低风险厌恶的环境。但是这些仍然不能解释为什么波罗的海国家通过银行系统获取的外部投资要远高于中欧国家。我们认为除了以上的因素之外，经由金融部门的高资本流入和波罗的海国家快速的信贷扩张形成的原因还包括以下几个方面：（1）接近北欧国家的地理位置；（2）波罗的海市场中外资银行的商业战略；（3）波罗的海国家相对较小的经济总量；（4）实际利率通道的作用。

在20世纪90年代后半期，主要的北欧（尤其是瑞典）银行已经占据了爱沙尼亚相当大的市场，并且随后很快占据了立陶宛和拉脱维亚市场。瑞典的银行率先在欧盟各国中进行零售银行业务的海外扩张（Riksbank，

---

① 由于爱沙尼亚和立陶宛的银行业主要是外资银行，资金流入主要来自母银行。在拉脱维亚，国内银行比重更大，它们主要通过辛迪加贷款和非居民存款的形式来从国外吸引资金。然而，来自母银行的信贷对于拉脱维亚是最重要的。

2007）。他们在这一过程中积极地占领市场①，并将波罗的海市场视做他们本国市场一样。而且在波罗的海国家中，名义利率和其他贷款条件也与北欧国家处于同一水平。优厚的贷款条件使得信贷高速发展，主要是由于母公司可以为这些银行提供金融支持②。较高的盈利性同样推动了信贷市场的扩张。例如，2007年，瑞典银行在波罗的海国家的交易形成的利润占其总利润的三分之一，这家银行是波罗的海地区市场份额最大的北欧银行，虽然该银行在这一地区的资产仅仅占其总资产的15％③。

资产市场——尤其是房地产市场——的良好发展势头也有力地支持了信贷市场的发展④。快速扩张的信贷增加了市场的流动性，也抬高了资产的价格，这也使得抵押物的价值出现上升。而这反过来降低了贷款损失：在2005年至2007年波罗的海国家的不良贷款率显著低于同时期其他新加入的欧盟国家。市场较低的风险也使借款变得更加容易，因为由母公司进行资本输送变为可能。

较低的实际利率也同样推动了国内市场的快速发展。波罗的海国家高度可靠的汇率政策和良好的信用风险等级使得该地区的名义利率高度趋同。随着需求的增加和通货膨胀的加速实际利率变成了负数。这一点以及随后资产价格上升带来的正的财富效应增加了国内需求和信贷。对于市场前景的良好预期、较高的风险容忍度和对于丧失市场份额的担心使得这些银行拒绝提高贷款标准，这导致了波罗的海各国整体风险的上升。与此相似的是，国内借款者还款压力的快速增加以及伴随的风险却并未对信贷需求造成较大和较快的影响。

2008年9月的全球金融危机深化之后的资本流入逆转和信贷萎缩的原因主要是信贷供给和信贷需求两方面因素的相互影响。然而，形势的严重程度也与波罗的海国家的外部不确定和金融业萎缩高度地联系在一起。

---

① 例如，在爱沙尼亚，经济扩张后期的信贷增长似乎被市场份额较小的外资银行推后，这些外资银行试图通过降低信贷标准来提高市场地位。
② 到2007年底，波罗的海各国的银行业对非居民的负债接近总负债的一半。
③ 关于爱沙尼亚的信贷发展，Brixiova、Vartia和Worgotter（2009）认为，北欧银行也许在爱沙尼亚承担了过大的风险，这是因为，与其总的证券组合相比，其在爱沙尼亚的敞口较小。大体上来看，这一结论可以扩展至整个波罗的海国家。
④ 爱沙尼亚、立陶宛和拉脱维亚在2004—2007年的名义房价分别累计上涨了180％、210％和360％（ECB，2010）。

资本流入波罗的海国家主要是通过银行业的间接金融流动,而这种间接资本流动的下降比其他形式的外国投资更为剧烈。日益上涨的全球风险厌恶和银行间市场的萎缩导致了资本流动的突然急速下降。流动性短缺和融资困难的母银行,特别是这些信贷出现萎缩的银行,很可能也影响了它们在波罗的海国家的子公司和分支机构的运作。很明显,北欧银行和其在爱沙尼亚子公司/分支机构的信贷资产组合的变化清晰地显示了集团和当地机构之间的信贷变化(见表 6.3)。Bakker 和 Gulde(2010)的报告显示,为应对金融危机,一些外国银行建议它们设立在欧盟新成员国的子公司增加当地的存款而不是从母银行获取资金来支持新的贷款。设立在波罗的海国家的相关子银行也实施了相似的贷款策略。

表 6.3　　信贷资产配置的变化:选取的北欧银行在集团和
爱沙尼亚的资产配置,2008 年第三季度至 2010 年第四季度

单位:%

	集团	爱沙尼亚
丹麦丹斯克银行	-6.8	-20.4
北欧联合银行	7.5	11.5
瑞典北欧斯安银行	-3.5	-8.6
瑞典银行	-3.3	-10.2

注:爱沙尼亚的信贷变化是在贷款条件实施前计算得出的。
数据来源:爱沙尼亚银行,瑞典银行、瑞典北欧斯安银行、北欧联合银行和丹麦丹斯克银行的财务报告。

总的来说,之前强劲的资本流入的突然下降对波罗的海国家的信贷供给和经济活动产生了重要的影响。Ghosh(2009)也强调了信贷供给变化的重要性,他还分析了匈牙利、拉脱维亚和波兰的信贷变化并发现信贷萎缩影响了所有这些国家[1]。Takats(2010)也认为,危机期间的全球跨国借贷主要是由供给因素所推动。

尽管母银行和波罗的海的子银行和分支机构的资本净流动由流入转为流出,但是,外资银行并没有退出该市场,它们在波罗的海国家的总敞口

---

[1] 波兰,2008 年第四季度;拉脱维亚,2008 年第四季度到 2009 年第一季度;匈牙利,2008 年第四季度到 2009 年第二季度(Ghosh,2009)。

并没有显著减少。金融部门资本流入的波动性要显著高于非居民存款和辛迪加贷款（来自外资银行）的资本流入。拉脱维亚这两种类别的资本流入更加明显，该国的国内银行主要是通过非居民存款和辛迪加贷款实现融资。正如上文所述，拉脱维亚经济环境的不确定性和其高负债规模使问题更为严峻。

尽管北欧的银行在经济繁荣时期极大地助推了金融的脆弱，但它们也在萧条时帮助稳定了市场局势。最有力的证据就是，尽管经济萎缩严重，爱沙尼亚和立陶宛的银行并没有出现严重的困境。相比较而言，2008年秋天，拉脱维亚的一家大银行的流动性和清偿问题深深地冲击了该国的经济；这进一步加剧了经济的衰退和不确定性，使得拉脱维亚需要依靠国际金融援助，但这些问题银行主要是国内银行，而不是外资银行。

外国资本流入和国内信贷萎缩背后的供给因素导致了信贷需求的下降。本国经济增长预期下降、债务负担的增加（由于产出的下降）、产能利用率下降、收入盈利的下降和失业率的上升导致了信贷需求的迅速下降。

正如经济繁荣时一样，经济衰退时期金融部门的顺周期变化被实际利率的逆周期变化所放大。实际利率的上升主要是由于通胀的快速下跌。波罗的海国家和欧元区名义利差的扩大被欧洲央行的政策利率和短期货币市场利率的下降所抵消，所以名义利率的作用变小了。总之，实际利率的增长和资产贬值的财富萎缩效应进一步抑制了波罗的海国家的国内需求和信贷。

财政政策

基于本文第二部分的国际比较，可以认为财政政策并不是波罗的海国家近期波动的主要原因。第一，在2004—2007年的经济扩张期间，爱沙尼亚、拉脱维亚和立陶宛财政收支相对稳定且规模相对较小（绝对值）。第二，该结论考虑到了这段时期产出正缺口的日益扩大和可能恶化了的经过经济周期调整的财政收支状况。根据欧盟委员会的估计，拉脱维亚、爱沙尼亚和立陶宛经过经济周期调整的财政收支状况在2004—2007年分别恶化了3%、2%、1%（见表6.4）。这样的财政政策并没有促进经济的过热，但是，它们本可以更小地推动经济扩张。

6 金融危机与波罗的海国家

表6.4　　　　　经周期调整的政府财政收支状况，
　　　　　　　2004—2010年（占GDP比重）　　　　单位：%

	2010年预测	2009年	2008年	2007年	2006年	2005年	2004年
欧盟（27国）	-5.6	-5.2	-3.2	-2.1	-2.2	-2.6	-2.9
欧元区（16国）	-5.1	-4.8	-2.9	-1.9	-2.0	-2.5	-2.9
爱沙尼亚	0.2	1.3	-4.1	-0.7	0.0	0.3	1.2
拉脱维亚	-5.7	-6.3	-6.4	-4.5	-3.2	-1.5	-1.3
立陶宛	-6.1	-6.7	-5.7	-3.7	-2.1	-1.8	-2.5
波罗的海国家（未加权）	-3.9	-3.9	-5.4	-3.0	-1.8	-1.0	-0.9
欧盟核心五国（未加权）	-4.6	-4.9	-4.7	-3.7	-5.1	-4.1	-3.7

数据来源：欧盟委员会AMECO数据库。

2008年开始的经济衰退恶化了财政收支和经过经济周期调整的财政收支状况。2008年的财政逆周期操作是爱沙尼亚有史以来最大的一次，经过经济周期调整的财政收支恶化幅度达GDP的3.5%。在拉脱维亚和立陶宛，相应的逆周期财政变化相当于GDP的2%。

2009年，拉脱维亚和立陶宛的财政收支进一步恶化（分别达5%和5.5%），但由于产出负缺口的迅速增加，相应的经过经济周期调整的财政收支变化幅度较小。如前文所述，爱沙尼亚的情况略有不同，该国对控制财政收支赤字做出了更大的努力，这主要受到了其申请加入欧元区计划的影响。因此，经过经济周期调整的预算收支增加幅度达GDP的5.5%，这维持了一个强劲的顺周期财政刺激。然而，财政政策的顺周期效应被欧盟的净转移支付的快速增加大幅削弱（见表6.5）。可以预期欧盟基金对拉脱维亚和立陶宛也有着相似的逆周期财政效应。

表6.5　欧盟基金对经周期调整后的政府财政收支状况的影响：
　　　　爱沙尼亚，2005—2010年（占GDP比重）　　　单位：%

	2010年计划	2009年计划	2008年估计	2007年	2006年	2005年
经周期调整的财政收支状况	-0.3	-0.3	-4.6	-0.9	0.9	0.8
来自欧盟的转移支付	8.3	6.7	3.0	3.0	2.1	1.4
对欧盟的转移支付	1.3	1.3	1.2	1.2	1.0	1.0
经净欧盟转移支付调整后的财政收支状况	-7.3	-5.7	-6.4	-2.7	-0.2	0.3

数据来源：2009IMF报告第四部分：爱沙尼亚共和国：12。

劳动力市场

波罗的海国家经济的循环波动也受到劳动市场变化的影响。这主要是由于欧盟15国的劳动力市场对新欧盟成员国居民的开放。2004年5月波罗的海国家加入欧盟引起了向其他欧盟国家移民的增加。Randveer和Room（2009）研究发现，2002—2003年，波罗的海国家向欧盟其他国家的移民占其人口的0.2%~0.3%，但在2004—2007年，立陶宛、拉脱维亚和爱沙尼亚的移民数分别占其人口的1.3%、0.9%、0.5%[①]。移民的增长正处经济的快速扩张期，移民潮减少了劳动力供应，增加了国内工资上涨的压力，从而进一步增加了国内需求[②]。

经济开始衰退时，欧盟新成员国向欧盟15国的移民普遍减少，但各国之间存在差异。英国和爱尔兰作为移民的集中地，2009年来自欧盟新成员国的居民申请社会保障的人数仅为2007年的一半[③]。然而，来自爱沙尼亚和立陶宛的居民申请人数保持不变而来自拉脱维亚的居民申请人数显著增加。芬兰是爱沙尼亚的主要移民目的国，相关资料表明，从爱沙尼亚向芬兰的移民在2007—2009年小幅上升。从这些趋势可以看出，劳动力市场的一体化使得波罗的海国家避免了进一步的衰退。然而，移民及其对经济的影响显示，在面对对称的市场冲击时，劳动力市场一体化倾向于加剧劳动输入国的经济周期（这在2004—2007年尤为明显，当时的移民输入国和输出国都出现经济繁荣），与此同时，不对称市场冲击也推动了经济的调整。

外部贸易

2008年第三季度雷曼兄弟破产之后，所有的欧盟国家都经历了对外贸易的显著下降。平均来看，欧盟27国的十大贸易伙伴的进口量下降了26%（见表6.6）。由于波罗的海国家主要与芬兰、瑞典和俄罗斯以及它们相互之间开展贸易，而这些国家自身也经历进口量的下降，所以，波罗的

---

① 欧盟新成员国向欧盟15国的移民数据不全面也不准确。
② 尽管没有对移民对当地工资影响的准确估计，2007—2008年覆盖近一半爱沙尼亚企业的移民调查显示移民推高了爱沙尼亚的工资水平（Randveer和Room，2009）。
③ 2008年秋天爆发的金融危机发酵之后，来自波罗的海国家的居民开始在欧盟15国失业，这些国家的移民显著减少。例如，2008年末到2009年初，来自立陶宛的居民申请工作许可的人数显著减少。然而，最近来自立陶宛的居民申请工作许可的人数开始上升。

海国家的实际外国需求下降要大于欧盟的平均水平。2008年第四季度到2009年第三季度与2007年第四季度到2008年第三季度相比较,波罗的海国家的有效外国需求下降了30%~33%。而欧盟核心五国的有效外国需求仅下降了24%~27%。

表6.6 欧盟新成员国的十大贸易伙伴进口的下降
(2008年第四季度—2009年第四季度相对于2007年
第四季度—2008年第三季度的变化率%)

	进口下降(%)
爱沙尼亚	-32.7
拉脱维亚	-32.4
立陶宛	-30.2
波兰	-26.7
斯洛伐克	-26.4
匈牙利	-26.1
捷克共和国	-25.3
斯洛文尼亚	-23.7
欧盟27国	-25.9

数据来源:欧盟统计局,IMF的国际金融统计数据库和笔者计算。

竞争力的调节机制

在固定汇率制度和资本完全流动的情况下,实际冲击的主要调节机制主要表现为产品竞争力调节机制。在最近的波罗的海的经济周期中,产品竞争力的调节机制作用缓慢,没有有效地熨平经济的波动。

为说明竞争力调节机制的作用过程,假设经济遭受有利的需求冲击并造成了产出的正缺口。这就会导致物价和工资的上涨,从而导致实际汇率的升值。实际汇率的升值会削弱本国产品的竞争力,使经济增速放缓直至产出的正缺口被抹平。

上述作用机制的第一个联系是,产出缺口对实际汇率的影响在波罗的海国家的经济变动中表现得较为清晰(见图6.3)。2006—2007年GDP正缺口的扩大伴随着实际汇率的增加。在经济衰退时,正的产出缺口被相当规模的负产出缺口取代,以ULC(单位劳动成本)为基础的实际有效汇率下降而以CPI为基础的实际有效汇率变化较小并且变化缓慢。

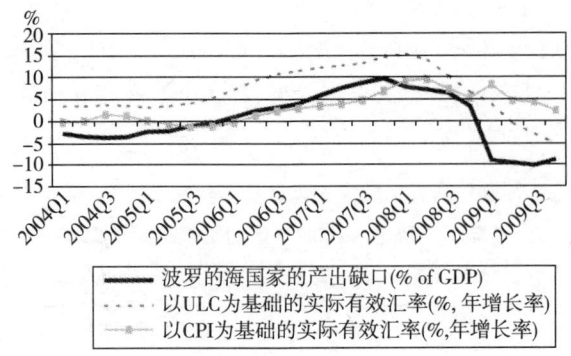

注：波罗的海国家的产出缺口、CPI 为基础的实际有效汇率和 ULC 为基础的实际有效汇率指数均是未加权均值。

数据来源：欧盟统计局，笔者计算。

图 6.3　产出缺口和实际有效汇率指数：波罗的海国家，2004—2009 年

竞争力调节机制的第二个作用机制非常微弱。尽管实际汇率在2006—2008 年大幅上升，但它对出口商品的增长影响不大，波罗的海国家的高出口增长率一直保持到 2008 年末，那时正值全球的外贸形势出现逆转（见图 6.4）。尽管以 CPI 和 ULC 为基础的实际有效汇率继续升值至 2009 年第

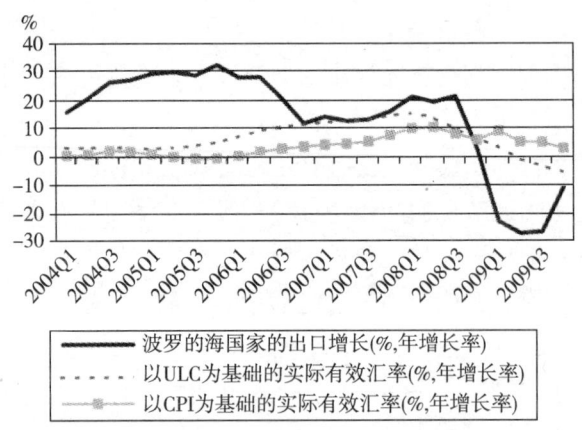

注：波罗的海国家的产出缺口、CPI 为基础的实际有效汇率和 ULC 为基础的实际有效汇率指数均是未加权均值。

数据来源：欧盟统计局，笔者计算。

图 6.4　商品出口和实际有效汇率指数：波罗的海国家，2004—2009 年

二季度，升值对出口商品的影响并不明显。与之形成对比的是，波罗的海国家在2008年上半年到2010年的出口下降比欧盟27国要小。因此，竞争力调节机制不足以应对波罗的海国家的经济波动。

6.4 经济政策

正如第二部分所述，波罗的海国家最近的经济周期明显有别于IMF的IFS数据可供参考的自1960年以来的历次衰退。经济的过度繁荣也许可以解释之后的经济下滑，但人们自然想知道为何波罗的海各国的决策者没有通过果断的经济政策来抑制经济的过度繁荣。他们似乎接受了经济的持续过热，这导致了各种经济不平衡和脆弱的积累，从而加重了后期的衰退。

从本节可以发现，波罗的海各国经济繁荣时最适合的经济政策选择并不是非常清晰。我们的观点是分两步来看，第一步，官方对经济繁荣的即时产出缺口估计——欧洲委员会作出的估计——明显低估了波罗的海各国经济的过热程度。第二步，本文将列举波罗的海各国的政府当局实施的经济政策。尽管这些政策是受限制的，但它们无法给波罗的海国家过热的经济降温。

6.4.1 实时产出缺口估计和增长率预测的准确性

在经济繁荣时期，波罗的海各国实际经济状况相对于潜在产出的高度不确定性使宏观政策的制定变得异常复杂。尽管经济的不确定性不只是波罗的海各国所特有，但是，这些国家实际经济状况的不确定性非常之高。为说明这点，本文选取了不同时期欧洲委员会对产出缺口的预测。可以发现，2004—2009年波罗的海各国的产出缺口平均来看要远大于欧盟的其他国家。

图6.5显示了不同时期的对波罗的海国家的产出缺口预计[①]。与预期一致，波罗的海国家呈现了高度波动的经济周期。2004年，三个国家加入欧盟的那年，经济活动开始超过潜在水平。到2007年，波罗的海国家的产出缺口达到最高值，爱沙尼亚、立陶宛和拉脱维亚三国的产出缺口分别达到了11%、10%和15%。然而，2009年，经济状况大幅逆转，三个国家

---

① AMECO database，2010年7月。

产出缺口的估计值都变成负数，爱沙尼亚和拉脱维亚达到了 -10%，而立陶宛达到了 -8%。

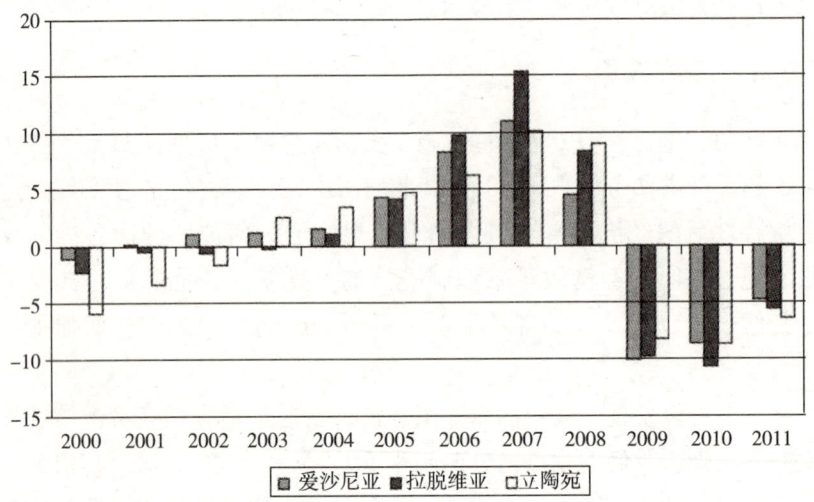

数据来源：AMECO 数据库，2010 年 7 月。

图 6.5　产出缺口：2010 年 7 月对波罗的海国家的估计，2000—2011 年

2005—2008 年产出缺口所预示的经济过热程度是十分惊人的，但非常重要的是，这个与政策相关的明确信息与图 6.5 的产出缺口密切相关；而这些估计实际上是无法取得实时数据的。

为说明产出缺口之间的差异，本节给出了图 6.6，该图给出了 2007 年不同的产出缺口估计。从图 6.5 可知，2007 年是产出正缺口最大的一年。图 6.6 的水平轴表示产出缺口公布的时间。由于欧洲委员会一年公布两次经济预测数据，字母 "S" 和 "A" 分别表示春季和秋季所公布的预测。对于 2007 年，总共有十组预测：从 2005 年秋季公布的预测到 2010 年春季发布的后期预测。

图 6.6 动态地勾勒了波罗的海国家的经济过热被低估的情形。首先，透过图 6.6 可以清楚地发现，2007 年双位数的产出缺口并没有被预测到：甚至 2007 年春季的预测值表明该年的产出缺口实际上接近于 0。其次，2007 年秋季发布的对同期的预测也仅仅上涨了一点。尽管预测值上调了，但是 1% ~3% 的产出缺口要比最近对 2007 年做的预测的"实际值"小 5 ~

6 金融危机与波罗的海国家

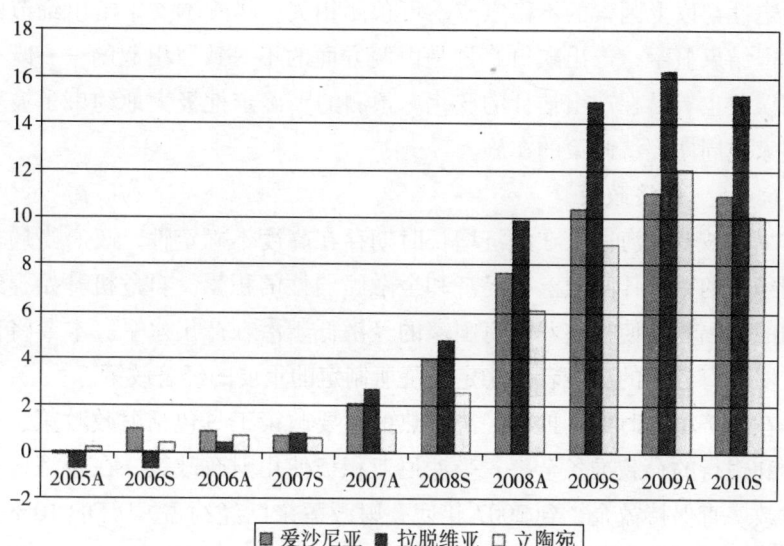

数据来源：欧盟委员会的经济预测。

图 6.6 2007 年产出缺口：预测和估计，2005—2010 年

10 倍。最后，经过一年多的调整改进直到 2009 年春季，对 2007 年的产出预测才接近最新的预测值。

然而，对波罗的海国家过热经济的低估不仅仅只是在 2007 年。将 2004—2009 年的产出缺口估计与同期最新的预测值相比较①，可以发现同期的产出缺口估计值都小于实际值，但 2009 年除外。

为了观察同期产出缺口预测的准确性，将波罗的海国家和其他欧盟成员国相比较，计算特定国家的实时产出缺口估计和更新值之间的修订绝对均值（MARs）。本文主要观察三个更新值：一年后和两年后公布的后期预测值和最新的预测值。观察这三个预测值发现，波罗的海国家的平均 MAR 是欧盟地区平均水平的两倍。例如，波罗的海国家两年期的平均 MAR 是 4.4%，而欧盟地区的平均水平仅为 2.1%。

产出缺口预测的更新值的上升或者是由于产出的实际值或预测值的更新变化或者是由于潜在产出预测值的变化。波罗的海国家产出缺口预测的

---

① 正如之前一样，给定年份的同期或实时的产出缺口预测于同年的秋季公布。

不确定性与以上因素的不稳定或不可预测相关。尽管本文未给出细节的分析，但结果显示，产出缺口修订是由两方面的不一致所引起的——既有预测的误差也有潜在产出估计的变化。预测的不确定性极大地约束了波罗的海国家逆周期经济政策的实施。

6.4.2 经济政策

尽管波罗的海国家在经济增长时期存在高度不确定性，政府当局也意识到经济的繁荣伴随着宏观经济和金融脆弱性的积累。自危机开始，经济活动的大幅萎缩使得波罗的海国家的经济低于潜在产出水平。本节将会分析波罗的海各国的决策者为稳定经济所制定的重要的经济政策。

在经济增长时期，抑制经济过热的主要政策工具包括财政政策、审慎监管和银行的存款准备金率。爱沙尼亚积极使用财政政策，在经济增长时期财政一直保持盈余，到2007年底，财政盈余已经约占GDP的10%。预算盈余和财政储备部分是为了建立财政缓冲资金，从而更好地应对不利的市场冲击并解决需求压力。

此外，为了抑制贷款增加，还推出了一些特殊的财政措施（欧盟委员会，2010）。爱沙尼亚为了减少抵押贷款，废除了贷款的利息税收减免；类似地，立陶宛采取措施限制居民获得贷款税收优惠的可能性。2007年，拉脱维亚当局要求银行发放贷款只能基于法定收入，要求最少10%的支付并执行更严格的质押率；然而，最后两项措施随后被废止。

审慎监管主要是增加银行的资本。爱沙尼亚将抵押贷款的风险权重由50%提升至2006年的100%。立陶宛实施了类似的措施，要求对将当年的盈利纳入资本进行约束。此外，爱沙尼亚和拉脱维亚还提高了法定存款准备金率。爱沙尼亚的存款准备金率由13%提升至2006年的15%。拉脱维亚的最低准备金率由2004年的4%逐渐提升至2008年底的8%。

这些政策措施的有效性却相当低。例如，尽管爱沙尼亚的财政状况持续改善，最低存款准备金要求也高于拉脱维亚和立陶宛，但这些政策似乎无法有效解决经济过热引起的问题。Brixiova、Vartia和Worgotter（2009）认为，爱沙尼亚央行采取的抑制贷款的措施更多的是一种象征意义并没有实际的效果。

在危机中，波罗的海国家的逆周期政策受限于下列考虑和政策约束：危机的严重性，维持货币盯住的决定，拉脱维亚和立陶宛有限的财政政策空间，对拉脱维亚的国际金融援助的规定条件和爱沙尼亚当局为达到马斯特里赫特标准的坚定承诺。

波罗的海国家实施逆周期财政政策的约束主要是由于产出的突然大幅下降。拉脱维亚和立陶宛在危机前的财政状况较差，这些因素使得波罗的海国家的财政赤字难以维持。Purfield 和 Rosenberg（2010）认为，在政策不变的前提下，拉脱维亚和立陶宛 2009 年的财政赤字达到了 GDP 的 16%~18%，而爱沙尼亚的是在 10% 以上。危机期间，波罗的海国家无法从国际金融市场获取资金，为这些大额的财政赤字融资显得非常困难。此外，巨额财政赤字损害汇率体制的信心。爱沙尼亚在危机前存在大量的财政盈余，但它为了实现马斯特里赫特标准仍然限制了逆周期财政政策的使用。而对于拉脱维亚，获得国际金融援助的一个主要前提是强化财政纪律。

最后，由于一种或几种原因，所有的波罗的海国家不再实施大规模的财政巩固政策。

6.5 结论

波罗的海国家最近的经济周期很好地体现了新兴市场的典型经济特征：宏观经济变量的高波动性，资本流入的突然停止，消费波动超过产出波动，逆周期的贸易平衡和逆周期的实际利率。

将波罗的海国家的经济周期与 OECD 国家和特定新兴市场国家的经济周期相比较，可以发现，异常高的波动性是波罗的海国家经济周期的一个最显著特征。国内需求、外部变量和金融变量的高波动性尤为突出。而财政余额和某些竞争力指标却表现得不怎么明显。

尽管存在众多的相似性，但波罗的海国家应对全球经济危机的能力却是存在差异的。爱沙尼亚至少在某些方面比它的邻国更具弹性，而拉脱维亚最为困难。拉脱维亚的国内银行比重很大，这一结构特征使得拉脱维亚更容易受到国际金融危机的影响：2008 年秋天，拉脱维亚最大的国内银行陷入流动性危机和清偿困境时，它不得不求助国际金融援助。外部脆弱性和金融脆弱性以及更强的国内需求扩张使得拉脱维亚的经济形势更为严峻。

金融行业的顺周期行为是波罗的海国家经济波动的主要原因。与欧盟国家相比，波罗的海国家的金融变量和产出变量的联动性更为紧密。外国资本流入和实际利率变量表现得尤为明显。危机开始前，大量的外国资本流入和国内信贷的快速增长是高增长的主要原因之一。而危机期间外资流入的突然停止和国内信贷的紧缩加剧了危机。外资流入和国内信贷的变化受到实际利率的逆周期行为的强化。

财政政策并不是近期经济波动的主要原因。然而，通过后期的分析发现，财政政策在经济增长时期并没有抑制住经济过热的压力也没有显著促进国内需求的增长。在危机期间，由于欧盟的转移支付的增加，公共支出比其他国内需求的表现更为稳定。

波罗的海国家的经济波动也受到其劳动力市场的影响。经济增长时期，波罗的海国家相对较高的移民输出减少了劳动的供给，提高了工资水平从而进一步促进国内需求的繁荣。欧盟区域内劳动力流动的影响并不清晰，但至少在拉脱维亚，劳动市场一体化避免了危机的进一步加剧。

较之于欧盟，2008年底外贸的负面冲击对波罗的海国家产生了更为严重的影响，这是由于波罗的海国家的外国有效需求下降得更为明显。而另一个潜在的重要调节机制，产品竞争力调节机制并不足以应对其他放大波罗的海国家的经济周期性波动的原因和机制。

在经济扩张期间，相对于潜在发展水平，波罗的海各国经济的实际发展情况的高度不确定性使其宏观经济政策的实施非常复杂。基于对产出缺口的实时估计，经济的过热程度被严重低估。而波罗的海国家的这些经济变量显著高于欧盟其他国家。

波罗的海国家起初的扩展势头过盛以至于当局无法依靠基本的政策工具进行调控。例如，爱沙尼亚的财政状况和银行的最低准备金要求明显高于拉脱维亚和立陶宛，但这些政策差异没有有效地抑制经济过热的压力。另一方面，波罗的海国家的衰退表明了资本缓冲和流动性对银行业的重要性，也突出了外资银行对经济的稳定作用和财政纪律抵御不利市场冲击的作用。

附录：

表6.A1显示了不同组别的国家和变量在危机中的表现。

6 金融危机与波罗的海国家

表 6.A1 不同组别的国家和变量在危机中的变化

	经济达到峰值前		经济达到峰值后	
	发达国家	新兴市场国家	发达国家	新兴市场国家
经济增长	83	32	93	40
私人消费	78	28	88	37
投资	78	28	88	37
政府消费	77	28	88	37
出口	74	28	86	37
进口	69	28	81	37
净出口	76	31	88	37
就业	27	12	36	15
失业	25	10	35	16
净资本流入	59	27	73	34
银行信贷	89	21	89	23
实际利率	72	13	84	20
股价	64	25	73	31
以 CPI 为基础的实际有效汇率	61	16	71	19

注：表中第一行数字是通过实际 GDP 序列识别出的衰退时期数量。其他行的数字是通过本数据库中可用的其他经济变量得出的。

参考文献

Aquiar, M. and G. Gopinath (2007). 'Emerging market business cycles: the cycle is the trend', *Journal of Political Economy*, **115**: 69–102.

Bakker, B. B. and A.-M. Gulde (2010). 'The credit boom in the EU new member states: bad luck or bad policies?', IMF Working Paper, No. **130**.

Becker, T., D. Daianu, Z. Darvas, V. Gligorov, M. Landesmann, P. Petrovic, J. Pisani-Ferry, D. Rosati, A. Sapir and B. Weder di Mauro (2010). 'Whither growth in Central and Eastern Europe? Policy lessons for an integrated Europe', Bruegel Blueprint, No. **11**.

Berglöf, E., Y. Korniyenko, A. Plekhanov and J. Zettelmayer (2009). 'Understanding the crisis in emerging Europe', EBRD Working Paper, No. **109**.

Blanchard, O., H. Faruqee and M. Das (2010). 'The initial impact of the crisis on emerging market countries', *Brookings Papers on Economic Activity*, Spring: 263–307.

Brixiova, Z., M. H. Morgan and A. Worgötter (2009). 'Estonia and euro adoption: small country challenges of joining EMU', OECD Economics Department Working Paper, No. 728.

Brixiova, Z., L. Vartia and A. Worgötter (2009). 'Capital inflows, household debt and the boom–bust cycle in Estonia', OECD Economics Department Working Paper, No. 700.

Bry, G. and C. Boschan (1971). *Cyclical Analysis of Time Series: Selected Procedures and Computer Programs*, New York: National Bureau of Economic Research.

Calvo, G. A. and C. A. Vegh (1999). 'Inflation stabilisation and BOP crises in developing countries', in J. B. Taylor and M. Woodford (eds.), *Handbook of Macroeconomics*, 1c, Amsterdam: Elsevier.

Claessens, S., A. M. Kose and M. Terrones (2008). 'What happens during recessions, crunches, and busts?', IMF Working Paper, No. 274.

European Central Bank (ECB) (2010). *Convergence Report 2010*.

European Commission (2010). 'Cross-country study: economic policy challenges in the Baltics', Occasional Paper, No. 58.

Gardo, S. and R. Martin (2010). 'The impact of the global economic and financial crisis on Central, Eastern and South-Eastern Europe', ECB Occasional Paper, No. 114.

Ghosh, S. (2009). 'Credit crunch or weak demand for credit?', *The World Bank EU10 Regular Economic Report October 2009*: 37–44.

Harding, D. and A. Pagan (2002). 'Dissecting the cycle: a methodological investigation', *Journal of Monetary Economics*, 49: 365–81.

IMF (2010). 'How did emerging markets cope in the crisis?', IMF Policy Paper, 15 June.

Lane, P. R. and G. M. Milesi-Ferretti (2011). 'The cross-country incidence of the global crisis', IMF Working Paper, No. 171/10.

Neumeyer, P. A. and F. Perri (2005). 'Business cycles in emerging economies: the role of interest rates', *Journal of Monetary Economics*, 52: 345–80.

Purfield, C. and C. B. Rosenberg (2010). 'Adjustment under a currency peg: Estonia, Latvia and Lithuania during the global financial crisis 2008–2009', IMF Working Paper, No. 213.

Randveer, M. and T. Rõõm (2009). 'The structure of migration in Estonia: survey-based evidence', Eesti Pank Working Paper, No. 1/2009.

Riksbank (2007). Financial Stability Report 2001: 1.

Takats, E. (2010). 'Was it credit supply? Cross-border lending to emerging market economies during the financial crisis', *BIS Quarterly Review*, June: 49–56.

第二部分　通往欧元区之路

7 欧元之路：斯洛伐克和斯洛文尼亚的比较

Banerjee、Damjan Kozamernik 和 L'udovit Odor①

7.1 引言

2004年5月中东欧八国加入欧盟，但至今为止只有斯洛伐克和斯洛文尼亚采用了欧元。这两国殊途同归地使用了欧元，充分说明了一国采用欧元不存在一种通用万全的策略。加入欧盟谈判时两国的情况迥异；欧洲汇率机制Ⅱ的实施前期及实施时期，两国的宏观经济政策框架也相差甚远。采用欧元后和全球金融危机期间，两国的宏观经济变化也有显著差异。

1998年3月开始加入欧盟谈判之际，斯洛文尼亚的人均GDP居中东欧八国之首（依据购买力标准），相当于欧盟15国平均水平的67%。尽管斯洛文尼亚的通货膨胀率也处在个位数水平的高位（见表7.1），但它的经济增长强劲，财政赤字和外部失衡处于相对较低水平，公共债务适中。然而，斯洛文尼亚的经济却呈现出结构刚性。多数产业的发展没有受到竞争的冲击，资本管制宽泛，金融合约和工资与通胀挂钩，预算支出结构并不随经济政策的变化而变化。此外，老龄化比率上升的人口趋势很可能会在长期内增加财政压力。

---

① 笔者对Mark Allen、David Cobham、Mark De Broeck、Michal Horvath、Peter Mooslechner 和 Juan Zalduendo 对本章的早期版本提出的建议表示感谢。

欧元区与金融危机

表 7.1　重要事件发生时期的指标，1998—2007 年

	欧盟准入谈判开始		欧洲汇率机制Ⅱ、引入欧元的准备项目的实施		欧盟成员国		加入欧洲汇率机制Ⅱ		趋同报告		采用欧元	
	1998年3月		2003年11月		2004年5月		2004年6月		2006年5月		2007年1月	
斯洛文尼亚												
GDP增长率(%)	4.9	1997年	2.8	2003年	2.8	2003年	2.8	2003年	4.5	2005年	5.8	2006年
消费物价调和指数(%)*	8.4	1998年2月	6.0	2003年10月	4.8	2004年4月	4.7	2004年5月	2.4	2006年4月	2.5	2006年12月
财政收支(占GDP比重,%)	-2.4	1997年	-2.7	2003年	-2.7	2003年	-2.7	2003年	-1.4	2005年	-1.3	2006年
公共债务(占GDP比重,%)	20.8	1997年	27.5	2003年	27.5	2003年	27.5	2003年	27.0	2005年	26.7	2006年
长期利率(%)*			6.16	2003年10月	4.83	2004年4月	4.77	2004年5月	3.73	2006年4月	3.90	2006年12月
	2000年2月		2003年7月		2004年5月		2005年11月		2008年5月		2009年1月	
斯洛伐克												
GDP增长率(%)	0.0	1999年	4.6	2002年	4.8	2003年	6.7	2005年	10.6	2007年	6.2	2008年
消费物价调和指数(%)*	11.0	2000年1月	5.4	2003年6月	8.6	20040年4月	3.2	2005年10月	2.4	2008年4月	3.9	2008年12月
财政收支(占GDP比重,%)	-7.4	1999年	-8.2	2002年	-2.8	2003年	-2.8	2005年	-1.9	2007年	-2.3	2008年
公共债务(占GDP比重,%)	47.9	1999年	43.4	2002年	42.4	2003年	34.2	2005年	29.3	2007年	27.7	2008年
长期利率(%)**			4.70	2003年6月	5.06	2004年4月	3.25	2005年10月	4.46	2008年4月	4.72	2008年12月

注：＊12个月平均年化率。
　　＊＊出于收敛目的的长期利率。
数据来源：斯洛文尼亚央行、斯洛伐克国民银行和欧盟统计局。

7 欧元之路：斯洛伐克和斯洛文尼亚的比较

由于政治环境不符合哥本哈根标准，斯洛伐克被排除在第一批欧盟申请国之外。但是，紧随着1998年的政府改革，其进入欧盟的准入谈判于2000年2月开始。在这期间，斯洛伐克的人均GDP仅为欧盟十五国平均水平的43%。经济缓慢下行，财政收支与国际收支都十分不平衡，通货膨胀处于两位数水平。此外，公司治理不完善，金融业的发展不健康。其人口老龄化带来的财政压力隐现，但斯洛文尼亚的情况更为严峻。

为尽早加入欧元区，斯洛伐克和斯洛文尼亚两国几乎同时推出了相应的欧元策略，为成为欧盟成员国做准备。通过央行和财政部的紧密合作，斯洛伐克和斯洛文尼亚分别于2003年7月和2003年11月针对欧洲汇率机制Ⅱ和欧元的采用制定了方案。在两国进入欧洲汇率机制Ⅱ前，受欧盟准入标准所推动的宏观经济结构、政策的变革已基本完成。这些准入标准对通货膨胀和财政表现在短期内产生了不利影响，这增加了两国在短期内达到马斯特里赫特标准的难度。

由于马斯特里赫特标准并不是特意为过渡型经济设定的，斯洛伐克和斯洛文尼亚要达到这项标准，将面临其他一些重要的政策挑战[1]。构建一个克服固定汇率制度、资本流动和货币政策独立三元悖论难题的货币政策框架就是一项重要的决策。两国采取了不同的汇率体制以实现这一目标。在进入欧洲汇率机制Ⅱ之前，斯洛文尼亚的货币体制使得该国的货币贬值随着通货紧缩而逐渐消失；在进入欧洲汇率机制Ⅱ期间，汇率保持了与中间价的相对稳定。与之形成鲜明对比的是，斯洛伐克自始至终地实施了有管理的浮动汇率制度。预期的财政巩固和财政灵活性的实现也面临着巨大的挑战，这主要是由于社会性支出占财政支出的比例很大，并且处在相当低的效率水平。此外，加入欧盟后产生的其他预算压力也是诱因之一，这包括共同融资义务、申根协定相关的边界支出、原来自欧盟境内的货物的进口关税的损失、欧盟成员国海关取缔后的增值税损失。因此，斯洛伐克和斯洛文尼亚的税收、养老金、医疗系统和劳动力市场需要进行重大改革。

2004年6月，斯洛文尼亚在加入欧盟后不久就开始进入欧洲汇率机制Ⅱ。2007年1月，斯洛文尼亚采用了欧元。斯洛伐克紧随其后，于2005

---

[1] 见Schadler等（2005）。

年11月进入欧洲汇率机制Ⅱ，并于2009年1月采用了欧元。进入欧洲汇率机制Ⅱ最少需要两年，两国都花费了差不多的时间。斯洛伐克和斯洛文尼亚在欧盟准入谈判启动后的9年内都实现了采用欧元的目标。广泛的政治和社会支持使得两国实现了快速采用欧元的目标。2004年10月和2006年6月，尽管斯洛文尼亚和斯洛伐克两国分别进入欧洲汇率机制Ⅱ后不久就都实现了政府的迅速转型，然而欧元采用的基本方案和时间表却没有实质性变化。

本章将回顾评价斯洛伐克和斯洛文尼亚为达到马斯特里赫特标准和为进入欧元区所做的经济准备而制定的政策策略，还将讨论两国在这个过程之中和之后的一些困境。以此为基础，本章总结两国的宝贵经验，为之后申请进入欧盟的国家提供借鉴。

7.2 马斯特里赫特通胀标准的实现

7.2.1 通货膨胀变化

从斯洛文尼亚准备加入欧盟和采用欧元以来的通货膨胀变化可以划分为三个主要阶段。1999年下半年，通货膨胀一路攀升。在2000年和2001年上半年这段时间内，通货膨胀率稳定在9%左右。随后，通货膨胀进入下行通道，并在2005年年中降到最低的2%。之后一直到2007年中期，通货膨胀率一直在2%~3%的区间内浮动。2005年11月，斯洛文尼亚达到了马斯特里赫特的通货膨胀标准（进入欧洲汇率机制Ⅱ的十六个月后）并在2006年一直保持。然而，加入欧元区六个月内，通货膨胀率从2007年上半年开始上升并在2008年年中达到了近7%的峰值。随后，受全球金融危机的影响，通货膨胀率迅速下降并显著拉近了与欧元区其他国家之间的差距（图7.1）。

与斯洛文尼亚相比，斯洛伐克的通货膨胀率更为动荡。从2000年开始，斯洛伐克的通货膨胀变化呈现出宽幅下行的趋势，并伴随了深度与持续时间周期性的反复。在第一轮的反复中，通货膨胀率在2003年第一季度迅速上涨，之后到2004年第二季度，通货膨胀率一直稳定地保持在8%~9%左右。随后，通货膨胀率在2005年第三季度下降到2.25%，在2006年第三季度又重新回到5%的高点。第三次的上涨与欧洲汇率机制Ⅱ的最后一个阶段有所变叉。通货膨胀率从2007年第三季度1.25%的低点一直

7 欧元之路：斯洛伐克和斯洛文尼亚的比较

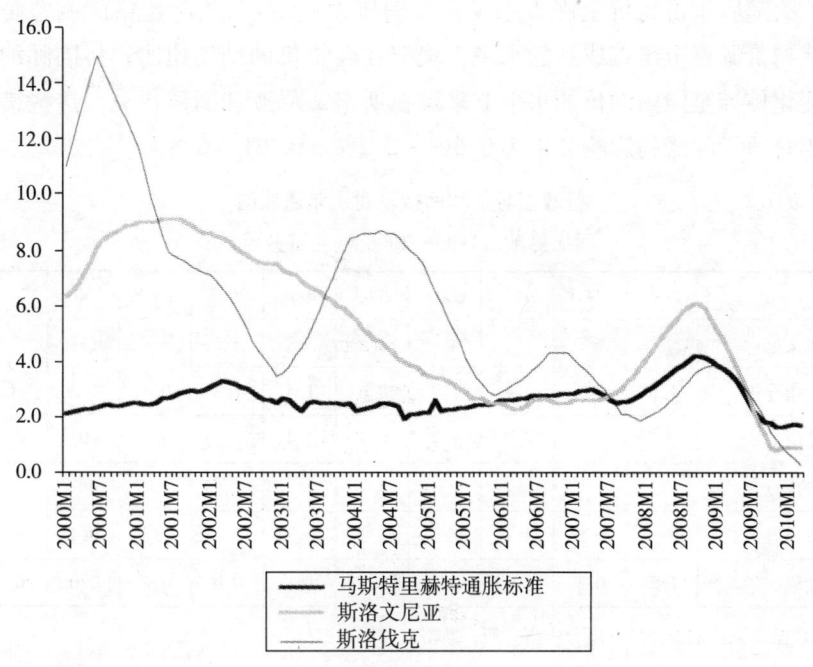

数据来源：欧盟统计局。

图 7.1　12 个月的消费者物价调和指数和马斯特里赫特通胀标准，2000—2010 年（%）

上升到 2008 年第三季度的 4.5%。这完全符合了马斯特里赫特标准。2007 年 8 月，斯洛伐克的通货膨胀率低于参考值（进入欧洲汇率机制Ⅱ的 20 个月后），2007 年 4 月到 2008 年 3 月间十二个月的通货膨胀平均值比参考值低整整一个百分点。2009 年 1 月，斯洛伐克采用欧元后，通货膨胀显著低于欧元区平均水平。

7.2.2　通货膨胀的决定因素

间接税收的变化和行政指导价格的上调对斯洛伐克和斯洛文尼亚两国的通货膨胀的发展过程起着重要作用。在欧洲汇率机制Ⅱ实施前期，社会出现了一系列的变化和调整，间接税收的变化和行政指导价格的上调显著推高了通货膨胀水平，并在随后的几年中继续影响着通货膨胀的变化。两国还逐年提高了对烟草的税收，以逐步达到欧盟的税收水平，但由此每年推高了通货膨胀 0.5%～2%。在斯洛文尼亚，1999 年增值税的一次性推出，给随后年份物价上涨带来了巨大的压力①。行政指导价格的调整是为了使物价调整至覆盖成本的水平，缓解社会物价的结构扭曲，将国际油价的变化传导至国内油价的水平上来。在斯洛文尼亚和斯洛伐克，这些措施每年对通货膨胀的影响分别为 0.6%~2.2%、0.2%~6.8%（表7.2）。

表7.2　　　　　　行政指导价和间接税对上年通胀的
同比影响，1999—2008年（百分点）

	1999	2000	2001	2002	2003	2004	2005	2006	2007	2008
斯洛文尼亚										
行政指导价	1.5	2.2	1.4	1.3	0.6	1.4	1.3	0.4	1.2	-0.9
间接税	2.3	0.6	1.3	1.7	0.7	0.4	-0.3	0.5	-0.1	0.2
斯洛伐克										
行政指导价	6.8	4.5	4.1	1.5	4.3	3.7	2.4	1.8	0.2	1.7
间接税	1.5	0.3	-0.1	0.4	2.5	1.1	0.0	0.3	0.0	0.2

数据来源：宏观经济发展分析研究所；斯洛伐克国民银行。

　　两国的政府当局都十分担忧行政指导价格快速的上涨会给其他部门价格形成和通胀预期带来的负面影响。他们还思考了各项行政指导价格的非理性高涨以及监管机构监管的低效率问题。因此，政府当局提高了价格上限以迫使服务业提供者实现更大的成本效率和节约②。2003年以后，斯洛文尼亚改革的一项重要指导原则就是，对非能源部门的行政指导价格上涨不得偏离市场主导的价格，市场价格正逐步下降。2003到2005年，斯洛文尼亚政府逐步将能源税降低到欧盟规定的最低水平，从而减轻上涨的油价对国内物价的影响。2006年加入欧洲汇率机制Ⅱ之后，斯洛伐克开始限制行政指导价格的调整，2007—2008年尤为明显。最为明显的是，2007年水费和污水处理费的降低，居民电费保持不变，2008年，天然气和取暖费也不再变化。随着行政指导价格的适度调整，两国的通胀水平开始下降。

　　汇率变化伴随着斯洛文尼亚在欧洲汇率机制Ⅱ准备期的反通货膨胀，有助于斯洛伐克在欧洲汇率机制Ⅱ准备期和实施期的反通货膨胀。从2001

---

① 斯洛伐克在1993年推出增值税。
② 正如后面将提到的，无证据表明政府当局将价格限定在成本之下。

年年中开始,斯洛文尼亚的托拉尔贬值速度稳步放缓,通货膨胀也呈下降趋势。2004 年 6 月进入欧洲汇率机制 Ⅱ 时,斯洛文尼亚的汇率逐渐稳定,潜在的通货膨胀率进一步下降,这主要反映了产出的负缺口以及单位劳动成本的低增长。早期货币贬值的滞后效应逐渐淡去,似乎 2004 年年末后的汇率变化不再影响通货膨胀。Banerjee 和 Shi(2010)发现斯洛文尼亚的汇率变化对该国通货膨胀的影响是暂时的,两者之间的传导也不完全,因此,名义汇率的快速稳定引起实际汇率升值以及本国产品竞争力的损失①。比较之下,斯洛伐克的汇率从 2002 年第四季度开始持续升值,在欧洲汇率机制 Ⅱ 实施期尤为明显:2002 年 7 月到 2008 年 5 月,名义有效汇率升值了 38%,其中,汇率在 2005 年 11 月进入欧洲汇率机制 Ⅱ 后升值了 20%。似乎在斯洛伐克,汇率对价格的冲击表现缓慢。DG ECFIN 的员工(Cigan 等,2008)发现,汇率变化引起的核心消费者物价调和指数(HICP)17% 的上升,这经历 8 个季度的时间,他同时估计,2007 年,斯洛伐克的货币升值引起平均通货膨胀超过 1% 的下降。这些结论与 IMF 员工(Dalgic, 2008)的研究成果大体一致。

两国的工资支付也导致了通货紧缩,斯洛文尼亚刚性的经济结构和集中的工资集体谈判使得这种现象尤为明显。从 2001 年开始,斯洛文尼亚的社会工资合同弱化了工资指数的形成,社会公众认为实际工资增长至少要比生产率增长低 1%。此外,政府采取措施以确保公共部门的平均工资上涨水平低于私人部门。这样,单位劳动成本增长速度大幅下降(图 7.2)。在斯洛文尼亚,工资集体谈判一盘散沙,工会的地位相对弱势,没有正式的工资指数形成机制。工资合同受公共部门的工资和最低工资的影响,而这两者的水平都是基于预算通胀来制定的,处于适度水平。从 2002 年开始,雇员的工资名义增长一直在 8%~9% 的区间内浮动。考虑到生产率的发展,2002 到 2005 年期间,名义单位劳动成本的增长保持在 3%~4.5%,2006—2007 年进入欧洲汇率机制 Ⅱ 后,生产率显著上升,而名义单位劳动

---

① Banerjee 和 Shi(2010)通过通货膨胀的误差修正模型分析发现,汇率变化对通货膨胀的影响会滞后 1~2 个季度,超出此长度的滞后期,汇率变化对通货膨胀就没有显著影响。脉冲响应分析也显示汇率升值 1%,通货膨胀就会在第二季度降低 0.24%,在第三个季度降低 0.19%,之后就不受影响。同样地,Kozamernik 和 Zumer(2011)通过结构 VAR 模型得出,传导效应将会在一年内下降约 40%。

成本急剧下降。

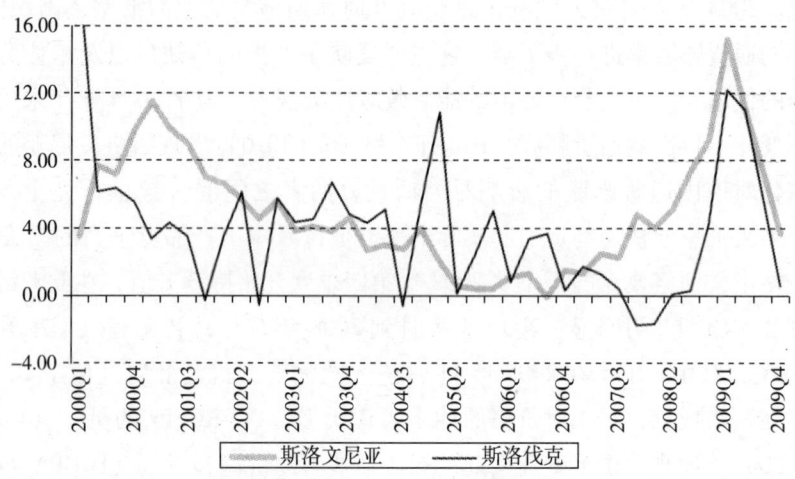

数据来源：欧盟统计局。

图 7.2　单位劳动成本，2000—2009 年（同比变化，%）

为对冲欧元采用之后工资上涨带来的风险，斯洛伐克政府、雇主和工会在 2008 年签订了协议，以保证实际工资的增长低于生产率的增长。这是模仿斯洛文尼亚在引入欧元期间非常盛行的三方工资协议的一种尝试。出人意料的是，斯洛文尼亚在 2006 年结束了这种工资的三方协议，也就是在即将加入欧元区之前，取而代之的是雇主和工会签订的部门性工资协定。随后，实际工资增长滞后于生产率的现象在 2008 到 2009 年出现逆转。

斯洛文尼亚在欧元采用期间的需求压力消失使得该国更容易满足马斯特里赫特标准。2001 年年中到 2005 年年末通货膨胀的下降紧紧滞后于产出缺口的下降。2006 年的经济增长显著高于潜在增长，2003—2005 年一直存在的负产出缺口转为轻微的正产出缺口。鉴于产出缺口变化的滞后影响，2006 年的通货膨胀没有显著增长。Banerjee 和 Shi（2010）的计量研究表明，不同于斯洛伐克，斯洛文尼亚的产出缺口是至今为止该国通货膨胀的最重要决定因素。脉冲响应分析得出，产出缺口 1% 的变动引起通货膨胀的变化程度是汇率变化 1% 引起反应的 8 倍。产出缺口对通货膨胀的作用时间也是汇率变化的两倍。假定保持汇率稳定是欧洲汇率机制 II 实施期的首要任务，因而汇率调整无法再作为控制通货膨胀的政策工具，而产

7 欧元之路：斯洛伐克和斯洛文尼亚的比较

出缺口在欧洲汇率机制Ⅱ实施的大部分时间里在拉低通胀水平以达到马斯特里赫特标准的过程中起到了关键性的作用。加入欧元区后的通货膨胀反弹还反映了2006到2007年间产出正缺口的增加。

斯洛伐克的需求下降是讨论的主题。传统估计模型（产出函数和HP滤波）显示，2000—2005年的产出负缺口在2006年迅速缩小并在2007年和2008年迅速变为正缺口。但是，贸易赤字和工资增长等其他经济指标的变化却没有任何经济过热的迹象。Konuki（2010）认为，估计产出缺口的传统分析方法无法分析出供给所导致的潜在增长路径的结构变化，斯洛伐克的情形即是这样。他认为多变量卡尔曼（Kalman）滤波更适合分析斯洛伐克的经济状况。通过这种分析方法发现，斯洛伐克并不存在需求压力：如图7.3所示，2003—2005年的产出轻度负缺口在2006—2007年转为轻度正缺口，在2008年后又变成负缺口（而传统方法对相同年份分析得出的是非常显著的正缺口）。斯洛伐克共和国的财政部的研究分析（2010）也得出了同样的结论。斯洛伐克与斯洛文尼亚不同，汇率变化比经济的周期状况对其拉低通货膨胀起着更为重要的作用。

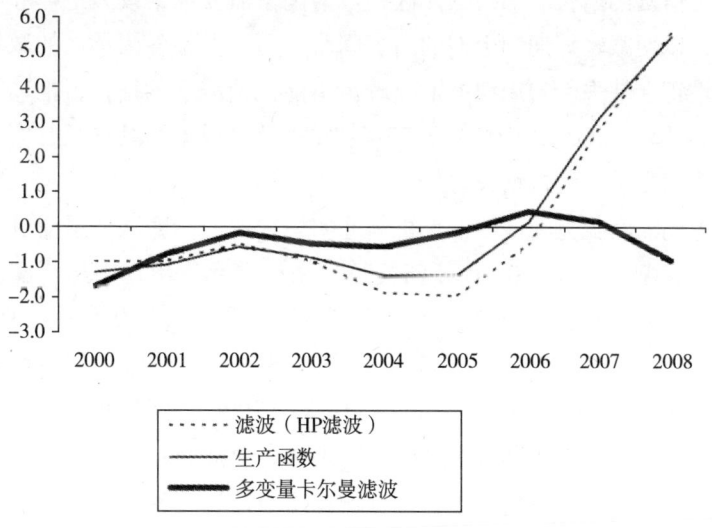

数据来源：Konuki（2010）。

图7.3 对斯洛伐克产出缺口的多种方法估计，2000—2008年（占潜在产出的%）

7.2.3 通货膨胀的持续性

马斯特里赫特标准的议定书要求申请国家能够保持价格的长期稳定。这意味着通货膨胀向标准的趋同不应由短期因素推动，因为欧元采用后，这些短期因素将不复存在①。欧盟委员会对斯洛文尼亚的中期通胀预期的乐观结论是"斯洛文尼亚通过节制工资的机制改革、市场竞争、汇率稳定和财政巩固等措施实现了反通胀，这些措施在中期内也足以支撑低通胀的经济环境。"

与早期加入欧元区的意大利、爱尔兰和西班牙在刚刚加入时的情况相似，斯洛文尼亚在2007年采用欧元的早期，通胀攀升，与欧元区通胀平均水平的差距扩大。Surti（2010）认为，斯洛文尼亚与欧元区平均通胀差距扩大的部分原因是，全球食物与商品价格的上涨对斯洛文尼亚的通胀冲击更大，这体现斯洛文尼亚与其他欧元区国家在消费篮子和其他国家对其进口份额的差异上。但是，商业投资和私人消费的快速增长导致的产出正缺口的日益扩大才是通胀最重要的决定因素。由于欧洲央行是根据欧元区的平均通货膨胀水平制定货币政策的，斯洛文尼亚出现了负的实际利率，进而刺激了信贷的增长。加入欧元区，申请国家需要承诺政策纪律和政策的灵活性，以便减轻短期和中期的通货膨胀压力，但是各国承诺的政策纪律和灵活性正在缺失。顺周期的财政政策不能抵消需求的增长，推动了经济的过热。此外，2007—2008年，工资和单位劳动成本强劲增长，完全逆转了欧元采用之前的缓慢增长态势。

考虑到斯洛伐克在欧洲汇率机制Ⅱ实施期的通货膨胀似乎受到一些特殊因素的影响，而且2007年斯洛文尼亚采用欧元后出现了通货膨胀的攀升，欧洲央行和欧洲委员会密切关注着斯洛伐克的通货膨胀持续性问题。欧洲央行（欧洲央行，2008：185）对斯洛伐克的通胀收敛的持续性表示"相当"的担忧。欧洲委员会（欧洲委员会，2008：176）也认为斯洛伐克的通胀上行风险是"不可忽视的"。有人认为受抑制的管制价格增长可能低于源于成本压力的价格水平，这种做法不可能在将来同样的情形下再次使用，而不影响服务业和投资的发展。然而，Dalgic（2008）认为这种担忧是不必要的。在欧盟以同一货币来计量商品价格及变化和潜在的商品价

---

① 见欧盟委员会（2006：58）。

格压力的背景下，管制价格以类似商品和服务的非管制价格为基准，似乎不会被人为的压抑。然而，管制价格收益与货币的升值，有助于在世界能源价格上涨时期控制国内的成本。

另外一个担忧是，一旦斯洛伐克的克朗在采用欧元后停止升值，通胀压力可能将卷土重来。在欧元区，尽管早期的货币升值对通货膨胀的传导机制还会继续存在一段时间，但货币升值对进口商品价格上涨的抑制效应将会消失。此外，实际汇率上涨的趋势、追赶的过程和其他均衡效应会在更高通货膨胀中出现。

由于斯洛伐克是在全球金融危机之中加入欧元区的，导致斯洛文尼亚通胀上升的因素不复存在。此外，克朗升值的滞后效应对物价的影响比较温和。较之于其他欧元区国家，能源和食品占斯洛伐克的消费篮子中占比更大，所以金融危机期间的能源价格和食品价格下降也对其物价产生了有利的影响。所以，斯洛伐克在危机中的物价水平显著低于欧元区的平均水平。但是，一旦经济复苏，产出正缺口增长，斯洛伐克是否有能力采取合适的逆周期财政政策，还有待观察。

7.3 货币政策框架和实现汇率稳定标准

在欧洲汇率机制Ⅱ准备阶段，斯洛伐克和斯洛文尼亚两国的货币政策主要目标是反通胀，但两国的货币政策框架却大相径庭。斯洛文尼亚的政策框架涉及汇率的贬值，表现得有点非常规，而斯洛伐克的货币政策框架允许汇率升值。

在欧洲汇率机制Ⅱ的实施期中，货币政策有着多重目标：控制通货膨胀、保持汇率水平的竞争力和达到汇率稳定的标准。在资本账户开放的情况下，各个政策目标之间的潜在冲突是巨大的。这两个国家通过"拐角解"——采用硬盯住的汇率体制或浮动汇率体制——来解决三元悖论的难题，并在市场上给出汇率对外生或政策冲击如何反应的明确信号。每一个"拐角解"都有着各自的优点，但都是不稳定的，需要财政政策、工资政策和结构政策的相应支持（表7.3）。尽管汇率围绕中间价上下15%的波幅似乎显得有些弹性，但是欧洲委员会和欧洲央行如何定义汇率稳定仍不清晰。在这样的背景下，斯洛文尼亚允许汇率围绕中间价在一个很窄的未公开的范围内波动，由于没有外汇市场资本流入压力，所以与其通胀目标并不冲突。而在欧洲汇率机制Ⅱ的实施期中,斯洛伐克的货币政策框架并没有实质性变革。尽管斯洛伐克调整利率水平并持续干预外汇市场,但大规模的资本流入使得斯洛伐克的汇率升值压力加大,因而对两国在过渡期间汇率中间价的再次评估无法避免。因此,欧洲委员会和欧洲中央银行判定汇率的升值符合经济基本面①,也符合汇率稳定标准。

表 7.3　　　　　　　　　新成员国的政策困境

新成员国的政策冲突	
三元悖论	马斯特里赫特标准
资本自由流动	汇率稳定
货币政策独立	低通胀
固定汇率	合理的公共财政
解决此次冲突	
政策选择 1	政策选择 2
固定汇率/货币局/爬行盯住	弹性通胀目标制

风险	政策选择	风险	政策选择
高通胀(巴拉萨—萨缪尔森效应)	工资约束;大幅财政紧缩;劳动力市场弹性	汇率波动	干预
资产价格泡沫	严格管制	竞争力	干预;工资约束;享有了弹性的劳动力市场
信贷繁荣/外国货币借入	严格管制;严格的财政政策	更艰难地向欧元转型	结构改革

数据来源:笔者。

7.3.1　斯洛文尼亚的货币政策框架

2001年4月,斯洛文尼亚央行建立了新的货币政策框架,新的政策框架体现了通胀目标制的特性。央行将中期的通货膨胀与马斯特里赫特标准保持一致,通过控制流动性来控制通货膨胀率以实现该目标。该央行在后

---

① 到目前为止,劳动生产率的差异在其中起着决定作用。

期以盯住某一实际利率为目标，以抑制与利率变动相关的资本内流，央行还通过货币贬值来缩小以欧元计价的金融工具和托拉尔计价的金融工具的风险调整收益的差异。由于通货膨胀的降低或欧元区的降息，在没有对外开放利率平价的情况下，国内利率降低，货币贬值率降低。这种货币政策策略使得汇率保持高度稳定，并促进了经济体的外部均衡（图7.4）。

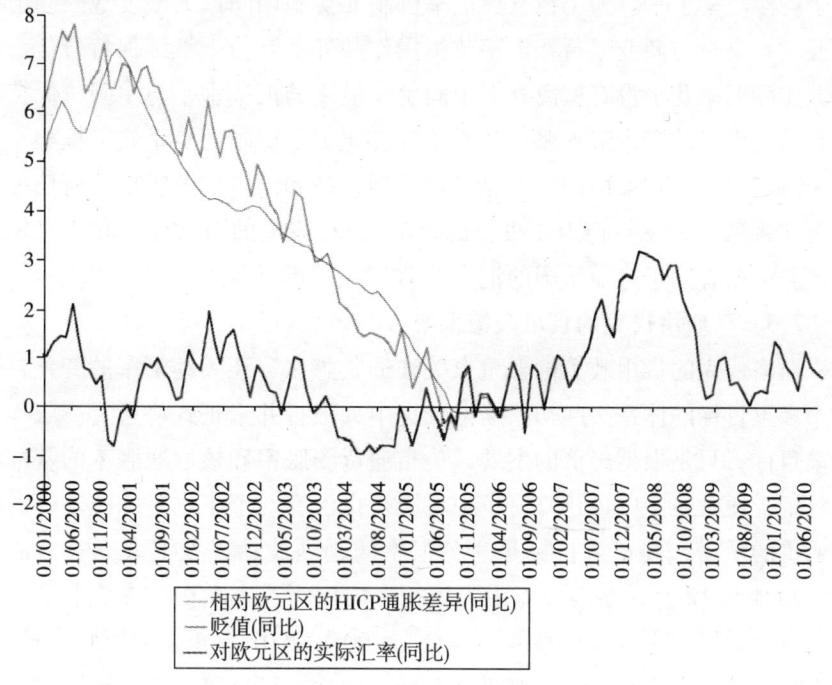

数据来源：斯洛文尼亚央行，欧盟统计局。

图7.4 实际汇率：斯洛文尼亚，2000—2010年（变化率，%）

货币政策框架的成功实施得益于央行和商业银行的合同协议，即央行不限制商业银行通过欧元互换获取托拉尔的流动性，当央行想要在市场上维持特定汇率时，商业银行也有义务在给定汇率上交易欧元[①]。互换使得商业银行能有效管理外汇资产，由于流动性比率的约束，商业银行不得将短期性的资产用于长期的信贷扩张。商业银行将过多的流动性以央行票据形式存放起来。通过与中央银行的互换操作来管理外汇流动性成为了一个

---

① Kozamernik 和 Zumer（2011）对斯洛文尼亚的货币政策框架作了详细的描述。

有效的汇率稳定器，这在托拉尔市场发展乏力的情况下是个非常理想的做法。

2004年6月实施欧洲汇率机制Ⅱ期间，央行结束了汇率贬值政策，欧洲汇率机制Ⅱ的汇率中间价设定为1 EUR = 239.64 SIT（斯洛文尼亚托拉尔），这接近于当时的市场价格，这是由于政府当局认为实际汇率水平接近于均衡汇率水平。为了在欧洲汇率机制Ⅱ实施期间最大限度地限制汇率的波动，央行与商业银行在汇率政策操作和外汇互换上继续保持合作。结果，实际汇率几乎没有偏离外汇中间价，最终的汇率水平与中间价保持一致。外汇市场的资本流入账户几乎不存在压力。清晰的货币政策框架、央行和政府之间的政策协调（包括转换外国债务和国内债务实现政府债务的重组和将私有化收益转为在央行的存款）、小规模的财政赤字和相对较小的证券市场有助于避免该国的汇率波动。

7.3.2 斯洛伐克的货币政策框架

斯洛伐克的货币政策框架重点关注通货膨胀，还关注汇率的变化，是一个多重目标的体系。起初，斯洛伐克中央银行并未正式将通货膨胀作为政策目标，只是根据经济的发展，公布通货膨胀率和核心通胀率的基准波动范围，通常在年中进行修订。中央银行也没有对汇率水平的波动幅度作出明确的承诺，其正常目标是避免汇率的剧烈波动以及汇率竞争力的下降。2004年12月，斯洛伐克中央银行考虑到将进入欧洲汇率机制Ⅱ，对货币政策框架作出略微调整并明确公布2005—2007年年末的通胀率目标。在2005年11月进入欧洲汇率机制Ⅱ后，中央银行还需要将汇率波动维持在上下15%的波动范围内并实现汇率稳定标准。

2002年年中，斯洛伐克的外汇市场基本面发生变化。那时，政治的不确定性使得斯洛伐克在外汇市场上经历周期性的贬值压力，斯洛伐克中央银行只好通过口头干预和直接干预来顶住压力。从2002年年中开始，货币政策开始面临升值压力。2002年9月大选的稳定落幕，欧盟和NATO的邀请加入、主权评级的上调减少了斯洛伐克金融资产的感知风险并刺激了资本流入。随后，新的外国直接投资（FDI）项目的公布、生产率的进一步提升和投资者的积极情绪维持了资本的稳定流入。鉴于货币升值有助于反映生产率提升推动的实际汇率均衡，也有助于抑制通货膨胀，斯洛伐克中央银行宣布克朗的适度升值。然而，中央银行担心汇率的快速升值会削弱传统制造业的竞争力，也会削弱生产率不高的中小企业的竞争力（SMEs）。因此，2002—2005年，中央银行多次对外汇市场进行口头干预和直接干预，并暂时限定周回购（中央银行吸收流动性的主要工具）的规模，这迫使银行以较低的利率将资金放置于隔夜市场。2005年11月进入欧洲汇率稳定机制Ⅱ时，汇率的中间价被设定在当时的市场汇率水平，即1EUR（欧元）=38.4550Sk（斯洛伐克克朗）（图7.5）。

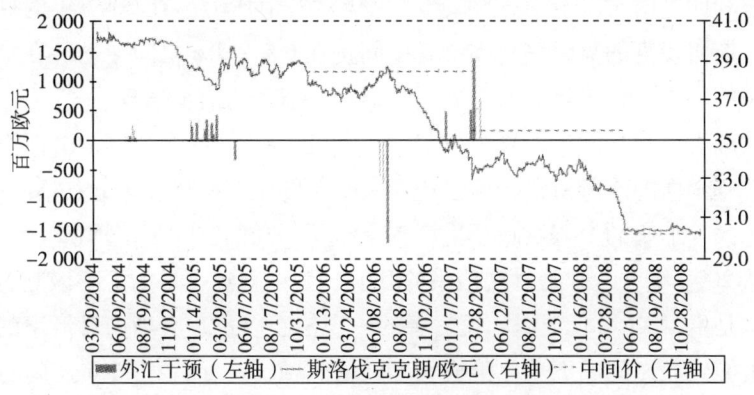

数据来源：斯洛伐克国民银行。

图7.5 汇率变化和外汇干预：斯洛伐克，2004—2008年

在欧洲汇率稳定机制Ⅱ实施时期，汇率稳定标准的不确定性使得政府当局进退维谷。Sramko（2008）认为，欧洲央行和欧洲委员会多次讨论这一问题。而斯洛伐克中央银行认为对汇率稳定的考察评价很有可能会考虑到经济结构变化所引起的汇率升值（尽管对于转型经济体而言很难准确界定这一因素），但是旨在降低通胀的名义升值可能不被考虑。2005年11月进入欧洲汇率稳定机制Ⅱ后，汇率开始升值，斯洛伐克中央银行并没有干预外汇市场以应对汇率升值，而是关注通货膨胀目标。同时，它还向市场传递了对克朗进一步升值的支持。然而，2006年1月31日，中央银行正式宣布不再对汇率变化发表评论，这很可能是欧洲委员会和欧洲中央银行的指示。随后，对于通货膨胀的担忧促使斯洛伐克中央银行在2006年前三季度四次加息，共增加175个基点。

随着有关外国投资项目新闻报道的出现以及令人惊讶的增长数据的公布，市场投资者对斯洛伐克采用欧元抱有更为乐观的预期，从2006年第四季度之后其升值压力更大。在12月末，克朗已经升值到欧洲汇率机制Ⅱ15%的上限，斯洛伐克中央银行开始进行口头干预和直接干预等措施来缓解升值压力，央行还提高了正常回购拍卖的流标率，使得银行间的市场利率低于官方利率。到2007年3月中旬，升值压力仍继续维持，欧盟成员国同意斯洛伐克的汇率中间价升值至1EUR＝35.4424Sk，升值幅度达8.5%，这低于当时的市场汇率。在汇率中间价上调之后，斯洛伐克中央银行还在三月末和四月两次降息50个基点，以应对升值压力。在2007年的剩余时间中，斯洛伐克的克朗一直围绕着中间价在6%～7%之间浮动。在全球金融海啸的环境下，市场的风险偏好降低，升值压力有所缓解。

欧洲委员会和欧洲中央银行裁定克朗的汇率中间价升值是由斯洛伐克的经济基本面的改善所致。斯洛伐克和欧盟的生产率增长差异在2006年进一步扩大，汇率的上调反映了生产率提高所推动的实际汇率均衡。

从2008年1月开始再次抬头的升值趋势一直到5月的汇率谈判时才结束。这是由GDP增长数据、投资者的乐观信心以及政府当局对汇率的表态等因素导致。克朗的汇兑比价成为了政治问题，正如首相Fico强调的"最有利于人民的汇率水平"——汇率的上升可能有助于缓解加入欧元区后的通货膨胀压力。汇率的过度升值被认为无损于产品竞争力的削弱，因为产品竞争力在未来会有更大的提升。最终，克朗的汇率中间价再次升值到1EUR＝30.1260Sk，这高于当时的市场汇率水平，相当于上次汇率中间价的最高上限。2008年7月，修订后的汇率中间价作为了最终的汇率。这样，克朗的汇率相对于进入欧洲汇率机制Ⅱ时设定的汇率中间价升值了约22%。

斯洛伐克在实施欧洲汇率机制Ⅱ的表现重点说明了投资者的情绪会随着斯洛伐克加入欧元承诺的弱化或可能的政策下滑而迅速冷却。围绕着2006年6月举行的议会选举的不确定性以及人们不确定新政府是否会继续为2009年加入欧元区的目标而努力时，克朗迅速贬值，在六月和七月，汇率跌到了欧洲汇率机制Ⅱ的中间价之下。由于欧洲汇率机制Ⅱ中的贬值下限是2.25%，斯洛伐克的中央银行三次干预外汇市场，出售30.85亿欧元并加息以顶住克朗的贬值压力。而当政府首相和财政部长公开表示继续支持2009年1月加入欧元区的目标时，市场环境才趋于理性。

7.4 财政政策

为了采用欧元，制定财政政策要有多个政策目标。第一，财政政策需要达到马斯特里赫特标准，即政府财政赤字不得超过 GDP 的 3%。第二，欧洲汇率机制 II 的财政政策需要实现反通胀并减少通货膨胀和汇率稳定这两个政策目标之间的冲突。第三，由于欧元区成员国没有独立的货币政策，财政政策应该能提高政府财政的灵活性，以吸收不对称的冲击（例如需求冲击）。由于财政政策很难及时转变，特别是当自由支出仅占总支出的一小部分时，相对于应对潜在的市场冲击，财政平衡要摆在更重要的位置。因此，需要在加入欧元区前和加入欧元区之后为财政巩固创造一个安全边际，以免遇到逆周期违反稳定增长公约规定的 3% 的标准。

在斯洛伐克和斯洛文尼亚，财政政策仅仅关注于实现马斯特里赫特标准。尽管央行和财政部紧密合作，但财政在这几年中仅实现了有限的扩张。而且，两国的支出结构日益刚性，除非养老金和卫生部门进行改革，否则国家财政将面临长期的压力。由于迅速老龄化的人口、较低的平均退休年龄和高的养老金工资比率，斯洛伐克和斯洛文尼亚两国将面临日益增长的养老支出。欧洲委员会（2009）的数据显示，两国出现了大幅的财政缺口，正如 Velculescu（2010）所描述，两国的跨期净值也呈现较大的负值。

7.4.1 斯洛文尼亚的财政政策

斯洛文尼亚的政府当局在 2003 年决定加入欧元之时，它就已经达到了马斯特里赫特标准。随后几年，政府财政赤字（ESA-95 定义）持续下降，斯洛文尼亚在 2007 年加入欧元区时已经实现了基本的财政平衡。财政状况的改善主要与财政支出的约束有关。政府当局采取相关措施来降低偿债负担、降低公共部门的工资养老金和商品服务支出的增长。所以，2003—2007 年政府支出占 GDP 的比重下降了 4%。然而，2006 年的个人收入税和工薪税的改革抵消了部分影响。财政收入占 GDP 比重在 2003—2005 年保持了稳定水平之后，在 2006—2007 年累计下降了 1.5%（表 7.4）。

表 7.4　　　财政指标，2000—2009 年（占 GDP 比重,%）

	2000	2001	2002	2003	2004	2005	2006	2007	2008	2009
					斯洛文尼亚					
财政收支	-3.7	-4.0	-2.5	-2.7	-2.2	-1.4	-1.3	0.0	-1.7	-5.5
总收入	43.0	43.6	43.9	43.7	43.6	43.8	43.2	42.4	42.6	44.4
总支出:	46.7	47.6	46.3	46.4	45.8	45.2	44.5	42.4	44.3	49.9
劳工补贴	11.3	11.8	11.6	11.7	11.6	11.5	11.2	10.5	11.1	12.6
中间消费	6.6	6.6	6.8	6.3	6.1	6.2	6.2	5.6	6.0	6.5
社会福利	16.0	16.0	15.9	15.9	15.9	15.7	15.3	14.4	14.7	16.8
经周期调整财政收支	-3.7	-3.6	-2.2	-1.9	-1.5	-0.8	-1.3	-1.5	-3.8	-3.8
政府债务	26.8	26.8	28.0	27.5	27.2	27.0	26.7	23.4	22.6	35.9
					斯洛伐克					
财政收支	-12.3	-6.5	-8.2	-2.8	-2.4	-2.8	-3.5	-1.9	-2.3	-6.8
总收入	39.9	38.0	36.9	37.4	35.3	35.2	33.5	32.5	32.5	34.0
总支出:	52.2	44.5	45.1	40.2	37.7	38.0	36.9	34.4	34.8	40.8
劳工补贴	8.8	8.9	9.1	8.9	8.1	7.3	7.4	6.8	6.6	7.8
中间消费	6.8	6.9	6.2	6.2	5.7	5.0	5.7	4.6	5.0	5.3
社会福利	13.6	13.6	13.7	11.9	12.3	12.4	11.9	11.6	11.3	13.6
经周期调整财政收支	-11.8	-6.3	-8.2	-2.7	-2.1	-2.2	-3.1	-2.1	-3.0	-5.6
政府债务	50.3	48.9	43.4	42.4	41.5	34.2	30.5	29.3	27.7	35.7

数据来源：欧盟统计局、斯洛伐克财政部、斯洛文尼亚央行。

在欧洲汇率机制Ⅱ实施的最后一年和刚刚采用欧元后，伴随着减税措施和早期对养老金支出的约束的放开，斯洛文尼亚政府的财政开始扩张。如果没有推出这些措施，政府的财政预算将在 2007 年实现大幅盈余。这样，政府的财政政策刺激了国内的需求，而不是用来抑制私人部门需求的繁荣和增加通胀压力。政府减税后，没有采取支出的相应减免，这导致政府财政状况的持续恶化。在经济状况充满不确定性的情况下，财政部的官员并没有意识到保持中性财政立场的必要性，他们也意识到了短期内政府支出合理化的政策约束。随着斯洛文尼亚加入欧元区的确定以及预算赤字低于稳定增长公约的限额，这就无法迫使政府当局采取政策以应对需求繁

7 欧元之路：斯洛伐克和斯洛文尼亚的比较

荣带来的通货膨胀。

斯洛文尼亚的预算支出刚性要大于欧盟十五国和其他的新欧盟成员国的平均水平，在采用欧元之后，支出的刚性日益增长[①]。政府对公共部门工资结构进行新的调整以减少工资水平分化的相关研究讨论，讨论结果的推迟是 2004—2006 年公共部门工资增长受限的诱因之一。公共部门工资协议的最终落实将高于之前预期的成本，2008—2010 年，公共部门工资显著上升。全球金融危机引起的经济下滑导致 2008-2009 年间公共债务占 GDP 比重几乎出现了翻番，现在更有必要进行财政支出为基础的财政巩固以应对日益增长的养老支出。但是，对系统支出改革还没有达成一致。

7.4.2 斯洛伐克的财政政策

2003 年斯洛伐克决定采用快速加入欧元区计划之后，财政政策显著转型。政府财政赤字占 GDP 的比重从 2002 年的 8% 迅速降至 2003 年的 2.75%。随后，一直到加入欧元区，斯洛伐克的财政赤字一直低于马斯特里赫特标准，2006 年是个例外，这一年由于新推出的第二支柱养老金项目引起了赤字的结构性增长。2004 年，政府当局实施了大的税收改革，尤其是单一税率为 19% 的增值税、针对个人和企业的收入税以及征税的迅速增加。税收改革使得经济偏向市场导向，并促进了投资和经济的增长。经济稳步增长带动了收入的强劲增长，考虑到对经济增长形成贡献的投资和国外净需求的增长并不直接体现在税基之中，财政占 GDP 的比重随着时间的推移而逐步下降。2003—2004 年的财政支出改革包括了公共卫生支出并减少了非定向的社会福利和救济。支出的改革还包括直接限制公共部门的工资和商品服务支出的增长。然而，这些支出却出现了实际的增长，虽然其占 GDP 的比重在下降。

政府当局为了进一步进行财政巩固并为保持财政在货币联盟中的良好表现，并没有全力推进经济的增长。在这段时期，由于经济增长超出预算水平，财政收入增长也超过预算水平，而由于欧盟援助资金的紧缺，欧洲援助项目的共同融资低于预期。然而，只有超额的财政收入和公共融资的小部分促进了财政赤字的改善，更多的部分是用于预算之外的支出，如商

[①] 欧洲委员会（2008）。刚性的财政支出在短期内并不依赖于政府当局的决策。刚性的支出包括社会福利、津贴、利息支出和劳动补助。

品和服务、养老金和医疗福利以及对运输部门的补贴。

　　欧洲理事会和 IMF 不断建议政府当局遵守名义的预算支出目标并推动财政巩固的深化。由于实际财政政策的立场主要是为了实现反通胀目标——一旦财政轻微扩展，政府就会停止财政刺激，2004 年和 2006 年除外——更强的逆周期财政政策有利于应对升值压力，保持预算的弹性以应对加入欧元区后面临的非对称冲击并在长期内保持公共融资的可持续性。然而，政府当局扩大社会支出的理由是使经济增长的惠及面更广。

　　财政收入朝着当期社会支出的分配增加了政府支出结构的刚性，使得以财政支出为基础的财政调整面临挑战。斯洛伐克三年期预算框架的另外一个挑战在于，特别是在欧洲汇率机制 II 实施期内，政府当局没有意识到公布的社会支出不应在当前年份融资。政府当局认为可以通过财政收入的出色表现以及政府支付其他方面的紧缩来改善财政支出。只要经济增长和收入分配的表现强于预算，这种方法不会出现问题。然而，当经济增长在 2009 年逆转时，财政收入表现也弱于预期，财政政策无力应对扩大的财政赤字，斯洛伐克不得不进入赤字超标程序（EDP）。政府支出的刚性使得制定出可信的财政支出调整政策变得十分艰难，现在政府当局不得不思考收入和支出的结合措施来应对难题。

7.5　对未来加入欧元区国家的经验教训

　　马斯特里赫特标准之间可能存在潜在的矛盾、制度变革中蕴藏的风险和市场情绪的变动，使得申请加入欧元区的国家需要制定一个清晰的策略以达到马斯特里赫特标准并成功实施结构变革，以增强经济体应对抵御冲击的弹性。申请国家应加强中央银行和政府之间的紧密合作并获得广泛的政治和社会支持，以顺利转轨至欧元区。政府的政策应该本着平稳过渡至欧元区的目标，并能够清晰地传达给市场和社会公众。否则选举周期和政府变动将导致经济出现脱轨的风险。2006 年斯洛伐克选举后的经历表明，即使加入欧元的承诺出现些许的扑朔迷离也会严重地冲击市场。当然，当加入欧元区的时间临近，市场的敏感性将将会束缚政治家的手脚。在短期内需要实施延续的可信的欧元采用政策。否则，政策措施的延缓就可能造成巨大的经济成本。当一国长期处在欧洲汇率机制 II 时期，其实施的政策与采用欧元的要求不符，这将会考验任何政策框架的适应力。

7 欧元之路：斯洛伐克和斯洛文尼亚的比较

斯洛文尼亚和斯洛伐克实施欧洲汇率机制Ⅱ的时间接近于两年的最低期限，两国的经历看起来稍微容易。这是因为两国都带有运气的成分。斯洛文尼亚的运气主要体现在国内的经济周期：长期的产出负缺口有利于通胀标准的实现。而对于斯洛伐克，运气则体现在市场对汇率升值的信心以及2008年出现的世界能源和食品价格的下降。如果少了运气的眷顾，当转型国家的实际GDP的增长较快，生产率高于欧元区平均水平时，转型国家将面临三元悖论的难题。不依赖于运气因素，一国需要取得稳定的实际趋同，如奥地利在达到名义趋同那样[①]。从这点来看，欧洲汇率机制Ⅱ的角色不再类似于起初设定的"培育室"的角色，而更像一个"等候室"，在这里，合理的经济基本面才是最重要的。

斯洛伐克的经验进一步阐明了对汇率稳定标准的诠释，降低了汇率稳定标准和通货膨胀标准之间的潜在冲突。斯诺伐克的案例说明了汇率没有必要保持与汇率中间价的非常接近，在欧洲汇率机制Ⅱ实施期间的货币升值可能会被欧洲委员会和欧洲中央银行定为与"稳定"相一致。然而，需要说明的是，这里的升值是与经济基本面相一致的均衡汇率升值。在这方面，申请国家的生产率与欧元区平均水平之间的差异是最重要的单一监测指标。没有明确制定的规则，评价汇率稳定的随意性很大，所以，申请国家采用盯住通胀目标和汇率稳定目标的多重货币制度非常重要，这有利于保持与欧洲委员会和欧洲中央银行的沟通，以解释汇率的变化和对外汇市场的干预。在斯洛伐克的案例中，欧洲委员会和欧洲中央银行认为对外汇市场的直接干预是合适的，而宣称支持克朗升值则是不合适的。

当一些国家不存在生产率推动的货币升值的坏境时，可以对汇率稳定进行传统的解释。在这些情形中，除非在欧洲汇率机制Ⅱ中出现经济的下滑，如斯洛文尼亚的情况，否则需要强力的财政政策和工资政策以实现马斯特里赫特标准。然而，当需求周期逆转时，就会出现通胀率迅速上涨的风险，如斯洛文尼亚在2007—2008年刚刚加入欧元区后的情形。斯洛文尼亚的情形使得欧洲委员会和欧洲中央银行更加关注通货膨胀的可持续性，未来的申请国家在被评估是否符合马斯特里赫特标准时将会面临着更多的调查。

---

① Hochreiter 和 Tavlas（2005）。

如果通货膨胀受产出缺口的影响较大，一国政府需要正确估计潜在供应和产出缺口从而制定正确的政策。然而，及时地获取充分的信息是十分困难的。对产出缺口的估计取决于所应用的方法。此外，在货币一体化的过程中，与生产率提高相关的因素导致了潜在产出的可能波动。如上文所言，尽管斯洛文尼亚在采用欧元后经历了需求的繁荣，但斯洛文尼亚的强劲增长可能是由供给因素所推动。因此，最优估计一国的产出缺口是十分重要的，这种最优估计会考虑到每个国家的差异，而不是如欧洲委员会经常使用的针对所有国家的通用方法。

在设计宏观经济政策框架时，要意识到加入欧元区的长期性，而不是实施欧洲汇率机制Ⅱ的"结束"。通货膨胀的稳定可以增加宏观经济政策的可信度。高的政策可信度又会反过来稳定通胀预期和抑制第二轮的通胀效应，从而以较低的成本稳定通货膨胀。政策的可信度主要源自于过往政策的成功执行，当前政策框架的积极或消极的声誉的形成是一个长期的过程。这样看来，斯洛文尼亚在采用欧元后果断应对通货膨胀周期政策的缺位使其丧失了建立政策可信度的机会。而财政立场的缺失可能进一步损害了政策可信度。这带给申请国家的经验就是，为成功实施欧洲汇率机制Ⅱ而确立政策纪律不应在加入欧元区后放松下来。斯洛伐克和斯洛文尼亚以及其他潜在加入的新成员国需要在进入欧元区时建立一个合适的应对通货膨胀周期的政策框架。在加入欧元区前，斯洛伐克的反通胀策略严重依赖于汇率的大幅升值，但这无法再成为应对通胀的政策工具了。

从长期来看，成功地进入欧元区需要在早期就实施有效的灵活的财政政策。仅仅将财政政策定位于实现马斯特里赫特标准是远远不够的，在加入欧元区之前应对通货膨胀时就应该使用。尽管这在确定欧元采用策略之时就已经被反复讨论了，但斯洛伐克和斯洛文尼亚都没有充分调整财政政策，两国的财政政策都不具备足够的灵活性来应对欧元采用后的环境变化。如果欧洲中央银行的货币政策与各成员国国内的货币政策需求不一致，那就对新成员国的财政政策提出了较高的要求。如果新成员国在HICP市场篮子中占比较大或者经历了国内需求冲击，那么在货币政策趋同于欧元区平均水平时，通胀的压力就会放大。这是由于名义利率受高通胀的冲击，实际利率下降并进一步刺激需求和通胀压力。

将来的欧元区申请国家应建立储备缓冲以确保在经济下行时，在不违反稳定增长公约的情况下实施财政刺激。稳定增长公约中规定的财政赤字占 GDP 3% 的约束需要进行调整，即在经济繁荣时转为财政盈余。当然，这一建议应当有效实施并在欧元采用后也适用。另一个关键的要求就是实现低债务水平。危机的经验表明，只有低水平债务的小国才能延期支付债券款项而不至出现大的问题。此外，如果在欧元采用之前进行其他一些财政结构改革，将有助于缓解通胀压力，并有利于通胀冲击之后的经济调整。改革的措施包括降低社会转移支付和公共部门工资增长的刚性、改革医疗保险支出和养老金体系。此外，征税和价格管制需要避免引起成本推动的通胀。总的来说，基于成本的调整优于收入巩固（Alesina 和 Ardagna，2009）。最后，欧盟的资金应致力于维持潜在 GDP 的增长，而不是在国内预算资源释放之后用于推动政府消费的增长。

经济冲击之后，应进行工资政策调整以避免通胀长期存在、产品竞争力下降和长期的失业率缺口。可以通过工资的弹性和名义工资的约束来吸收不对称的市场冲击，同时要确保在中期里，劳动成本的增长与生产率的增长一致。这就解释了为什么在实施欧洲汇率机制 II 之前斯洛伐克放弃工资指数化而开始转向前瞻性的工资定价。不幸的是，2007 年后工资紧跟通胀的显著上升而上涨，经济活动的繁荣导致了单位劳动成本的增长，从而造成了产品竞争力的下降。

参考文献

Alesina, A. and S. Ardagna (2009). 'Large changes in fiscal policy: taxes versus spending', National Bureau of Economic Research Working Paper, No. **15438**.

Banerjee, B. and H. Shi (2010). 'Determinants of inflation in Slovenia on the road to Euro adoption', in V. Bole and L. MacKellar (eds.), *From Tolar to Euro*, Ljubljana: Center of Excellence in Finance.

Bole, V. and L. MacKellar (eds.) (2010). *From Tolar to Euro*, Ljubljana: Center of Excellence in Finance.

Cigan, H., A. Jevčák, P. Pradelle and P. Žáková (2008). 'Exchange rate pass-through to inflation in Slovakia', *ECFIN Country Focus*, 5.

Dalgic, E. (2008). 'Inflation performance in Slovakia', unpublished paper, International Monetary Fund, April.

European Central Bank (ECB) (2008). *Convergence Report May 2010*, Frankfurt, www.ecb.int/pub/pdf/conrep/cr201005en.pdf.

European Commission (2006). '2006 Convergence Report on Slovenia', *European Economy*, Special Report, No. 2, http://ec.europa.eu/economy_finance/publications/publication485_en.pdf.

(2008). 'Convergence Report 2008', *European Economy*, No. 3, http://ec.europa.eu/economy_finance/publications/publication12574_en.pdf.

(2009), 'The 2009 Ageing Report', *European Economy*, No. 2.

Hochreiter, E. and G.S. Tavlas (2005). 'Two roads to the euro: the monetary experiences of Austria and Greece', in S. Schadler (ed.), *Euro Adoption in Central and Eastern Europe: Opportunities and Challenges*, Washington, DC: International Monetary Fund.

Konuki, T. (2010). 'Estimating potential output and the output gap in Slovakia', *Eastern European Economics*, **48**: 39–55.

Kozamernik, D. and T. Žumer (2011). 'Monetary policy and the disinflation on the way to the euro in Slovenia', *International Journal of Monetary Economics and Finance*, 4: 21–48.

Ministry of Finance of the Slovak Republic (2010). 'Output gap and NAIRU estimates within state–space framework: an application to Slovakia'.

Schadler, S., P. Drummond, L. Kuijs, Z. Murgasova and R. van Elkan (2005). *Adopting the Euro in Central Europe: Challenges of the Next Step in European Integration*, International Monetary Fund Occasional Paper, No. 234.

Šramko, I. (2008). 'Slovakia's road to the euro: lessons learned and challenges ahead', in K. Liebscher, J. Christl, P. Mooslechner and D. Ritzberger-Grünwald (eds.), *Currency and Competitiveness in Europe*, Cheltenham: Edward Elgar.

Surti, J. (2010). 'What drives inflation in Slovenia?', in V. Bole and L. MacKellar (eds.), *From Tolar to Euro*, Ljubljana: Center of Excellence in Finance.

Velculescu, D. (2010). 'Some uncomfortable arithmetic regarding Europe's public finances', IMF Working Paper, No. **10/177**.

8 欧元真的是"贵欧元"吗？引入欧元对斯洛伐克非贸易品价格的影响

Miroslav Beblavy[①]

8.1 引言

2002年1月，欧元纸币和硬币开始投入使用，欧元区成员国的居民感受了通胀的快速上涨。这也形成了一种固定的观念，即使用欧元往往会伴随着一次通货膨胀的冲击。欧盟委员会基于对消费者的调查编制了最近十二个月的感受通胀的综合指标，该指标由2001年12月的27上涨至2002年9月的60，并在2002年几乎一直保持在50以上。德国的经验充分证明了这一论点，因为很快欧元在德国就被称为"贵欧元"（这个词源自于"teuer"，在德语中意味着"贵"的意思）。

整体来看消费者价格，相应时期内消费者对价格的感受与实际数据很不相符。根据消费者物价调和指数，欧元区2002年1月的物价上涨了0.9%，2002年的通货膨胀率也与2001年和2003年基本相似，在2%和3%之间浮动（2002年初，消费者物价由于气候原因出现了反常的上升）。因此，消费者的感受与实际通胀的差异主要是由于：或者是感受通胀完全基于消费者个人在引入欧元时期的心理上的感受，而没有实际基准；或者是从特定商品高于正常的价格变化来诠释的。

两种解释都是建立在消费者依据产品种类感受到不同程度的价格上涨这一事实基础之上。根据表8.1，可以看出居民经常购买的特定非贸易商品集（餐馆、出租车、理发）也许可以解释"贵欧元"现象。2009年斯

---

① 感谢David Cobham 的言论，感谢Hans Wolfgang Brachinger同意对初始材料进行讨论以及对初稿的耐心等待，也感谢Sona Urbancikova和Katarina Lovrantova为文稿提供的重要帮助。本章的初稿已被布鲁塞尔的欧洲政策研究中心作为该研究所的工作报告（No.339）出版。

洛伐克引入欧元，使得大家可以在新环境中重新讨论。

表 8.1　　欧元区被访者对问题的统一答案形式设计是：
"在 × 区域引入欧元时，对于以下项目，
你切身体会到价格变化了百分之几？"

	总是上涨	经常上涨	经常下降	总是下降	总体上说，相互抵消	不知道
餐馆/咖啡	40.8	43.4	3.2	0.4	4.2	8
服务（理发/出租车）	36.5	42.4	3.8	0.8	6.2	10.4
小食品商店	30.3	48.4	4.1	0.5	8.6	8.2
其他小商店	28.4	47.1	4.8	0.6	8.6	10.4
电影院/游泳池	25.9	36.2	4.3	1.3	7.5	24.8
超市	24.2	43.7	11.1	2	15	4.1
公共交通	24.1	31.2	8.7	1.4	11.6	22.9

数据来源：欧盟委员会、Eurobarometer, No.171, 布鲁塞尔, 2002 年 5 月。

在感受通胀和事实的大环境中，斯洛伐克呈现了一个有趣的案例。斯洛伐克经历二十年的从紧货币政策和适度的通货膨胀，出现了多次重复的价格冲击，这些价格冲击主要由当局行政性设定价格、间接征税和其他转移现象等引起。不像匈牙利和波兰，斯洛伐克与捷克共和国相似，实施了德国式的货币政策却没有体验到德国式的货币稳定。

斯洛伐克在长期经济繁荣的尾声时加入欧元区，也正值全球经济金融危机全面席卷欧洲经济体之时。基于对未来快速增长及引入欧元后的经济过热的假设，斯洛伐克与单一货币维持强势汇率。也有人认为一旦实际有效汇率通过名义升值的调整结束，低物价水平和巴拉萨—萨缪尔森效应将会导致高的通货膨胀率。

本章从比较感受通胀和实际通胀的角度出发，通过关注特定商品篮子的非贸易商品价格，回顾了斯洛伐克采用欧元后的经历。为分析斯洛伐克引入欧元时期是否出现了反常的价格上涨，本文既使用了官方数据也使用了企业层面的原始数据。

首先，本章回顾了该领域的文献综述，然后论述了本章的方法论。紧接着是处理 HICP 数据、感受通胀数据、通胀预期数据、企业层面的价格数据及相应的诠释等的实证结果。并在章节尾部阐述了一些初步结论。

8　欧元真的是"贵欧元"吗？引入欧元对斯洛伐克非贸易品价格的影响

8.2　引入欧元期间的通胀冲击：文献综述

本部分主要关注与本章最相关的两个主题的相关文献。第一个也是最重要的主题就是欧元的引入为什么能与欧洲民众心中的通货膨胀联系起来。这块正好可以阐述对斯洛伐克引入单一货币的研究。第二个主题涉及企业层面价格变化的频率和（非）对称性，这也使得笔者可以更好地在对应的环境中进行微观研究。

8.2.1　欧元作为"贵欧元"

从理论上来讲，欧元的引入对消费者行为几乎没有影响：汇率在引入新货币的很久之前就是固定的（Mastrobuoni，2004），2002年5月前的十二个月的物价水平是与欧元区引入欧元纸币硬币之前的物价水平相一致的（Brachinger，2006）。据欧洲央行的报告，欧元区在2002年年初通货膨胀的强劲增长也主要是由意外的、短期因素造成，如欧元区部分地区的不利的天气情况（ECB，2002，Ercolani和Dutta引用，2007：384）。

在2001年年中之前，所有欧盟国家的感受通胀和实际通胀的差距接近于零。仅在采用欧元的前后几个月里，欧盟各国出现了感受差距。在未加入欧元区的国家，感受通胀和实际通胀的差距仍接近于零，这就意味着感受通胀偏离实际通胀是与引入欧元相关的（Hufner和Koske，2008）。

Brachinger（2004，2005a和2005b）提出了"感受通胀指数"，并发现在引入欧元纸币和硬币的一段时期内，德国的感受通胀平均值几乎高出官方通胀率4倍（Brachinger，2006）。Mastrobuoni（2004）根据欧洲统计局和消费者调查的数据，得出了类似的结论：在引入欧元后，标准化后的各国感受通胀和实际通胀的平均差距在0.32%和1.23%之间浮动。此外，Branchinger（2005）提出，基于损失厌恶法则，消费者对通货膨胀的感受程度更多地受到价格上涨而不是价格下跌的影响，这是因为消费者更看重购买力的损失而非购买力的增加。

尽管对通货膨胀上升的感受被显著高估了，但一些学者仍强调在引入欧元时的确出现价格的频繁上涨——实际上是相对适度的增长。Stix（2005）发现微观个体市场篮子中的大部分商品变得更贵了，这与欧洲中央银行的推测是一致的：引入欧元之后，消费者是基于经常购买的商品作出了价格估计，这也在一定程度上解释了欧元变得"更贵"的原因

(Kirchler, 2005)。

Mastrobuoni (2004) 给出了类似的解释，但他并未将它作为部分的结论，而是作为分析感受通胀和实际通胀差异的一个基础。他假设"引入新货币减少了消费获取价格的信息"，并认为"低廉价格的商品价格出现上涨是获取价格信息的成本"。价格的上涨是与消费者适应新货币的能力相关的——这一理论被事实所验证，即在价格的欧元效应最为明显的三个国家（西班牙、意大利和法国），倾向使用旧货币来衡量价格是否发生变化的消费者比例也是最高的。

尽管 Mastrobuoni 使用了欧盟统计局的月度消费者调和物价指数（HICP）的数据（结合了经济学人智库（EIU）收集的数据），他强调，仅仅使用宏观数据来检测引入欧元所可能引起的感受通胀与实际通胀的水平是会出现偏差的。类似地，Brachinger (2006) 指出像 CPI 这样的以支出为权重的价格指数的一个很大不足就在于，它对常用商品价格反常增长的现象不敏感，还会掩盖这样的通货膨胀结构。

Ercolani 和 Dutta (2007) 的分析基础也存在类似的方法论缺陷，他们假设"官方数据无法检测到引入欧元所带来的通胀"。尽管 2002 年欧洲央行的文件认为"没有证据显示引入欧元可带来通胀，而且也无法证实食品价格的变化是由季节性因素引起的"，但他们也承认服务部门的一些服务项目的价格上涨是与引入欧元相关的（Ercolani 和 Dutta 引用，2007：384）。因此，一些学者试图去说明加入欧元区的国家在 2002 年 1 月物价的暂时小幅上涨无法说明个别经济部门的物价状况。在这个层次上，引入欧元所带来的价格变化从小幅不显著波动到大幅显著波动，这些均可在餐饮部门见到。

本章的分析将收集微观数据作为观测非贸易品价格波动的一个关键点。结合微观宏观数据指标，来从整体的角度把握斯洛伐克引入欧元的进程。

8.2.2　经常变化的物价

本章所提到的引入欧元效应是与公司和企业的定价行为紧密联系的。下面几点与其尤其相关：

- 价格更正/变化的频率；
- 价格变化的范围；

8 欧元真的是"贵欧元"吗？引入欧元对斯洛伐克非贸易品价格的影响

- 定价行为的对称性。

以往的调查显示，多数企业每年最多三次更新价格（整个欧元区57%的企业更新价格），26%的企业每年更新价格超过12次，而17%的企业每年更新4~11次（Fabiani等，2005）。尽管如此，价格变化的频率还是相对较低的：来自通胀持续性网络（IPN）的调整数据显示消费者物价指数（CPI）所涉及的行业的物价平均会保持4~5个季度的恒定。此外，零售部门的价格变化频率要低于生产部门，这是由于中间商往往会每年变更一次价格。研究还发现高劳动投入及低能源投入的产品价格变动不太频繁（Altissimo、Ehtmann和Smets，2006）。

不同产品的定价行为是完全不同的：IPN微观数据显示，尽管能源和非加工食品的价格变化比较频繁，但是非能源行业的商品和服务的价格变化更为频繁（Altissimo、Ehtmann和Smets，2006）。

观察价格变化程度，会发现价格的上升和降低与通胀的变化相比还是相当大的。价格上升和下降的幅度基本均衡，下降的平均幅度略大一些：价格平均上升的幅度是8%而价格平均下降的幅度是10%略多（Altissimo、Ehtmann和Smets，2006）。

未加工食品、加工食品和能源等行业的价格上升和下降基本保持对称；而服务业的价格上升和下降呈现出不对称特征，差异较大，十次价格变化仅有两次是价格降低（Altissimo、Ehtmann和Smets，2006）。

8.3 方法论

本章的论述是建立在对微观宏观层面价格数据的比较分析的基础上的。本章除了关注一般的价格指数，还关注了餐厅/咖啡厅、理发和出租车服务的价格。

从宏观层面出发，笔者对三大经济实体——欧元区、斯洛伐克和捷克共和国——的消费者调和物价指数（HICP）进行了比较，这些数据主要是国家统计部门从欧洲统计局收集的。笔者使用了全局的通胀数据，也使用了微观层面较易衡量的三个细分数据：

- 公路客运量（参考组：出租车）；
- 餐馆、咖啡厅及其他类似场所（参考组：提供饮食服务的餐馆）；
- 理发和个人美容行业（参考组：理发业）。

宏观层面来看，笔者还使用欧盟统计局每月收集的消费者调查所得到的通胀感受的数据。这一时间序列数据衡量着消费者对通货膨胀的体验（基于这一问题："你对过去十二个月的消费者物价变化是如何看的？"）。在这种情况下，笔者还使用了采用欧元的其他新成员国的数据（塞浦路斯、马耳他共和国和斯洛文尼亚）。

宏观层面的第三个数据集来自于涉及欧元引入的 Eurobanrometer 的调查。在斯洛伐克，主要是 240 号、249 号和 259 号调查（欧盟委员会，2008a，2008b，2009）。我们将此次调查与 2002 年加入欧元的十二国、2007 年采用欧元的斯洛文尼亚和 2008 年加入欧元的塞浦路斯、马耳他的调查结果进行了比较。

从微观层面来看，笔者对布拉迪斯拉发（斯洛伐克首都）和布尔诺（捷克共和国的第二大城市）特地展开的调查所收集的数据进行了比较分析。笔者选择布尔诺作为布拉迪斯拉发的对比研究城市是由于捷克—斯洛伐克的共同历史以及两者相仿的城市规模和相近的地理位置。从这个意义上来看，布尔诺和捷克共和国被选做了布拉迪斯拉发和斯洛伐克的"控制变量"。捷克共和国还没有引入欧元也没有纳入欧洲汇率机制Ⅱ，该国的货币仍可相对别国货币自由浮动。

从微观层面来看，笔者收集三大类别中八大具体服务业的数据。对于餐馆和咖啡厅，笔者收集了菜单上最常见的菜——烤肉和煮土豆——以及最为常饮用的两种咖啡——卡布奇诺和维也纳咖啡——的价格信息。对于理发厅，笔者收集了最基本的理发价格（以女性顾客为例，主要是指洗发、剪发和做发型的价格）。对于出租车，笔者收集的是出租车基础价、每公里的价格以及每分钟候时费。

微观层面数据的搜集主要是在两个时间段。一个是 2008 年 7 月，另一个是 2009 年 7 月。在这两个时间段，价格的收集综合了服务提供者的网上报价和电话报价。在斯洛伐克的例子中，2009 年 7 月的欧元所标价格是与 2008 年 7 月斯洛伐克克朗的所标价格相比较的，两者的官方最终转换比率是 30.126 克朗 = 1 欧元。

选择这两个时间段主要是为了消除季节性因素影响并反映出欧元转换过程中的总体效应。换句话说，此举目的不在于精确衡量出欧元转换过程中的价格变化，而是为了观察采用欧元后的整体变化。因此，得出的结论

8　欧元真的是"贵欧元"吗？引入欧元对斯洛伐克非贸易品价格的影响

是非常宽泛的，以衡量欧元转换前后各六个月的价格变化。

接下来是数据的分析。首先，我们先从观察宏观层面的实际通胀数据开始，并将欧元区、斯洛伐克和捷克共和国的消费者物价调和指数与之相比较，以便对物价和上述三个细分数据进行分析。此举是为勾勒出斯洛伐克在新世纪头十年特别是引入欧元时期，价格变化的总体趋势，主要是对一般价格以及本章的关注重点的描述。

然后进行的是对物价感受的分析。运用相似的工具对不同的时间序列进行分析，但通过对"闪电"调查所得到的临时数据的比较来完善分析。

数据分析的第三部分，笔者观察了布拉迪斯拉发和布尔诺的微观价格变化。通过均值变量和方差分析和两个城市每个项目的价值比较，笔者分析了价格上涨的分布。然后，笔者分析了相同时期内各国相关价格数据的变化，并对比分析得出结论以找出不同点。

8.4　研究发现

8.4.1　欧元区和斯洛伐克的通货膨胀：综合的 HICP 和特定的非贸易品

如图 8.1 所示，斯洛伐克的物价水平在最近十年中显著动荡，2003 年的通胀率几乎达到 10%，随后通胀率稳步下降并最终在 2010 年降低至 1%

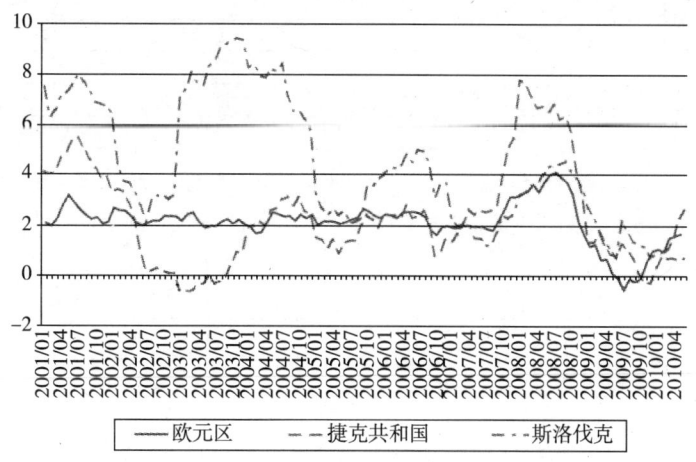

数据来源：欧盟统计局。

图 8.1　消费者物价调和指数（HCIP）：欧元区、捷克共和国和斯洛伐克，2001—2010 年（同比）（%）

以下。1999年到2001年以及2003年到2004年期间的行政举措，特别是增值税消费税的几次大幅上调以及直接性的行政上调价格，使得其通胀水平较欧元区显著震荡。到2005年，随着这些政策措施的退出，斯洛伐克的通胀率下降至2%，随后在2%~5%之间浮动，直到2009年1月采用单一货币之后，这种情况才开始改变。2006年末，斯洛伐克的通胀率开始紧随欧元区整体的通胀率水平，直到2009年中期，通胀率出现了暂时性的上涨。

对于非贸易品，特别是本章所分析的服务，通胀率向欧元收敛的走势没有一直维系。观察图8.2会发现，公路客运的价格水平出现了三次显著的上涨。2001年和2003年，公路客运价格水平的两次上涨是与政策措施直接相关的（税收变化以及价格管制的放松）；然而，这并不足以解释在引入欧元前后的价格上涨。公路客运价格水平在2006年和2007年大部分时间中保持在5%~6%的水平，在2008年开始显著上涨，价格水平在2008年末同比上涨到20%，在2009年末仍维持在15%左右的水平。由于同期内欧元区客运价格仅出现微弱增长，因此油价因素只能部分解释上述现象。而且捷克并未出现同样的发展轨迹（在2008年税收调整时出现了一次价格上涨，但该类型通货膨胀在2008年末就下降至欧元区水平）。

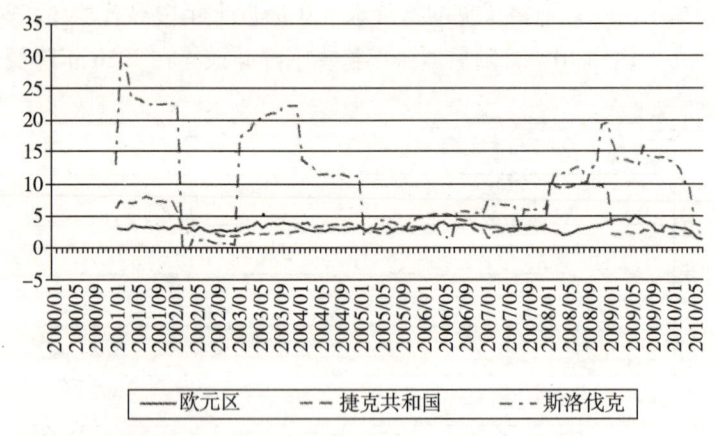

数据来源：欧盟统计局。

图8.2 客运消费物价调和指数：欧元区、捷克共和国和斯洛伐克，2001—2010年（%）

餐馆、咖啡厅以及相关行业的价格水平也出现了类似的现象。观察图8.3，这类价格也在2007年末开始偏离欧元区价格，并在2008年及2009

8 欧元真的是"贵欧元"吗？引入欧元对斯洛伐克非贸易品价格的影响

年保持在异常高的水平，2009 年末才开始下降。捷克的情形再次证实了斯洛伐克的价格异常，捷克的物价水平在 2008 年的上涨是由税收的改变导致，一旦这些政策措施退出，通货膨胀水平迅速下降至欧元区水平。2008年 7 月到 2009 年 7 月，斯洛伐克的价格显著上涨了 12 个月，此段时期正处于斯洛伐克加入欧元区的考察期。

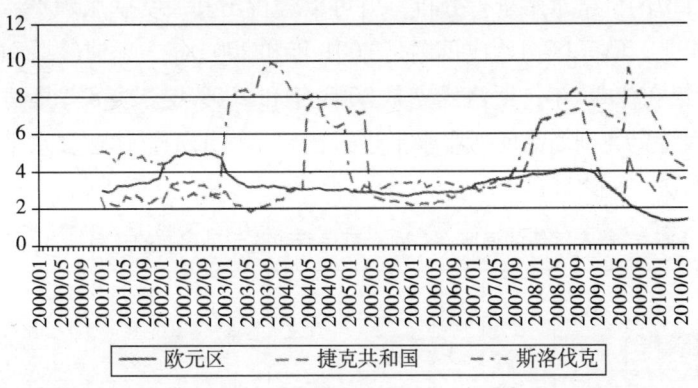

数据来源：欧盟统计局。

图 8.3 餐馆、咖啡厅和类似企业的消费物价调和指数：欧元区、捷克共和国和斯洛伐克，2000—2010 年（%）

最后，理发和个人美容业的价格变化也呈现了相似的情形，包括在 2008 年 7 月与 2009 年 7 月之间的价格异常上升（图 8.4）。

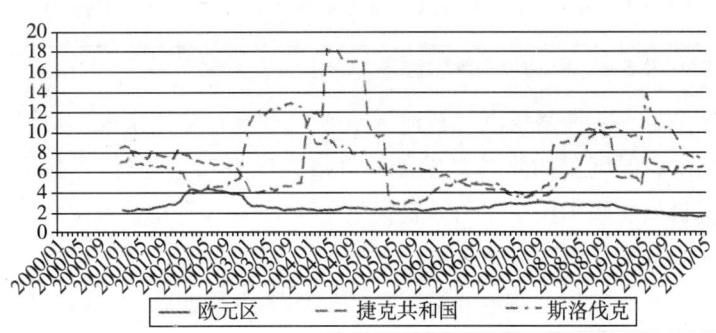

数据来源：欧盟统计局。

图 8.4 理发和个人护理企业的消费物价调和指数：欧元区、捷克共和国和斯洛伐克，2000—2010 年（%）

价格的快速上涨是斯洛伐克的典型特征。然而，这些价格被认为主要是在 2002 年采用欧元纸币硬币时收集的，所以值得去检测笔者观察的现象是否是一种普遍现象。

表 8.2 列举了引入欧元前后各类价格的变动情况。如果我们对某一给定国家引入欧元前那个年份 7 月份特定商品和服务的价格水平和之后那个年份 7 月份的价格水平进行分析，就可以分析出其通货膨胀水平。对应的参考年份是，欧元区初始成员国是 2001 年和 2002 年，塞浦路斯和马耳他是 2007 年和 2008 年，斯洛伐克是 2008 年和 2009 年。表 8.2 还对整体通胀水平和特定类别商品的通胀水平进行比较，显示了整体通胀水平与特定商品的通胀水平之间的差异。

表 8.2　选定区域的通胀率：欧元采用后和欧元采用前的 7 月

	整体通胀	公路客运	Δ	餐厅、咖啡厅等	Δ	理发	Δ	商品	Δ	服务	Δ
欧元区	2.02	2.38	0.36	4.81	2.79	4.03	2.01	1.15	-0.87	3.23	1.21
塞浦路斯	5.34	9.46	4.12	6.34	1	6.94	1.6	5.92	0.58	4.43	-0.91
马耳他	5.6	1.48	-4.12	5.37	-0.23	2.07	-3.53	5.64	0.04	5.53	-0.07
斯洛文尼亚	3.97	2.56	-1.41	8.99	5.02	5.93	1.96	3.39	-0.58	5.09	1.12
斯洛伐克	0.61	12.44	11.83	5.41	4.8	8.13	7.52	-1.37	-1.98	4.75	4.14

数据来源：作者基于欧盟统计局数据计算。

在这个方面，斯洛伐克与其他国家差异显著。总体来说，斯洛伐克的非贸易品的状况确实如此（以服务的价格为代表），斯洛伐克在引入欧元前后非贸易品通胀率比整体的通胀率高出 4.14%，而在其他国家，这个差距只在 -0.91% ~ 1.21% 的区间里。

本章所研究的三个特定分类商品的通胀率也是如此。在斯诺伐克，价格水平与整体价格水平差异最大的服务业就是公路客运（11.83%）和理发业（7.52%），而餐馆咖啡（4.8%）紧随斯洛文尼亚（5.02%）之后，差距位居第二高位。

这种差异可能与斯洛伐克依赖名义汇率升值有关，为达到马斯特里赫

8 欧元真的是"贵欧元"吗？引入欧元对斯洛伐克非贸易品价格的影响

特通货膨胀标准，斯洛伐克在单一货币的考核期内通过名义汇率升值来拉低通货膨胀。由表8.3可以看出，斯洛伐克的克朗在加入欧元区之前升值超过11%，而其他新成员国并没有刻意追求名义升值。名义汇率的迅速升值自然导致了贸易品价格的下降，从而压低整体的通货膨胀水平。由于这种机制并没有作用到非贸易品上，非贸易品仍保持着较高的价格水平。

表8.3　　　通向单一货币之路的名义升值/贬值

升值（+）/贬值（-）	斯洛伐克	斯洛文尼亚	马耳他	塞浦路斯
采用欧元前12个月到前6个月	11.2	-0.1	0	-0.9
采用欧元前18个月到前6个月	11.4	-0.1	0	-0.9

数据来源：作者基于欧洲中央银行数据计算。

尽管名义货币升值效应就能解释斯洛伐克的贸易品和非贸易价格水平的显著差异，但却无法解释2008到2009年所观察到的非贸易品的价格上涨。过热的经济也许增加部分说服力，但2008年后期和2009年上半年的价格进一步上涨——此时正当危机席卷斯洛伐克，失业率迅速上升——却无法得到解释。因此，从宏观层面来看，这些表面的证据说明了货币的转变对非贸易品的价格产生了影响。

8.4.2　巴拉萨—萨缪尔森效应

为了解释巴拉萨—萨缪尔森效应这一重要因素对非贸易部门价格上涨的影响，本文选定了引入欧元之前的三个时期，分析了整体消费者物价调和指数（HICP）与服务业整体的价格水平以及服务业特定行业的价格水平之间的差异。这三个时间段分别是：引入欧元前的第18个月到前第6个月、前第30个月到第18个月以及前第42个月到第30个月（附录中的表8.A1~8.A3）。

表8.A1~8.A3显示，在引入欧元的前3.5年到前1年，斯洛伐克非贸易部门的价格与其他观察国同期相比并无显著不同。在观察期中，斯洛伐克的给定服务集的价格水平与整体HICP水平的差额一直保持在-0.94%~1.21%。与之形成比较的是，在引入欧元前后的一段时期里，这一差额达到了4.14%。对消费者物价指标的三大特定子集与HICP进行比较，发现差额保持在-1.56%~4.78%，呈现出了同样的趋势。与之相比较的是，在引入欧元前后的一段时期里，这一差额也达到了11.83%（公路客运）。在引入欧元前后的时期中，给定服务集、服务业细分行业的

价格水平与 HICP 的差异要显著大于货币转换之前 3.5 年的差额。因此，巴拉萨—萨缪尔森效应仅在引入欧元前后的一段时期导致了一些服务业价格的上升。引入欧元前 3.5 年数据证实了货币转换对斯洛伐克非贸易部门的商品价格产生了影响。

8.4.3 感受通胀与实际通胀

本节将对斯洛伐克的消费者通胀感受与捷克共和国、欧元区进行比较，并分析感受通胀如何与实际通胀相联系，如何与本章的其他发现相联系。

先看图 8.5，即欧元区、捷克共和国和斯洛伐克在 2001 年到 2010 年中的感受通胀图。它衡量了消费者的通胀感受（这是基于这样的问题："你怎样看待过去 12 个月的消费价格变化？"）。本图就是基于所有问题答案的总体值而来（从"上升很多"到"下降"共有五类答案），分值越高，感受通胀越高。

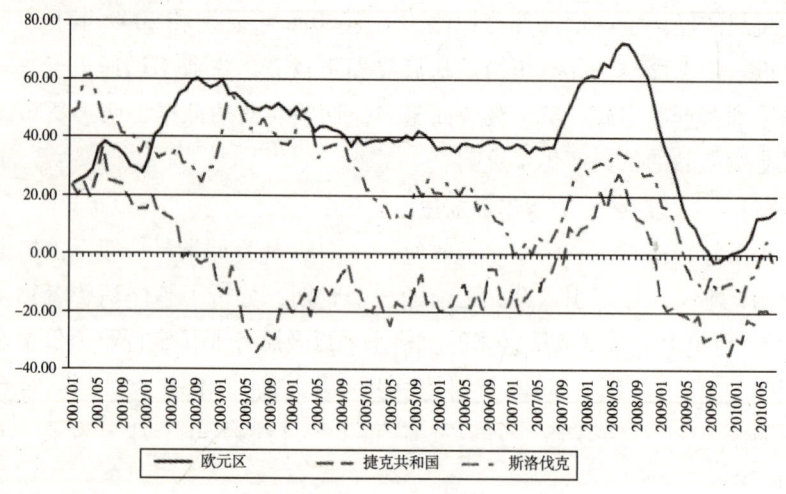

数据来源：作者基于欧盟委员会数据计算。

图 8.5 感受通胀：欧元区、捷克共和国和斯洛伐克，2001—2010 年

图 8.5 显示，在最近的十年，欧元区的感受通胀高于捷克共和国以及斯洛伐克的感受通胀。欧元区的感受通胀在采用欧元时达到最高，此后一直保持一个较高的水平，直到 2008 年，才出现了显著的下滑。

这样的结果意味着捷克和斯洛伐克的民众在评定通胀时与欧元区的民众有着不一样的基准。在整个分析期中，欧元区的实际通胀率几乎一直低于或等于捷克、斯洛伐克的实际通胀率，而图中显示正好相反。观察捷克

8 欧元真的是"贵欧元"吗？引入欧元对斯洛伐克非贸易品价格的影响

和斯洛伐克的数据可以看出，从2001年到2010年，这两国的感受通胀一直处于下降或较低水平，除了两个例外：

- 2003年和2004年早期，斯洛伐克的增值税统一、消费税增加及其他政策措施导致了实际通胀和感受通胀的同时增加；
- 2008年由于商品价格的上涨导致两个国家（以及欧元区）的感受通胀和实际通胀的上升。

也就是说，斯洛伐克的消费者（捷克的消费者亦是）对通货膨胀持有一种较为温和的态度，甚至在采用欧元之前就是这样。没有明显的强力价格冲击，民众对通货膨胀的感受紧随着实际的变化，并逐步趋于稳定。

基于明显的观察，可以发现斯洛伐克的感受通胀从2007年的某些时候就开始紧随欧元区（和捷克）的变化轨迹了。的确，正如图8.6所示，对斯洛伐克价格水平与欧元区和捷克共和国价格水平的十二月期相关性进行分析可以发现：自从2007年末以来，斯洛伐克的价格水平与其他两条价格轨迹的相关性是非常高的（浮动范围为0.7~1.0）。

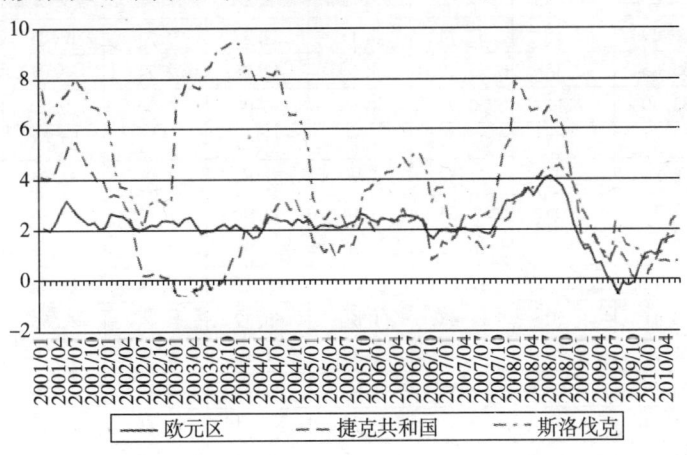

数据来源：作者计算。

图8.6　斯洛伐克消费者物价调和指数（HICP）的12个月移动平均与欧元区和捷克的相关性，2001—2010年

对三条价格轨迹的正式分析可以看出这些价格轨迹之间的差异性。欧元区和捷克的价格轨迹是趋势平稳的（如去除趋势项后是稳定的），而斯洛伐克的价格轨迹却并不稳定（即并不趋向一个均值），斯洛伐克和欧元区的价格在2001—2010年或在2007—2010年都没有呈现协整关系。

欧元区与金融危机

为了对加入欧元区时期的价格变化进行分析,本文对采用单一货币前后约十八个月时间段内的感受通胀和实际HICP水平进行了比较分析(采用前六个月和采用后十二个月)。本文对四个时间段进行了比较:2002年,欧元区开始采用欧元纸币和硬币;2007年,斯洛文尼亚开始采用欧元;2008年,马耳他和塞浦路斯采用欧元(马耳他的相关数据无法收集到);2009年,斯洛伐克采用欧元。

表8.4给出了相关结果。欧元区(2002年)的感受通胀和实际通胀的相关性与其他三个国家存在着很大的差异。采用欧元前后的时间里,欧元区的感受通胀和实际通胀存在着相关性;而塞浦路斯、斯洛文尼亚和斯洛伐克存在很高的正相关性。在斯洛伐克,这一相关性达到了非常高的0.98。

表8.4 采用欧元前六个月和采用后十二个月的感受通胀和实际HICP

月	欧元区		斯洛伐克		塞浦路斯		斯洛文尼亚	
	感受通胀	实际通胀	感受通胀	实际通胀	感受通胀	实际通胀	感受通胀	实际通胀
t−6	36.39	2.55	33.74	4.43	34.37	2.34	13.84	1.93
t−5	35.65	2.35	33.28	4.44	42.05	2.24	23.07	3.12
t−4	33.30	2.16	30.91	4.55	36.00	2.34	19.20	2.47
t−3	29.65	2.25	27.27	4.18	47.01	2.7	22.95	1.54
t−2	28.89	1.97	27.58	3.9	51.64	3.2	13.83	2.43
t−1	27.27	2.05	24.54	3.54	43.99	3.74	16.24	2.98
t	32.05	2.61	16.72	2.71	38.93	4.07	26.56	2.79
t+1	40.16	2.52	15.88	2.39	45.19	4.74	29.00	2.28
t+2	42.41	2.50	11.58	1.8	49.39	4.44	22.58	2.63
t+3	47.90	2.30	4.46	1.38	41.19	4.35	24.70	2.86
t+4	50.19	2.02	−4.56	1.07	60.73	4.64	29.86	3.1
t+5	54.64	1.92	−8.64	0.72	67.54	5.21	34.52	3.77
t+6	55.74	2.02	−10.11	0.61	68.47	5.34	33.53	3.97
t+7	58.98	2.12	−13.02	0.49	70.40	5.07	54.51	3.43
t+8	59.91	2.10	−7.65	0.05	67.12	4.99	60.83	3.57
t+9	57.97	2.30	−12.26	−0.13	66.98	4.84	72.05	5.11
t+10	56.54	2.29	−10.70	0.04	62.56	3.13	74.85	5.74
t+11	57.56	2.28	−9.58	0.04	56.51	1.82	77.40	5.7
相关性	—	−0.24	—	0.98	—	0.60	—	0.88

注:t是采用欧元的第一个月,实际上为采用欧元当年的一月。

数据来源:作者基于欧盟委员会的数据计算。

8 欧元真的是"贵欧元"吗？引入欧元对斯洛伐克非贸易品价格的影响

然而，如果仅仅考虑感受通胀，欧元区、塞浦路斯和斯洛文尼亚的相关性处于高水平（0.8 以上），而它们与斯洛伐克却呈现出很高的负相关性（低于 -0.8）。这就意味着在引入欧元期间，各国普遍的通货膨胀情况就是通货膨胀不断上涨，而斯洛伐克是个例外。这就勾勒出了在引入欧元前后实际通胀和感受通胀之间清晰的相关关系，如表 8.5 所示。

表 8.5　采用欧元时期的实际通胀和感受通胀：
塞浦路斯、欧元区、斯洛伐克和斯洛文尼亚

实际/感受通胀	低	高
低	斯洛伐克	欧元区
高	—	塞浦路斯、斯洛文尼亚

数据来源：作者。

简单来说，最初的欧元区国家经历了低的实际通货膨胀和高的感受通胀，塞浦路斯和斯洛文尼亚则经历了高的实际通胀和高的感受通胀，而斯洛伐克则经历了低的实际通胀和低的感受通胀。

总的来说，在最近的十年中，斯洛伐克消费者感受到的通货膨胀处于下行期（除了几次外生冲击导致的例外情形），引入欧元并没有改变这种现象。与之正好相反，斯洛伐克在转换货币期间的实际通胀下降与民众对下行的通胀预期呈现出了很高的相关性。不管实际通胀是否遵从了同样的趋势，斯洛伐克与其他同期内采用单一货币而出现感受通胀高涨的国家明显不一样。

8.4.4　微观层面的数据分析及其与国家层面价格数据的对比

本节将对布拉迪斯拉发和布尔诺两个城市的特定服务行业的价格水平进行比较，这些价格数据是从个体企业层面收集的。分析的目标主要是为了考察布拉迪斯拉发在斯洛伐克引入欧元期间这些价格是否存在显著的差异，然后还对相同类别的国家层面的价格数据和企业层面的价格数据是否能够契合进行了分析。从分析中可以得出货币转换到欧元这一过程对斯洛伐克物价影响的相关结论。

表中呈现了全部的数据以及对这些数列进行基本分析后的结果。对于每个项目，表 8.6 给出了下述信息：

表 8.6　　　　　　特定服务价格变化的统计数据：
布拉迪斯拉发和布尔诺，2008 年 7 月和 2009 年 7 月

服务	城市	均值 = 通胀	拒绝 H_0：均值 = 通胀	方差	拒绝 H_0：同一方差（通胀率离散）	样本数
肉片	布拉迪斯拉发	4.38679	No	60.7554	Yes	55
	布尔诺	5.11667		127.395		30
煮土豆	布拉迪斯拉发	9.13455	No	466.466	Yes	55
	布尔诺	8.97333		229.235		30
卡布奇诺	布拉迪斯拉发	5.04364	No	99.4436	No	55
	布尔诺	4.20667		74.9806		30
维也纳咖啡	布拉迪斯拉发	4.50909	No	71.9001	No	55
	布尔诺	5.3533		79.3881		30
女性理发	布拉迪斯拉发	-0.309375	No	2557.08	Yes	32
	布尔诺	3.45455		234.293		22
出租车——基本收费	布拉迪斯拉发	82.0762	Yes	15061.9	Yes	21
	布尔诺	5.12308		156.382		13
出租车——每公里收费	布拉迪斯拉发	21.5667	Yes	2302.79	Yes	21
	布尔诺	1.73077		126.452		13
出租车——每分钟候时费	布拉迪斯拉发	9.5	No	333.816	No	21
	布尔诺	7.68462		213.248		13

注：拒绝/不拒绝 H_0 的估计是在 10% 的置信水平上得出的。
数据来源：作者。

- 2008 年 7 月和 2009 年 7 月之间的物价上涨的均值。
- 对数据进行了检测，以判断是否可以拒绝布拉迪斯拉发和布尔诺两个城市的观察数据的均值是一致的这一假设，也就是说，数据均值从统计上讲是不一致的。
- 价格上涨的方差，即价格变化的离散程度。
- 对数据进行了检测，以判断是否可以拒绝布拉迪斯拉发和布尔诺两个城市的观察数据的方差是一致的这一假设，也就是说，数据方差从统计上讲是不一致的。

对于咖啡和餐饮业，主要考察了 4 项：主菜（烤肉）、小菜（煮土豆）

8 欧元真的是"贵欧元"吗?引入欧元对斯洛伐克非贸易品价格的影响

和两种咖啡。微观数据显示布拉迪斯拉发和布尔诺两个城市在咖啡餐饮方面是基本相同的,通货膨胀率基本保持在4%~5%(煮土豆的通胀率高达9%)。四项中只有两项显示价格波动不一致,每次都是朝不同方向上变动。总体来说,布拉迪斯拉发和布尔诺两个城市在咖啡餐饮方面的价格均值并无显著差异,但烤肉和煮土豆的价格方差却差异显著,如表8.6所示。

表8.7给出了两个城市的商品价格波动的具体频率分布。对于烤肉,价格分布的差异主要体现在:布拉迪斯拉发的价格小中幅上涨的频率要明显高于布尔诺,而且很少出现价格下降,使得布拉迪斯拉发的价格上涨百分比高于布尔诺,分别为45%和30%。

表8.7　肉片和煮土豆的价格变化分布:布拉迪斯拉发和布尔诺

单位:%

	肉片		煮土豆	
	布拉迪斯拉发	布尔诺	布拉迪斯拉发	布尔诺
减少	3.77	13.33	1.81	0.0
不变	50.94	56.67	62.27	66.67
0~10	26.41	6.67	3.63	3.33
10~20	15.09	6.67	16.36	10.0
20~30	1.89	13.33	3.63	6.67
30~40	1.89	0.0	5.45	6.67
40以上	0.0	3.33	1.81	6.67

数据来源:作者。

在女士理发的价格方面也有类似的发现。本节仅使用一组数据就可以发现,布拉迪斯拉发的价格方差更大,这包括了布拉迪斯拉发城市大多数理发店的理发价格不一致,如表8.8所示。

然而,两个城市的出租车价格差异在统计上十分显著,出租车三项指标中的两项,其方差和均值差异显著。布拉迪斯拉发的出租车司机在2008到2009年提高了他们的收费——基本收费上涨了82%,每公里价格也上涨了21%。而同一时期的布尔诺并未发生这种情况。

表 8.8　　女性理发的价格变化分布：布拉迪斯拉发和布尔诺　　单位：%

	布拉迪斯拉发	布尔诺
减少	40.63	8.7
不变	15.63	47.83
0~10	18.75	8.7
10~20	3.13	21.74
20~30	3.13	4.35
30~40	9.38	4.35
40 以上	9.38	4.35

数据来源：作者。

除了收集的每个数据集，本文观察了相互联系的数据集的整体变化频率。正如表 8.9 所示，2008 年 7 月到 2009 年 7 月，布尔诺的物价比布拉迪斯拉发更为稳定。在布尔诺，65% 的物价根本没有变化，而在布拉迪斯拉发，只有少于 50% 的物价未发生变化。如表 8.9 所示，布拉迪斯拉发在两个方向的变化率更高。

表 8.9　微观数据集的所有价格变化分布，2008 年 7 月—2009 年 7 月

	布拉迪斯拉发	布尔诺
减少	8.63	3.85
不变	49.84	64.84
0~10	14.7	7.69
10~20	13.74	9.89
20~30	3.51	6.59
30~40	3.83	4.95
40 以上	5.75	2.2

数据来源：作者。

总结本节的分析，本文对企业层面收集的数据和官方的 HICP 数据进行比较。然后检测两种数据是否出现了相似的变化，如果不是，是否是数据收集过程中出现了差异，或者说是否是收集的数据是曲解的。表 8.10 对 2008 年 7 月和 2009 年 7 月间每一项的价格增长与 HICP 的类似数据进行了比较。

8 欧元真的是"贵欧元"吗？引入欧元对斯洛伐克非贸易品价格的影响

表8.10　　　官方通胀数据与企业层面通胀数据的比较：
布拉迪斯拉发、布尔诺，与上年同比，2008年7月—2009年7月

项目	布拉迪斯拉发的通货膨胀		布尔诺的通货膨胀	
	均值	95%置信区间	均值	95%置信区间
肉片	4.38679	2.23834 – 6.53524	5.11667	0.90205 – 9.33128
煮土豆	9.13455	3.29583 – 14.9733	8.97333	3.31977 – 14.6269
卡布奇诺	5.04364	2.34779 – 7.73948	4.20667	0.973292 – 7.44004
维也纳咖啡	4.50909	2.21679 – 6.80139	5.35333	2.02628 – 8.68038
HICP指数中的咖啡厅、餐馆等	9.49	—	4.71	—
理发	-0.309375	-18.5409 – 17.9222	3.45455	-3.33204 – 10.2411
HICP指数中的理发厅等	13.66	—	7.84	—
出租车—基本收费	87.0762	26.2115 – 137.941	5.12308	-2.43379 – 12.6799
出租车—每公里收费	21.5667	-0.276921 – 43.4103	1.73077	-5.06458 – 8.52612
出租车—每分钟候车费	9.5	-1.1399 – 16.5091	7.68462	1.18331 – 17.8167
HICP中的公路客运	15.79	—	2.83	—

数据来源：作者统计的非HICP数据，HICP数据来源于欧盟统计局。

为理解和解释表8.10，需要说明两点。第一，单一类别项目仅仅是相关HICP类别中的一小部分，可能没有包含在国家统计机构的调查之中。例如，在捷克的价格指标中，出租车的成本仅仅是公路客运价格指标的一个小的构成部分，公共交通才是公路客运价格指标的主要构成。类似地，烤肉的成本仅仅占餐馆、咖啡厅成本的一个很小的比例，只有一种类型的咖啡被包含在餐馆咖啡厅成本之中，而煮土豆并未被纳入。就理发而言，出于研究的目的，女士理发仅仅是相关HICP相关类别三项指标中的一项。① 第二，价格可能存在区域差异，国家层面的HICP指标与布拉迪斯拉发、布尔诺两地的微观数据之间的不匹配也许反映的是区域差异而并非错误。

---

① 无法取得斯洛伐克HICP的详细构成。

因此，笔者只能关注微观层面数据和宏观层面数据的主要差异。对于餐馆咖啡厅的价格，微观层面和宏观层面并未出现显著差异。对于理发价格，HICP 价格和布拉迪斯拉发的微观价格是显著不同的，这些微观数据显示的是通货紧缩。考虑更广泛的价格差异，很难确切地认为微观数据所衡量的通胀与 HICP 有着显著差异。对于出租车价格，布拉迪斯拉发的基本收费明显与 HICP 不一致，但它仅是整体出租车价格的一部分，因此数据的价值有限。虽然如此，我们还可以有理由相信布拉迪斯拉发的微观数据和国家层面的数据差异显著。

8.5　结论

本章基于特定贸易品的价格并从感受通胀和实际通胀两者比较的角度出发，分析了斯洛伐克加入欧元区的经历。本章对众多关于单一货币的相关文献进行了综述，考察了斯洛伐克消费者在该国采用欧元期间是否经历或感受了异常的价格上涨，并发掘出现这一现象的可能原因。本章使用了特定非贸易品的宏观通胀数据和企业层面的初始数据，并将斯洛伐克和欧元区以及捷克共和国进行比较，其中的捷克共和国采用了与斯洛伐克相似的经济政策且有着相似的通货膨胀历史，但是它并未采用欧元这个单一货币。

本章的结论可以粗略分为三部分：宏观层面实际通货膨胀的变化、宏观层面感受通胀的发展和涉及企业层面的特定非贸易品价格的结论。在以往的欧元转换过程中，非贸易品最易引发感受通胀。

从宏观层面的价格来看，斯洛伐克与其他国家相比，其贸易品和非贸易品的价格差异在采用欧元时期是非常明显的。这结论是针对全部服务业而言，但着重强调了本章所研究的这些特定非贸易品。这种差异似乎可以解释为斯洛伐克在单一货币的考察期间内以名义汇率升值来拉低通货膨胀。但这只能部分解释斯洛伐克的贸易品和非贸易品的价格差异，而不可能完全解释这一现象。因此，只能初步得出，从宏观层面上来看，货币的转换对非贸易品价格产生了影响。

观察民众对通胀的感受，斯洛伐克的民众显得更能适应通货膨胀的冲击，在其他条件相同的情况下，他们对通货膨胀的态度比欧元区其他国家的民众显得更为温和。本章提出了货币转换期间实际通胀/感受通胀的一个简单类型，最初的欧元区国家经历了低的实际通货膨胀和高的感受通

8 欧元真的是"贵欧元"吗？引入欧元对斯洛伐克非贸易品价格的影响

胀，塞浦路斯和斯洛文尼亚则经历了高的实际通胀和高的感受通胀，而斯洛伐克则经历了低的实际通胀和低的感受通胀。斯洛伐克在转换货币期间的实际通货紧缩与民众对下行的通胀预期之间呈现出了很高的相关性。不管实际通胀是否遵从了同样的趋势，斯洛伐克与其他同期内采用单一货币而感受通胀高涨的国家明显不同。

从微观价格数据可看出，尽管布拉迪斯拉发的价格上涨的平均值与捷克的对比城市布尔诺基本一致（出租车价格例外，布拉迪斯拉发价格大幅上涨），布拉迪斯拉发价格变化的方差更大。在布尔诺，65%的物价根本没有变化，而在布拉迪斯拉发，只有少于50%的物价未发生变化。这是因为布拉迪斯拉发市两个方向的价格出现了更大变化。

本章得出了以下结论：

- 考虑到价格变化的实际情况和民众感受，每次采用欧元的情况都是不同的。
- 对于斯洛伐克，该国采用欧元时正值通货紧缩，实际上消费者已经感受到了，因此总体上没有"贵欧元"的感受。
- 我们观察到的非贸易品在微观和宏观两个层面的高通胀不仅与斯洛伐克在加入欧元区之前采取的名义货币升值策略有关，也与货币转换本身有关。此外，布拉迪斯拉发非贸易品的价格变动方差很大。

附录：

表 8.A1 ~ 8.A3 给出了一些国家在采用欧元之前的通货膨胀。

表 8.A1　比较下列国家在欧元采用前 18 个月到前 6 个月的通胀

	整体通胀	公路客运	Δ	餐厅、咖啡厅等	Δ	理发	Δ	商品	Δ	服务	Δ
欧元区	2.55	4.05	1.50	3.21	0.66	2.37	-0.18	2.53	-0.02	2.48	-0.07
塞浦路斯	5.34	7.87	2.53	3.12	-2.22	2.22	-3.12	1.2	-4.14	4.18	-1.16
马耳他	-0.02	0.00	-0.02	4.02	4.04	1.15	1.17	1.2	1.22	-0.006	0.026
斯洛文尼亚	1.93	8.26	6.33	5.52	3.59	6.30	4.37	1.1	-0.83	3.66	1.73
斯洛伐克	4.42	0.00	4.42	7.61	3.19	7.63	3.21	4.3	-0.12	4.63	0.21

数据来源：作者基于欧盟统计局的数据计算得出。

表 8.A2　比较下列国家在欧元采用前 30 个月到前 18 个月的通胀

	整体通胀	公路客运	Δ	餐厅、咖啡厅等	Δ	理发	Δ	商品	Δ	服务	Δ
欧元区	2.01	2.04	0.03	2.44	0.43	1.96	−0.05	2.44	0.43	1.39	−0.62
塞浦路斯	2.34	10.25	7.91	2.19	−0.15	6.46	4.12	3.27	0.93	1.88	−0.46
马耳他	3.56	11.01	7.45	2.33	−1.23	1.66	−1.9	4.41	0.85	2.44	−1.12
斯洛文尼亚	1.99	0.00	1.99	4.89	2.90	1.44	−0.55	1.97	−0.02	1.99	0.00
斯洛伐克	1.22	4.86	3.64	3.49	2.27	3.46	2.24	6.00	4.78	2.43	1.21

数据来源：作者基于欧盟统计局的数据计算得出。

表 8.A3　比较下列国家在欧元采用前 42 个月到前 30 个月的通胀

	整体通胀	公路客运	Δ	餐厅、咖啡厅等	Δ	理发	Δ	商品	Δ	服务	Δ
欧元区	1.07	1.07	0.00	2.02	0.95	1.82	0.75	0.71	−0.36	1.6	0.53
塞浦路斯	2.84	−0.006	2.84	2.41	0.43	4.52	1.68	9.40	6.56	1.73	−1.11
马耳他	1.02	−0.003	1.02	2.45	1.43	0.00	1.02	1.24	0.22	2.4	1.38
斯洛文尼亚	3.73	5.90	2.17	4.73	1.00	3.31	−0.42	2.69	−1.04	4.48	0.75
斯洛伐克	5.01	3.45	−1.56	3.37	1.64	4.99	−0.02	5.44	0.43	4.07	−0.94

数据来源：作者基于欧盟统计局的数据计算得出。

参考文献

Altissimo, F., M. Ehrmann and F. Smets (2006). 'Inflation persistence and price-setting behaviour in the euro area: a summary of the IPN evidence', European Central Bank Occasional Paper, No. **46**.

Brachinger, H. W. (2004). 'Euro gleich Teuro: Wahrgenommene versus gemessene Inflation', Presentation at Statistik Austria, Vienna, 28 October (2005a). 'Euro gleich Teuro: Wahrgenommene versus gemessene Inflation', in G. Greulich, M. Lösch, C. Müller and W. Stier (eds.), *Empirische Konjunktur- und Wachstumsforschung*, Festschrift für Bernd Schips zum 65, Geburtstag, Zürich: Rüegger.

(2005b). 'Measuring perceived inflation: a prospect theory approach', Extended abstract, International Statistical Institute 55th Session, Sydney

(2006). 'Euro or 'teuro'?: the euro-induced perceived inflation in Germany,' Department of Quantitative Economics Working Paper, No. 5, University of Fribourg.

Ercolani, M. G. and J. Dutta (2007). 'The impact of the euro changeover on inflation: evidence from the harmonised index of consumer prices', in D. Cobham (ed.), *The Travails of the Eurozone*, Basingstoke: Palgrave Macmillan.

European Central Bank (ECB) (2002). 'Evaluation of the 2002 cash changeover', Technical Report, European Central Bank.

European Commission (2008a). 'Preparing for the euro: survey of Slovak enterprises', Flash Eurobarometer, No. 240, Brussels.

(2008b). 'Introduction of the euro in Slovakia', Flash Eurobarometer, No. 249, Brussels.

(2009), 'Euro introduction in Slovakia: *ex post* citizen survey', Flash Eurobarometer, No. 259, Brussels.

Fabiani, S., M. Druant, I. Hernando, C. Kwapil, B. Landau, C. Loupias, F. Martins, T. Y. Mathä, R. Sabbatini, H. Stahl and A. C. J. Stokman (2005). 'The pricing behaviour of firms in the euro area: new survey evidence', European Central Bank Working Paper, No. 535.

Hüfner, F. and I. Koske (2008). 'The euro changeover in the Slovak Republic: implications for inflation and interest rates', OECD Economics Department Working Paper, No. 632.

Kirchler, E. (2005). 'Comment on "Perceived inflation and the euro: why high? Why persistent?"', in *Price Setting and Inflation Persistence in Austria*, Proceedings of OeNB Workshops, No. 8, Österreichische Nationalbank.

Mastrobuoni, G. (2004). 'The effects of the euro-conversion on prices and price perceptions', Centre for European Policy Studies Working Document, No. 101.

Stix, H. (2005). 'Perceived inflation and the euro: why high? Why persistent?', in *Price Setting and Inflation Persistence in Austria*, Proceedings of OeNB Workshops, No. 8, Österreichische Nationalbank.

9 欧元对中东欧、东南欧的贡献：
欧元仍有吸引力吗？

Ewald Nowotny[①]

奥地利和斯洛伐克地处欧洲中部，是中欧的组成部分。事实上，自铁幕落下的二十年来，奥地利充分利用了这种区位优势，成为在中欧邻国最重要的投资者。奥地利与斯洛伐克的经济联系紧密，这不仅仅是因为两国首都维也纳和布拉迪斯拉发两座城市在地理上相距很近。两国都是欧元区成员国，这进一步加深了两国之间的联系。

欧元是欧洲一体化的一座里程碑（Nowotny，2010）。在全球金融危机的大背景下，从全球角度和欧洲角度来分析欧元的发展正当其时。采纳欧元初期，欧元饱受批评。最优货币区理论的支持者的一个有影响力的观点认为国内货币政策权的丧失是加入货币联盟的成本之一，并提出了著名的"不可能放之四海而皆准"的言论。的确，如果成员国的经济周期不同步，又或如果国内政策调整能力有限，那么货币联盟的成立的确是成本很高的。如果政策的制定不能因国而异，市场的冲击将难以被真实汇率吸收从而不得不通过弹性工资、财政转移以及改变生产要素来化解冲击。

然而，这种观点是孤立的。加入货币联盟，成员国将受益于财政经济政策的协调统一，出现贸易繁荣和经济周期的集中（Artis，Fidrmuc 和 Scharler，2008）。而且，在当前的经济环境中，讨论市场冲击的成本有多昂贵是次要的。本轮危机已经对所有受影响的国家形成了巨大的冲击。过去十年，单一货币的采用保障了价格稳定并推动了区域内的贸易流动（Baldwin，2006）。尽管公众对欧洲货币联盟的贸易效应程度没有达成共

[①] 本文是基于斯洛伐克国家银行、爱丁堡的赫瑞瓦特大学和布拉迪斯拉发的国立考门斯基大学主办的于2010年9月6~8日在布拉迪斯拉发的斯洛伐克国家银行召开的关于"欧元区和金融危机"的会议（分主题是关于"欧元仍有吸引力吗？"）报告基础上撰写的。

9 欧元对中东欧、东南欧的贡献：欧元仍有吸引力吗？

识，但是所有的估算都显示欧元带来了贸易量和外商直接投资（FDI）的繁荣（欧洲委员会，2008）。相应地，奥地利也极大地受益于斯洛伐克和斯洛文尼亚对欧元的引入，自 2000 年以来它与这两国的贸易量分别增长到了 3 倍和 2 倍（Ritzberger – Grunwald 和 Worz，2010）。贸易的增长还带动了就业，同时奥地利的通胀率一直低于 20 世纪七八十年代的通胀水平。因此，可以说如今公众对欧元的信心与之前那些坚定的前辈们一样强烈。

引入欧元的十多年来，不仅对成员国来说是巨大的成功还逐渐增强了国际地位。2009 年 1 月斯洛伐克加入欧元区之后，欧元区已包含 16 个国家，覆盖 3.3 亿人口[①]。而 2008 年美国的人口是 3.045 亿。然而，在各成员国掌握自身重要政策权的前提下，欧元在许多方面仍表现出自身独有的一些特质。近几年的发展凸显了欧元区成员国加强合作的必要性。这既是道德要求也是实际经济环境所趋。只有每一个成员国全面接受"互相让步"的观念，货币联盟才能真正实现。

在全球金融经济危机的动荡环境下，这点尤为正确。这场全球危机是自 20 世纪 30 年代大萧条以来最为严重的，所有受影响的国家面临着全面的宏观经济及政治挑战，同样，欧元这单一货币亦难幸免。德国政府债券与其他欧元区国家政府债券收益率的较高差额以及欧元区各国政府债券信用违约互换（CDS）的巨大差异是当前的主要担忧。尽管如此，诺贝尔奖获得者米尔顿·弗里德曼曾经的预言[②]"当全球经济陷入困境，欧元区的内部利益冲突将会使欧元破产"仍被证明是错误的。恰恰相反，正是欧元起到了稳定经济和预警危机的作用。但是，前方仍然面临很多挑战。

在经济危机的早期，危机仅波及发达国家。中东欧及东南欧国家（CESEE）的当地银行和外国银行仅持有少量的"有毒资产"。金融创新产品和过度的风险承担使得主要银行置身于压力之下并使它们的业务出现了问题。因此，危机后的业务模式应侧重盈利和融资渠道的多元化，其中，融资主要是由存款提供的。因此，在中东欧（CEE）持有主要股份的奥地

[①] 2011 年 1 月，爱沙尼亚成为欧盟第 17 个成员国，欧元区总人口因此扩张了 130 万。
[②] 引自《华尔街日报》，2010 年 11 月 29 日，http：//blogs.wsj.com/source/2010/11/29/milton – friedman – comes – close/。

欧元区与金融危机

利银行业需要在近期内更加注重"传统"的零售银行业务。特别是它们新的业务模型,必须要充分考虑并反映信贷扩张风险(Backe, Egert 和 Zumer, 2006; Backe 和 Wojcik, 2008)和外币贷款风险(Dvorsky, Scheiber 和 Stix, 2010)。

随着投资银行雷曼兄弟的破产,危机在2008年的秋天开始影响中东欧国家并在2009年初开始快速波及实体经济。在这里,危机由金融危机演变成全面的经济危机。实际上,从 GDP 的角度来衡量,中东欧国家受危机的冲击程度远比欧元区国家严重(图9.1a 和图9.1b)。

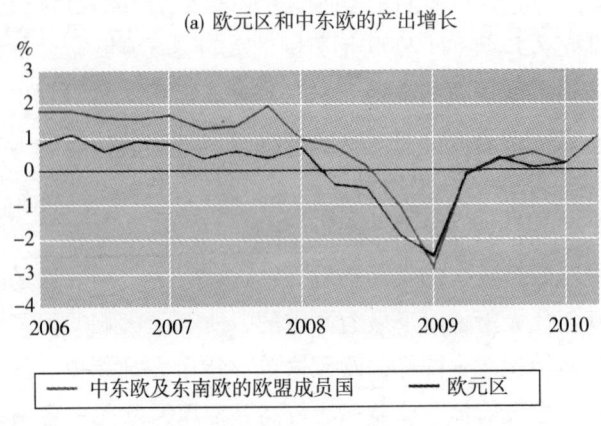

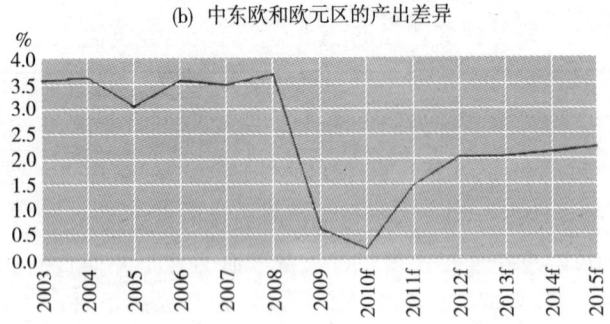

数据来源:欧盟统计局,IWFO。

注:f 为预测值。

图9.1 (a) 产出增长,2006—2010年;(b) 产出差异,2003—2015年:中东欧和欧元区

9 欧元对中东欧、东南欧的贡献：欧元仍有吸引力吗？

全球信心的丧失以及出口需求的萎缩打断了中东欧大部分追赶国家的增长进程（一个显著的特例是波兰在整个危机过程中继续保持了正增长）。紧随的是股价的下跌、金融资产风险溢价的上升以及某些货币的贬值。欧元区国家是中东欧国家的主要贸易货伙伴，它们的进口需求显著减少。此外，中东欧国家的资本流入也严重减少——尽管没有出现灾难性的情形。综合来看，这些变化，引发了该地区关于中长期的经济增长前景的主要事件。出口（Francios 和 Worz, 2007）和资本流入（Fidrmuc 和 Martin, 2011）可能出现的长期下降常被视为导致 CESEE 区域长期增长预期降低的主要原因。因为危机严重冲击了该地区的实体经济，该区域的经济何时能回归稳定增长成为公众关注的一个问题。奥地利国民银行召开的欧洲经济一体化会议（2010 年 11 月中旬）将关注这一热点问题。

当我们思考欧元在危机中的作用时要记住成为欧元区的一员要有义务采取经济政策以实现结构调整。由于汇率不能再作为货币政策工具，所以实现任何一种硬通货政策（包括欧元区成员国）需要有影响结构改革的能力和意愿。很明显，欧元区的成员国不能通过货币贬值来恢复竞争力。倘若一国无法实现必要的结构改革，采用欧元对其来说意味着巨大的风险。

笔者坚信，对于潜在加入国而言，欧元仍保持着吸引力。近些年的发展历史，使得大家明白了保持金融与宏观经济增长的重要性。因此，西班牙、葡萄牙、希腊和爱尔兰等深陷债务危机的欧元区国家实现财政领域的改革是十分重要的。相关各国减少财政赤字的巨大努力有目共睹。欧盟委员会和国际货币基金组织（IMF）共同帮助陷入危机的国家，以确保削减赤字措施的正确实施。欧元区的结构改革将进一步提高它的经济增长能力，从而提高了其他国家加入欧元区并采用欧元的吸引力。

参考文献

Artis, M., J. Fidrmuc and J. Scharler (2008). 'The transmission of business cycles: implications for EMU enlargement', *Economics of Transition*, **16**(3): 559–82.

Backé, P., B. Égert and T. Žumer (2006). 'Credit growth in Central and Eastern Europe: new (over)shooting stars?', European Central Bank Working Paper, No. **687**.

Backé, P. and C. Wójcik (2008). 'Credit booms, monetary integration and the new neoclassical synthesis', *Journal of Banking & Finance*, **32**: 458–70.

Baldwin, R. E. (2006). 'The euro's trade effect', European Central Bank Working Paper, No. **594**.

Dvorsky, S., T. Scheiber and H. Stix (2010). 'Real effects of crisis have reached CESEE households: Euro survey shows dampened savings and changes in borrowing behavior', *Focus on European Economic Integration*, Oesterreichische Nationalbank, No. **2**, 79–90.

European Commission (2008). 'EMU@10: successes and challenges after ten years of Economic and Monetary Union', *European Economy*, **2**.

Fidrmuc, J. and R. Martin (2011). 'FDI, trade, and growth in CESEE countries', *Focus on European Economic Integration*, 1:70–89.

Francois, J. and J. Wörz (2009). 'The big drop: trade and the great recession', in R. Baldwin (ed.), *The Great Trade Collapse: Causes, Consequences, and Prospects*, VoxEU.org.

Nowotny, E. (2010). 'The Euro's contribution to economic stability in CESEE', in E. Nowotny, P. Mooslechner and D. Ritzberger-Grünwald (eds.), *The Euro and Economic Stability: Focus on Central, Eastern and South-Eastern Europe*, Cheltenham: Edward Elgar and OeNB.

Ritzberger-Grünwald, D. and J. Wörz (2010) 'Wechselkurse und österreichischer Außenhandel', FIW Policy Brief No. 5, Research Center for International Economics, Vienna.

10　欧元对中东欧国家是否仍有吸引力？

Zdenek Tuma 和 David Vavra[①]

　　本文认为，欧元对中东欧国家的吸引力在于：（1）中东欧国家实行独立稳定的货币政策的意愿及能力；（2）欧元计划继续推动的可信性。这并不是新的标准，但是我们有必要回想起，过去的十年打破了我们对欧元的期待，即欧元是实现结构改革和财政纪律的灵丹妙药。并且，危机和公开的财政整顿计划在短期内进一步降低了欧元的吸引力。但是，我们也应该回想起来，欧元曾经成功地实现了欧元区的货币稳定并使它的成员国抵御了许多市场冲击。因此，欧元计划对中东欧（CEE）国家的吸引力取决于欧元实现上述目标的能力。对于中东欧固定汇率国家而言，尽早采用欧元是最优选择。

　　关于是否采用欧元的经济学辩论应该从货币政策的稳定作用出发——其他方面的考虑可能会出现偏差。采用欧元伊始，公众认为欧元可以提高成员国的长期宏观经济表现，不仅能实现价格的稳定还能实现产出水平和增长率的上升。将欧元描述成稳定载体的言论开始演变成解释欧元计划的合理性。

　　然而，从实行欧元计划的前十年可以看出，欧元作为经济稳定载体的希望成为泡影——至少在目前是这样。欧元区的实际 GDP 增长与非欧元区的 OECD 中的欧盟国家的增长基本持平（图 10.1）。欧元区的实际汇率变动并不均匀，贸易不平衡也将长期存在或继续扩大（图 10.2、图 10.3）。因此，辩论的点应立足于货币政策能带来什么效应——是否能保证长期名义汇率的稳定并减少宏观经济的波动性。

　　由此可见，欧元的表现是多方面的。一方面，欧洲央行（ECB）在欧元区保持了价格的稳定。因此，欧元得到了强化并成为主要的储备货币。

[①] Tuma 博士未能参加会议，但在会议后不久就提交了此文。

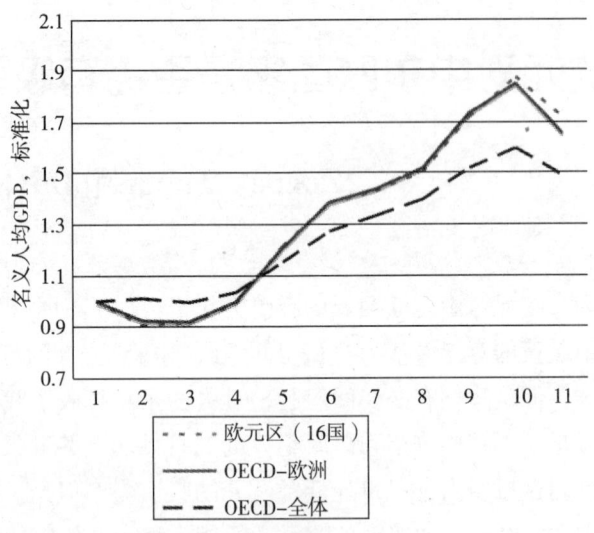

数据来源:OECD,作者计算。

图 10.1 人均 GDP:OECD 国家

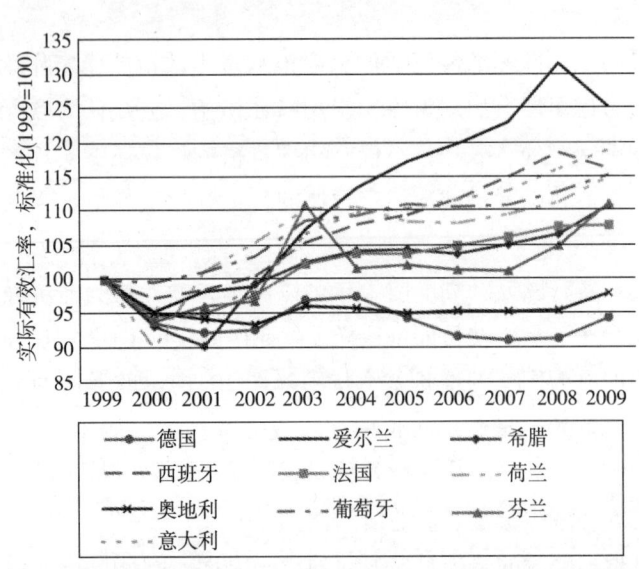

数据来源:欧盟统计局/OECD,作者计算。

图 10.2 实际汇率:欧元区,标准化,1999—2009 年

10 欧元对中东欧国家是否仍有吸引力？

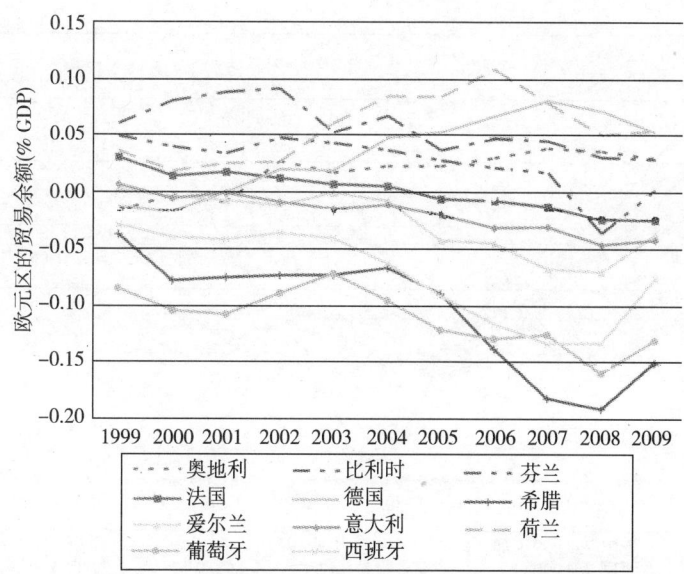

数据来源：欧盟统计局，作者计算。

图10.3　贸易余额：欧元区（占GDP的比重，%）

另一方面，欧元区的通货膨胀率表现出差异化——尽管通货膨胀率收敛是成为欧元区成员国的最重要的前提条件之一（图10.4）。欧洲央行发现它无法解决欧元区各国通货膨胀呈现差异的现状，为解决这一问题，欧洲央行呼吁采取因国而异的应对措施。

除了长期表现难以令人信服，欧元区的产出在危机中也遭受重创。在中东欧及东南欧（CESEE）地区，采取独立货币政策和弹性汇率政策的国家——如捷克共和国、匈牙利、波兰和罗马尼亚——的产出增长一般要优于采取固定汇率的国家（图10.5）。在采取固定汇率国家之中，只有斯洛伐克和斯洛文尼亚当时是欧元区成员国，而斯洛伐克的经济增长放缓十分明显——斯洛伐克在危机前是欧盟中增长最快的国家。然而，欧元区之外的固定汇率制度国家——特别是波罗的海国家——的产出下降要比斯洛伐克更为严重。

有趣的证据是，欧元并没有降低中东欧及东南欧国家实体经济的波动幅度。一项对捷克共和国的研究也得出类似的结论，这项研究利用宏观经济模型来估算如果捷克采用欧元对消费增长波动性的影响（Hurnik，Tuma

175

欧元区与金融危机

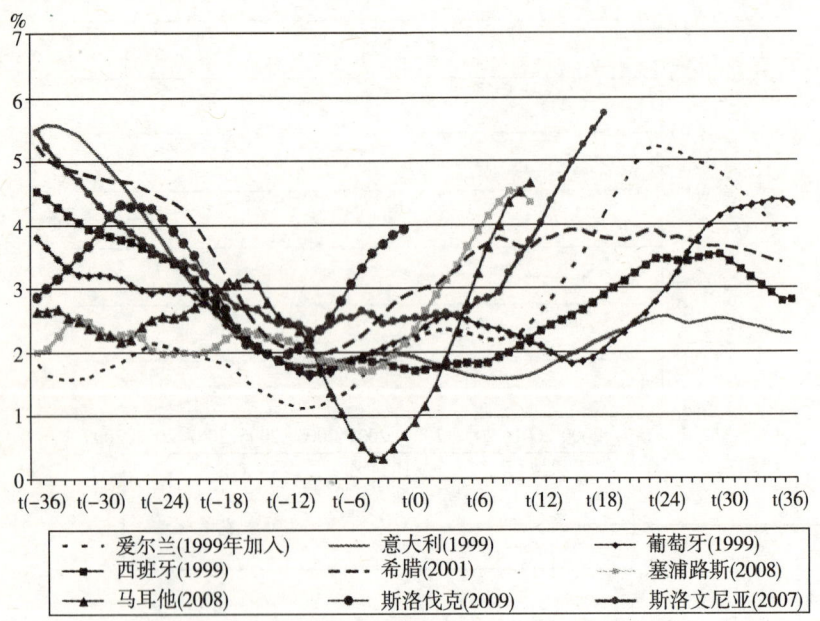

注：t（0）表示每个国家加入欧元区当年的1月。
数据来源：作者计算，Bulir 和 Hurnik（2009）。

图 10.4　加入欧洲货币联盟前后的通胀率

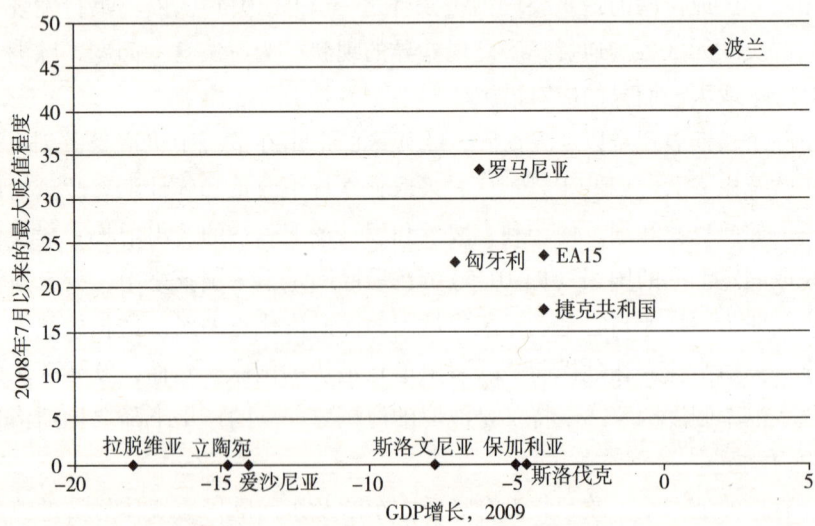

数据来源：欧盟统计局，作者计算。

图 10.5　危机期间的汇率和 GDP 增长

和 Vavra，2010）。确实，芬兰出现了相反的发展状况（弱于德国的发展状况）——该国在采用欧元前货币非常稳定。芬兰采用欧元后的消费增长波动性要大于瑞典——该国的货币稳定但没有加入欧元区。然而，这样的样本和区间无足以得出一个有力的定论。

有证据表明，在面对市场冲击时，欧元并没有带来太多的宏观经济稳定，这或许令人吃惊。欧元带来低利率和低的风险溢价，这被一些人认为是欧元给成员国带来的保护，否则市场对不可持续的国内政策的反应将更大。然而，近期希腊的经历证明了欧元的保护效应并不是万能的。此外，尽管汇率波动，但只要货币政策可信，几个非欧元区的中东欧国家——如捷克共和国、波兰和斯洛伐克（在加入欧元区之前）——的利率水平也能达到欧元区水平（图10.6）。

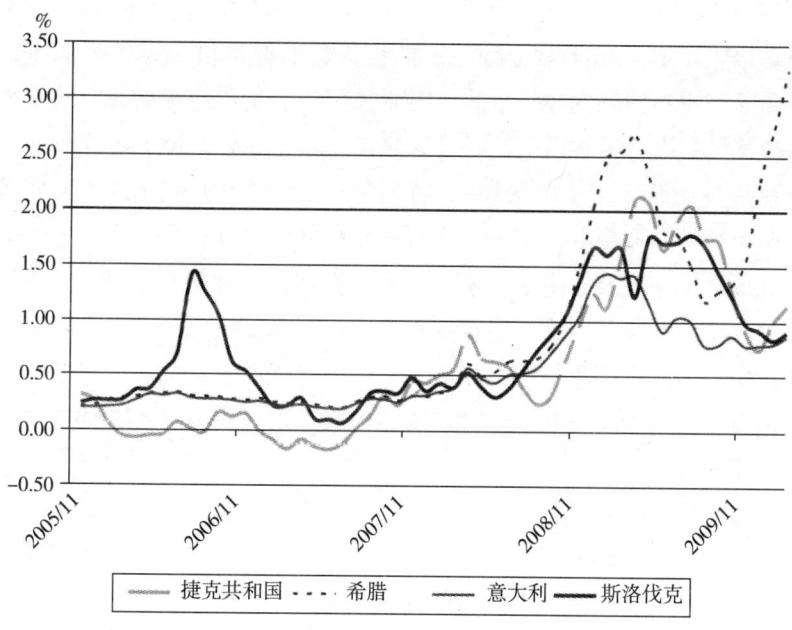

数据来源：欧盟统计局，作者计算。

图10.6 政府债券的利差

进一步来说，即将到来的财政整顿也无法提振欧元区的产出。最近的研究表明，财政整顿在短期内倾向于达到相反的效果（IMF，2010）。然而，产出的损失将低于采取独立货币政策的国家，这些国家的利率和汇率是无法对经济提供缓冲的——特别是通过削减支出来实现财政整顿时。

总而言之,欧元计划的唯一有形经济收益就是长期的名义价格稳定。

因此,从表面上看,欧元的经济吸引力对于中东欧国家而言是有限的,至少对于那些采取独立稳定货币政策的国家是有限的。笔者只能强调经济层面上的吸引力——笔者不会基于政治经济利益来评价欧元计划。

然而,不采用欧元来实现货币稳定说得容易做得难。这需要对政策可信度的大量投入。例如,捷克共和国利用了五年的坚定努力才实现了充分的决策商议,成功改变了中央银行、政治家和公众的思维方式。

除了加强政策可信度,在将来不采用欧元而实现货币稳定将比过去更为复杂。几年前的通用政策范式是通胀目标制(IT)类型的体制,这种体制是基于灵活的汇率制度和利率政策传导机制。这一切将不再可行。尽管传导机制仍在探索,但外汇干预、行政措施和资本控制将会再次成为基本的货币政策工具。出于对金融稳定的担忧,维持价格稳定的举措将被限制。由于还没有清晰的政策范式,因而采用独立货币政策的央行将会面对与日俱增的复杂性。在后危机时代的复杂背景下,依赖欧元区实现货币稳定仍然是一个很具吸引力的选择,特别是对于那些在危机前还没有实现货币政策可信性的东南欧国家——这与多数的中东欧国家不一样。

如今,中东欧及东南欧国家分为两个类别:一种是基于灵活汇率制度追求独立货币政策的国家,还有一种是固定汇率制度的国家。多数的浮动汇率国家——大多数集中在中东欧——已经实现了长期的价格稳定并在危机中受益于浮动的汇率制度。对于这些国家,加入欧元区更多的是政治问题而不是经济问题。

实行固定汇率制度的经济体正面临着一个不一样的困境。此次危机显示了这些国家处境的不确定性。它们无法从欧元区得到庇护,同时也无法通过货币政策实现稳定。它们的危机恢复时间也较长,由于相对价格调整存在着时滞。危机的延长威胁到金融部门的稳定以及财政的平衡。对于没有汇率和利率渠道来缓冲不利市场冲击的国家而言,财政整顿——需要保证汇率制度固定——进一步加剧了它们的压力。

而且,大多数实行固定汇率制度的中东欧及东南欧国家的汇率水平在私人部门的资产负债表方面有严重的汇率错配。对金融稳定的考虑有效排除了各种可能的汇率调整。但是,同期的经常账户赤字——赶超增长的基本特征——需要源源不断的外部融资。未来这些体制的成功实施是基于这一点上的，即希望衰退足以减少经常账户的不平衡，还不足以摧毁金融部门。

对于该区域的固定汇率体制的国家而言，尽早使用欧元是唯一可行的选择。这在过去一直是，但危机使得这一选择更加急切。

参考文献

Bulíř, A. and J. Hurník (2009). 'Inflation convergence in the euro area: just another gimmick?', *Journal of Financial Economic Policy*, **14**(4): 355–69.

Hurník, J., Z. Tůma and D. Vávra (2010). 'The Czech Republic on its way to the Euro: a stabilisation role of monetary policy revisited', in E. Nowotny, P. Mooslechner and D. Ritzberger-Grünwald (eds.) *The Euro and Economic Stability: Focus on Central, Eastern and South-Eastern Europe*, Cheltenham: Edward Elgar and OeNB.

IMF (2010). 'Will it hurt? Macroeconomic effects of fiscal consolidation', Chapter 3, *World Economic Outlook*, Washington, DC: IMF.

第三部分 欧元区的未来

11 经常账户为何对货币联盟产生影响：来自欧元区金融危机的经验

Francesco Giavazzi 和 Luigi Spaventa[①]

11.1 序言

2008年，欧元已经十岁了。为庆祝这一重要生日，欧盟委员会发布了一个350页的报告（欧盟委员会，2008），这份报告包括一系列评估欧洲货币联盟十年经验的研究文献。相关观点的严谨细致分析得出了这十年的得与失，但最终的结论是欧洲货币联盟是个"巨大的成功"。也许大多数评论者更为冷静地来分析，也会同意这一观点，而欧洲货币联盟刚成立时曾被激烈讨论的那些观点，现在看来似乎已没有意义：最优货币区的成立条件没有达到而引起的不对称冲击、难以协调的财政政策危机以及Walters的"一体适用"单一货币政策。一些国家和欧元区其他国家的通胀率、增长率的持续差异是这份报告提到的一个问题，乍看之下，让人以为是Alan Walters先生提出的。报告多处提到了对这种持续趋势的担忧，但全面来看政策结论比较令人放心：

总体来看，（西班牙、爱尔兰和希腊）经济状况出现了较为理想的转变……这些国家在单一货币和金融市场一体化的作用之下，相对较高的资本回报率引起资本流入，推动了投资繁荣……整体层面的通胀率差异及增长率差异将长期存在，这也涉及欧元区内的实际有效汇率的重大变动……这可以从各国经常账户头寸的差异中看出。通货膨胀、经济增长和外部头

[①] 感谢本书的编者，感谢所有参加由斯洛伐克国家银行、爱丁堡的赫瑞瓦特大学和布拉迪斯拉发市的国立考门斯基大学于2010年9月6~8日在布拉迪斯拉发市的斯洛伐克国家银行举办的关于"欧元区和金融危机"会议的学者，特别感谢Jacues Melitz，感谢Igier‑Bocconi大学和意大利中央银行研讨会的意见，感谢Giulia Zane的研究帮助，感谢Fabio Panetta和Andrea Nobili提供的信贷增长数据。

欧元区与金融危机

寸的差异部分原因可以归于生活水平的结构性趋同。即便如此,通胀差异也并不都是有害的;其中的某些差异仅仅是各国竞争力重新排序的标志(欧盟委员会,2008)。

欧盟委员会的报告出版之时,没有人对报告中的观点提出异议。然而,2009年末和2010年初,经济一团糟,那紧密联系的四国[①](三国经济状况较好而葡萄牙经济状况停滞不前)面临危机,市场和媒体将这些报告观点放在头版头条,并以此为论据批判欧元。诚然,危机的导火索是希腊多年来的公共账户造假被曝光(欧盟委员会一直没有意识到其中的问题)[②]。但其他三个国家的情形并不是如此,其中两国在2007年之前一直呈现了令人羡慕并广受赞誉的高盈余、低赤字(某些年份出现盈余)及低的债务水平(表11.1)。当然,这些表面的光鲜随着危机的到来而黯淡失色,2008年和2009年,爱尔兰和西班牙的公共财政恶化程度远比欧元区其他国家严重;市场和媒体震惊于四国所积累的高外债水平,这些高额外债主要是由经常账户的持续赤字(表11.2)和国内的家庭债务引起的。当然,这些数据在危机之前就能获取,但只要经济运行良好,这些不平衡就被当做是正确引入欧元进程中的正常副作用;在当前的情形之下,这些不平衡自然被当做是未来国家偿债能力不足和欧元计划内在脆弱性的标志。是市场之前太过自信还是现在毫无根据地悲观呢?

表 11.1　政府财政余额和债务,2008—2009年,占GDP的比重　单位:%

	政府财政余额			政府债务	
	2000—2007的平均值	2008	2009	2008	2009
欧元区	-2.3	-2	-6.3	69.7	79
爱尔兰	-1.0	-7.3	-14.3	43.9	64
希腊	-6.1	-7.7	-13.6	99.2	115.1
西班牙	-1.3	-4.1	-11.2	39.7	53.2
葡萄牙	-4.1	-3.7	-7.1	66.3	76.8
意大利	-3.1	-2.7	-5.3	106.1	115.8

数据来源:欧盟统计局。

---

① 如此定义是在于,这四国在加入欧盟时其发展状况弱于其他国家(这四国的人均GDP少于欧盟平均水平的0.9,大部分的区域处于"不利"状况),所以获得了额外的金融援助(共同基金)。
② 希腊的财政赤字持续被修正,2007年的由2.8到3.6再到5.1;2008年由2.1到5再到7.7;2009年由5.1到13.6。数据来源:欧盟委员会、各年的欧洲货币联盟的公共财政、欧盟统计局。

11 经常账户为何对货币联盟产生影响：来自欧元区金融危机的经验

表 11.2　　累计经常账户占 GDP 的比重，1999—2008 年　　单位：%

爱尔兰	-19.2	德国	31.5
西班牙	-59	荷兰	53.7
希腊	-85.1	芬兰	59.1
意大利	-13	法国	3.1
葡萄牙	-90.7	欧元区	22.2

数据来源：欧盟统计局。

学术辩论以及欧元区的政策管理一直忽视了单个国家经常账户头寸以及储蓄—投资的平衡关系。第二部分将通过文献综述来分析概念上的原因，并解释为何经常账户长期出现赤字。然而，增长较快国家的特征并不适用于一般的国家模式，因而无法解释外部的不平衡。与追赶过程中的经常账户长期赤字最优契合的模型一般都隐含假设了跨期预算约束，所以累计外部负债是与将来的盈余相匹配的。在第三部分，通过简单的两期两种商品模型可以发现，相关前提的实现能够约束即使是同一货币联盟中资本流入的去向。在第四部分，被研究的国家的增长模式违背了清偿约束条件，其增长方式是不可持续的：资本流入对手国（主要依赖于国内金融机构的借款）的非贸易住房建设或消费出现繁荣发展。尽管货币联盟在短期内没有外部约束，但是，以平均通胀率为目标制的欧元区统一货币政策无法（或无力）抑制信贷快速增长，而信贷的快速增长直接导致了被研究国家的不平衡加剧。第五部分将会论述一些政策问题。我们的研究显示，单一货币制度存在缺陷，这些缺陷之前没有被发现，在全球金融危机中才显露出来。本文认为欧元仍将继续存在，但除非出现制度的变革来保护欧元免受危机冲击，否则欧元将是病态的存在。

11.2　收敛和外部融资

在关于概念厘定的学术讨论和政策讨论中，以及在欧元单一货币计划的实施过程中，成员国的国际收支情况一直没有被考虑。马斯特里赫特标准和欧盟委员会对成员国的评定报告中也没有对此进行提及，欧洲央行（ECB）更为关注某些成员国竞争力的恶化而忽视经常账户的不平衡和国外头寸净额。条约第143条规定，只有为减损（未采用欧元）的欧盟成员国才可以接受金融援助,以应对国际收支问题。①

文献资料也为这种观点提供了合理的解释。Ingram（1973年,1962年也提及）也许是第一人,他认为货币联盟之下,"成员国传统的国际收支盈余或赤字概念已经模糊不清"（Ingram,1973：13）。使用共同货币,各国可以免受投机行为的冲击："成员国的国际收支不平衡可以通过金融市场的短期融资来解决,无须货币当局的干预"。由于各国"经济状况的差异",也许"在共同的资本市场中存在长期的特定借款成员国"（Ingram,1973：18）。

现代增长理论详细描述了各国的"经济状况差异",并预计各国的增长趋同速度取决于实际产出和潜在产出的差距大小,其中潜在产出取决于全要素生产率（TFP）、储蓄增长率和人口增长率以及经济政策——相关文献将之概括为"条件收敛"②。受生产率更快增长的预期吸引,资本流向赶超型国家,为这些国家在迈向更高产出水平过程中出现的经常账户赤字融资。由于汇率风险溢价的消除,货币联盟通过金融一体化和外国资本成本的降低,有力地推动了这一进程。

Blanchard 和 Giavazzi（2002）提出了一种标准的分析方法。针对欧盟区域的特殊性,他们使用跨期模型分析出国外借款是赶超型国家最合适的融资方式：外部融资水平越高,储蓄越低而投资越高,该国相对于欧元区的预期产出增长就越高,国内外利率差异就越小,国内外商品的替代弹性就越高。对于欧元区边缘的国家,人均收入较低,外部融资的最优水平出现增长,从而投资超过储蓄：长期的经常账户赤字是这些国家赶超过程中的自然效应。

本文所研究的四个国家中的三个国家看似适用于此模型（葡萄牙除外）。它们一直是资本市场中的"长期借款者"：这些国家更高的产出增长率与其潜在产出高于欧元区水平相一致（如表11.4所示）。欧盟委员会认为（欧盟委员会,2008）,欧洲货币联盟的经验可以概括为典型收敛模式：货币联盟实现金融市场一体化和消除外汇风险溢价,推动各国的发展趋

---

① "当成员国因国际收支问题陷入困境或恶化"以及"如果成员国采取的措施……欧盟委员会建议的措施无法奏效……欧盟委员会应该建议提供相应的互助措施"。条约第143条以及潜在假设认为国际收支问题会逐渐在货币联盟中消失,见 Marzinotto, Pisani - Ferry 和 Sapir（2010）。

② 见 Barro 和 Sala - i - Martin（2003）。

11 经常账户为何对货币联盟产生影响：来自欧元区金融危机的经验

同，为高增长带来的经常账户赤字融资。如果真是如此，那么市场上的担忧就是不足为惧的，至少是被夸大的。

表 11.3 人均收入和劳动生产率，1998、2000 和 2008 年

	人均 GDP		单位劳工生产率		单位小时劳动生产率	
	(a)	(b)	(a)	(b)	(a)	(b)
爱尔兰						
1998	106.1	99.2	108.1	111.4		
2000					94.9	89.0
2008	123.8	116.4	118.7	121.7	14.2	94.7
希腊						
1998	72.8	68.0	78.4	80.7		
2000					64.2	60.2
2008	86.2	81	93.2	95.5	71	64.5
西班牙						
1998	83.3	77.9	92.9	95.7		
2000					87.2	81.7
2008	94.5	88.8	94.5	96.9	92.4	84
葡萄牙						
1998	69.3	64.8	60.4	62.3		
2000					52.9	49.6
2008	71.6	67.2	67.1	68.8	56.2	51.1
意大利						
1998	105.3	98.4	112.2	115.6		
2000					98.5	92.3
2008	93.6	87.9	99.8	102.3	88.8	80.8

注：(a) 欧元区 = 100；

(b) 德国 = 100。

数据来源：欧盟统计局。

然而，数据所描述的情况不仅更为复杂，而且与"典型收敛模式"不相吻合。表11.3展示了各国在1998年（2000年仅对比单位时间生产率）和2008年与欧元区和德国比较之下的人均GDP、单位劳动产出和单位时间产出。观察人均GDP，只有希腊和西班牙出现了收敛现象：葡萄牙基本没有变化，爱尔兰的潜在增长率——根据欧盟委员会的计算——超过了实际增长率，但人均收入在1998年已经高于欧元区的平均水平。而意大利虽然呈现了下行的趋势，但并没有经常账户赤字积累。希腊（上行）、葡萄牙（基本持平）和意大利（下行）的相对劳动生产率的变化与人均GDP的变化是一致的。在爱尔兰，劳动生产率（特别是单位时间产出率）显著低于人均GDP。西班牙的情况比较特殊：人均GDP出现快速增长（相对欧元区11%，相对德国10%），但相对产出率并无变化，人均GDP的增长主要是由于就业率的增加。

劳动生产率的现象值得注意。2008年欧盟委员会的报告中和2007年欧洲中央银行的研究（欧洲中央银行，2007）中的两个案例提供了有趣的信息①。假设$Y = Af(K, L)$，其中，A代表全要素生产率（TFP）；$L = (N \times Hours)$代表劳动投入，这主要取决于劳动力的投入和使用。那么人均GDP的增长率可以分解为

$$\left(\frac{dY}{Y} - \frac{dN}{N}\right) = a\frac{dK}{K} + (b-1)\frac{dK}{K} + b\frac{dHours}{Hours} + \frac{dA}{A}$$

其中，a和b分别代表资本的产出弹性和劳动的产出弹性。前三项分别代表了产出要素对人均GDP的增长贡献，第四部分代表了全要素生产率的贡献。在经济追赶的过程中，前三个要素的贡献开始趋同于发达国家，我们希望全要素生产率的权重能有所增长。

表11.4列出了欧盟委员会的计算结果，在欧洲货币联盟的十年时期，希腊和西班牙的潜在增长率出现了上涨，葡萄牙的潜在增长率下降而爱尔兰仍保持在一个较高的水平不变。欧盟委员会提到，追赶过程是"由劳动和资本的更广泛的利用所推动"。但实际情况更为复杂也更为有趣。葡萄牙和西班牙的全要素生产率贡献度剧降，爱尔兰的全要素生产率贡献也出现下降，与此同时，各国的劳动对收入的贡献上升，特别是葡萄牙和西班

---

① 然而，ECB（欧洲中央银行，2007）提示了这些政策措施的缺陷和理论限制。

11 经常账户为何对货币联盟产生影响：来自欧元区金融危机的经验

牙两国。希腊没有呈现传统收敛模型所显示的一般情况，取而代之的是，全要素生产率贡献的上升和其他生产要素贡献度的下降。

表 11.4　　潜在增长及构成，1989—2008 年

	欧元区	爱尔兰	希腊	西班牙	葡萄牙
潜在增长率					
1989—1998	2.3	6.5	2.1	2.9	3.1
1999—2008	2.2	6.5	3.9	3.7	1.9
各要素对潜在增长的贡献（%）					
●劳动					
1989—1998	8.7	20.0	19.0	34.5	9.7
1999—2008	22.7	29.2	15.4	54.1	36.8
●资本					
1989—1998	34.8	16.9	38.1	44.8	41.9
1999—2008	36.4	27.7	33.3	43.2	52.6
●全要素生产率					
1989—1998	56.5	58.5	38.1	20.7	45.2
1999—2008	36.4	40.0	48.7	2.7	10.5

数据来源：欧盟委员会（2008）。

欧洲中央银行的分析结果（2007）与这种传统收敛模式非常一致（表11.5）。欧洲中央银行计算了在采用欧元前后两个五年期，人口和劳动力使用对实际增长的贡献（与表 11.5 一起得出）以及单位时间产出对实际增长率的贡献。资本深化和全要素生产率增长分别导致的单位时间产出贡献出现分化。可以看到西班牙的 GDP 增长主要依赖于就业的增长，而在第二阶段，单位时间产出的贡献主要由资本深化所致，因为全要素生产率仍保持不变。与之相反的是希腊的产出主要依赖全要素生产率的有力支撑。爱尔兰则处在中间，即劳动产出的贡献和全要素生产率的贡献正在下降。葡萄牙较低的增长率主要是由资本深化所推动。

表 11.5　增长的决定因素，1995—2005 年

	欧元区	德国	意大利	爱尔兰	希腊	西班牙	葡萄牙
实际 GDP 增长							
1995—1998	2.3	1.7	1.7	10.0	2.9	3.4	4.2
1999—2005	1.9	1.2	1.2	6.8	4.3	3.7	1.6
各要素对 GDP 的贡献（%）							
• 劳动投入和人口							
1995—1998	34.8	−23.5	29.4	40.0	34.5	94.1	14.3
1999—2005	36.8	−25.0	66.7	44.1	14.0	86.5	37.5
• 单位时间劳动生产率							
1995—1998	65.2	123.5	70.6	60.0	65.5	5.9	85.7
1999—2005	63.2	125.0	33.3	55.9	86.0	13.5	62.5
其中：							
• 全要素生产率							
1995—1998	47.8	82.4	41.2	60.0	48.3	5.9	57.1
1999—2005	36.8	83.3	−8.3	39.7	58.1	0.0	−6.3
• 资本深化							
1995—1998	17.4	41.2	29.4	0.0	17.2	0.0	28.6
1999—2005	26.3	41.7	41.7	16.2	27.9	13.5	68.8

数据来源：欧洲中央银行（2007）。

这些情况不能轻易与经典收敛模型实现有效匹配。在模型中，为经常账户赤字融资的资本流入主要是因为生产率提高带来的更快的产出增长预期的推动。尽管这些国家的强劲增长态势一直保持到 2007—2008 年[①]（葡萄牙除外），但经常账户的赤字增长更快[②]，劳动产出率的变化以及全要素生产率的贡献下降标志着这三国未来经济增长速度的降低，这将与外资长期流入相矛盾。西班牙的特征是劳动产出贡献和全要素生产率的贡献停滞不变。值得一提的是爱尔兰，尽管 20 世纪 90 年代初期出现经常账户大量盈余和出口导向策略，该国的经济增长主要由国内需求拉动，1998 年后，

---

① 意大利的低增长是与其全要素生产率和劳动生产率的低下相一致的。
② 2000 年和 2007 年间的经常账户的恶化（爱尔兰、希腊和西班牙的经常账户赤字占 GDP 的比重分别为 5.3%、6.7% 和 6.0%）并没有降低这三国在欧盟中的出口份额。

11 经常账户为何对货币联盟产生影响：来自欧元区金融危机的经验

全要素生产率开始下降而经常账户赤字开始增加。

本节留给读者两个问题。第一个问题在第三部分也会提及，即在何种情况下，经常账户的持续赤字，即投资大于储蓄，是趋同过程中可以接受的自然效应。第二，如何解释爱尔兰、希腊和西班牙在欧洲货币联盟时期的发展（第四部分）和这些条件之间的矛盾。

11.3 跨期预算约束和产出构成

Ingram（1973）警告说只有当"外部借款用于……生产性目的"，货币联盟的经常账户不平衡和外部融资才不会成为问题：这样的话，外部借款的增长是可以持续的，因为它伴随着国民财富的增长。反之，他补充到："通过外部融资为失业赔偿金或其他收入赡养费融资将是自寻麻烦！"（Ingram，1973：17-18）。

对于部分赶超型国家而言，至少在欧洲货币联盟的背景下，生产性融资和非生产性融资的区别似乎已经淡化。这种区别以及对国家财富与外部债务同步增长的要求，也就是意味着借款必须遵循跨期清偿约束，即当前债务必须和未来的经常账户盈余相匹配。只有当外部借款用于增加该国可贸易的商品和服务的生产能力，才能实现债务和未来经常账户盈余的匹配。而在收敛模型中，这一关键点被忽略了（如 Blanchard 和 Giavazzi，2002），他们假定一国生产的商品全部是可贸易的，并能在将来的某个时期通过出口的盈余达到清偿条件。只要考虑到非贸易品的存在和将融资用于各类商品生产的可能性，清偿条件将变得更加难以达到，因此经常账户的头寸还可能发生变化。一个简单模型有助于更好地了解此观点。

11.3.1 存在贸易品、非贸易品的情况下的最优外部融资

本小节将分析一个涉及外部融资、贸易品和非贸易品的模型。此模型旨在说明引入贸易品和非贸易品后，外部融资可持续的实现条件更为苛刻。原因很简单，如果一国主要为生产非贸易品融资，该国终将违反跨期预算约束，因为出口盈余无法达到满足跨期预算约束的条件。Fagan 和 Gaspar（2008）也使用了包含贸易品和非贸易品的模型来分析货币联盟中的宏观经济调整。然而，尽管模型中的最优消费决策取决于全体行为人的跨期选择，但这个模型有一个至关重要的前提：贸易品和非贸易品的流动特点是外生的。因此，这个模型无法解释一国将大量资金投资非贸易品的

情况。这是简单分析的一个独有特征。①

模型的结构如下。行为人消费的贸易品为 T，非贸易品为 N。模型主要关注该国的跨期预算约束而不是行为人的最优消费选择。

存在两个时期，t 期和 $t+1$ 期，在每期内经济体可以与其他国家交易商品。在 t 期，$C_t^N = Y_t^N$，因为 N 商品是非贸易品，而 C_t^T 可能大于也可能小于 Y_t^T（假设 Y_t^T 和 Y_t^N 是固定的）。

国内在 $t+1$ 时期的贸易品和非贸易品产出取决于 t 期的投资。生产函数中没有劳动力，技术是和资本线性相关的：$Y_{t+1}^N = A^N K_t^N$，$Y_{t+1}^T = A^T K_t^T$，其中 K_t^N 和 K_t^T 分别代表着在 t 期对非贸易品部门和贸易品部门的投资，A^N 和 A^T 则分别代表着两个部门的生产率。② 出于说明的必要，这里做出了极端的假设，即 t 期所有的投入资本均来自于国外借款 F。F 为两个部门的投资进行融资，所以，$F = K_t^T + K_t^N$。沿着生产可能性边界（如图 11.1 所示）：

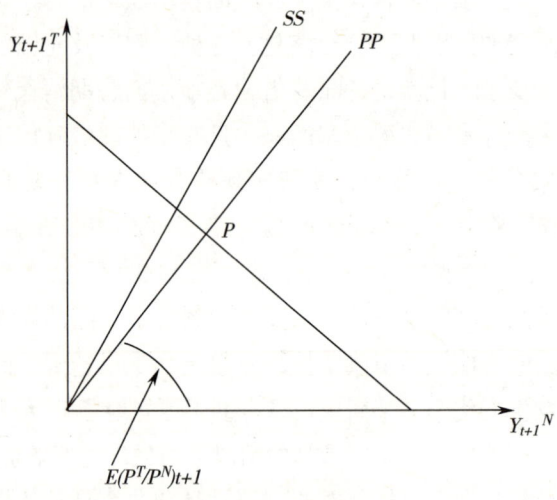

图 11.1 生产可能性边界

---

① Blanchard（2007a）也研究了包含贸易品和非贸易品的模型的最优外部融资。然而，在这样的模型中，没有资本要素，只有劳动要素。因此，这个模型与 Fagan 和 Gaspar（2008）的模型相似，无法分析出流入的资本在贸易品部门和非贸易品部门的分配。然而，引入劳动，可以使得工资在劳动市场出清，这在本文的模型有所忽视。一个完整的模型应该包含资本和劳动，以便为将来的分析服务。

② 关于技术的一个假设就是，在规模经济下，资本和劳动之间完全互补。即便我们假设 K 的规模报酬递减，并使用线性的技术来解决跨期预算约束，也不会改变最终结果。

11 经常账户为何对货币联盟产生影响：来自欧元区金融危机的经验

$$Y^N = A^N(F - Y^T/A^T)$$

两个部门在 $t+1$ 期的资本和产品的最优分配取决于贸易部门商品和非贸易部门商品的预期相对价格 $E(P^T/P^N)_{t+1}$，

$$\left(\frac{dY^N}{dY^T}\right)_t = E\left(\frac{P^T}{P^N}\right)_{t+1}$$

其中，E 表示 t 期的预期值。这个等式定义了图 11.1 中 PP 线。非贸易品的相对价格越高，非贸易品的产量就越高（资本也是）。在图 11.1 中，P 点就是最优的产出。①

下一步考虑经济体的跨期预算约束。t 期的净国外借款 F_t，必须与同期的经常账户赤字相对应，是 t 期的贸易品的消费量超过生产量的部分。在 $t+1$ 期，跨期预算约束要求净出口要足以平衡上期的债务

$$(Y^T_{t+1} - C^T_{t+1}) \geqslant F_t(1+R) \tag{11.1}$$

通过生产函数变化，跨期预算约束可以再次变换为

$$\left(\frac{K^N}{K^T}\right)_t \leqslant \frac{A^T}{(1+R)}\left(1 - \frac{C^T_{t+1}}{Y^T_{t+1}}\right) - 1$$

假定右边的第一项大于 1，贸易品生产的净资本边际产出为 $A^T - (1+R)$ 为正值。第二项表示 $t+1$ 期销往国外的贸易品产量的比例。要保证 K^N 大于 0，那么贸易品部门的生产率需要非常高，而且/或者贸易品不在国内消费的比例也需要足够高。注意到非贸易品部门的生产率也是间接相关的：给定的需求 C^N_{t+1}，A^N 越高，K^N 越低。上述条件可以写成下式：

$$\left(\frac{Y^N}{Y^T}\right)_{t+1} \leqslant \frac{A^N}{(1+R)}(1 - C^T_{t+1}/Y^T_{t+1}) - 1$$

在图 11.1 中，该条件（斜率为右边的表达式），定义了经常账户"可持续"的区域，也就是 SS 线上方的部分。因此，在图 11.1 中，P 点违背了可持续条件。

当然，式（11.1）的跨期预算约束是相当严格的：这只是由于本文定义的极端假设，即 t 期的投资全部来自于外部融资；显而易见，允许国内融资将使得条件约束更为可行。但传达的意思是一致的：出于非贸易部门

---

① 这取决于货币联盟中没有汇率变动。如果汇率不固定，那么 P^N 的变化就会部分地（和暂时地）被国内贸易品的价格变动所抵消。

生产目的的外部融资与预算约束是矛盾的。出现此结果的动机是非常简单的。在非贸易品只能在国内消费的前提下，为非贸易部门的融资等于消费性目的的国外借款。

11.3.2 讨论

第四部分会从上述模型的角度分析四国的发展，在此之前，我们需要澄清一些观点。

第一，t 期内一国的外国资本流入尽管与经常账户赤字相等，但不是因经常账户赤字的融资所致。资本流入的渠道包括外商直接投资（FDI），或国内债务证券发售，或来自于国内银行从国外银行或批发市场的借款。直接投资包括购买实物资产并不需要还款。银行的净国外借款主要反映了国内投资大于储蓄。如果存在不平衡，国内贷款需求的增长无法与国内居民存款的相应增加所匹配，只有通过银行增加国外负债来弥补缺口。第二，贸易品和非贸易品的区别更加模糊随意：任何不可出口的商品或者服务——从理发到房屋——只要被在本国的外国人消费，在一定程度上它就成了贸易品。此外，还流行一种界定贸易品和非贸易品的标准：即看商品是否主要在国内消费，或者因为它只能在国内消费，或者因为它主要迎合了国内的消费偏好。

第三点比较复杂。[①] 当使用同一货币时，什么是国外消费什么是国内消费？为什么经常账户平衡及国外净资产的约束对欧盟成员国比较重要，但对于美国的各个州却是无足轻重的？为什么对于前者可以取得经常账户的数据，而加利福尼亚州或怀俄明州却无法取得？因为在贸易品和非贸易品的情况下不存在一个清晰的答案。尽管欧洲的公司债券往往包括国家风险并与政府债券相关，而在美国，没有人会关心公司债券发行的所在州；更值得注意的是，近期发生的欧洲债务危机中，市场会关注各国的外国资产头寸。这些事实尽管证实了作者的观点，即在单一货币下经常账户平衡仍影响重大，但它无法解释为何对于美元这些问题并不存在。下文会尝试给出解答。第一，美国的人口流动性要远高于欧洲，而欧洲还存在语言壁垒和行政障碍：这就会减少只能在国内被非居民消费的可贸易的商品和服务数量。第二，欧洲不像美国式的联邦国家，而是各主权国的联合体，甚

---

① 非常感谢 George Kopits，在本文刚成形时，他提出了很多有益的建议。

11 经常账户为何对货币联盟产生影响：来自欧元区金融危机的经验

至在接受欧元时也只是同意联盟法律的部分条款：更别提国家预算（联盟预算基本不存在），更别提税收，更别提居民和公司法律，也更别提银行破产法。甚至当欧洲立法时，也只是设定了一些最低要求，在金融领域根本就没有单一的规则制定。简单来说，欧盟成员国仍保持各自的司法权以及主管立法监督的机构。（最为明显的就是银行业，危机直接揭示了各国监管法规和监管实践的支离破碎。）可以说，共同货币在某种程度上淡化了各成员国的国外头寸观念，但它自身不足以完全淡化这一观念。

11.4 不可持续的增长

建筑业的繁荣带动了爱尔兰和西班牙的增长。两国的建筑业占全部经济增加值的比重迅速上升（图11.2），而希腊和葡萄牙略微下降，整个欧元区基本保持不变。建筑投资占GDP的比重以及建筑投资占整体投资的比重呈现了类似的现象：2007年以前，爱尔兰和西班牙的住房建设导致了上述比率的上升也使得整体资本形成占GDP的比重出现上升，而欧元区的其

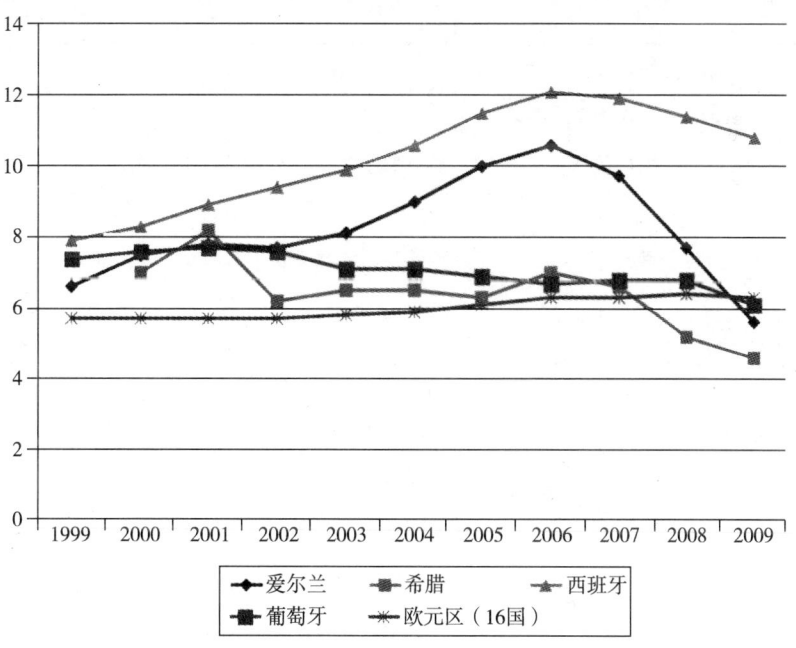

图11.2 建筑业增加值，1999—2009年，占整体增加值的比重（%）

他国家并没有出现类似现象。①

表11.6描述了家庭的储蓄率、投资率以及总债务率（占居民可支配收入的比重，GDI），这展示了房地产繁荣的另一面。西班牙和爱尔兰的家庭投资率快速上升（2008年剧降），但储蓄率却在下降：结果就是家庭的债务率达到了80%。尽管葡萄牙的投资率下降，但储蓄率的下降仍然导致了债务率的增加。也许是因为数据正在修订，希腊的数据暂时无法取得：欧盟统计局之前的报告显示希腊的储蓄率为负。也许正因如此，希腊的个人消费占GDP的比重位居欧洲最高（希腊为0.75而欧盟及欧元区为0.58）。

表11.6　家庭单位，占可支配收入的比重，2000—2008年

	储蓄				投资				总债务			
	2000	2002	2007	2008	2000	2002	2007	2008	2000	2002	2007	2008
欧元区	..	..	..	..	10.3	9.6	10.9	10.4	75.5	78.0	94.6	94.8
爱尔兰	..	9.0	7.9	9.9	..	16.8	24.0	15.8	..	107.5	194.2	196.7
西班牙	11.1	11.4	10.6	12.9	10.9	12.0	15.1	12.9	72.4	79.2	129.9	127.8
葡萄牙	10.2	10.6	6.1	6.4	10.7	10.0	7.7	7.6	87.2	99.3	126.2	136.0

注：.. 表示数据不可得。
数据来源：欧盟统计局。

表11.7　国内信贷*，占GDP的比重，2000、2004和2008年

	德国	法国	意大利	爱尔兰	希腊	西班牙	葡萄牙
2000	1.06	0.72	0.71	1.00	0.42	0.87	1.10
2004	1.01	0.76	0.78	1.26	0.62	1.11	1.24
2008	0.95	0.95	0.97	2.02	0.85	1.71	1.51

注：*表示期末的余额。
数据来源：各国的中央银行。

爱尔兰和西班牙的房地产繁荣伴随着国内信贷的快速扩张。表11.7列举了本章所研究的四国和三个欧元区主要国家私人部门的信贷占GDP的比重。德国基本不变而法国和意大利缓慢向德国水平靠近。而在爱尔兰和西

---

① 见Martinez–Mongay、Lasierra和Yaniz Igal (2007) 和Suarez (2010) 对西班牙的分析和Kelly (2010) 和Honohan (2009) 对爱尔兰的分析。

11 经常账户为何对货币联盟产生影响：来自欧元区金融危机的经验

班牙，这一比率在8年内翻了一倍，远高于其他大国的水平。2004年到2007年间，爱尔兰和西班牙的住房信贷分别增长了68%和65%，是欧元区平均水平的两倍。尽管信贷占GDP的比率是衡量金融业的一个重要指标，但这个指标却很难诠释西班牙和爱尔兰的发展情况。希腊和葡萄牙的信贷增长也非常迅速，略低于上述两国水平。各地的信贷增长都是由外国融资导致，国内银行从银行间市场融资并发行商业票据和债券（Kelly，2010；Suarez，2010）。尽管外国直接投资（FDI）水平较低，但外国证券投资增长迅速。表11.8显示了四国的证券投资占法国和德国总证券投资的比重：基本都翻番了（爱尔兰和西班牙超过了一倍还多）。

表11.8 四国的证券投资占总投资的比重，2001和2008年

	2001	2008
法国	10.8	18.3
德国	10.8	20.3

数据来源：国际货币基金组织。

这些发展变化使得一些问题变得清晰明了。首先，欧洲货币联盟为欧元区的周边国家的信贷繁荣创造了一个合适的环境。Lane（2010）指出，欧洲货币联盟消除了货币风险和流动性风险（通过实现金融一体化），也给这些国家带来了不小的冲击，即任何微小的收益率差异也会引起大量的资本流动。但这些毕竟是可以通过收敛模型预测到的。

然而，这四国的增长模式已经远离收敛模型。首先来分析爱尔兰和西班牙，建筑业占社会经济增加值的比重日益攀升解释了两国全要素生产率（TFP）的衰弱表现，这是因为建筑业并不是一个过分依赖生产力创新的部门。更重要的是，建筑业的产出——住房——很大程度上是非贸易品。向外国人出售住房计入外国直接投资（FDI），但直接投资占资本流入的比例很小。当然，将住房出租给外国人时，住房服务可以算做是贸易品。合理分析出租时间，可以发现对外国人的租房服务仅仅是很小的一部分比例。

这样，爱尔兰和西班牙很好地符合了上述的简单模型。在这两个国家，国外资本涌入非贸易商品和服务的生产过程中去，在一定程度上违背了跨期预算约束。从这个视角来看，即使在收敛模型中，两国的经常账户头寸也是不可持续的。当出现房产泡沫时（甚至比美国严重），有人可能

会问为何外国投资者似乎没有注意到可持续问题。原因在于,在很大程度上,没有外国投资者愿意为建筑业融资:① 外国银行和投资者会给国内银行借款或购买金融资产,然后国内银行再为建筑业融资。

希腊和葡萄牙并不是非贸易品生产过度。对于希腊,生产率并不高;信贷出现增长,但远低于爱尔兰或西班牙;也没有类似的建筑业繁荣。希腊同期出现的对预算约束的违背显得无趣却引人注目。希腊的私人投资占GDP的比重接近欧元区平均水平(低于爱尔兰和西班牙),但希腊的消费水平和政府财政赤字过高,这个国家只是储蓄太低了。实际升值并不是经常账户问题的主要原因:真正的原因是外国融资只是流向了希腊的过高消费。② 葡萄牙的情况更为悲惨。该国的经常账户失衡情况类似于希腊的情形,高消费与低储蓄并存。但在欧洲货币联盟时期,葡萄牙基本上是停滞不前,相对于欧元区平均水平,人均GDP基本没有出现增长,这点是与希腊不同的。③

2009—2010年的欧元区危机的导火索是希腊预算谎言的破灭,但是这不是深层次原因。在全部发达经济体的债务不断增长的大背景下,投资者的投资选择多样,这就不难解释为什么欧元区经济状况较差的成员国遭遇了危机。首先也是最重要的,投资者发现过去十年中,一些国家依靠国内需求和外部融资推动的经济增长模式是不可持续的:正如笔者所言,累积的经常账户严重不平衡标志着清偿问题的出现。其次,欧洲货币联盟的成员国比其他国家更容易出现问题,因为它们没有自己的中央银行,在危机时无法起到"最后贷款人"的作用。从这点来看,欧元区成员国发行的主权债务虽然是以欧元发行,但类似于外国债券,这与拥有独立的中央银行国家以本币发行的债券是不一样的。④

最后,对于这些受到危机冲击的国家而言,危机引起的财政恶化远比

---

① 对于住房抵押债券等价物,尤其是最复杂的形式,其流通情况远没有美国普遍。
② 也是因为希腊的实际有效汇率的升值幅度不及其他国家大。在2008年,希腊的指数(1999=100)是107,而爱尔兰是136,西班牙是118,葡萄牙是113,意大利是115,法国是108。
③ 见Blanchard (2007b)。
④ 资产管理者会根据违约率对这种可能性定价。更重要的是,最近美联储和英格兰银行的"量化宽松"政策表明仍存在这种可能性,即购买政府债券。公约仅仅禁止了欧洲中央银行从一级市场为政府融资,但4月出现了干预二级市场来支持处于不利市场环境中的相关国家的主权债券,但干预的力度较小使得其广受批评。

其他欧元区国家严重。这在一定程度上也是增长模式导致的。① 爱尔兰（约3%）和西班牙（6%）财政收入的下降在很大程度上与这两个国家发展模式的破产相关。Honohan（2009）指出爱尔兰对建筑业繁荣征收了"顺周期"的税收。Martinez－Mongay、Lasierra 和 Yaniz Igal（2007）认为，在危机之前，西班牙的税收收入增加主要依赖于经济增长的构成而不是固定要素。Suarez（2010）认为西班牙的房地产繁荣使得该国的税收增加了3%。所以，各国之前令人惊奇的良好财政纪律表现并不能永久保持下去。

11.5 政策建议

Jaumotte 和 Sodsriwiboon（2010）通过回归发现，特定的欧洲货币联盟/欧元效应以低储蓄为特征，解释了欧元区南部国家经常账户恶化的大部分问题。尽管这些国家相互间有差异，爱尔兰也不在分析之列，但研究结果是有趣的而且合情合理的。但是，他们无法解释为何有地理差异却没有显著的政策暗示。Honohan（2009）认为，欧洲货币联盟的成员国关系使"冷静的"（爱尔兰）决策者产生了安全保障的错觉，特别是由于欧元消除了外部约束并使汇率和利率对国内经济发展变化不再敏感。Kelly（2010）认为，欧元允许的低利率对爱尔兰建筑业繁荣的影响是适度的，但 Suarez（2010）认为欧洲央行的货币政策尽管契合欧元区三个大国的经济发展状况，却不适合经济快速增长信贷快速扩展的西班牙。这些讨论使人回想起 Walters 批判，即由于共同货币政策在长期内无力应对成员国多样化的经济环境，欧洲的单一货币计划有着与生俱来的缺陷：共同政策可以适用一些国家，却无法适用所有国家。这个问题比共同货币政策对各国的宏观经济效应更为复杂和深邃：它反映了欧元构思的脆弱性。

欧元的准入标准是通货膨胀率和利率的水平（平均）和财政赤字水平（财政赤字适用于所有的申请国）。前两个变量主要是外生的：一旦采用共同货币并实施共同货币政策，短期利率会趋同，通货膨胀也会在一定程度上出现趋同。采用欧元后，欧洲的决策者和外部观察者不约而同地关注到公共财政赤字问题，有时是不得不关注到。决策者依据马斯特里赫特条约

---

① 在2006到2009年间，爱尔兰、西班牙和希腊的政府收支状况的恶化程度分别超过16%、13%和9%。

和稳定增长公约，要求采取措施解决财政赤字问题（往往无效）。而其他的许多政策变量却一直被忽视了：相对生产率和成本变化趋势；信贷和杠杆率；储蓄—投资平衡以及标志着产出—支出失衡即期指标的经常账户情况。尽管马斯特里赫特标准的指标或多或少收敛趋同了（包括财政赤字指标，至少一直保持到2007—2008年），但由于这些被忽视的变量变化并没趋同导致欧元区的问题并未得到解决。我们需要冷静地分析对爱尔兰和西班牙的财政赤字及债务表现的盛赞了。很明显，货币联盟的稳定取决于更宽泛的一系列指标条件的满足，而不仅仅是满足财政纪律。

确保这些条件都得到满足是一项艰巨的任务。如对财政赤字额度限制可以准确规定（是否有意义是另外一回事），措施也可以逐步完善（同样，是否有效取决于政策因素）。欧盟委员会（2010a，2010b，2010c）提出的宏观经济指标执行评分制，在一个由主权国家组成的联合体中实施起来遇到了概念上的障碍和执行上的困境，因为这样的联合体只有一个市场、一种货币和有限的共同的法律和规则的约束。对需要采取行动的失衡程度的认定需要高度的经验评定，并会受到各种异议，要经过长期复杂的程序，最后的预防性措施却收效甚微。而某些情况难以找到行之有效的补救措施——如生产率发展不足导致的竞争力下降而引起的外部不平衡。

对于全面宏观经济政策框架的备选方案不应是全局性的，而应该是能有效预防不平衡的出现并易于实施的方案。近期的经验表明，对影响货币联盟稳定的不平衡或是由财政挥霍所致——如希腊以及葡萄牙，或是由资本流入引起并投资于非贸易部门的信贷扩张所致——如爱尔兰和西班牙。财政不平衡应该由应对过度赤字的机制来解决（欧盟委员会，2010d）。然后应该解决的就是个别成员国的信贷问题。

这并不是一个新问题。控制国内信贷总体规模往往是 IMF 救助经常账户不平衡的国家的主要附属协议。但在金融一体化的单一货币区，这是一个很难的问题。

共同货币政策并不是一个合理有效的货币政策工具。扩展的泰勒规则（Giavazza 和 Giovannini，2010），即使是可接受并合理的，也难以处理联盟中各成员国不同的信贷变化：不存在一体适用。宏观稳定政策——如存款准备金要求——也难以达到目的：西班牙的动态准备金制度广受赞誉也无法抑制信贷的扩张。必须有一个机构来运用特定的监管权力实现有效监管

11 经常账户为何对货币联盟产生影响：来自欧元区金融危机的经验

（Bean 等，2010；Orphanides，2010）：对贷款的严格监管（如贷款/资本比率、抵押融资）将有效抑制部分国家的信贷宽松（有些国家是这样做的）。

那么谁来承担监管任务呢？爱尔兰、西班牙和英国的经验表明，政府当局是并不总是可靠的：它们可能难以进行有效监管（爱尔兰的情况：Honohan，2009；Kelly，2010）或犹豫迟疑而不干扰信贷膨胀。马斯特里赫特条约并没有赋予欧洲中央银行这样的权力。新机构的设立，正逐步实施着 Jacques de Larosiere 报告（de Larosiere，2009）中的建议，可能会实现这样的目标。已经成立的新的欧洲系统风险委员会（ESRB），特别是欧洲银行监管局，正处在这样的位置，直接或间接地约束着某些国家国内的规则和实践，这些国家允许导致危机的过度信贷的存在，给欧盟的稳定带来了风险。

欧元前十年的经历迷惑了决策者和观察家，他们一度认为欧元运作得很好，也许还出乎他们的意料。这场危机显示了欧元计划的脆弱。欧洲系统风险委员会和欧洲监管机构的出现标志着欧盟制度的重要发展：这些机构给增强欧元区的稳定带来了机遇。

参考文献

Barro, R. J. and X. Sala-i-Martin (2003). *Economic Growth*, 2nd edn., Cambridge, MA: MIT Press.

Bean, C., M. Paustian, A. Penalver and T. Taylor (2010). 'Monetary policy after the fall', Bank of England, mimeo.

Blanchard, O. (2007a). 'Current account deficits in rich countries', IMF Staff Papers, *Palgrave Macmillan Journals*, vol. 54(2): 191–219.

(2007b). 'Adjustment within the euro, the difficult case of Portugal', *Portuguese Economic Journal*, 6(1).

Blanchard, O. and F. Giavazzi (2002). 'Current account deficits in the Euro Area: the end of the Feldstein–Horioka puzzle?', *Brookings Papers on Economic Activity*, 2: 2002.

Clerc, L. and B. Mojon (2011). 'Financial stability and monetary policy: lessons from the euro area', Chapter 14 in this volume.

European Central Bank (2007). 'Output growth differentials in the euro area: sources and implications', *Economic Bulletin*, 04.

European Commission (2008). 'EMU@10: successes and challenges of Economic and Monetary Union', *European Economy*, 2.

(2010a). 'Reinforcing economic policy coordination', **COM(2010)250**, 12 May.

(2010b). 'Enhancing economic policy coordination for stability, growth and jobs – tools for stronger EU economic governance', **COM(2010)367/2**, 30 June.

(2010c). 'Proposal for a regulation of the European Parliament and of the Council on the prevention and correction of macroeconomic imbalances', 29 September.

(2010d). 'Proposal for a regulation of the European Parliament and of the Council on enforcement measures to correct excessive macroeconomic imbalances in the euro area', 29 September.

Fagan, G. and V. Gaspar (2008). 'Macroeconomic adjustment to monetary union', European Central Bank, Working Paper, No. **946**.

Giavazzi, F. and A. Giovannini (2010). 'Central Banks and the financial system', CEPR, Discussion Paper, No. **7944**.

Honohan, P. (2009). 'What went wrong in Ireland?', May, mimeo.

Ingram, J. C. (1962). *Regional Payments Mechanisms. The Case of Puerto Rico*, Durham NC, University of North Carolina Press.

(1973), 'The case for European monetary integration', International Finance Section, Princeton University, Essays in International Finance, No. **98**.

Jaumotte, F. and P. Sodsriwiboon (2010). 'Current account imbalances in Southern Euro Area', IMF Working Paper, **WP/10/139**.

Kelly, M. (2010). 'Whatever happened to Ireland?', CEPR Discussion Paper, No. **7811**.

Lane, P. R. (2011). 'The Irish crisis', chapter 4 in this volume

de Larosière, J. (2009). *Report of the High-Level Group on Financial Supervision in the EU*, Brussels, 25 February.

Martinez-Mongay, C., L.A. Lasierra and J. Yaniz Igal (2007). 'Asset booms and tax receipts: the case of Spain, 1995–2006', *European Economy* – Economic Papers, No. **293**.

Marzinotto, B., J. Pisani-Ferry and A. Sapir (2010). 'Two crises, two responses', Bruegel Policy Brief, **2010/01**.

Orphanides, A. (2010). 'Monetary policy lessons from the crisis', CEPR Discussion Paper, No. **7891**.

Suárez, J. (2010). 'The Spanish crisis: background and policy challenges', CEPR Discussion Paper, No. **7909**.

Walters, A. (1986). *Britain's Economic Renaissance*, Oxford University Press.

12　欧盟框架下的国家财政准则

Daniele Franco 和 Stefania Zottern[①]

12.1　简介

20世纪90年代初,许多欧洲国家引入了预防或减少财政失衡的财政准则和程序。这一发展源于三个主要因素:过去几十年的经历——巨大的财政失衡、公共债务增长和顺周期政策的实行,经济与货币联盟的创建和欧盟层面上对财政准则的引进,以及持续发生的人口变动带来的挑战。

这些改革共包含三条行动主线:(1)数量型财政准则的引入;(2)预算程序的修订,尤其注意强化财政部的角色,以及使预算政策更加以中期为导向;(3)独立财政机构的创立,能够在宏观财政预测、财政分析、政策制定乃至执行等方面发挥作用。

在对数量和程序重要性的强调、数量指标的选取以及法律基础方面,这些国家的框架是相当多样化的。然而仍旧有很多共同的特征。一些国家(西班牙、瑞典)以结构型预算平衡为目标(或过去以其为目标,例如英国)。相似的规则在诸如瑞士等非欧盟国家也得到实行;2009年德国也朝着相同的方向改进。其他国家(芬兰、荷兰、瑞典和瑞士)以支出增长为目标。

最近,在经历战后最严重的经济衰退之后,各国专注于财政准则与程序以巩固公共财政。近期的公共债务积累(加上人口变化将会在预算上施加的压力)给财政政策带来巨大的挑战。许多国家在预算平衡方面必须实现相当大的改善,并且在连续多年里保持合理的财政状况以确保公共财政的可持续性。而制定合理的财政准则与程序被认为是这一任务中相当重要

[①] 意大利中央银行(Bance d1talia),结构性经济分析部。此章节涉及的观点仅是作者的个人观点,不代表其所属单位的观点。

的组成部分。

此次危机对国家财政框架的影响因国而异。在某些国家——例如英国——危机导致原有的财政框架运行被中止，其他一些国家——例如瑞典——原有的财政框架因其有效性得到了证实而得以强化，还有一些国家把危机作为契机来推进显著的改革，例如德国。

鉴于欧盟内部在财政政策制定上分散的性质以及对欧盟财政准则的国家自主权的需要，无论是 2010 年 9 月出台的《欧盟委员会关于改革经济管理的建议》（欧盟委员会，2010a，2010b，2010c）还是范龙佩工作小组（van Rompuy，2010），都格外强调欧盟财政框架与各国财政框架的互补性。两个改革建议都揭示了对各国财政框架应该满足最低要求的必要性。更具体地说，由欧盟委员会提出的改革建议对透明度、中期目标、会计制度和统计以及数量财政准则都作出了最低要求。

在简要地回顾经济危机前后一些欧洲国家的财政准则及财政框架发展的相关文献之后，本章关注仍在持续的关于财政准则的争论，尤其是近期德国改革带来的一些启示，以及目前在法国正在引发大讨论的改革建议。本章尤其强调由当前争论及德国改革带来的诸多公开的议题。

12.2　财政准则：示意图

相当长一段时间里，财政准则一般不被写入宪法和法律，而只是作为政府管理财政事务时被采用的一系列原则中的一部分（Buchanan，1997；Balassone and Franco，2001）。近几十年，部分原因来自于 20 世纪八九十年代的高额赤字，争论的焦点逐渐转移到正式规则的引入。没有高声誉成本的付出，放弃原有规则、引入正式新规被认为会更加困难。

财政准则首先是关于财政政策的稳定性：这被认为会避免巨大赤字以及债务水平不断攀升。随着时间的推移，会减少财政政策的反复不定和顺周期性、增强其一贯性（Kopits and Symansky，1998；Banca d'Italia，2001；Kumar and Ter‐Minassian，2007）。

财政准则可以定义为"对财政政策持久的约束，通常作为衡量整体财政绩效的指标"（Kopits and Symansky，1998：2）。也可以被视为"在一定时间范围内对财政政策的限制"（Danninger，2002：7）。财政准则可以不同方式设计。实际的财政准则的设计，取决于其追求的特定目标、其覆盖的范围（如中央政府、地方政府、全部政府等）、其如何有效地执行（包括负责监测合规的当局和错误纠正机制的存在）、其时间范围（如一年、周期长度等）以及其参考指标（如预算平衡、负债等）。

关于最后一方面，一般而言准则可以分为三类：（1）预算平衡准则（可特指总平衡或经常项目平衡，还可指提交的预算、核定预算或实际预算余额）；（2）负债准则（通常给债务水平设限并经常作为预算平衡准则的补充）；（3）解释预算构成的准则，典型的是支出准则。

一般来说，平衡的预算已经为预算平衡准则留下了参考点，如有例外，则很久以来都视以下几点需要而定：（1）投资项目；（2）周期性因素；（3）异常事件（Pigou，1928），后两者在避免顺周期财政政策方面是必要的。

财政准则通常在国家层面引入，然而，还存在一些超国家的准则——最著名的是那些由欧盟层面引入的《马斯特里赫特条约》以及《欧洲稳定与增长公约》（SGP）。许多国家为地方各级政府做了具体的规定，或者遵行国家层面的准则，或者由地方各级政府自行引入准则（美国各州和加拿大各省即是如此）。

Kopits 和 Symansky（1998）列举了一系列可以衡量财政准则质量的特征。根据这些标准，一套理想的财政准则应该是定义清晰、透明、简洁、灵活、同最终目标密切相关、可行、持续，并且有公共财政改革做支撑的。考虑到确保严格遵守的最佳支撑技术，再加上他关于美国各州财政准则的分析，Inman（1996）指出四项主要标准：（1）除"事后估计"外，财政准则还必须符合"事前估计"；（2）它不会因简单的多数表决被推翻或搁置；（3）它必须从宪法方面得以确立，而不仅仅是用法律确立；（4）它必须由一个公开的、政策独立（而非党派性）的审核小组或审核法庭来督导实施。

其他研究中也运用类似的指标来评价财政准则。政府间关系顾问委员会（the Advisory Commission on Inter–governmental Relations）（1987）建立了一个衡量平衡预算准则的严格性指数：如果是被强制执行且没有赤字余额的准则，会评高分；如果仅是自我执行且对预算只运用"事前估计"的准则，则会评低分。泛美开发银行（1997）建立了一个借款能力的严格性指标：当政府完全不能借款且对银行和企业没有进行控制，则会得高分;如果对政府借款没有限制且政府拥有银行或企业,则会得低分。

尽管较早的研究发现关于财政准则有效性的证据模糊(Kopits and Symansky,1998),更多近期的实证研究的结论是更加肯定的。有实证表明,财政准则的严格程度与其有效程度是正相关的。Ayuso-i-Casals 等(2007)根据向国家财政专家发放调查问卷的方式建立全新的数据集,开发出多个简易指标,以衡量 1990 年至 2005 年间欧盟国家数量型财政准则的强度。通过估计财政反应函数,Ayuso-i-Casals 等发现,更加广泛地应用数量型财政准则将会减少财政赤字的规模,并且各级政府被覆盖得越宽泛,执行机制越严格,这种关系就越紧密。他们认为"财政准则指数和支出准则指数①的更高值,分别表示'周期性调整基本平衡'的改善以及主要政府支出的减少"(Ayuso-i-Casals 等,2007:684)。他们还指出,这些规则的设计,尤其是多年预算平衡准则一项,将会对财政政策的周期行为产生影响。

这些研究结论与 Guichard 等(2007)基于经济合作与发展组织(OECD)数据得到的结论基本一致。他们指出"财政准则……被认为影响到财政巩固的诸多方面";"财政巩固的规模显著增大,在此类准则(支出准则)实行下的巩固成果持续时间更长";"一般而言,如果不与支出准则联系起来,预算平衡准则的有效性将会降低"(Guichard 等,2007:16,18)。②

财政准则通常是一个更加宽泛的制度框架的一部分。在过去十年里,一些国家采用了综合的制度安排,旨在改善财政政策效果(Banca d'Italia,2001;Kopits,2007)。这些制度安排——通常定义为财政责任法律——一般既包括程序化的准则,又包括量化的准则,这些准则都需要政府在制定和执行财政政策时严格遵循。这些制度安排旨在使财政政策更加可预测、可信和透明(Kumar 和 Ter-Minassian,2007)。政府被要求必须制定中期

---

① 第一个指标涉及所有准则,第二个指标仅涉及支出准则。两个指标均考虑:由数量型财政准则覆盖的政府财政的份额;财政准则的定性特征,如以法律保障为基础、独立监控、对该准则的执行负责的机构性质以及预先确定的执行机制的存在。

② 但这里存在一个因果关系的问题。Wierts(2007:781-782)指出"实证分析表明,准则的制度设计解决较高的支出/GDP 比率的政治意愿",尤其是,"结果显示,拥有较高初始支出/GDP 比率的国家均采用了更为严格的支出准则"。

财政政策战略，提供关于目标和结果的广泛信息。最典型的几个案例是新西兰（财政责任法案 Fiscal Responsibility Act，1994）、澳大利亚（忠实预算宪章法案 Charter of Budget Honesty，1998）、英国（财政稳定法 Code for Fiscal Stability，1998）以及西班牙（预算稳定法 Budget Stability Law，2001）。

12.3 危机前后欧洲国家的经验

在欧洲，关于国家财政准则的争论普遍受到《马斯特里赫特条约》和 SGP 有关程序化和量化方面的要求的影响。欧盟成员国可以坚持欧盟框架，不受是否采纳补充的国家准则的制约。然而，国家准则有助于确保对欧盟准则的遵守（尤其是在一些权力下放的国家），允许政府完成更高的目标（例如处理好人口老龄化的预算影响）以及实现其他目标（与政府规模相关的）。

发展完善的国家财政框架的观点已经逐渐得到了共识。2005 年，欧盟理事会（欧盟理事会，2005：21）同意"国家预算准则应该作为 SGP 下成员国承诺的补充"，并认为"国内的管理安排应配合欧盟的财政监督框架，相关的国家机构可以在预算监督中扮演更加突出的角色，以强化国家所有权、通过国家公众舆论加强执法、与欧盟层面的经济政治分析相配合"。

在过去十年里，一些欧洲国家引入了财政准则来指导国家财政政策（Ayuso-i-Casals，2010）。根据欧盟委员会（2006）的材料，欧盟国家财政准则呈现出一些共性的特征，见表 12.1。①

表 12.1 欧盟各国财政框架的共同特征

	指标	时间	法律标准	自动纠正机制
中央政府	政府支出	多年	政治约定	否
地方政府	预算余额—债务	年度	法律—宪法	是

数据来源：欧盟委员会（2006）。

经历了 2010 年最初几个月的发展之后，这个议题又回到了前面关于加

---

① 此外，遵循"契约方式"（确保政策制定者达成一致的一系列程序）的国家更倾向为中央或各级政府制定准则；而遵循"委派方式"（赋权给财政部长或总理）的国家则通常为地区或地方政府制定准则（Ayuso-i-Casals 等，2007）。

强欧盟财政框架争论。谈到其对争论的贡献时，欧盟委员会强调（欧盟委员会，2010a，2010b）国家财政框架应该更好地反映欧盟预算监管的优先性："成员国应该拥有适当的国家财政准则，确保国内财政框架反映条约规定的义务"（欧盟委员会，2010b：7）。它"非常重要，因为欧洲货币联盟预算协调框架目标需反映在国家预算框架中"（欧盟委员会，2010c：6）。欧盟委员会提倡由年度预算计划转变为多年度的预算计划，并且有全面的框架来覆盖各级政府。它还计划对国家财政框架设计提出最低要求。

此次危机对国家财政框架的影响因国而异。在英国，现存的准则——黄金法则和债务上限（其对整个经济周期均有影响①）——受到此次经济危机的干扰。在2008年11月的财政预算前报告里，英国政府宣布临时背离现有的财政准则，暂时实行新的准则，新准则要求政府"逐年改善周期性调节的预算，一旦经济从低谷中复苏，其会达到平衡；并且一旦此次全球震荡在全面影响经济之后，债务在GDP中所占比例将会下降"（英国财政部，2008：4）。此外，2010年5月一个独立机构——预算责任办公室（the Office for Budget Responsibility，OBR）——成立。该机构可以无障碍使用来自财政部的数据和分析报告，对公共财政和经济状况作出独立评估，直接控制预测，为推动官方推测作出关键性调整。预算责任办公室还负责根据相关预测得出一系列结论，来说明经济的不确定程度。根据这一系列结论，在每一份预算报告和预算前报告中，预算责任办公室需要明确政府的政策是否具有超过一半的可能性，来实现财政大臣制定的具有前瞻性的财政要求。

在瑞典，危机对于当前财政框架的影响完全不同：后者基本上没有发生改变。鉴于其有效性，2010年瑞典政府提议在《预算法案》（Budget Act）中把盈余目标法定化，以加强其法律基础（但没有对目标设定具体值，瑞典财政委员会（Swedish Fiscal Council），2010）。

20世纪90年代瑞典经历着严重的预算不平衡，1997年，国家财政框架被引入瑞典，其也被认为是一种与欧盟政策保持一致的做法（Fischer，2005）。该框架主要包括：

---

① 根据后者，整个经济周期内，净公共债务与GDP之比被设定在稳定和谨慎的水平，被财政大臣限定在不超过40%。

12 欧盟框架下的国家财政准则

（1）在经济周期中，各级政府的盈余目标为 GDP 的 1%；

（2）对中央政府多年名义支出上限的规定三年有效，规定的"上限"不包括利息支出，这样定义是为不可预知的事件及预测失误提供应急保证金。自 2009 年开始，支出上限的规定就已经被纳入《预算法案》（Budget Act）当中。

盈余目标的含义是，为应对周期性发展和老龄化影响提供空间。总的来说，这一框架已经被证明是成功的，它使财政政策制定更加审慎，在财政政策中加入了中期视角。特别地，支出上限得到良好的遵行，那些为接下来几年设定的上限也并没有随着时间的推移而被更改。遵守支出上限具有巨大的政治意义。支出上限的实施成功，大概是得益于其透明性：遵守与否可轻易被测算出来。其也可能得益于自上而下的预算方法。

德国把这次危机作为推行重要改革的契机。新财政框架吸收了瑞士"债务刹车"的某些特点，且与欧盟财政准则非常相近。瑞士的该项财政准则于 2001 年制订，目的在于让经历了 90 年代显著增长的债务得到有效控制。[①] 当时其他准则已经就位：宪法要求预算平衡乃至在中长期消除债务（Bodmer，2006）。然而在实践中惩处机制的缺失使得这些准则失效了。

"债务刹车"准则是基于对联邦支出的限制：[②] 每年的支出不得超过预期收入与周期性经济总量的某种比率（由预期的趋势 GDP 和预期 GDP 之比得出）的乘积。[③] 因此该限制在经济周期中是对称的（即其不仅在经济差的时期有约束力，在经济好的时期同样有约束力）。换言之，该准则要求：

（1）如果经济按照其趋势运行，则至少会实现预算平衡；

（2）在经济好的时期（GDP 高于其趋势值），则应有财政盈余；

（3）在经济差的时期（GDP 低于其趋势值），则允许有财政赤字。

这意味着这一支出限制也可被理解为一种预算平衡准则：其近似于要求在经济周期中要保持预算平衡。

[①] 新准则本应在 2003 年开始实施，然而由于 2003 年是衰退的一年，当局认为采用实际"债务刹车"机制之前，先引进一种调整路径机制是非常必要的，因此直到 2006 年才开始实施。

[②] 某些支出项目可能被排除在外。此外，某些州也被排除在外，但是某些州在 20 世纪 90 年代已经采用了自身适用的"债务刹车"准则。

[③] 如果产出缺口的收入弹性等于 1，该限制也可被解释为等于预期周期性调节收入。

为了弥补预测误差，支出限制于事后被重新测算，基于实际收入和周期性经济总量的重新估计。如果实际支出高于（低于）这一事后得出的限定值，其差额将计入名为"调节性账户"的虚构账户的借方（贷方），账户的余额减去（增加）到来年的支出限制里。如果调整账户里的余额超过了此前一年支出额的6%，则必须在三年之内回归这个阈值之内。

第四部分将更加详细地阐述德国的新财政框架，目前其正在引发有关国家财政准则的争论。第四部分也将涉及当前在法国引起大讨论的改革提议。

12.4　近期的发展：德国准则和法国争论

经过长时期的争论，2009年5月德国通过了新财政准则，其涉及周期性调节后的预算平衡。而一场争论也在法国进行着，这场争论的主题就是关于引入与德国相类似的国家财政准则。德国的新准则和可能在法国实行的准则还有一些待解决的问题，这将在第五部分加以阐述。

德国曾经有一个基于宪法的黄金准则。对于这一准则的赞成与反对的争论可以追溯到20世纪30年代。总的来说，反对的声音要多于赞成的声音（Balassone 和 Franco，2000；Baumann，Dönnebrink 和 Kastrop，2008）。特别地——关于体现在德国宪法第115条原定草案的该准则[①]——德意志联邦银行（Deutsche Bundesbank，2007）强调了两点不足：对资本支出的宽泛定义（包括政府对收益有限的公共实体的补贴）；计算借款限额时，公共资产的贬值和资产出售收入没有从资本支出中扣除。

早先的准则并没有成功避免巨额公共债务的积累，除了对其某些条款的担忧，其他因素也导致了德国财政框架的改革：首先，拥有一个与《欧洲稳定与增长公约》（SGP）完全一致的框架非常必要；其次，2007年联邦宪法法院在对2004年联邦预算的合宪性进行裁决时，要求对宪法第115条进行修订。[②] 联邦和各州财务关系现代化委员会（the Committee on the

---

[①]　其内容如下："在预算中，借款额不得超过投资支出总量；仅在保持国民经济均衡不受干扰的情况下允许有例外。"

[②]　关于德国新财政准则的描述和分析，以及其发展和积极性，请参考 Baumann，Dönnebrink 和 Kastrop（2008）；Deutsche Bundesbank（2009）；Federal Ministry of Finance（2010）；OECD（2010）。关于引起改革原因的分析，请参考 Deutsche Bundesbank（2005，2007）。正面的和批评的观点，请分别参见 Mody 和 Stehn（2009）以及 Münchau（2009）。

Modernisation of Financial Relations between the Federation and the States）——2007年3月成立——被授权草拟新财政准则。2009年5月，宪法的更改内容最终被国会两院批准，并以一部阐述新准则实施细则的联邦法律作为补充。根据该准则，经周期性调整后，各级政府的赤字总额不得超过 GDP 的 0.35%。其定义了一个过渡时期：联邦政府的赤字限制必须在 2016 年实现，各州将从 2020 年起不再有结构性赤字。[①]

无论在设定目标时、进行预测时还是在实施预算时，任何误差都要记入名为"控制账户"的账户的借方或贷方。当借方额超过了 GDP 的 1.5%，则必须采取修正措施。[②] "控制账户"充分尊重《欧洲稳定与增长公约》（SGP）的精神，其代表着主要的技术创新：为经济周期下运行对称政策的需求提供了新方法。

结合欧盟框架和其他国家的经验，德国新财政准则把诸多传统的特征（如财政可持续性和预算平衡的目标）与新元素（如周期性调整、控制和纠错机制）结合起来。它呈现了一个平衡的预算，平衡的预算仅在 Pigou（1928）提出的三个因素中的两个因素出现时才有暂时的例外：周期性事件和异常事件。它包括一些机制，能够使财政政策在整个经济周期内保持对称。它的目的是使德国财政框架与欧盟框架相协调，把审慎的、可持续的财政政策与避免顺周期的需要结合起来。它与欧盟准则相一致，实施对象包括各级政府。

德国新财政准则呈现了 Inman（1996）及 Kopits 和 Symansky（1998）阐述的诸多正面特征：

（1）定义——显而易见（如假设周期性调整平衡可被精确、清晰地定义）——清晰、简洁：在周期性调节各期内，全部政府赤字不得超过 GDP 的 0.35%；

（2）必须服从事后评价的要求，而不仅仅是事先分析；

（3）呈现出灵活性（就周期性事件和异常事件而言）；

（4）以宪法为依据，具有高度公开性，因此最大化了未来政府不遵守

[①] 为与欧盟财政规则保持一致，金融交易（如来自私有化的收益）将在预算平衡的计算中忽略。这方面可在德意志联邦银行（Deutsche Bundesbank, 2007）的统计中找到。

[②] 第 115 条指出"借方余额一旦超过 1.5% 的上限……将根据经济周期逐渐减少"。

该准则所付出的名誉成本；

（5）特定多数——尽管这个数并不高（席位的50%）——同意的情况下才可以允许某些特别的财政需要，但仅仅适用于异常事件；

（6）执行权属于宪法法院。①

此次改革的某些方面可能存在不确定性，需要作进一步分析。新框架设计的赤字限制可能过于严厉。它摒弃了黄金准则（黄金准则被一些经济学家称为最有效用的财政准则）；它建立在周期性调整数据（已被证明有时会存在较大的疑问）的基础之上；它没有囊括支出准则（近年来支出准则得到了诸多经济学家和机构的支持，Guichard 等（2007）视其为预算平衡准则的重要补充）；没有建立完全独立的财政委员会（近年来被诸多专家提倡设立）。这些问题将会在第5部分加以考虑。

在法国，预算平衡目标在2008年被记载入宪法。2010年伊始法国政府建立了一个高级工作组——康德苏（Camdessus）工作组——建立一个基于此规则的框架以实现这一目标（Camdessus 和 Guidée, 2010; 米歇尔·康德苏工作组（Group de travail présidé par Michel Camdessus），2010）。该工作组设计的准则明确设立了中期目标，并辅以可用的工具来实现目标。其重点在于为预算安排规定了强制性的多年框架，其也会在周期性调节各期内设定预算目标：年度预算安排应与中期目标相一致，并且为了避免下跌，将设立类似德国准则的自动纠错机制。尤其重要的是，该准则应适用于各级政府。

工作组建议，该准则应该是指周期性调节平衡中自由裁量的部分，如立法者所控制的支出和收入的份额，而自动稳定器应该可以自由运作。

工作组还考虑到了执行预算时的变动以及与目标发生偏差时的行动。因此，将定义一种监测程序来在预算年度里探查经济下跌，继而由具体的修订措施来做补偿。假如在年末察觉到实际情况与目标发生偏离，则一种自动收紧来年预算目标的机制将会启动。

由于扮演着关键性的控制角色，工作组提议，不仅审计法院（Cour des comptes），而且还需要一个财政领域的独立专家组来负责管理。该独立

---

① 期望新准则会由公共财政改革，特别是由联邦预算结构的修订作支撑（联邦财政部，Federal Ministry of Finance, 2009）。

专家组将告知公众财政发展情况,以及尤其是中期计划赖以依靠的宏观经济和财政预测的合理性。

12.5 公开的问题

德国的新准则以及可能在法国实行的新准则留下了一些问题,比如赤字限制的规模、周期性发展扮演的角色、支出准则以及独立的财政机构问题。

12.5.1 赤字限制

德国新准则涉及的赤字限制接近于平衡水平。假定未来几年德国——其他许多国家也是如此——设定较高的财政目标来快速降低债务比率,那么平衡的预算或略有盈余也许是可盼的。在这点上,对周期性调节余额设定稍紧的限制,无疑在未来很多年里都是适合的。

然而,在更长的时间跨度里,这一赤字限制也许会显得过于严厉:0.35%的限制相当于一个接近于较低水平的债务比率,这一结果与SGP框架内采纳的"接近平衡或略有结余"的预算目标所设想的非常相似。那些以"略有结余"为目标的欧洲国家将趋向于负的负债水平,其暗示的政策立场可能往往是比任何定义下可持续性所实际需要的更加严格:实际上没有任何关于可持续性的定义设想完全放弃公共债务。

在欧盟和德国的框架中,采纳如此极端的解决方案,主要是基于对实际情况的考虑。即便在新准则之下,德国要想使债务比率达到欧盟财政框架下的60%的水平,也需要时日。所以其制定准则是非常谨慎的,这项准则能够在未来的十年或二十年里最需要的情况下,帮助推动收紧财政政策,且不用在当下过分担心未来债务比率达到极低水平之后而出现调整准则的需求。

这一明确的0.35%的界限没有任何的经济基础,但是它使德国新财政准则与SGP"接近平衡或略有结余"的规则完全一致。这将有助于德国面对未来的人口挑战。很显然,类似的赤字限制对于那些债务比率更高或者更加担心老龄化支出预算的国家来说,将会显得更加必要。

12.5.2 周期性发展扮演的角色

20世纪90年代和21世纪头十年有关财政政策的争论广泛认为,通常情况下自动稳定器应被允许自由运行,并且为避免过度的债务积累,预算政策应在整个经济周期中保持对称。这是欧盟财政框架潜在的核心原则之一，但是在很多国家的结果并不尽如人意。相机抉择的财政行为从不可逆性和时机选择上以及在其影响的不确定性上，通常被认为是存在问题的（欧盟委员会，2001）。然而，2009年至2010年经济衰退期间——大多数采取相机抉择行为的国家认为衰退的规模和破坏力格外突出。

原则上，德国的新准则保证自动稳定器运作的充分的灵活性。此外，如果在预算和赤字上限之间有回旋空间，它也允许相机抉择的政策。采用欧盟委员会关于估算潜在产出的方法的决定提高了透明度，然而，使用周期性调节的数据有时也被证明会出现问题的（Larch和Turrini，2009），特别是对产出缺口的估算经常被修订，有时修订的程度还很显著（Koske和Pain，2008；Tosetto，2008）。经济合作与发展组织（OECD）指出，欧盟委员会对德国产出的估算时常被高估（即负面问题减轻），尤其是在预算年份之后的最初两年里。这意味着周期性成分被高估，同时周期性调整赤字被低估。如果修正是对称的，则不会出现问题了。

其他可能出现的问题是，收益的波动有时会比基于GDP周期预期的波动要大，例如由于资产和商品价格变动导致的收益波动（Morris和Schuknecht，2007）。收益的急涨急跌——这解释了1999—2007年欧元区经过周期性调整的预算余额变化的部分重要原因——主要是由于利润相关税收的波动（Morris等，2009）。这些波动不能轻易用处理周期性调整的标准方法来处理。收益的急涨急跌会在经济向好的时期为扩张性政策提供空间，经济不景气时也会要求顺周期的紧缩性政策。

以上问题并不意味着对周期性调节数据弃之不用，而是在使用时要持一定的谨慎态度（Balassone和Kumar，2007；Larch和Turrini，2009）。尤其是，他们认为，新规则的成功将取决于审慎使用的控制账户所提供的保证金。如果政府在这个账户里建立一个安全保证金，就像一个虚拟的阴雨天基金（rainy–day fund）那样运作（Balassone，Franco和Zotteri，2009），对产出缺口意想不到的修订和意想不到的收入变动，不会引发修正措施的介入，这可能在政治和经济上都不受欢迎。安全保证金也可以吸收预测的错误和意外增加的公共开支。[①] 显然，存在一个风险，即选举日益临近的

[①] 调查预算准则与预测不确定性之间的关系，见德意志联邦银行（Deutsche Bundesbank，2007）。

政府可能会受到诱惑来减少安全保证金。这个问题在所有的中期框架中都很普遍，但德国准则的设计可以使对安全保证金的侵蚀行为更为明显（因此不太可能作出这种行为）。财政政策的独立审查和向公众发布积极信息也会有助于该问题的解决。

12.5.3 独立的财政机构

近些年一些经济学家建议，独立机构或委员会在政策建议乃至执行方面扮演的角色应得到进一步加强（Eichengreen，Hausman 和 von Hagen，1999；Banca d'Italia，2001）。这些提议吸收了中央银行执行货币政策的经验。与中央银行一样，独立的财政机构应兼顾长期的稳定性/可持续性以及短期的灵活性。

Jonung 和 Larch（2006）研究显示，在一些国家，基于预算的宏观经济预测的准备工作被委托给独立机构，因而宏观经济预测不会有显著的偏差（奥地利、比利时、荷兰），而在政府负责的情况下则会出现偏差。这一问题在2005年在关于SGP改革的讨论中被提及。[①] 2010年，作为欧盟管理改革内容的一部分，该问题再次进入公众视野。特别地，范龙佩特别工作组（van Rompuy，2010：5）建议"使用或建立（国家层面）公共机构或实体来对国内财政政策提供独立的分析、评估和预测，这是加强财政管理、保证长期稳定的重要方法"。

Wyplosz（2002）建议把制定预算平衡目标的权责授予"财政政策委员会"（Fiscal Policy Committee，FPC），该责权基于债务可持续性约束（由法律或议会定义），该约束可以是在周期内达到一定的预算平衡的义务，也可以是减少/稳定债务比率到既定的范围之内以与约束内容保持一致。FPC 应对议会负责，后者决定将运用哪种特定的税收和支出政策，来使 FPC 实现既定目标。议会因此保留了对最佳债务水平、代际公平以及资源分布与分配的控制。

Calmfors（2003）提出了一个备选方案，即议会把某些权力下放给FPC，允许其在某个预定的限度之内改变某些税率或政府支出水平。议会

[①] 特别地，欧盟委员会倡导独立的预测（Jonung 和 Larch，2006），这些预测依托一些国家的稳定与趋同项目（Stability/Convergence Programme），结果往往会出现积极的偏差（von Hagen，Hallerberg 和 Strauch，2004）。由于政府的收入能够对潜在产出的变动迅速作出反应，而支出方面的调整一般需要相当长时间的政治决策过程，故会引起高于预期的财政赤字。

将决定周期内预算平衡的目标以及稳定政策的目标。①

然而，为预算平衡制定目标（被委托给 FPC），以及配置和分配功能（保留政府和议会的权力），要想区分开这两者是很难的。有关预算平衡的决策会影响财政支出和收入的组成，所有决策天然具有政治性。此外，委员会权力的合法性问题，显然是非常重要的。Calmfors（2003）考察了一些方案来处理这一问题：FPC 成员应由政府任命，且经议会批准；FPC 运作应有高度的透明性；议会将对 FPC 的表现进行事后评估，保留在特定多数赞成下推翻 FPC 所作决定的可能性。

Debrun、Hauner 和 Kumar（2007）查阅文献并考察了许多国家实行的方案。他们识别出两种实体：独立的财政机构，其执行部分财政政策；财政委员会，其负责为政策行动提供分析、预测和建议。他们指出，目前还没有一家独立的财政机构在运转，然而在很多国家都有财政委员会正以不同的方式为政策制定作着贡献。

在一些欧盟国家，独立的财政委员会以温和的方式为财政政策作着贡献（欧盟委员会，2006）。在比利时，联邦规划局（Federal Planning Bureau）提供短、中、长期的宏观经济和财政预测。预测、方法和模型均公开发布，预测的最终表现接受评估。国民经济核算研究所（有多家机构为其服务）对预算的宏观经济预测作调整。财务高级理事会（High Council of Finance），由众多高水准专家组成（学者、央行人士、联邦和地方行政部门人员），为中央政府及地方的平衡制定中期目标（Debrun，Hauner 和 Kumar，2007）。在其他国家，宏观经济预测要么由政府独立准备（奥地利、荷兰），要么由独立的实体评估（德国、葡萄牙）。

2007 年瑞典建立了一个"财政政策委员会"，受托负责对政府财政政策目标完成的程度进行评估。政策目标包括长期可持续性、预算盈余目标、中央政府支出的上限以及财政政策与经济周期的一致性（瑞典财政委员会，2010）。2008 年匈牙利创建了一个"财政委员会"，旨在推动公共财政的透明性和可持续性（Kopits 和 Romhányi，2010）。该委员会曾经进行

---

① 关于作出旨在保持宏观经济稳定的财政政策决定的代表机构，Calmfors 提出还有较弱的形式，比如仅仅赋予 FPC 管理一个阴雨天基金的权力。该基金可以在经济繁荣时通过特定的税收建立，在经济衰退时通过出口退税运行。委员会将不干扰正常预算程序，但仍行使分布与分配的职责。

经济分析和预测，监督政府、议会的提议和决策是否与现有财政准则相一致，该委员会于 2010 年底解散。2009 年，随着新财政准则的引进，德国创建了一个"稳定委员会"（Stability Council）（包括联邦财政和经济部长和各州财政部长），① 它替代了财政规划理事会（Financial Planning Council），负责监督预算工作。在理事会认为联邦或州政府存在陷入财政困境的风险时，该政府必须提出整改措施；预计理事会也将管理整合计划的实施。正如前文所述，2010 年英国建立了"英国预算责任办公室"（OBR）来对公共财政和经济作出独立的评估。

12.5.4 支出准则

从 20 世纪 90 年代后期起，一些欧洲国家纷纷引入支出准则（例如瑞典、芬兰、荷兰；见 Wierts, Deroose 和 Moulin, 2005）。该类财政准则尽管于欧盟层面可能存在着问题（确实，目前关于公共部门的规模和角色仍没有在欧盟范围达成一致性意见），但其可以作为一种有效的国家工具，来追求财政纪律和可持续性以及与欧盟的准则保持一致。该类准则可以使决策者不单单认同预算平衡，还可以认同对政府规模的规定，在高赋税国家，这一规模会非常庞大。

制定支出准则有诸多原因（Banca d'Italia, 2001；Dában 等, 2003；Deroose, Moulin 和 Wierts, 2006）：（1）与收入和赤字相比，政府更能控制其收入；（2）支出准则易于向公众和监督者解释，这意味着支出准则具有更高的透明度和可说明性；（3）支出准则不影响收入方面的稳定性，这与税收平滑和周期性调节目标相一致；（4）支出准则可以抑制支出增长的态势，使自身成为 SGP 的良好补充，但支出增长往往在经济繁荣时期缺乏遵守财政约束的原动力；支出的压力是导致顺周期性以及财政政策在经济周期内不对称的主要因素（Balassone, Francese 和 Zotteri, 2010）；（5）支出准则可把年度预算过程与一个多年政策框架联系起来。

有关支出准则的争论集中在关于参考指标和有关的支出项目的一系列可能存在问题的特征上（Ljungman, 2008）。第一，支出准则可以代表一

---

① 在 2009 年改革之前，德国在财政领域甚至还存在着一些委员会，主要为负责预测和提出建议。根据 von Hagen（2010），这些委员会缺乏透明性，更为重要的是，其既没有确保公共财政可持续性的使命，又没有任何执行权力。

种在名义或实际项目定义下的目标。① 第二，支出准则可以考虑主要支出或者总支出：一方面利息支出不可控，另一方面，利息支出影响预算平衡和债务动态。② 第三，应该只针对经常性支出，还是也包括资本支出？第一个选择可能导致典型的黄金准则的扭曲，另一个选择将要设定独立和保证目标。第四，应不应该排除周期性敏感支出？如果不排除，则准则可能成为顺周期的政策，但排除也可能会引发一些技术性问题：例如，对结构性失业的支出该如何对待？第五，应该只包括可支配支出，从而排除保障金吗？养老金和医疗开支是其中最重要的支出项目：如果被排除在外则支出目标将不会那么有意义。但反之，也可能在实施中出现问题：达成目标将需要结构性改革的支持。

明确的支出准则不是德国改革框架的一部分，这一事实可能反映了德国近年来在控制支出方面是成功的。如今，德国的公共支出对 GDP 的比率比欧洲平均水平低三个百分点。其他国家可能认为控制公共支出相对要更加紧迫：支出准则可以使这一紧迫性更加明显。正如在瑞典，这一准则应补充（并非替代）预算平衡准则。

12.6　未来

限制公共赤字和债务的需要、来自金融市场的压力以及欧盟财政框架的加强，将会促使许多欧洲国家完善其财政准则和制度。改革可能使国家的财政框架与欧盟准则更加一致，并提高它们的中期适应性。正如法国的辩论所表明，德国的新准则代表了政策辩论的参考点。但解决方式可以有差别。在预算问题很大程度上源于检查开支困难的国家，支出准则可以与平衡预算准则一起，发挥重要作用。在一些国家，独立的机构能够提供预测、建议和监控财政进展，一旦政策和优先权被明确，则会有更大空间进行独立评估。对地方政府实施平衡预算，可以成为政府间协调问题的解决方案的一部分。但是其他选择也是可行的，例如，一些国家已经试行了《内部稳定协定》（Internal Stability Pacts），其通常包括处罚和纠错机制。

---

① 在通胀预测出现显著错误的情况下，会考虑该问题。作出何种选择取决于时间跨度：短期内名义支出更加有意义，中期内实际支出更加有意义。

② 作出何种选择仍取决于时间跨度：短期内主要支出更加有意义，中期内总支出更加有意义。

12 欧盟框架下的国家财政准则

财政准则可以使政策与时间更加一致，促进财政纪律和稳定，但财政准则不是魔术棒。政府可以选择无视（或是明确地或是暗中地）他们自己的准则。很多因素（周期性发展、非预期冲击、结构性变动）可能会要求对准则进行调整，这可能会危及准则的可信性。只有以一个全面的财政框架和高度的透明度为基础，财政准则才能真正有效。只有公众舆论认为财政准则对政策制定有价值，才会使准则在较长时间里都得到成功地实施。

参考文献

Advisory Commission on Inter-governmental Relations (1987). 'Fiscal discipline in the federal system: national reform and the experience of the states', Washington, DC.

Ayuso-i-Casals, J. (2010). 'National fiscal governance reforms across EU member states', European Economy Occasional Papers, No. **67**.

Ayuso-i-Casals, J., D. G. Hernández, L. Moulin and A. Turrini (2007). 'Beyond the SGP: features and effects of EU national-level fiscal rules', in Banca d'Italia (ed.), *Fiscal Policy: Current Issues and Challenges*, Rome.

Balassone, F., M. Francese and S. Zotteri (2010). 'Cyclical asymmetry in fiscal variables in the EU', *Empirica*, **37**(4): 381–402.

Balassone, F. and D. Franco (2000). 'Public investment, the Stability Pact and the golden rule', *Fiscal Studies*, **21**(2): 207–29.

  (2001). 'EMU fiscal rules: a new answer to an old question?', in Banca d'Italia (ed.), *Fiscal Policy: Current Issues and Challenges*, Rome.

Balassone, F., D. Franco and S. Zotteri (2009). 'Rainy day funds: can they make a difference in Europe?', in J. Ayuso-i-Casals, S. Deroose, E. Flores and L. Moulin (eds.), *Policy Instruments for Sound Fiscal Policies*, Basingstoke: Palgrave Macmillan.

Balassone, F. and M. Kumar (2007). 'Cyclicality of fiscal policy', in M. S. Kumar and T. Ter-Minassian (eds.), *Promoting Fiscal Discipline*, Washington, DC: IMF.

Banca d'Italia (ed). (2001). *Fiscal Rules*, Rome.

  (2007). *Fiscal Policy: Current Issues and Challenges*, Rome.

Baumann, E., E. Dönnebrink and C. Kastrop (2008). 'A concept for a new budget rule for Germany', CESifo Forum, No. **2**.

Bodmer, F. (2006). 'The Swiss debt brake: how it works and what can go wrong', *Schweizerische Zeitschrift für Volkswirtschaft und Statistik*, **142**(3): 307–30.

Buchanan, J. M. (1997). 'The balanced budget amendment: clarifying the arguments', *Public Choice*, **90**: 117–38.

Calmfors, L. (2003). 'Fiscal policy to stabilise the domestic economy in EMU: what can we learn from monetary policy?', *CESifo Economic Studies*, **49**(3): 319–53.

Camdessus, M. and R. Guidée (2010). 'By the rule', *Finance & Development*, **47**(3): 38–9.

Council of the European Union (2005), *Presidency Conclusions*, Brussels, 22–23 March.
Dabán, T., E. Detragiache, G. Di Bella, G. M. Milesi-Ferretti and S. Symansky (2003). 'Rules-based fiscal policy in France, Germany, Italy and Spain', IMF Occasional Paper, No. 225.
Danninger, S. (2002). 'A new rule: the Swiss debt brake', IMF Working Paper, No. 18.
Debrun, X., D. Hauner and M. S. Kumar (2007). 'The role for fiscal agencies', in M. S. Kumar and T. Ter-Minassion (eds.), *Promoting Fiscal Discipline*, Washington, DC: IMF.
Deroose, S., L. Moulin and P. Wierts (2006). 'National expenditure rules and expenditure outcomes: empirical evidence for EU member states', *Wirschaftspolitische Blätter*, **53**(1): 27–43.
Deutsche Bundesbank (2005). 'Deficit-limiting budgetary rules and a national stability pact in Germany', *Monthly Report*, **57**: 23–37.
(2007). 'Reform of German budgetary rules', *Monthly Report*, **59**: 47–68
(2009). 'The reform of the borrowing limits for central and state government', *Monthly Report*, **61**: 78–9.
Eichengreen, B., R. Hausmann and J. von Hagen (1999). 'Reforming budgetary institutions in Latin America: the case for a national fiscal council', *Open Economies Review*, **10**: 415–42.
European Commission (2001). 'Public finances in EMU', *European Economy*, 3
(2006). 'Public finances in EMU', *European Economy*, No. 3.
(2010a). 'Reinforcing economic policy coordination', Communication from the Commission, 12 May.
(2010b). 'Enhancing economic policy coordination for stability, growth and jobs: tools for stronger EU economic governance', Communication from the Commission, 30 June.
(2010c). 'Strengthening economic governance in the EU: proposals for Council Regulations', 29 September.
Federal Ministry of Finance (2009). 'Detailed concept for the new federal budget', www.bundesfinanzministerium.de/nn_4318/DE/Wirtschaft_und_Verwaltung/Finanz_und_Wirtschaftspolitik/Neue_Steuerungsinstrumente/020709_Feinkonzept_1_Zusammenfassung_engl,templateId=raw,property=publicationFile.pdf.
(2010). 'German Stability Programme – January 2010 update'.
Fischer, J. (2005), 'Swedish budget rules: praise from Brussels, pressure at home', *ECFIN Country Focus*, **2**(4).
Groupe de travail présidé par Michel Camdessus (2010). *Rapport – Réaliser l'objectif constitutionnel d'équilibre des finances publiques*, 21 June.
Guichard, S., M. Kennedy, E. Wurzel and C. André (2007). 'What promotes fiscal consolidation: OECD country experiences', OECD Economics Department Working Paper, No. 553.
HM Treasury (2008). Pre-Budget Report, November.
Inman, R. P. (1996). 'Do balanced budget rules work? US experience and possible lessons for the EMU', NBER Working Paper, No. 5838.

Inter-American Development Bank (IADB) (1997). *Fiscal Stability with Democracy and Stabilization, Report on Economic and Social Progress in Latin America*, Washington, DC: Johns Hopkins University Press for the Inter-American Development Bank.

Jonung, L. and M. Larch (2006). 'Improving fiscal policy in the EU: the case for independent forecasts', *European Economy Economic Papers*, No. 210.

Kopits, G. (2007). 'Fiscal responsibility framework', *Public Finance Quarterly*, No. 2: 205–22.

Kopits, G. and B. Romhányi (2010). 'Lessons from Hungary', Paper presented to Conference on Independent Fiscal Institutions, Fiscal Council Republic of Hungary, Budapest, 18–19 March.

Kopits, G. and S. Symansky (1998). 'Fiscal policy rules', IMF Occasional Paper, No. 162.

Koske, I. and N. Pain (2008). 'The usefulness of output gaps for policy analysis', OECD Economics Department Working Paper, No. 621. Development Bank.

Kumar, M. S., and T. Ter-Minassian (eds.) (2007). *Promoting Fiscal Discipline*, Washington, DC: IMF.

Larch, M. and A. Turrini (2009). 'The cyclically-adjusted budget balance in EU fiscal policy making: love at first sight turned into a mature relationship', *European Economy Economic Papers*, No. 374.

Ljungman, G. (2008). 'Expenditure ceilings: a survey', IMF Working Paper, No. 282.

Mody, A. and S. J. Stehn (2009). 'Germany's new fiscal rule: a responsible approach to fiscal sustainability', www.voxeu.org, 11 August.

Morris, R., C. R. Braz, F. de Castro, S. Jonk, J. Kremer, S. Linehan, M. R. Marino, C. Schalck and O. Tkacevs (2009). 'Explaining government revenue windfalls and shortfalls: an analysis for selected EU countries', ECB Working, Paper, No. 1114.

Morris, R., and L. Schuknecht (2007). 'Structural balances and revenue windfalls: the role of asset prices revisited', ECB Working Paper, No. 737.

Münchau, W. (2009). 'Berlin weaves a deficit hair-shirt for us all', *Financial Times*, 21 June.

OECD (2010). Germany, *OECD Economic Surveys*, 9.

Pigou, A. C. (1928). *A Study in Public Finance*, London: Macmillan.

Swedish Fiscal Council (2010). 'Swedish Fiscal Policy', 17 May.

Tosetto, E. (2008). 'Revisions of quarterly output gap estimates for 15 OECD member countries', OECD, Statistics Directorate, 26 September.

van Rompuy Task Force on Economic Governance (2010). '*Strengthening economic governance in the EU*', Final Report of the Task Force to the European Council, Brussels, 21 October, www.consilium.europa.eu/uedocs/cms-data/docs/pressdata/en/ec/117236.pdf.

von Hagen, J. (2010). 'The scope and limits of fiscal councils', Paper presented at the conference on Fiscal Councils organised by the Fiscal Council of

Hungary, Budapest, 18–19 March.
von Hagen, J., M. Hallerberg and R. Strauch (2004). 'Budgetary forecasts in Europe: the track record of stability and convergence programmes', ECB Working Paper, No. **307**.
Wierts, P. (2007). 'How do expenditure rules affect fiscal behaviour?', in Banca d'Italia (ed.), *Fiscal Policy: Current Issues and Challenges*, Rome.
Wierts, P., S. Deroose and L. Moulin (2005), 'National expenditure rules and expenditure outcomes: empirical evidence for EU member states', *Wirtschaftspolitischer Blätter*, **53**(1): 27–41.
Wyplosz, C. (2002). 'Fiscal policy: institutions versus rules', CEPR Discussion Paper, No. **3238**.

13 更好的处置之路:从纾困到自救

Thomas F. Huertas[①]

13.1 简介

更好的解决方案,形成了治愈未来危机的重要组成部分——包括更好的规章、更好的监管和更好的宏观经济政策(Huertas,2010a)。本章概述了一条可能路径,以更好地对待大型、系统重要性金融公司的问题。

实现对这类公司问题的更好处置是非常重要的。"大而不倒"代价太大而难以持续,并且必须找到办法,以确保在处置濒临破产的银行问题时,能够不为纳税人增加成本以及最大限度地减少社会成本。"大而不倒"扭曲了竞争,引发道德风险,威胁公共财政。转变"大而不倒"情况的基础正在逐渐形成:那就是引进对银行的特别处置制度和要求银行立下"生前遗嘱"(living wills,即复苏和处置方案)。为打下这些基础,首要的是建立一种方法,如何在没有纳税人权益支持的情况下处置大型、复杂的跨境银行的问题。银行自救安排机制(bail-in,以下简称银行自救)提供了这样一个处置方案的承诺,本章将分析如何履行这一承诺。

结果的可能性有很多。如果银行自救起作用,"大而不倒"就会化作历史的尘埃;如果银行自救不起作用,结构性处置方案(让银行缩小或简化)的情况将会变得更加引人注目,还可能通过对银行征税为未来的救助支出提前融资。

---

① 作者是欧洲银行监管局的轮值主席,还是英国金融服务局执行委员会的委员。本章观点仅代表作者个人观点,不代表欧洲银行监管局或金融服务局观点。本章内容的早期版本已提交至由斯洛伐克国家银行、爱丁堡的赫瑞瓦特大学和布拉迪斯拉发市的国立考门斯基大学于2010年9月6~8日在布拉迪斯拉发的斯洛伐克国家银行举行的关于"欧元区和金融危机"的会议。修改的版本得益于 Philip Hartmann 以及 Stephen Strongin 和 Michael Krimminger 给出的建议。Stephen Drayson、John Thompson 和 Matt Lucas 也为本文付出了心血。本章的所有错误均由作者承担。

13.2 纾困的概率决定风险

任何私营部门债权人,其将蒙受损失的风险是以下三个因素的乘积:[1]

(1) 债务人(没有被纾困)将拖欠付款给债权人的概率(PD);

(2) 纾困发生的概率(PB);

(3) 纾困(LGB)或违约(LGD)导致的损失。

一个简单的示例显示了纾困的概率对与信贷有关的预期损失会产生重大的影响。比如有两个借款人,"可能被解救"和"可能被放弃",二者均有20%违约的概率,且违约导致损失概率为25%。如果纾困发生,纾困导致损失为零。两个借款人唯一的不同之处在于如果在干预被允许的情况下,市场对于当局纾困该机构的概率的估计。[2]对"可能被解救"的一方来说,纾困的概率是95%;对"可能被放弃"的一方来说,救济的概率是5%。前者的预期损失为25个基点,后者的预期损失为475个基点。预期损失的巨大差异,会导致两个借款人支付的风险溢价产生显著差异。

这个简单的示例说明了两件事:(1) 纾困概率的分析,对信用分析来说是不可或缺的;(2) 市场对概率预测的变化能够对借款人将要支付的价差产生显著影响。如果概率预期的变动很突然或波动很大,随之而来的借款人将不得不支付的价差变化,会在总体上对经济产生不利影响。

13.3 估计纾困的概率

纾困的概率大小取决于两个方面——一个可能的担保人对出现问题的借款人进行纾困的能力和意愿。在有些情况下,立法试图禁止或限制能够救助借款人的担保人的范围来使其停止担保。举列来说如《马斯特里赫特条约》对欧洲中央银行(ECB)的限制以及《多德—弗兰克法案》(Dodd-Frank Act)对联邦存款保险公司(FDIC)及其他美国机构的限制。在其他情况下,法律要求可能的担保人支持借款人,即便这些担保人中有一个或多个可能无法达到法律的要求。

---

[1] 预期损失可以表示为 EL = PD {PB × LGB + (1 - PB) × LGD},并且市场要求的风险溢价将会是预期损失的函数。注意违约发生的概率与违约导致的损失(没有纾困)可能呈正相关。

[2] 在干预被允许的情况下,这一市场预期的概率可能与因当局自身将要纾困的机构的可能性不同。

13 更好的处置之路：从纾困到自救

立法机构可以对其继任者施加约束，对此也有限制。即便没有纾困的准则存在，当局也已经找到了纾困借款人的方法。政府已经向银行注入了资本来防止其破产或关闭；并且欧元区成员国已经创建了一个金融团结协定，以增强各成员国应对主权债务的能力。

所以它是在为市场参与者进行一些分析，包括当局进行纾困的能力和意愿。能力是一个相对资源的问题：可能的担保人有没有足够的资源，在需要纾困时就能及时提供纾困？纾困会不会拖累担保人自身满足债务需要的能力？这些问题可以由传统信用分析来回答，假定可能的担保人不得不对借款人进行纾困，这种分析方法可以阐明担保人实施纾困的最经济有效的方法。

可能的担保人为借款人纾困的意愿，要分析起来是更加困难的。一种分析起点就是简单推断其过去的行为。如果某当局曾有过纾困的经历，市场会认为该机构在未来遇到相同情况时会采取相似的行动。①

这样一个简单的推断可以进一步扩大，包括可能的担保人在怀有是否纾困借款人的疑问的情况下，而进行的成本效益分析（CBA），该分析把纾困的收益与成本进行比较。相对于没有纾困，纾困的收益一般被认为是更高的财政稳定性、更高的产出和更多的就业；纾困的成本，至少就是纾困行为本身造成的财务成本，然而更为理想的是，提供纾困的成本应该还包括纾困行为的连锁效应：担保人的财务灵活性降低，在市场参与者中会对纾困形成更高的预期，认为纾困行为会变成行为常态——一个可能会助推未来的危机的因素。只注重眼前的利益和成本（这是短期内更确定和更容易在官方决策者任期内兑现的），会使支持纾困行为的成本效益分析结果出现偏差。

13.4　市场对纾困发生概率的估计突然变动的影响

市场对纾困发生概率的估计出现预料不到的、突然的减少，会产生严重和直接的不良后果。正如前文所述的简单示例所体现的，对纾困概率的估计发生突然的改变，从95%降到5%，会显著提高延伸到企业信贷的预

---

① 如果市场参与者确实在推断当局的过去的行为，那么让当局去履行模棱两可的政策是极其困难的。这样一种政策假定，市场关于当局会不会采取纾困措施确实是有疑问的。

期损失（继而提高风险溢价），这将提高公司的资金成本，减少公司的融资能力。

这样的突然逆转恰恰发生在2008年9月。9月14日，美国当局下令雷曼兄弟公司的控股母公司提交申请破产（Paulson，2010：220）。这突然逆转了保护系统重要性大型公司的模式，这种模式是先通过纾困贝尔斯登（2008年3月），继而通过接管房利美、房地美（2008年9月）建立起来的。

9月25日对华盛顿互惠银行（WaMu）的处置方案进一步加剧了这一情况。尽管FDIC根据美国法律应用成本最低的处置方法来处置华盛顿互惠银行的问题，但由此给无担保债权人带来的损失仍使许多市场参与者感到吃惊，[①] 并使投资者对放进陷入困境的银行的资金非常担心，即便隔夜的资金也是如此。

关于资金的进一步压力来自于"不良资产纾困计划"（Troubled Asset Relief Program，TARP）的实施。从国会寻求资金，美国政府强调指出其已经竭尽了预算的权力，以拯救陷入困境的机构，并概述了如果国会未能颁布该计划将会出现的可怕后果。然而，美国国会最初在9月29日拒绝了TARP，由此产生了一个怪谈：即便是美国，也因为实力太小而挽救不了这些金融机构。国会于10月3日最终颁布了"不良资产纾困计划"（TARP），但显然政府还没有一个迅速落实TARP的计划。

市场对美国干预解决政策的评估发生的逆转并没有继续蔓延。雷曼兄弟的倒闭，并没有导致支付、清算和结算基础设施的失败。事实上，它们运行得相当不错。[②] 雷曼兄弟或华盛顿互惠银行的失败也没有给其他市场

[①] 尽管华盛顿互惠银行（WaMu）曾是一家规模很大的银行——拥有超过三千亿美元资产、接近两千亿美元存款和遍布15个州的2200家分支机构——FDIC并没有调用美国法律《联邦存款保险公司促进法》（FDICIA）所允许的系统性风险豁免，而是根据FDICIA的规定，使用成本最低的处置方法来处置华盛顿互惠银行的问题。摩根大通在FDIC的一次拍卖中，收购了担保存款以及其保险银行子公司的某些资产和负债，交易的价格为19亿美元。剩下的是控股母公司的资产和负债，以及在运营的银行分支机构的未担保债务，包括超过10万美元承保限制的未担保存款。这些债权人遭受了严重的损失。

[②] 这一结果部分依赖于美联储决定支持美国经纪商分支机构，给予它们额外的天数来从美联储得到紧急的流动性支持。这使得巴克莱加速对美国经纪商的资产和负债情况进行尽职调查以及购买选定的雷曼兄弟的资产和负债。然而，即便在分支机构立即被纳入监管的英国，基础设施也同样运行良好。例如，伦敦清算所，能够使用雷曼破产的保证金来清算其头寸，而不必求助于违约基金（default fund）。

13 更好的处置之路：从纾困到自救

参与者造成损失，它们严重地消耗了问题中的交易对手的资本和/或流动性。雷曼兄弟的倒闭真正导致的是，它向市场参与者强调了，美国政府没有必要做其他交易经纪商的后盾。对华盛顿互惠银行的处置起到的作用是，强调了美国政府会设置很高的门槛以实施美国联邦存款保险公司改进法案（FDICIA）立法的"系统风险免除"，以及美国当局将参考存款担保基金的成本而不是社会整体的成本，来处置即便是非常大的机构的问题。①

雷曼兄弟的倒闭以及采用最小成本法来处置华盛顿互惠银行的决定，与其说是传染效应，不如说更像一个在金融市场中掀起了巨大海啸的海底地震。海啸造成严重的连锁反应，首先在某些机构，继而整个金融市场，最后整个国民经济。雷曼兄弟倒闭最直接的影响是强调了独立的投资银行是不能生存的。如果政府让雷曼兄弟倒闭，就会显著提高政府让别家独立投资银行倒闭的可能性。结果，这使投资者认为把现金余额和证券资产组合从这些机构转移到与商业银行相关的机构（被认为得到政府支持的程度更高）是明智的。

这一行动从9月15日市场开盘就开始进行，持续了整整一周的时间。摩根士丹利（其信用违约掉期利差由9月12日的245个基点猛增至9月18日的883个基点）和高盛（其信用违约掉期利差由9月12日的183个基点猛增至9月18日的548个基点）的压力尤为巨大。摩根士丹利和高盛的压力仅仅在各家宣布来自第三方投资者的权益注入以及转为受美联储监管的银行控股公司、从后者获得流动性便利之后才开始有所减轻。

相比之下，紧接着雷曼兄弟的美林压力没有那么大，尽管其公司内部有许多比摩根士丹利或高盛内部严重得多的问题。美林的信用违约掉期利率实际上出现了下降（由455个基点降到了398个基点）——符合市场认为美洲银行会支持美林（与9月14日宣布的合并协议相一致），并且美联储在必要的情况下会支持美洲银行的假设。

---

① FDICIA立法包含了一项所谓的"系统风险免除"，允许FDIC根据自己的判断，在需要的情况下向倒闭银行提供公开的援助，其由美国联邦储备委员会的绝对多数成员以及财政部长"在与总统协商后"批准。"系统风险免除"是在9月26日有关花旗银行对美联银行的建议收购时被首次使用的。然而，这笔交易并没有完成，富国银行给出了更优越的报价，允许美联银行在不对FDIC付出成本的情况下处置其问题。最后的结果是，美国政府使用"系统风险免除"时缺乏透明度，以及美国当局是否会或可能坚持最初在危急情况下达成的交易缺乏透明度。

尽管独立的投资银行是受直接影响最大的机构，由强制雷曼兄弟破产决定引发的金融海啸，总体上对金融市场造成了严重破坏。它导致对风险的重新定价，走质量之路，以及远离最可能请求干预的机构。雷曼兄弟倒闭之后，LIBOR-OIS利差立即向上攀升，从9月12日已经是很高水平的75个基点上升至9月18日的116个基点。在这种环境下，像苏格兰哈里法克斯银行（HBOS）和华盛顿互惠银行（WaMu）这种具有风险的信用组合、严重依赖短期大规模融资的机构是尤其脆弱的，且它们可能会一个接一个地要求某种形式的干预。

美国当局处置WaMu（尽管符合FDICIA规定）的方式让市场感到吃惊，使局势进一步恶化。把损失加在无担保债权人和未投保存款人上的决定，无异于一个大余震会引发新的海啸。对流动性的再次争夺，伴随着更加注重质量、远离拥有问题资产和/或资金状况的机构，如美国的美联银行，英国的Bradford & Bingley银行、欧洲经济区内的富通银行、比利时德克夏银行、德国HRE银行和冰岛银行等。在WaMu问题处置之后的几天里，LIBOR-OIS利差继续急涨，从9月26日的152个基点上升到10月8日的201个基点。对雷曼兄弟和WaMu的处置方法，实质上降低了市场对当局对需要纾困的机构施以援手的预期。这造成了金融市场上对流动性的激烈争夺。

对流动性的争夺，在整体经济中掀起了一个恶性的债务通缩的周期。为了提高流动性，银行开始廉价出售优质资产，缩小它们曾扩大的信用额度；企业开始降低库存、削减开支、缩小生产以及裁员；消费者停止消费汽车、家具、家电等耐用品，取消或减少度假、娱乐和外出就餐。结果是世界经济开始自由落体。2008年第四季度和2009年第一季度的产出下降率甚至高于大萧条初期世界经济开始恶化时的下降率。

13.5 "退出策略"的必要性

市场充分地意识到，继续实施2008年第四季度和整个2009年那么大规模的财政和货币刺激是不可持续的。财政部和中央银行需要制定一个"退出策略"，它的某些迹象已经非常明显（Bernanke，2010）。

但该"退出策略"也必须围绕着处置。对于政府来说，继续承诺不会允许任何一家系统性重要的机构破产是没有持续性的。这样的承诺没有持

13　更好的处置之路：从纾困到自救

续性，是源于两方面原因。首先，它违背了市场原则，这提高了系统重要性机构的请求干预和政府将被要求提供执行担保的可能性。其次，承诺不可持续仅仅是因为潜在的支出问题。在很多国家，几家最大规模的金融机构的总资产负债表数倍于其总部所在国家的 GDP。即便政府有心去承担责任，为总部在此的金融机构的负债做后盾，它们也没有办法去这么做，并且/或者没有得到为满足这种支持的承诺所要求的开支的政治授权。

我们必须以慎重的、深思熟虑的方式，从全力支持系统重要性金融机构的政策中转移出来，以免我们突然地被迫这么做，和重复在雷曼兄弟和华盛顿互惠银行例子中所犯的错误。我们需要规划长期的处置方法，并考虑如何采取从现今的措施转变到我们需要的措施上去。

13.6　我们的处置政策应该是什么？

理想中的处置政策，是政府可以不动用纳税人的资金资源的同时最小化可能对社会产生的影响（大到广泛的干扰，小到存款、保险以及/或者证券账户），迅速处置机构的问题。它将在确保资本提供者保持暴露损失并且避免必须向银行负债提供广泛或持续长时间担保的情况下，顾及到客户相关的活动最大的连续性。这样的处置方案也会避免突然从支付、清算、结算基础设施上剥离出银行而引起的问题。它也会考虑到存款账户的保持、循环信贷安排以继续运作。实际上，这样的处置政策，相当于通过快速出售给第三方某些业务以及某些业务迅速减少，而使银行出现加速但仍有偿付能力的下滑。这将让客户基本不受影响，而让投资者/资本提供者承担损失。[1]

为探知如何实现这一理想，当局要求一些大银行立下"生前遗嘱"，或者恢复和处置方案。[2] 生前遗嘱要求银行要提前做好准备，一旦银行的情况恶化到应该加以干预的程度时，银行要能够在短时间内提供当局所需的材料，以便当局就使用何种处置方案作出选择。实际使用的处置方案（从众多处置方案中选出的）是由当局开发的。

---

[1] 关于对客户和投资者资本之间区别的更全面的讨论，请参见 Merton 和 Perold（1993）和 Huertas（2010c）。

[2] 关于对"生前遗嘱"更全面的讨论，请参见 Huertas（2010b）。

尽管处置方案可能并不完整，但做一些关于应该得出什么样结论的初步假设，也许并不为时过早。

13.6.1　这项任务仍然是重要的

正如上文所述，"大而不倒"是不可持续的。我们需要远离那种大型系统重要性企业总会被救的观念。市场必须回到现实，在银行情况恶化到需要被干预的程度时，要期望处置而不是简单纾困。

让市场的观念发生这样的变化需要做足准备，简单地用一个周末的时间就从"纾困"转变到"不纾困"是不会起作用的。美国在雷曼兄弟身上做了这样的尝试，结果把世界经济带到了崩溃的边缘。我们需要一个处置大型、复杂的金融机构的方法，既不会有纳税人显著的支持，也不会有巨大的社会成本。并且该方法应被优先考虑，如果一家公司不再符合临界值的条件（最小的监管要求），当局会使用该方法去处置该公司的问题。

如果处置对于大型的系统重要性的企业不是切实可行的选择，那么是否应该允许这些企业变得如此庞大或者如此复杂以至于成为了系统重要性的企业，就应该受到质疑。它会制定一些措施（针对资本和流动性要求、税收、规模和/或活动的限制等），这将迫使企业变得更小和/或更简单。反之，如果处置是一个可行的选择，则对结构性改革的需要将会减少甚至可能消失。

13.6.2　特别处置制度是必不可少的

银行的问题是不太适合用标准的公司破产程序来处置的。不像非金融企业，对银行来说，没有现成的办法在破产中继续运营。这意味着在银行的例子中，标准的破产程序事实上相当于银行的清盘——相比于一个允许企业继续运行的处置程序，破产程序几乎总是意味着显著的更高的成本。

基于这个原因，为银行设计一个特别处置制度是有意义的。这包括两个方面：

（1）触发点的规定：在这个点上，监管者判定该银行已不再有足够的资源（如资本、流动性）履行其义务。

（2）处置方法的选择和实施：如果银行监管者决定实施干预，处置制度为处置当局提供一系列的方法，使其能快速处置银行的问题。这使处置当局可以在要求的时限内（至多一个周末，可能是隔夜）采取行动。

13.6.3 现有可选的处置方案不足以处置系统重要性机构的问题

一般而言，如果当局决定采取干预措施，那么在特别处置制度下当局有三种干预/处置方案（表13.1）。它们分别是清偿/存款偿付、存款转让/桥梁银行以及股权转让（临时国有化，TPO）。每一个方案都涉及纳税人的支持、直接影响以及长期的市场影响。这些方案中没有一个是令大型系统重要性机构满意的，基于这个原因，当局在金融危机期间选择了第四个方法"早期注资"，它在特别处置制度之外。

表13.1　　救助办法综述

	纳税人支持	短期影响/成本	长期影响/成本（道德风险）	隐患存在/不存在
特别处置机制（SRR）项下措施				
清偿/存款偿付	无	很高	消除道德风险	不存在
存款转让/桥梁银行	有限	高	提高市场纪律，降低成本	不存在
股权转让/临时国有化（TPO）	有待决定	有待决定	有待决定	存在
早期注资	很高	有限	高（道德风险增加）	存在

注：SRR——特别处置机制。
资料来源：作者。

清偿/存款偿付对于大型的系统重要性银行，尤其是拥有以百万计的小额存款账户和/或向中小型企业（SMEs）大规模提供信贷的银行来讲，是不容易实现的。除了允许银行清算可能导致的较高损失，储户获得资金一旦有任何延误[①]和中小型企业不得不为它们曾可获得的信贷额度寻求替代额度时，都会造成严重的连锁反应。在某种程度上，如果当局能够把客

[①] 储户收回其存款的速度很大程度上取决于存款保障计划及时支付投保储户的能力。根据《欧盟存款保障计划条例》（EU Deposit Guarantee Schemes Directive，DGSD）拟议的修订，欧盟成员国的存款保障计划，能够实现在银行破产后的21天之内支付保险存款。这将要求在众多成员国的存款保障计划方面要简化程序，在银行本身的数据管理程序方面要发生改变。它还要求存款保障计划拥有立即获得足够资金的保证。对该问题更进一步的研究，请见Huertas（2010a；第8章）。

户活动转移到一个桥梁银行或者转移存款到健康的银行，那么就会减少这些直接成本。这考虑到了客户业务的连续性，并避免了与清偿和存款偿付相关的相当部分的连锁反应。但是这样的分离活动很难迅速开展，尤其对那些大型的、复杂的、在国际上活跃的，拥有相当数量交易账户和大量衍生账目的银行来说更是如此。这样的分离意味着银行的某些部分被清算，也意味着可能会需要纳税人和中央银行的支持来保证"健康的银行"继续保持下去。

第三个处置方案，股权转让或临时国有化（TPO），保护着银行持续经营，但事实上要求纳税人保证破产银行的债务，并且可能要求纳税人注入新股本。这避免了银行破产造成直接的经济上的影响，但增加了政府的责任，削弱了政府的信誉。这也具有长远的意义。一旦银行在不久的将来需要帮助，市场参与者会视干预为确认政府解救银行的意愿，但削弱了这样做的能力。

早期注资避免了这些缺陷。在这种方法下，政府支持银行无须触发特别处置制度，这样银行根本不会破产。这完全保证了银行的持续运营，避免了那些给银行和交易对手带来巨大成本的措施，例如关闭衍生品交易。形式上，注资也是自愿的，在某种意义上说，它是由银行的股东及董事会批准的。某些情况下，政府作为后备的包销商提供股票报价——如果可以，银行可以任意从私人来源获得资本。早期注资也会避免政府不得不拥有银行的全部所有权，这降低了银行债务将会完全被视为政府义务的预期——这使得政府可以保持较高程度的财政灵活性。

然而，早期注资明显有利于优先股股东，继而是次级债持有人以及其他形式的投资者，例如私人市场参与者提供给银行的优先债务。唯一不利的投资者是普通股股东——他们遭受了稀释的"摧残"，即便是这样也还有可能被拖延或者撤销，如果政府以优先股或银行可以随后赎回的类似工具注入新资本。在早期注资下，纳税人事实上承担了银行不会复苏的风险，而不是提供给银行非股本的私人投资者。这削弱了市场约束、引发更多道德风险并且可能破坏公共财政。

13.6.4 最大限度地减少处置方案的社会成本取决于维护客户活动

与一家大型的、复杂的金融机构破产相关的社会成本的大小，关键取决于这家机构是否仍能坚持对客户履行义务，如支付存款、外汇结算、债券和衍生品交易等。

这种对客户的义务要与所谓的"投资者资本"严格区分开来。一些投资者资本清晰地归类为资本，优先股和次级债都是例子。这种投资的动机来自于投资工具提供的回报。这种工具没有相关的服务，不提供给投资者对其他风险的保护（不像衍生品那样）。可以认为，长期优先债也是所谓的"投资者资本"，尽管它大多数情况下与一些或所有客户的债务享有同等的权利。

13.6.5 速度很重要

在处置系统重要性企业时，速度很重要。当业务停止以及具有系统重要性的大型公司的账目可能会关闭时，某天业务关闭和第二天业务开始之间的时间窗口非常窄。在周末这个时间窗口可以延伸至长达36个小时——周五北美业务关闭到周一亚洲业务开始之间的时间（周日在欧洲和北美）。

作为一个实际问题，当局需要在这个窗口期内施行它们的处置方案。如果该处置方案正尝试确保对客户义务的连续性，那么这一点就必须在当局进行干预之后的次日早晨业务开放之前向市场说明。一旦当局决定干预，延迟宣布处置办法或缺乏对如何对待客户的明确，会给客户和社会造成显著的社会成本。

13.6.6 投资者资本的自救可能会提供一种机制来处置系统重要性银行

鉴于上述内容，投资者资本的自救可能会提供最有效的办法来处置系统重要性大型银行。"自救"是指能够有效地实现一个预包装的银行资产重组的过程，以使银行能够持续经营，继续为所有的客户服务。

13.7 "自救"将如何发挥作用？

"自救"可以在干预时（但正式宣告破产之前）有效地把某些非权益债务转化成权益，使银行可以吸收干预时导致的损失并持续经营下去。这避免了银行遭到清算或被分解成"好账银行"和"坏账银行"，也避免了来自纳税人的股权支持，比如在早期注资下就可能会出现。

从概念上讲，纾困将发挥如下作用。监管者一旦发现银行不再满足阈值条件（干预点），纾困就会发生。"自救"分为两步：

（1）"后备资金"转换成股权；

（2）核销损失。

自救成功有五个主要先决条件，如以下小节所示。

13.7.1 自救的结果

银行自救的结果应该是有干净的资产负债表（如没有余下明显的损失）和强大的资产负债表（如权益资本率大大高于最低要求）。为实现这一目标，银行必须拥有充足的后备资金来满足自救的需要。

首要的也是最明显的先决条件是必须有充足的后备资金来满足自救的需要。否则，银行将不会有充足的资金进行资产重组和核销可疑资产。在自救过程的最后，银行将拥有既干净又强大的资产负债表。

"后备资金"应包括所有形式的资金，一旦发现银行不再满足阈值条件时这种资金将会符合自救的条件。后备资金至少要包括非权益形式的资本（非核心的第一层资本，如优先股；第二层资本，如次级债等），还包括某些形式的优先债（见下文）。

后备资金的总量应该足以完全取代银行普通股的最低要求量，少于这个量都会不足以吸收银行在请求干预时可能产生的损失。理想情况下，后备资金也要足以恢复由当局指定的最低目标水平之上的缓冲区。这意味着后备资金应有至少5%的风险加权资产（RWAs）且最好到10%的水平。

13.7.2 严格的资历应得到尊重

为了使自救产生效果，在干预点，或者通过调低账面价值或者通过转换，必须要披露后备资金损失的可能性。如果自救是为加强市场约束，这些损失都必须以符合严格资历的方式来征收。

13.7.3 自救过程必须能够快速实施

为了使自救产生效果，其必须能够快速且有高度确定性地实施。正如上文所述，处置系统重要性大型银行相关的窗口期将不会超过36个小时。

13.7.4 自救应保持银行能够持续经营

为了使自救产生效果，银行应保持持续经营。这意味着自救本身不应被允许关闭衍生品合约或交叉毁约那些与不受自救影响的工具。特别地，这意味着受自救影响的优先债事实上将被指定为高级次级债，初级存款和其他客户负债不受自救影响。

13.7.5 自救可能需要通过中央银行提供流动性来得到加强

应该指出,自救不需要立即恢复市场对银行的信心。自救可能需要辅以中央银行流动性工具的帮助。这些要在具有超级优先权的基础上,对央行可能提供的任何贷款,要以银行可支配资产抵押作为保证。为此,应该为中央银行提供的流动性支持提前做好统筹和准备(合同、运行等)。还必须采取措施监督可支配金额,以便银行一旦要求自救,则可能向中央银行提供抵押。

13.8 自救的两种方法

广义而言,有两种自救的方法可能会发挥作用。第一种方法是逐步缓释法,第二种方法是转变法。

13.8.1 通过减记/逐步缓释法来自救

一旦监管者认为该银行已不再符合阈值条件,处置机构将接管该银行。根据股份转让/临时公有制的权威,处置机构将以零预付成本获得银行与自救相关的所有股权资本、所有的优先股、次级债和优先债。上述工具涉及的合同支付将被暂停,它们将完全用于吸收损失。

处置机构将保持银行持续运营,客户的负债会继续支付,关闭的衍生品合约将不会被触发。与自救相关的工具持有者会收到凭证保证其从机构的逐步停止/清算中获得收益,这些收益将严格按照优先级派发,优先债为先、次级债为后、优先股再后,如果还有结余,支付给普通股。

举例说明,一家银行有1000欧元资产,其中900欧元为良好资产,另外100欧元为可疑资产(见表13.2),总风险加权资产(RWAs)是500欧元。银行的负债包括850欧元存款、100欧元优先债、15欧元次级债、5欧元优先股和30欧元普通股。普通股分成30股,每股价值1欧元。[①] 假设确切知晓可疑资产不会全部收回,这使得市场停止为银行提供资金,监管者认定银行不再符合阈值条件。

[①] 包括股票的面值和银行的留存收益。注意此处的讨论是基于工具的会计价值,工具的市场价值可能有很大不同。

欧元区与金融危机

表13.2　　通过减记/逐步缓释以实现自我救助

	干预前	临时国有化	周一亚洲开盘时间	减记/清偿过程中的损失分配
资产				
"良好"资产	900	900	900	资产良好,全值变现
可疑资产	100	100	100	变现损失为75
合计	1000	1000	1000	
风险加权资产	500	500	500	
负债				
存款	850	850	850	继续及时偿付
优先债务服从内部救助	100	优先收益票据(100)	100	低于账面价值变现,吸收25的损失,拥有所有残值
次级债	15	次级收益票据(15)	15	低于账面价值变现,吸收15的损失
优先股	5	初级收益票据(5)	5	低于账面价值变现,吸收5的损失
普通股	30	优先损失票据(30)	30	低于账面价值变现,吸收30的损失
合计	1000		1000	
及时的损失吸收能力	1000		150	

　　根据减记/逐步缓释法,处置机构介入。它发行票据给"投资者资本"(自救涉及的普通股、优先股、次级债和优先债),总量与他们之前的持有量相当。资产负债表的规模不会改变,但银行直接吸收损失的容量从30(干预之前的普通股数量)上升至150(投资者资本总量)。周一时银行正常营业,会尽可能考虑到客户的承付款项,所有承付款项会继续兑付(尽管银行提供流动性便利会需要以银行优良资产作抵押产生的资源)。

　　随着清偿措施的进行,损失逐渐显现。吸收损失首先来自于优先损失票据(以前是普通股),继而是次级收益票据(以前是优先股),继而是高级次级收益票据(以前是次级债),最后是优先收益票据(以前是优先债)。该例子中,可疑资产的损失估计达到75,所以优先损失票据、次级

13　更好的处置之路：从纾困到自救

收益票据和高级次级收益票据无论如何是得不到支付的。优先收益票据最终可以得到 75 的求偿权，有效地结束了损失吸收。

为了使例子更简单，可以假定在过程末优先收益票据转换成普通股，使银行最终总资产负债规模为 925 欧元，其中权益 75 欧元。然而在所有的可能性下，处置机构都可能在逐步缓释的过程中为了持续经营而决定出售部分或全部银行给第三方，这会增加或减少最终可用来支付给收益票据持有者的收益。

13.8.2　通过转换法来自救

自救也可以采取转换法。在该方法下，后备资本要素将被转换成（在监管者决定银行不再符合阈值条件的前提之下）普通股，比如 1 欧元优先股（面值）换得的普通股份额比一欧元次级债（面值）少得多，1 欧元次级债换得的普通股股份比 1 欧元优先债少得多。在后备资本转换成普通股之后，需要进行干预的即刻显现的损失将会从新普通股总股本中扣除。

为了进一步说明，假设银行与上文用来说明通过逐步缓释法进行自救是如何起作用的那家银行一样，在干预之前有相同的初始头寸（见表 13.3）。自救过程将按如下说明进行。每欧元优先股将被拆分成 5 股普通股，每欧元次级债拆分成 25 股普通股，每欧元优先债拆分成 100 股普通股。转换后的总股本将为 150 欧元并且减记之前的资本比率（股权/风险权重资产）将膨胀至 30%。接着银行将核销 100 欧元的可疑资产，以使资产负债表收缩至 900 欧元，股权将降至 50 欧元且资本比率（股权/风险权重资产）降至 11%——是被认为是最低要求的 5% 的权益比率的两倍还多。这张资产负债表就是周一亚洲开市时要呈献给市场的报表。

表 13.3　通过将后备资金转为股东权益以实现自我救助

	干预前	转换	减记	周一开市
资产				
"好"资产	900	900	900	900
可疑资产	100	100	0	0
合计	1000	1000	900	900
风险权重资产	500	500	450	450
负债				
存款	850	850	850	850

续表

	干预前	转换	减记	周一开市
优先债务服从内部救助	100	0	0	0
次级债	15	0	0	0
优先股	5	0	0	0
普通股	30	150	50	50
合计	1000	1000	900	900
股东权益/风险加权资产（%）	6	30	11	11
总上限/风险加权资产（%）	10	30	11	11
每级资本对应的股份		转化率	转换后的股份数	转换后占总额比重（%）
普通	30	1	30	0.3
优先	0	5	25	0.2
次级债	0	25	375	3.6
优先债	0	100	10000	95.9
合计	30		10430	100.0

从以上简单例子中可以得到一些实用的结论。首先，转换法可以与核销/逐步缓释法一样，经济、实际地保证普通股持有者首先承受损失。在转换法下股权持有者可能被定义为"稀释死亡"。在这个例子中，这一可能性大于99%。其次，转换法可以迅速实现。它几乎不对不同类别后备资本的比例作要求，不需要对整个资产负债情况作估值。估值修正可以全部关注于会给银行带来问题的可疑资产类别，也有可能给这些可疑资产提供所需的非常保守的估值（比如做一次很大的减记），以给后转换时代的银行带来清算后的强有力的资产负债表。

确定转化率的主体应该是谁，何时确定转化率，这些问题需要得到解决。对于前者有两种备选方案：处置机构或银行自身；对于后者也有两点建议：干预之前或在干预的节点上。于是产生一个 2×2 的可能性矩阵

13 更好的处置之路：从纾困到自救

(见表13.4)。如果转化率在干预之前确定,那么作为银行与资本和优先债提供者协商的一部分,它的确定要么基于法律/监管,要么基于合约。如果采纳的是基于法律/监管的方法,那么会产生一个问题,即该方法是否只应适用于新发行的工具,还是适用于现有工具的存量——它是一个确保向自救制度过渡可以快速完成的支撑因素。

表13.4 通过转换实现自我救助：时间框架与转化率的决策者

		转化率确定时间点	
		干预之前	干预之时
转化率的决策者	处置机构	可能通过法律和监管来确定,但无法针对特定机构,也不具备全面性	可能得以确定,但决定于复审/修正
	银行自身	可能通过涉及新问题或修订的合同确定	在规定的时间内无法确定

如果转化率在干预的节点上确定,则仅仅适合处置机构来操作,在相关的特定处置机制下,处置机构必须具备强有力的力量。银行自身不会与相关各方在要求的时间框架之内就转换达成一致。如果处置机构有授权来确定转化率,一些条款,在笔者看来需要给初级证券持有者一定的时间来买断高级证券,价位应可以等量弥补其未覆盖证券的面值（可能会加上溢价）。①

13.9 从纾困到自救

在肯定地声称自救是解决具有系统重要性大型银行问题的可靠方法之前,还有很多工作要做。在这一过程中的关键因素是：

13.9.1 确保机构有能力在特别处置制度下执行自救

在某些司法管辖区,需要建立对银行的特别处置制度。在那些建立了特别处置制度的管辖区,制度会被核查甚至修改以确保处置机构有能力执

---

① 在前述例子中,如果处置机构已经在干预节点设置了比率,则原来的普通股持有者将在自救后的一段时间里（比如一个月）受权买断自救股票持有者的股份,支付125欧元的金额（加上累积的利息和一个可能的溢价）。如果普通股持有者不执行这个选择,优先股持有者将有相似的权利买断次级债和优先债转化成的普通股份。如果优先股持有者不执行这个选择,次级债持有者将有相似的权利买断优先债转化成的普通股份。

行自救。现行法律下这种权利已经存在的管辖区，应让市场参与者清楚处置机构如何行使这些权力。

可以说，美国已经在这个方向采取了措施。联邦存款保险公司（FDIC）发出"建议规则制定（NPR）"公告以执行《多德—弗兰克法案》（Dodd – Frank Act）关于有序清算的条款，该条款与减记法下的自救是相一致的。①

13.9.2 确保母国和东道国在执行自救前有明确的责任分工

系统重要性银行通常是规模大、较复杂的跨国机构。它们的总部在某一个司法管辖区，却在全世界许多不同的管辖区设立了分支机构、附属机构和联署机构。对这样的跨国机构执行自救措施时，涉及跨国方面的，需要提前向相关当局阐明并得到相关当局的允许。②

13.9.3 确保银行在需要进行干预时有充足的后备资本实施自救

巴塞尔银行监管委员会（BCBS，2010）已经在这方面迈出了一步，它建议所有非核心一级和二级资本工具应能够转换为普通股或在干预节点上服从减记。资本工具能满足这一测试，或者通过影响这些工具的法律规定，或者通过合约。

在法规方法下，特别处置机制将要求非核心一级和二级资本工具服从转换或减记。在美国，《多德—弗兰克法案》，连同当局为执行该法案所提出的"建议规则制定"，已经可以实现这一点。

在订立合约方法下，所有非核心一级和二级资本工具的新发行文件需要有法律约束力的规定，来涉及在非可行性/干预的节点上转换或减记（否则新发行的资本工具将不具备作为资本的资格）。尽管订立合约方法可

---

① 见 FDIC 12 CFR Part 380 Notice of Proposed Rulemaking Implementing Certain Orderly Liquidation Authority Provisions of the Dodd – Frank Wall Street Reform and Consumer Protection Act (www.fdic.gov/regulations/laws/federal/2010/10propose1019.pdf)。

② 例如，总部设立在母国的银行，在一个或多个东道国有分支机构，那么就有必要由母国当局决定干预节点，推动自救措施。东道国则不得不避免用母国干预作为理由来使分支机构陷入不能偿付或行政诉讼的局面（比如东道国可能会借口领土原则来运作）。对于一家在东道国有附属机构的银行来说，问题在于东道国是否可能执行对附属机构的自救措施或自救措施是否应该仅仅在集团层面实行和由母国监管者来组织。对于一家非银行控股公司为母公司的银行集团来说，母国的监管当局将不得不延伸到整个集团。此外，对于一些银行集团来说，其发行由与母国司法管辖区无关的法律（比如一家非英国的机构在英国法律下发行资本工具）管理的资本工具，与当地法律可能产生的冲突将不得不得到解决。

以创造源源不断的用来自救的工具,却不会影响那些没有计入处置机构的干预节点下(但在正式宣布破产之前)转换或减记工具总量里的非核心一级和二级资本工具的存量。为增加自救的可能性,有必要限制或逐步停止现存非核心一级和二级资本工具的过渡期。当需要干预时,这会增加能够自救的新资本工具的流动。

如果把优先债纳入服从自救的资本工具中,那么还要考虑其他的因素。目前在很多机制下,这类债务同存款以及其他优先债务的付款权利相等。如果优先债服从自救,会有效地变优先债为"优先次级"债,优先于二级资本,但滞后于不被纳入自救的存款和其他负债。尽管银行可能有能力凭借合约规定独自实现优先债的转换,仍有必要利用监管和/或法规的变化作为补充。

最后,如果需要进行干预,还要考虑具有对系统重要性的银行是否有最低后备资本存量的要求(比如用于自救的非权益资本)。正如上文表明,这一最低要求应满足银行的资本重组(替代最低监管要求的总量,加上最低要求量之上的缓冲)。

13.9.4 确保自救与干预前资本机制的一致性

自救具有有效性在于在干预之前要加强资本机制对银行的适用性。如果干预前资本机制主要根据核心一级资本进行安排就将是如此——能在银行持续经营下,在当局任何干预之前,全部用于吸收损失的资本。这正是巴塞尔委员会的建议所推进的方向。

然而,关于在干预前的全部非核心一级和二级资本的问题需要进一步讨论。我们知道这类资本在银行持续经营下很少用来吸收损失,我们还知道引进损失吸收能力能够提高这类资本的质量。许多文献指出应急资本可以作为吸收损失的手段,敦促银行能够或被要求发行此类资本作为降低银行倒闭以及干预介入可能性的手段(Huertas, 2010a; Claessens, Herring 和 Schoenmaker, 2010; Squam Lake, 2010)。

应急资本该由什么构成仍需要进行公开的讨论。一些人主张基于市场的触发较为合适,另一些人视监管比率为触发的最佳选择。资本的生成也有很多不同之处。某些发行的资本工具转换成普通股,另外一些是对银行作为应计收入和资本增加的量进行部分核销。同样,"主要"资本工具(发行给投资者的、优先转换或减记的资本工具)也存在很多不同。有些案例中是优先股之间有不同,有些是次级债,有些是优先债。①

这种"持续经营"应急资本(在干预节点之前进行转换或减记)作为降低干预介入可能性的手段,具有广阔的应用前景。然而,似乎现阶段就下结论认为某种特定应急资本的形式比其他所有形式都适用还稍显仓促。此时需要明确的是监管者将如何对待此类"持续经营"应急资本。现阶段,以下几项原则似乎已足够:

(1)发行"持续经营"应急资本应没有压力,也不会被禁止;

(2)所有"持续经营"应急资本的发行需服从监管核准,以确保转换或减记的特征是有效的;

(3)该资本工具会根据主工具的特征被作为资本来对待,直至其被转换或减记(比如类似二级资本的次级债);

(4)如果该资本工具设置了转化率,转换发生是与自救相关而非先于干预节点,处置机构将使用该比率。②

13.9.5 改善估值的透明度和准确性

自救相关的资本工具对投资者而言更加具有流动性,投资者将对当局会及时触发自救机制更有信心,例如在某个时点银行不符合最低要求但仍有正的净值。对于减记法下的自救而言,这将最小化自救带来的损失,并提高逐步缓释法成功的可能性。对于转换法下的自救而言,这种及时的干预会有助于保证自救措施下投资者能够得到的普通股的价值。

为树立投资者的信心,银行会期望采取措施更加准确地评估资产,并对监管者和投资者更加透明。

13.10 结论

上述许多措施会在接下来的几个月中得以推行。特别地,巴塞尔委员会确认非核心一级和二级资本在干预的节点要服从转换或减记非常关键。应该出台对银行(至少是具有系统重要性的银行)最低后备资本量的补充

---

① 荷兰拉博银行(Rabobank)发行过优先债,规定如果银行核心一级资本比率低于7%,即对优先债进行25%的核减。该笔划减作为盈利和资本增加计入拉博银行。余下75%的票据立即到期并支付给票据持有者。

② 有可能出现以下情况:银行的状况迅速恶化(比如不能覆盖一起突发性大额诈骗的后果),使银行即刻由健康状态变成不再满足阈值条件且需要干预介入的状态。

规定。随着这一框架的到位，可以预期银行将寻求发行大量的持续经营应急资本，附加转换或减记的条款而不是在干预的节点推迟转换或减记，以更受投资者欢迎。为保证有效性，进行自救的方法将主要以合约为基础且相当迅速地执行。这样的话，将显著降低"大而不倒"对金融稳定和政府财政造成的威胁。

参考文献

Basel Committee on Banking Supervision (BCBS) 2010. 'Proposal to ensure the loss absorbency of regulatory capital at the point of non-viability', consultative document: www.bis.org/publ/bcbs174.pdf.

Bernanke, B.S. (2010). Statement prepared for the Committee on Financial Services, US House of Representatives, February 10, 2010, www.federalreserve.gov/newsevents/testimony/bernanke20100210a.htm.

Claessens, S., R. Herring and D. Schoenmaker (2010). *A Safer World Financial System: Improving the Resolution of Systemic Institutions*, Geneva: International Centre for Monetary and Banking Studies, Geneva Reports on the World Economy, **12**.

Huertas, Thomas F. (2010a). *Crisis: Cause, Containment and Cure*, London: Palgrave Macmillan

(2010b). 'Living wills: how can the concept be implemented?', Remarks before the Conference on Cross-Border Issues in Resolving Systemically Important Financial Institutions, Wharton School of Management, University of Pennsylvania, 12 February.

(2010c). 'Improving bank capital structures', Paper presented to LSE Financial Markets Group seminar on 'Modigliani–Miller in Banking', 18 January, www.fsa.gov.uk/pages/Library/Communication/Speeches/2010/0118_th.shtml.

Merton, Robert C. and André Perold (1993). 'Theory of risk capital in financial firms', *Journal of Applied Corporate Finance*, **6**(3): 16–32; reprinted in Donald H. Chew (ed.), *Corporate Risk Management*, New York: Columbia Business School Publishing, 2008.

Paulson, Henry M., Jr. (2010). *On the Brink: Inside the Race to Stop the Collapse of the Global Financial System*, New York: Business Plus.

Squam Lake (2010). K. French, M. Baily, J. Campbell, J. Cochrane, D. Diamond, D. Duffie, A. Kashyap, F. Mishkin, R. Rajan, D. Scharfstein, R. Shiller, H. Shin, M. Slaughter, J. Stein and R. Stulz, *The Squam Lake Report: Fixing the Financial System*, Princeton University Press.

14 金融稳定和货币政策：来自欧元区的教训

Laurent Clerc 和 Benoit Mojon[①]

14.1 简介

中央银行通常有两个主要目标：最近的一个是价格稳定，过去三十年里成为了央行的首要目标；第二个，历史存在下来的，是保证支付的完整性。[②] 在现代经济体中体现的形式是银行间货币市场交易的顺畅运行，它有助于并依赖于维护金融稳定。

与经济理论相一致，中央银行为两个目标都分配了特定的工具。过去三十年里，短期利率已经成为货币政策追求价格稳定目标所运用的主要工具。[③] 中央银行运用一系列工具，从经常性融资便利到向陷入困境的货币发行机构或整个金融系统的最后贷款人（LOLR）发放资金救助，以支持货币市场运行。然而，这些操作能够被冲销掉，以隔离货币政策的意图。回顾欧元的最初十二年历程，追求两个目标所造成的分离——与丁伯根法则相一致——直至2009年短期利率名义利率接近零点的最低限时才受到了挑战。欧元体系继而同全世界其他央行一道，采取了非常规政策。金融危机和大萧条的状况淡化了欧元区中央银行为追求两个目标所调用工具的差别。

欧元体系所有的任务都由欧洲共同体成立条约的第105条款明确，根据105条第1款，价格稳定是欧元体系的首要目标，105条第2款列出欧

[①] 本章内容是用于由斯洛伐克国家银行、爱丁堡的赫瑞瓦特大学和布拉迪斯发市的国立考门斯基大学于2010年9月6~8日在布拉迪斯拉发的斯洛伐克国家银行内组织的关于"欧元区和金融危机"的会议。本文代表作者观点，并不代表法兰西银行或欧元系统观点。

[②] 从历史的视角来看现代中央银行的出现，见 Aglietta 和 Mojon (2010)。

[③] 这里我们指大多数 OECD 国家的情况，美联储还有充分就业的目标。

元体系其他的基本任务,即

(1) 规定和实施共同体的货币政策;
(2) 办理外汇业务……;
(3) 持有并管理成员国的官方外汇储备;
(4) 推动支付系统的顺畅运行。

由此可以看到,欧元体系的金融稳定职责限于货币市场(1)和支付系统(4)的顺畅运行。欧洲中央银行(ECB)对金融稳定的主要贡献是流动性管理。作为补充,对陷入困境的金融机构提供紧急流动性支持工具(ELA)也纳入了各国中央银行的职责当中。

正常情况下,欧元体系实施货币政策策略,即两支柱策略,是以广泛的经济和金融指标(所谓的经济分析或第一支柱)为基础,通过交叉检查短期和中期影响价格稳定性的风险评估;以货币和信贷总量变化(所谓的货币分析或货币/第二支柱)为基础,对长期影响价格稳定性的风险评估。正如欧洲中央银行管理委员会的成员和学术专家所指出的,① 货币支柱也可以用于在早期识别金融失衡的形成以及"向金融风暴倾斜"的原因。的确,金融繁荣在很多情况下与杠杆和信贷扩张相关,也会显示在货币总量的数据上。然而必须强调的是,欧洲体系的货币政策策略并不以货币或信贷总量为货币政策的中介目标。金融失衡的形成会提高价格中长期波动的风险,因而站在货币政策的立场上来说是需要变革的。

本次金融危机的深度,唤醒了一个由来已久的关于最优政策工具选择的争论。在一个富有创见性的分析中(Poole, 1970),货币需求的不稳定提升了利率导向政策程序相较于货币基础政策程序的吸引力:如果货币需求被视为短期高度不稳定,则稳定利率的政策可以带来更高的产出稳定性,使货币基础(或总量)波动。如果波动主要来自于总需求的不稳定,则稳定货币基础的政策会带来更高的产出稳定性。在金融危机的背景下,短期利率显著下降,接近零点的最低限,使越来越多的中央银行诉诸非常规货币政策。这些政策可被视为货币基础导向的形式,呼应了 Poole 关于在一个总需求高度不确定性时期中的建议。很多中央银行在雷曼倒闭之后

---

① 欧洲中央银行管理委员会由欧洲中央银行执行委员会的六名成员和欧元区各国中央银行的行长组成。

大力提高货币供应，它们的目标是降低流动性和信用风险溢价（所谓信贷宽松政策）或降低收益率曲线水平（所谓量化宽松政策）。在此背景下，流动性管理被越来越广泛地应用于稳定金融和货币目的之中。

本章，我们将回顾欧元启动以来欧元地区的货币政策管理，以及2007年8月金融危机爆发以来欧元体系面临的挑战。正因为其独特的货币政策框架，欧洲中央银行和欧元体系似乎能很好地处理货币和金融稳定的目标。的确，本章中我们将看到欧洲中央银行完全完成了其在欧元区提供价格稳定的使命，第2部分中我们还将看到欧元区面临着快速的货币和信贷增长，呼应了房地产价格的增长。然而，信贷增长和房价增长的节奏在欧元区各国中非常不平衡。从欧元区的角度看，对私人部门的信贷稳步增长，但没有哪个地区能比得上西班牙和美国家庭信贷的急速增长。我们发现，关于货币政策的定位对上述增长的影响有限的假设，既不能被描述国家层面增长的面板向量自回归（VAR）模型所拒绝，也不能被描述欧元区范围经济周期的估计动态随机一般均衡模型（DSGE）所拒绝。

接下来，我们分析雷曼兄弟倒闭前后欧元体系的政策对金融危机的反应。我们描述从那时就开始实施的固定利率全额分配过程的影响，并说明流动性管理扮演的角色以及欧元体系在试图实现价格和金融稳定双重目标时面临的挑战（第3部分）。

14.2 欧元区金融发展不平衡的形成

14.2.1 程式化的事实

中央银行应时刻准备应对可能由其自身行动导致的动荡时期，也许更重要的是，应避免播下金融和宏观经济不稳定的种子。在2007—2009年金融危机的例子中，很明显欧洲中央银行防止金融脆弱性的政策在美国并不适用。此次危机的关键要素如下：

（1）对美国家庭部门的信贷过分快速的增长，包括那些不太可能偿债的家庭；

（2）可能由于2002年至2004年间的货币政策过于宽松所致（Taylor and Williams, 2009）；

（3）美国银行系统借助资本不足的媒介对房地产风险的杠杆和敞口不断增加，通过短期债务展期投资抵押贷款支持证券（MBS）（Acharya and

14 金融稳定和货币政策:来自欧元区的教训

Schnabl,2009);

(4)相信金融创新总是能够促进市场竞争性和效率(Greenspan,2008);

(5)允许雷曼兄弟申请破产保护也许是原因之一。

由这些要素形成的对此次危机的广泛共识,可以作为指导方针来评估欧元区的情况。我们可以不考虑以上最后三点,因为它们均是美国特色。

首先,欧元区信贷增长的节奏是什么样的?是太快吗?货币政策在信贷膨胀时扮演什么样的角色?

图 14.1 为这些重要问题提供了一些关键事实,它显示了欧元区、美国和欧元区四个最主要经济体在家庭部门、非金融企业和政府中的信贷占 GDP 比重的变动情况。两个结论非常显著。第一,美国家庭部门的负债比

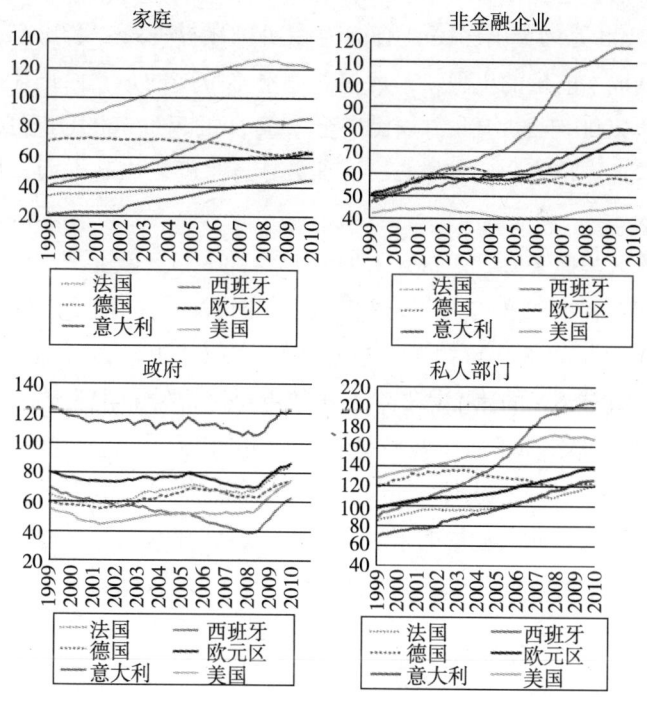

数据来源:Borgy,Clerc 和 Renne (2009)。

图 14.1 非金融部门的负债:美国和欧元区,1999—2010 年

(债务占 GDP 比重,私人部门债务是指家庭部门和非金融部门的总和)

欧元区家庭部门增长得更迅速且负债水平高得多；第二，在欧元区内相比较，信贷增长节奏过快是西班牙需要关注的一个主要问题，家庭部门和企业的债务——收入比率提高在十年内提高了一倍。毫无疑问，西班牙加入欧元区热衷于这种信贷的增加。这意味着当20世纪90年代末汇率风险溢价消失，西班牙名义利率在采用欧元之后显著下降，并使西班牙的实际利率保持在相当低的水平。此外，国外资本流入为西班牙房屋市场的繁荣提供了资金。21世纪初，西班牙的经常账户赤字始终占GDP的9%左右，这一数字甚至高于受到广泛关注的美国赤字。

尽管一些学者认为资本流入与国内资产价格泡沫高度相关（Bernanke，2010），我们也应该称其为"事前估计"，即便是从西班牙的例子中识别泡沫也是不容易的。首先，有人认为西班牙的价格，无论是房地产还是消费者篮子，必然会赶上欧元区其他国家的水平；其次，越来越多的欧洲人（例如超过100万的英国居民）有能力在西班牙投资第二套房产，这部分要归功于低成本航班的出现；最后但并非最不重要的是，西班牙的人口快速增长，从2000年的4100万居民增至2008年的超过4600万居民。因此，西班牙的房地产价格和信贷增长，一部分是与西班牙"基本面"的标准变化相符合的。

从欧元区整体来看，西班牙占据了15%的人口，欧元区对私人部门的信贷增长相对较快，虽然比西班牙慢得多。图14.1右下角的图表显示了私人部门中信贷占GDP比重的变化走势。在过去十年里，欧元区的信贷以平均每年占GDP 3.6%的速度增长，美国接近每年5%（西班牙是10.4%）。

信贷占GDP比重的一个积极趋势似乎在OECD中无所不在（Alessi和Detken，2009；Borgy, Clerc和Renne，2009）。如果速度不过快，这一趋势是可持续的。从此次危机的事后来看，在美国和欧元区一些国家（西班牙最显著），信贷增长明显过于快速。但作为欧元区整体来看，这一结论并不明显。

接下来的问题是，信贷膨胀时货币政策扮演着什么样的角色。约翰·泰勒（John Taylor）屡次批评美联储没有能够在2003年和2004年迅速地提高利率，这在图14.2b中能很明显地看出，其显示了适合美国的泰勒法则基准利率；图14.2a是泰勒法则对应欧元区的基准利率。

短期利率确实显著低于泰勒基准利率。它们被定义为：

14　金融稳定和货币政策：来自欧元区的教训

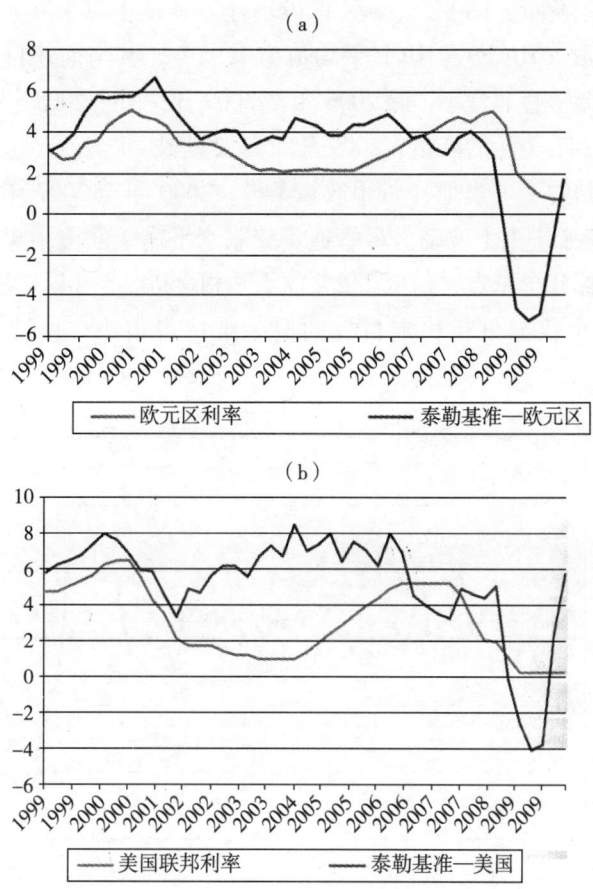

数据来源：欧洲中央银行。

图 14.2　短期利率和泰勒基准利率：（a）欧元区，1999—2009 年；（b）美国

$$rr + 2\% + 1.5^{*}(inflation_t - 2\%) + 0.5^{*}d(gdp_t)$$

上式中，通货膨胀率和 GDP 均为年同比增长率。明显可以看到，在美国以及欧元区的小范围地区，流动性的价格一直低于没有平滑的泰勒基准利率。这被视为欧元区货币政策倾向过于宽松的例证，至少 2003 年至 2005 年是如此。

然而，货币政策立场不能狭隘地用对一个特设基准的偏离来定义。考虑到欧洲中央银行受命保证价格稳定，在中期内把通货膨胀率从较低水平稳定在 2%，其货币政策成功与否需要通过实际通货膨胀率与其目标之间的差距大小来衡量。图 14.3 显示了 1999 年欧元诞生以来欧元区的调和消费者物价指数（HICP）。HICP 平均值为 1.98%，其与前述目标通货膨胀率水平的偏差一直非常小，除 2006 年至 2009 年之外。2008 年 7 月石油价格达到每桶 147 美元的峰值，2009 年 1 月又跌破 40 美元。这种相对价格的波动不应归咎于（当地）货币政策条件，2000 年至 2007 年间通货膨胀率围绕 2.1% 水平上下波动。尽管通货膨胀水平高于欧洲中央银行自身对价格稳定目标几个基点，与低于 2% 的水平相接近，图 14.3 清晰地显示了消费者价格指数与价格稳定目标的偏差维持得很小，且没有显示出持续性。

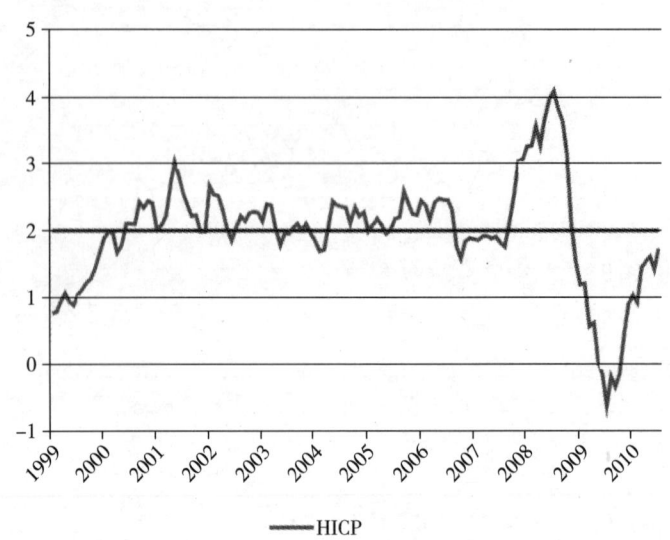

数据来源：欧洲中央银行。

图 14.3 消费者物价调和指数：
欧元区，1999—2010 年（同比增长率,%）

因此，欧洲中央银行的货币政策立场关于价格稳定的初始目标的要求是相当成功的。然而，我们可能需调查是否有其他的政策立场已经暗含了步伐放缓的信贷增长。我们建议对两个互补的建模工具进行评估。首先，我们使用欧元区国家的信贷、利率和经济周期组成的简化的面板 VAR 模型。该方法的主要优势是，依靠各国的横截面数据，它可以评估的新货币政策制度关于相对较短期信贷的效力。一个标准的时间序列方法，包含新

14 金融稳定和货币政策：来自欧元区的教训

货币政策制度下 12·年的数据，仅能为估计这样一种模型提供很有限的观察数据。

其次，我们将使用 Antipa、Mengus 和 Mojon（2010）估计的欧元区的动态随机一般均衡模型（DSGE），来评估货币政策冲击对信贷变化的影响。该模型基于 Iacoviello（2005）对 1985 至 2010 年间欧元区相关数据的估计。

14.2.2 欧元区信贷增长——基于面板 VAR 的分析

该节我们使用一个欧元区国家的面板 VAR 来分析信贷、经济周期和货币政策立场的动态联动。关于信贷的信息包括国家信贷总量和在欧洲中央银行贷款调查系统（BLS）可查的信贷供应指标。Ciccarelli, Maddaloni 和 Peydro（2009）开创了用面板 VAR 处理欧元区宏观经济数据和 BLS 数据的联合分析法，本部分将回顾他们的结论。

我们的面板 VAR 包括以下变量：对银行提供信贷的意愿的一个调查措施、[1] GDP、银行信贷总额、通货膨胀率和三个月期的欧元同业拆借利率（Euribor）。我们还考虑一个备选模型，其中包括银行为住房目的提供贷款情况的调查反馈。在本部分列出的结论，无论是哪个关于信贷供应调查的指标，都是非常相近的。

数据采集自 2002 年第四季度至 2009 年第四季度间的 11 个欧元区国家[2]，即各个国家的 29 个季度观察值。该模型的估计比 Ciccarelli、Maddaloni 和 Peydro（2009）的模型滞后一阶。

假设斜率同质化，我们发现了明显证据证明信贷供给的变化对 GDP 和通货膨胀率的巨大影响（见图 14.4 第一排）。此外，短期利率的一个非预期冲击对信贷供给有显著影响（短期利率的上涨意味着银行信贷标准的收紧）。这一收紧影响信贷总量、GDP 和通货膨胀率。然而，货币政策立场变更的效应对信贷的影响非常小，这可以从图 14.5 第二排看出，这些冲击对总贷款增长变动的影响不足 1%。根据我们的模型，欧元区大多数总信贷增长量的变动都是由于信贷特定的冲击引起的。

---

[1] 该措施是国家层面的对欧洲中央银行 BLS 的回应："过去三个月以来，你方对产业部门的信贷供应标准或授信额度是如何变化的？"

[2] 奥地利、比利时、芬兰、法国、德国、希腊、意大利、爱尔兰、荷兰、葡萄牙和西班牙。

欧元区与金融危机

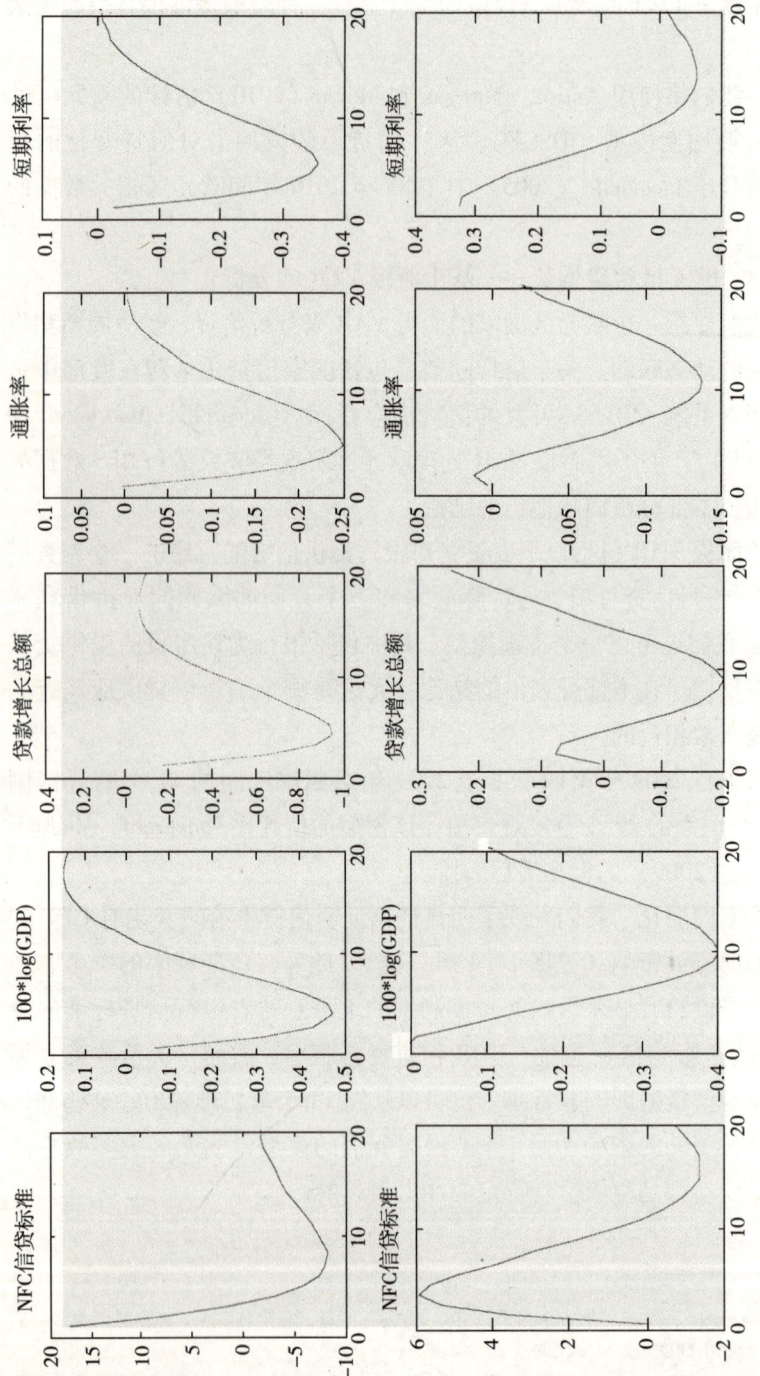

图14.4 对信用标准的冲击（第一排）和货币政策的立场（第二排）的影响：欧元区国家（变化用%表示，横轴为1~20个季度）

数据来源：作者基于面板VAR对欧元区11个国家的估计得出。

14 金融稳定和货币政策：来自欧元区的教训

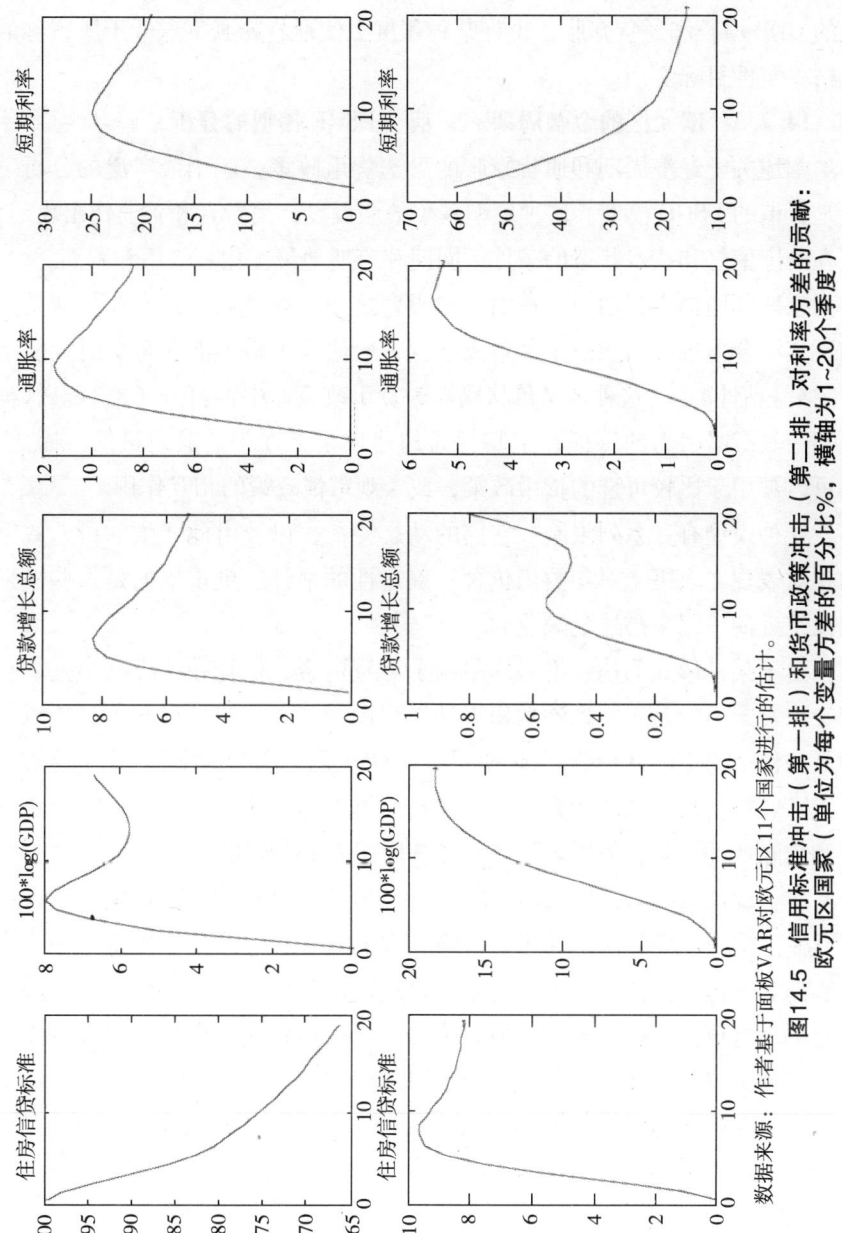

图14.5 信用标准冲击（第一排）和货币政策冲击（第二排）对利率方差的贡献：欧元区国家（单位为每个变量方差量方差的百分比%，横轴为1~20个季度）

数据来源：作者基于面板VAR对欧元区11个国家进行的估计。

总体来说，第一组估计说明，欧元区货币政策的变动对信贷增长的影响非常有限。与此相反，为了降低信贷增长而采用更高的利率会意味着更低的 GDP 增长和通货膨胀，也许某种程度上使通货膨胀率远低于所宣称的价格稳定性目标。

14.2.3 欧元区的金融周期——基于 DSGE 模型的分析

阐述关于经济周期和通货膨胀的可选货币政策，应用最广泛的分析工具是所谓的 DSGE 模型。这种模型基于的假设是，消费者和企业作出决定，是在给定偏好和技术状态的条件下同期和跨期地最优化其效用和利润。

家庭部门提供劳动力，在消费和投资之间分配其收入。企业把劳动力和资本结合形成产出。由于菜单成本，一般假设价格不能在每个时期变动（价格是粘性的）。这种名义价格刚性为货币政策非中性打开了路径。这种模型最具有吸引力的特征在于其行为构建块是独立于公共政策的。因此，其可以被用于比较可选的货币政策，或宏观审慎政策的相互作用。

这种模型有一系列限制。它们的动态特征，以及由此产生的可选政策的相对表现，取决于对参数仍包含不确定性的估计。更重要的是这些模型仅仅是近期才用来描述金融业的。

由于某种形式的信息不对称限制了可贷资金，信贷在该模型中是一个决定因素，不论是对实物资本积累还是房屋投资。因此，借款人只能以抵押品的价值为上限做信贷（Iacoviello，2005）。信贷的可用性和成本能够影响需求、产出缺口和通货膨胀。所以我们可以运用该种模型来分析货币政策和金融业冲击是如何影响信贷和经济周期的动态变化的。

本节运用 Antipa、Mengus 和 Mojon（2010）设计的 DSGE 模型，来分析欧元区信贷周期的决定因素。此模型在 Iacoviello（2005）经济论中是有耐心的家庭部门出借资金给无耐心的家庭部门和创业者。他们比有耐心的家庭部门有更高的折现率，且他们至多借入达抵押品约束的上限金额，或者用来够买房产（家庭部门）或者用来投资于实物资本（创业者）。模型还可以是一个标准的 Christiano、Eichenbaum 和 Evans（2005）DSGE 模型，按照 Calvo 的规则假设报酬和价格具有名义刚性，还有一般的实际刚性（习惯形成、投资的调整成本等）。它的估计采用 Smets 和 Wouters（2003）引入的方法。估算该模型的欧元区版本，以契合 7 种指标可观察的季度时间序列：GDP、消费、投资、住房价格通胀、信贷总量、通货膨胀和三个月期 Euribor。我们基于 HP 滤波趋势测度法，在 Dynare 里进行变量的全信息贝叶斯估计。我们对模型参数事先和后验的估计与 Smets 和 Wouters（2007）、Marx 和 Poissonnier（2010）相一致，结果是，对模型主要冲击的脉冲响应与上述文献的结论极其相似。

我们将模型反过来描述如果没有货币政策的冲击时 GDP、信贷总量、住房价格、通货膨胀和利率以及这些变量的轨迹（见图 14.6）。总之，货币政策冲击对信贷、住房价格和 GDP 的影响非常有限。

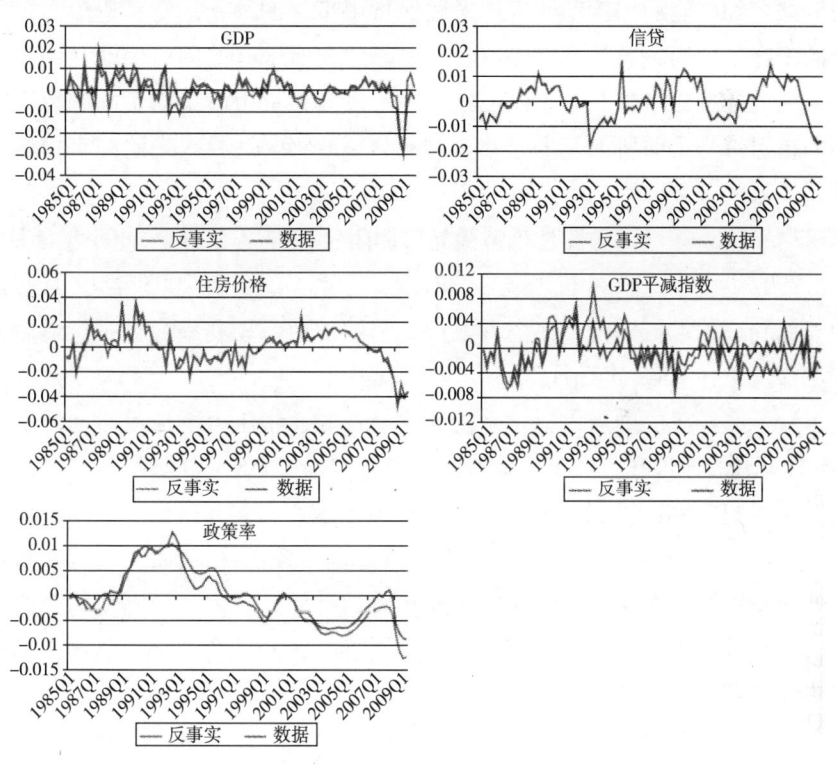

数据来源：类似于 Antipa、Mengus 和 Mojon（2010）的模型。

图 14.6　没有货币政策冲击的设想，1985—2009 年

总结本小节，我们强调欧元区信贷增长的步伐在国家间是非常不一致的。从欧元区的角度来看，对私人部门的信贷稳步增长，但没有其他地方比得上西班牙或美国家庭部门信贷的急剧增长。此外，两个差异很大的方法论，简化型面板 VAR 模型和估计 DSGE 模型，都一致拒绝了货币政策立场为快节奏的信贷作出重大贡献的命题。

14.3 欧元体系和金融危机，或管理价格与金融稳定性的具有挑战性的任务[①]

现在我们把目光转移到2007年8月金融危机爆发以来货币政策的制定和执行上来。直至2008年9月雷曼兄弟倒闭，货币政策的制定和执行与之前相比没有改变。欧元体系继续着其银根紧缩周期，即便面临着货币市场的波动增加。它利用流动性管理来确保货币市场的平稳运行，避免支付系统的中断。然而，雷曼兄弟申请破产引起的前所未有的困境使欧元体系开始采纳非标准化措施并大规模实施。这一改变为货币政策的实施和货币市场的指引带来了前所未有的干扰。结果自2008年10月，先前一直指导着欧元体系的分离原则，事实上被搁置起来。

14.3.1 宽松流动性直至雷曼兄弟倒闭（2007年8月至2008年9月）

2007年8月金融危机来袭，此时欧元体系仍追随着2005年12月开始的关键利率的上行周期。在中央银行控制的货币市场利率通道中，最后一次上涨发生在2007年6月。

欧元区经济的确进入了一个在日益增长的通胀压力下加速活动的阶段（不断上涨的油价和就业市场紧张的迹象）。2007年8月9日，流动性的突然枯竭引起巴黎银行冻结了三个在ABS市场运作的共同基金的活动。欧元体系立即进行干预，以4%的固定利率发起收购要约，从而注入近950亿欧元隔夜资金。在注入的流动性逐渐丧失的时候，又重复了隔夜的微调运作。自8月15日起，欧元体系利用其主要的再融资操作来隔离货币市场利率不受注重流动性的新形式的影响。

同时，欧洲中央银行管理委员会强调了旨在实现价格稳定的货币政策与流动性管理之间的区别。它强调进一步收紧货币条件，即提高其管理主要再融资操作的利率，如果需要确保价格稳定，就可能会出现。

自2007年8月以来，欧元体系逐渐执行"信用增强政策"。中央银行通过长期再融资操作贷出的货币占比上升至66%，是危机前占比的两倍还多。此外，欧元体系开始注入比储备保证初期一般需要的更多的货币，旨

[①] 本节主要参考 Bordes 和 Clerc（2010）。

在重新确保银行使用中央流动性是安全的。

结果是,超额储备的平均量在储备保证的后期基本保持着不变(与危机爆发前的观察值相等,见图14.7)。通过更加频繁地使用微调操作,欧洲中央银行成功地控制了货币市场利率,该利率仍围绕其主要再融资操作的基准利率上下波动,直至2008年10月(见图14.8)。

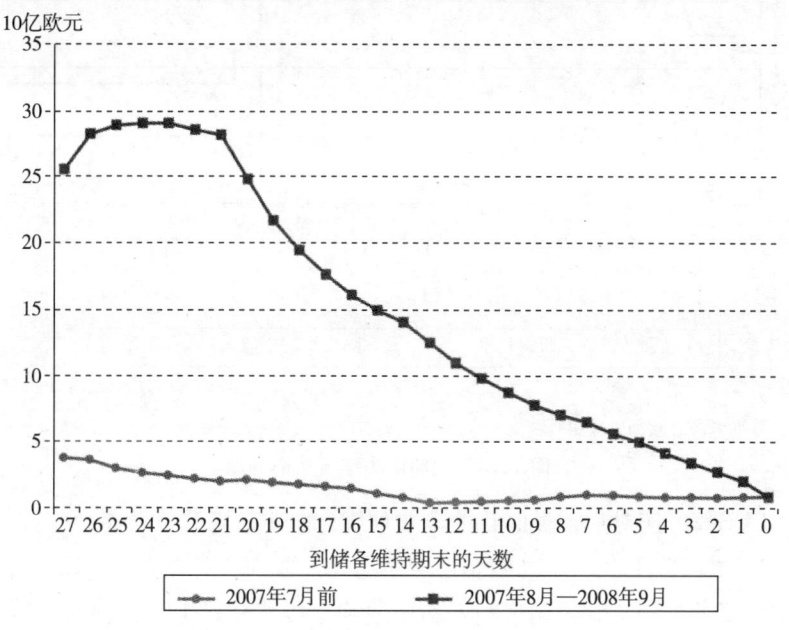

数据来源:Cassola、Holthausen 和 Wurtz (2008)。

图14.7 超额准备金每日平均值

尽管货币市场出现非常紧的情况,尤其是每季度末银行公布其损益账户时,欧洲中央银行成功地坚持了其行为。它甚至2008年7月再一次缩紧了货币条件,把关键利率再提高了25个点,此时石油价格达到了每桶147美元的历史高点,把HICP通货膨胀率推至4%并且对中期价格稳定性构成了威胁。

因此,贯穿危机的头一年,欧元体系有效地从流动性管理中分离了货币政策立场,旨在对金融稳定发挥作用。货币市场利率与主要再融资操作基准利率保持一致。流动性管理操作确保了隔夜利率波动不会沿着收益率曲线传输。

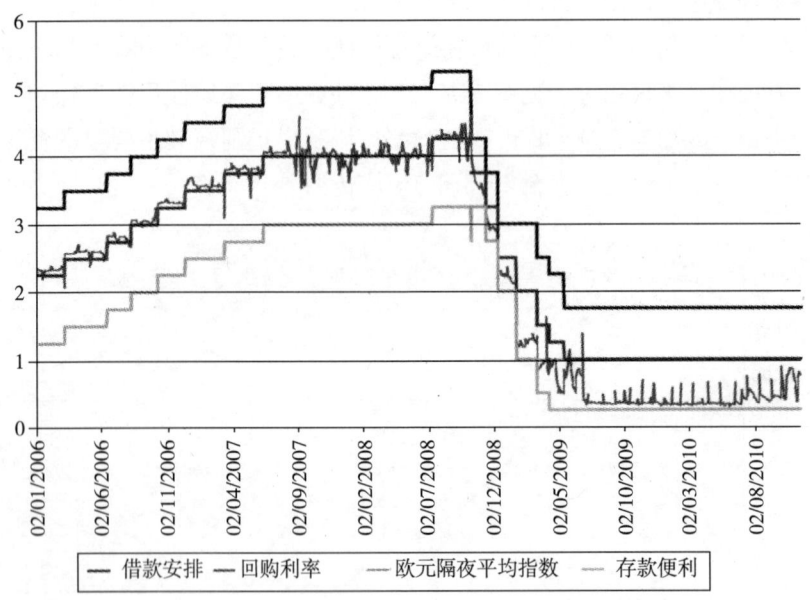

数据来源：欧洲中央银行。

图 14.8　欧洲中央银行核心利率

14.3.2　应对后雷曼时代的金融危机：向非常规政策转移

2008年9月7日至14日情况突然恶化。联邦政府在9月7日宣布接管美国主要的抵押贷款公司房利美和房地美，接着9月14日雷曼兄弟倒闭、美林被美洲银行收购以及来自华盛顿互惠银行（WaMu）和AIG越来越多的遇险信号。很明显一些细分市场事实上已经失灵，特别是信贷市场，利差达到了令人望而却步的水平。尽管危机在美国金融市场中爆发，它瞬间蔓延至全世界金融市场，包括欧元区货币市场（见图14.9）。

中央银行的反应非常迅速。9月底巨额流动性注入之后又进行了现金注入，尤其是美元7天回购，与联储进行的美元互换量也增加了一倍。

关注短期利率

2008年10月8日，欧元体系会同美联储、英格兰银行、加拿大银行、瑞士国家银行和瑞典央行下调其关键利率50个基点，反转了利率上行周期。

这一决定的协同性是前所未有的，它伴随着一个主要的操作改变：流

14 金融稳定和货币政策：来自欧元区的教训

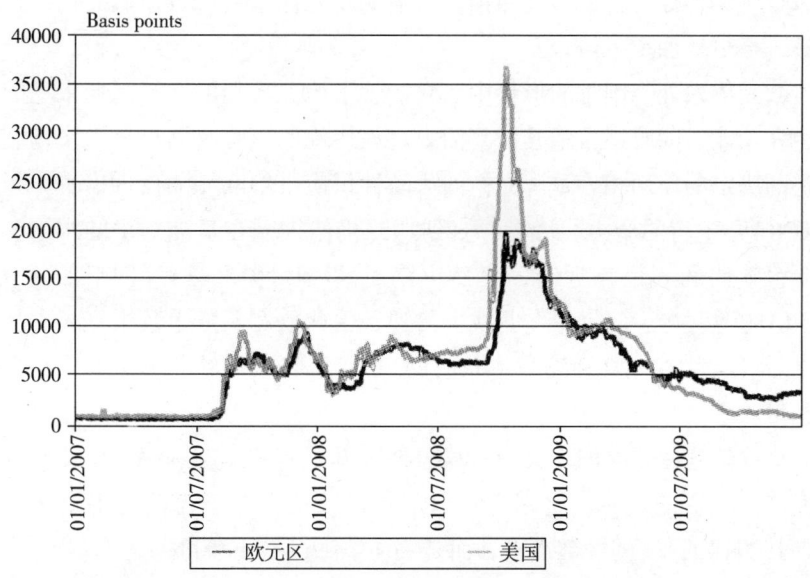

数据来源：彭博。

图14.9 3个月银行间利率和隔夜指数掉期之间的利差：欧元区和美国，2007—2009年

动性从此会通过固定利率招标来分配，即完全满足银行储备金的需求。

这一措施主要目的在于降低供给的不确定性以及流动性成本，从而解放货币市场。其次的目的在于限制不断膨胀的流动性影响和交易对手关于银行信贷成本的风险溢价，后者代表着欧元区超过85%的非金融企业债务。在欧元区步入二战后最严重的经济衰退的时期，尽可能低地保持银行再融资成本是非常重要的。

完全分配政策是欧元体系采纳的第一项非标准措施。这一措施初步预计将持续，只要情况需要，直到至少2009年初，随后被延长至少到2010年10月。在该措施下，欧洲中央银行着手在现行利率条件下，在最长提前6个月的时限内，满足银行对储备金的全部需求。该措施的影响意义非常重大。

首先，欧元体系提升了其货币市场媒介的角色，并且凭借其供应流动性的非常有吸引力的条件，成为了主要或者甚至唯一的其业务覆盖的所有期限（即1星期至6个月）的流动性的供给者。此外，这些注入的流动性在 2008 年 10 月之后不再被冲销。这造成欧元体系资产负债表的规模显著增长，至少增加了一倍。

欧元体系处于困难的形势中。它接管了境况不佳的银行同业市场的金融中介功能，同时还希望其恢复活力。该措施的影响与缩小货币市场利率通道的决定的作用相一致。充裕的流动性供应带给欧元隔夜拆借平均指数（EONIA）下行的压力。后者，直到那时仍然徘徊在基准利率的水平，却在向存款便利利率靠近时，突然下降了 40 至 50 个基点（见图 14.8）。EONIA 的下跌在短期收益率曲线上传递，由此放宽了货币政策立场。从那时之后（意味着一直到编写本章时的 2010 年底）市场利率接近了存款便利利率。

这些措施使得欧洲中央银行显著地降低了有效短期利率，由此减少了向经济体融资的成本。实际上，判定货币政策立场不再关注主要融资利率，其达到了 1% 的底部水平，而是关注边际存款便利利率。

实施非标准措施

自 2008 年 10 月起，欧元体系资产负债表的结构作出了重大修改（见图 14.10）。首先反映在进行主要再融资操作的资格标准有所松动。2008 年 10 月 22 日以后，允许证券作为欧元体系的抵押品这一门槛从 A－降低至 BBB－，显然 ABS 不在其列。抵押品标准的松动，伴随着以固定利率全部配置流动性的决定，这会使对手方进行再融资的可能性翻倍。

其次，长期再融资操作的比例继续上升，不利于一周期限的操作。10 月初，欧洲中央银行终结了先前与美联储签订的一年的"定期拍卖工具"（Term Auction Facility），这使它能够在欧元区借美元给银行，在操作中出借不限量的固定利率美元，期限为 7 天、28 天和 84 天。[①] 通过这一便利，还不能对欧元区融资条件产生直接影响，然而会对改善整体再融资条件发挥作用。

2009 年 5 月 7 日，欧洲中央银行管理委员会宣布了三项附加的非标准措施，旨在未来降低为银行乃至欧元区各成员国经济体进行融资的成本：

（1）购买总量为 600 亿欧元的银行发行的资产担保债券（covered bonds），该措施可以消除一些妨碍银行中期融资的不确定性。因而该措施

---

① 英格兰银行和瑞士国家银行与美联储签署了类似的协议。

14 金融稳定和货币政策：来自欧元区的教训

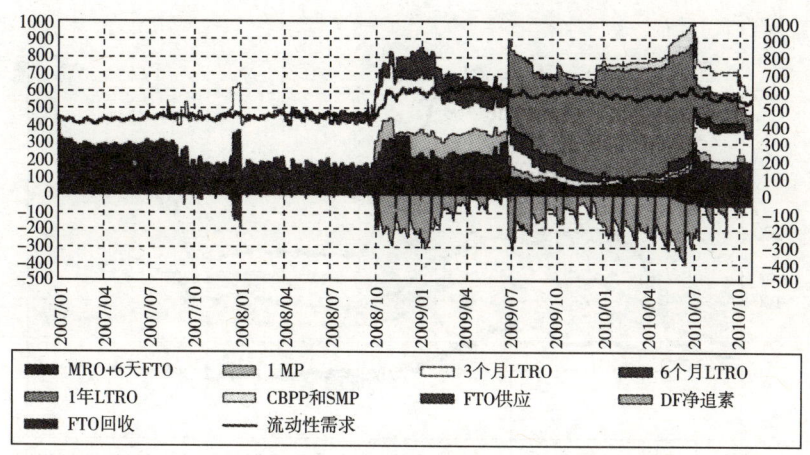

注：CBPP = 资产担保债券购买计划，DF = 存款便利，FTO = 微调操作，LTRO = 长期再融资操作，MP = 货币政策操作的持久期，MRO = 主要的再融资操作，SMP = 证券市场计划。

数据来源：欧洲中央银行。

图 14.10　欧元系统的供给和流动性回收，2007—2010 年（10 亿欧元）

旨在减少中期到期的风险溢价，刺激银行为欧元区的新增贷款提供资金。该措施一经发布，立即对资产担保债券市场产生了显著影响（比较图 14.11）。

（2）再融资操作按固定利率偿付、全额分配的到期时间扩展至一年。此类型的操作在 2009 年进行过三次，前两次是在 6 月和 9 月，利率为 1.0%；第三次是在 12 月，利率可以根据操作的整个期限内平均最小再融资利率作调整。得益于这种优越条件，第一笔操作得以执行（当时 12 个月 1% 的利率相对较低），额外的 4420 亿欧元被分配给分行。接下来两笔操作分配到的量非常少，分别为 9 月的 750 亿元和 12 月的 970 亿元，出现该情况部分是因为银行系统的超额流动性使得 EONIA 降至 1% 以下。12 月份的 12 月期竞价的可变利率，给再融资操作的成本带来了不确定性，特别是欧洲中央银行在 12 月份还执行其他两笔再融资操作，各为 3 个月和 5 个月到期的 1.0% 的固定利率。这部分解释了参与投标的银行数量下降的原因，该数量从 6 月的 1121 家下降至 9 月的 589 家，12 月接着下降至 224 家。另外可以解释的因素是银行，特别是大型机构，对储备金的需求减少。

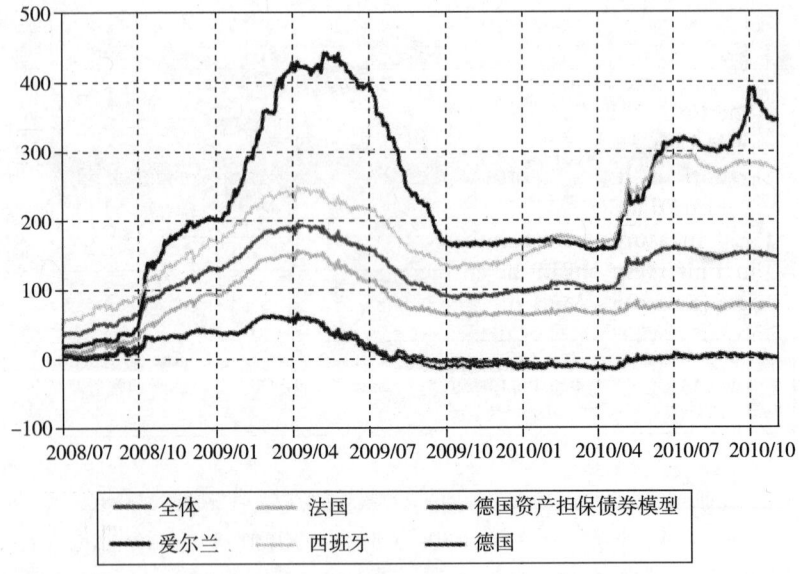

注：Pf 和 Briefs = 德国资产担保债券模型。
数据来源：Markit。

图 14.11　资产担保债券相对于五年掉期利率的利差，2008—2010 年

（3）欧洲投资银行（EIB）受权成为欧元系统主要再融资操作的三年期限的合格交易对手。一般认为该措施能为欧元地区的小企业带来约 400 亿欧元的额外贷款。

2010 年 5 月 10 日，在关于干预欧元地区公共和私人证券市场的决议下（"证券市场计划"），这些措施得以完成。此次的目的在于重建一个适当的货币政策传导机制，把银行利率与政府债券市场的波动隔离开来。决议还规定，为了对冲这些干预产生的影响，需要进行一些特殊的操作来重新吸收通过"证券市场计划"注入的流动性。

尽管一系列非常规措施确实对稳定欧元区银行的活动、避免金融和经济危机发挥了作用，但需要强调的是，这一政策路线并不是不存在风险的。在宏观经济层面，经济主体会认为欧元系统为保证极短期的金融稳定，已经放弃了其关键目标，即确保中期价格稳定。这种看法有可能助长投资者的道德风险，导致过度的风险行为。另外的风险是，银行把其流动性管理委托给中央银行，逐渐习惯于轻易地获取流动性，管理流动性的内在动力会逐渐弱化。这一现象在那些脆弱的银行中更加突出，因为它们不再可能从市场上获得资金，只能专门依靠欧洲中央银行实施的未加限制的固定利率融资政策。

因此，一旦欧元区的银行系统恢复其弹性，就需要从为应对金融危机而采纳的一系列非常规的流动性管理措施中及时退出。

14.4 结论

欧元系统步入金融危机之后，完全遵照货币政策的要求，创下了了不起的稳定价格的纪录。这一纪录很可能为通胀预期在八十年间最严重的经济危机期间保持固定发挥了作用，它抑制了通货紧缩或通货膨胀发生的风险。另外需要强调的是，正如本章所述，这种价格稳定取向型的货币政策对欧元区范围的信贷总量增长的影响非常有限。

自2008年9月美国金融混乱逐渐蔓延至全球，执行货币政策的任务变得愈发困难。本章列示的非常规措施，在旨在传递价格稳定的货币政策和马斯特里赫特条约下为欧元体系的金融稳定发挥作用的流动性管理之间引发了越来越多的冲突。

若干改变、完善或完成欧洲中央银行货币政策策略和指令的建议已经出现了。Blinder（2010）呼吁调整中央银行的职责，建议除保证价格稳定之外，中央银行还应监控和调节系统性风险。其他学者，包括那些质疑货币支柱的策略以及其在评估危机价格稳定的风险当中实际有效性的学者，都提出监控货币和信贷变动会对金融稳定的目标发挥作用。因此，他们呼吁将该支柱重新认识为"金融稳定支柱"（比如，见Gali，2010）。

近期的建议主要是为了用宏观审慎政策补充货币政策。欧盟在2011年1月成立了欧洲系统风险委员会（ESRB）。ESRB的总部设在法兰克福，将主要借鉴欧元体系的知识和经验，但会区别和独立于欧洲中央银行，其成立不会对欧洲中央银行或欧元区内其他中央银行的运行和权责造成任何改变。

这种独立会使欧元体系的货币政策保持信誉。然而，欧元体系会在新框架下发挥举足轻重的作用。所有欧盟国家中央银行的理事都会在ESRB的理事会中有一席之位，并且ESRB的主席将会成为欧洲中央银行行长。这一安排将促进货币政策和宏观审慎政策设计和实施的协调性。欧洲中央银行将为

ESRB 提供分析、统计、行政和后勤支持。各国的中央银行和监管机构也会提供技术性建议，作为纳入到欧洲中央银行工作中的重要组成部分。

总之，此次金融危机促使引进了宏观审慎政策，它将会防止和抑制系统性风险。欧元区和其他地区的货币政策和宏观审慎政策协调执行的成功将会很难评估。正如此次危机所表明，金融失衡也会在价格稳定时出现，这一事实提出了新的分析挑战。正是基于该原因，法兰西银行（Banque de France）正大力投资来改善分析工具，以帮助我们更好地理解金融体系和经济周期是如何相互作用的。

参考文献

Acharya, V. and P. Schnabl (2009). 'How banks played the leverage "game"', in V. Acharya and M. Richardson (eds.), *Restoring Financial Stability: How to Repair a Failed Financial System*, Hoboken, NJ: Wiley.

Aglietta, M. and B. Mojon (2010). 'Central banking', Chapter 9 in A. Berger, P. Molineux and J. Wilson (eds.), *The Handbook of Banking*, Oxford University Press.

Alessi, L. and C. Detken (2009). 'Real time early warning indicators for costly asset price boom/bust cycles: a role for global liquidity', ECB Working Paper, No. **1039**.

Antipa, P., E. Mengus and B. Mojon (2010). 'Would macroprudential policies have prevented the great recession?', Banque de France, mimeo.

Barthélemy, J., M. Marx and A. Poissonnier (2010). 'Trends and cycles: an historical review of the Euro area', Banque de France Working Paper, No. **258**.

Bernanke, B. S. (2010). 'Monetary policy and the housing bubble', Paper presented at the Annual Meeting of the American Economic Association, Atlanta, Georgia, 3 January.

Blinder, A. (2010). 'How central should the central bank be?', *Journal of Economic Literature*, **48**(1): 123–33.

Bordes, C. and L. Clerc (2010). 'L'art du *central banking* de la BCE et le principe de séparation', *Revue d'Économie Politique*, **120**(2): 269–302.

Borgy, V., L. Clerc and J.-P. Renne (2009). 'Asset-price boom-bust cycles and credit: what is the scope of macro-prudential regulation?', Banque de France Working Paper, No. **263**.

Cassola, N., C. Holthausen and F. Würtz (2008). 'Liquidity management under market turmoil. Experience of the European Central Bank in the first year of the 2007–2008 financial market crisis', ECB, mimeo.

Christiano, L. J., M. Eichenbaum and C. L. Evans (2005). 'Nominal rigidities and the dynamic effects of a shock to monetary policy', *Journal of Political Economy*, **113**(1): 1–45.

Ciccarelli, M., A. Maddaloni and J. L. Peydro (2009). 'Trusting the bankers: a new look at the credit channel of monetary policy', ECB Working Paper, No. **1228**.

Gali, J. (2010). 'The monetary pillar and the great financial crisis', Universitat Pompeu Fabra, mimeo, June.

Greenspan, A. (2008). 'Testimony to the Congress', 23 October.

Iacoviello, M. (2005). 'House prices, borrowing constraints and monetary policy in the business cycle', *American Economic Review*, **95**(3): 739–64.

Poole, W. (1970). 'Optimal choice of monetary policy instruments in a simple stochastic macro model', *Quarterly Journal of Economics*, **84**(2): 197–216.

Smets, F. and R. Wouters (2003). 'An estimated dynamic stochastic general equilibrium model of the euro area', *Journal of the European Economic Association*, **1**(5): 1123–75.

— (2007). 'Shocks and frictions in US business cycles: a Bayesian DSGE approach,' CEPR Discussion Paper, No. **6112**.

Taylor, J. B. and J. C. Williams (2009). 'A black swan in the money market', *American Economic Journal: Macroeconomics*, **1**(1): 58–83.

15 通胀目标制?

Boris Cournede 和 Diego Moccero[①]

15.1 介绍

在学者和政策制定者之中广泛存在着一种共识,即货币政策应该以物价稳定作为目标。许多经济体采用了盯住通货膨胀的货币政策,以维持较低的、可预测的通货膨胀水平来维持货币的购买力。自20世纪80年代末至21世纪初的相关证据 (Mishkin and Schmidt-Hebbel, 2001, 2007) 表明:以控制通胀为目标的货币政策在保证了产出平稳性的同时,在稳定通货膨胀率以及控制通胀预期方面一直较为成功。而且,越来越多的证据表明以控制通胀为目标的货币政策有助于保持较低的、可预测的通货膨胀率。

然而,由于通货紧缩越来越频繁地降临到OECD经济体,当今的货币政策框架已陷入困境。2000年至2006年间,日本经历了一段时期的通货紧缩,与此同时,美国也被认为在2001年和2003年间陷入通货紧缩。当今金融危机和经济危机的结果是通货紧缩的风险屡次显现,尽管日本这次也难以幸免,但是这种风险现在主要出现在了OECD经济体中。尽管货币政策的框架需要重新评估以减少通货紧缩的风险,但是为了防止中央银行的信心遭到破坏,当且仅当当前的目标已经达到,其他的改变才得以发

[①] 作者为OECD经济处宏观经济政策室的成员。此文被提交到由斯洛伐克国家银行、爱丁堡的赫瑞瓦特大学和布拉迪斯拉发市的国立考门斯基大学于2010年9月6~8日在布拉迪斯拉发的斯洛伐克国家银行内组织的关于"欧元区和金融危机"的会议。作者感谢Sebastian Barnes、Herve Boulhol、David Cobham、Andrea De Michelis、Jorgen Elmeskov、Romain Duval、David Huagh、Peter Hoeller、Michal Horvath、Jens Hoj、Jeremy Lawson、Robert Price、Jean-Luc Schneider、Klaus Schmidt-Hebbel、Luke WIllard、Eckhard Wurzel和其他参加布拉迪斯拉发会议的学者提出的宝贵建议。作者还要感谢Catherine Lemoine提供的数据,感谢Susan Gascard和Veronica Humi所做的秘书工作。本章仅代表作者的观点,不代表OECD或其成员国观点。

15 通胀目标制？

生。在这种背景下，价格稳定的另外一种说法近来吸引了越来越多的政策制定者的关注：就是价格水平稳定的概念，在这个概念下，货币政策当局的目标在于将总体价格水平稳定在一条既定的价格变化通道中，而非其变化率。以价格水平为目标的货币政策的主要优点在于，它与在长期保持货币的购买力这个目标更加贴近。例如，跟随一个临时的通货膨胀时间段，例如在2005—2007年观察到的，通货膨胀目标管理制度将使得货币的购买力永久地低于如果通胀率目标达到情况下的货币购买力。一个成功的基于价格稳定的货币政策框架还将会避免处于通货紧缩的负债发生实际价值的永久升值。然而，实际的价格水平稳定框架的货币政策还受限于一段历史时期，如1930年的瑞典。

在这种背景下，当前这一章分析了盯住价格水平的货币政策是否以及在何种情况下要胜过盯住通货膨胀率的货币政策，尤其是在保持产出以及价格的稳定性方面。关于这个命题，有人赞成也有人不赞成，本章所要讲述的盯住价格水平的货币政策的四个优点如下：

• 盯住价格水平的货币政策决定于公司的少数股权和家庭"向前看"的行为，它能够通过减少因股票市场变化而引起的利率变化的政策变动必要，从而发挥了"内在稳定器"的作用。例如，当面临价格水平下降，那么经济中的参与者将预期通货膨胀将会上升从而将价格水平带回它的目标轨道，这样将会降低长期的实际利率，从而支持了经济活动并推高价格水平[1]。

• 预期通道减少了政策利率大幅度变化的必要，在这种情况下，经济将不大可能陷入流动性陷阱。

• 一个可信的盯住价格水平的货币政策机制通过保持了货币在长期中的购买力从而降低了长期中的"合约成本"，因此，对于资本积累以及经济的稳定增长有着积极的作用。尤其是，在长期均衡利率水平中的通货膨胀风险溢价预期变得更低。

• 盯住价格水平的货币政策通过降低未预期到通货膨胀的效益以及指数化工资的刺激，进而缓和了价格变化对于工资的冲击。

---

[1] 类似地，通货膨胀的上升可能意味着未来更低的通货膨胀预期以及更高的实际利率，这反过来将会同时降低需求和通货膨胀。

另一方面,.盯住价格水平的货币政策并不是意味着没有成本和风险,而这些成本和风险降低了其实用性。

- 当经济行为者表现出的"向前看"行为的程度有着较大的不确定性的时候,盯住通货膨胀在保护福利损失时要比盯住价格水平更有优势。
- 如果中央银行并不是完全可信的,则盯住价格水平货币政策的自我约束能力将会受到损失。一开始就缺乏可信性将会促使中央银行选择一个很短的政策水平,这样就会引致产出缺口和名义利率的波动。
- 如果盯住通货膨胀的货币政策是非常有前瞻性的,那么它可能产生盯住价格货币政策框架部分的有益的稳定功能。

通过权衡盯住价格的货币政策的赞成与否定,并没有发现货币体制需要明确改变的地方。这正是那种从一种体制向另外一种体制转变时,转变成本非常高的例子。盯住价格水平的货币政策是否能够成为当今货币政策合意的替代者,还需要更多的实践经验来验证。

第二部分呈现出了盯住价格的货币政策的主要优势。第三部分讨论了其缺陷。第四部分着重讨论了实施中的问题,尤其是考虑到货币当局达到其目标的时间框架。第五部分讨论了瑞典使用盯住价格的经验,并评论了在欧元区盯住价格货币政策的假设。

15.2 盯住价格水平的益处

15.2.1 一个内部稳定器机制

盯住价格货币政策的一个重要的好处是其自动稳定功能,该功能源于对通货膨胀预期的改变。无论何时价格水平遭到冲击,一个可信的盯住价格机制将会推动一个预期的通货膨胀,而这个通胀与价格冲击的方向是相反的。这种在实际利率水平的变化将会引起总体需求的调整,这样产出与就业总体来说是稳定的。例如,在未预期到的成本推动的通货膨胀使得目标在最后时刻发生了偏离,那么,在盯住通胀的情况下下一期的预期通货膨胀将不会发生变化,除非盯住的目标发生了变化。相反,在盯住价格水平的情况下,未来的通货膨胀必须与价格水平与实际目标的差额相匹配:如果通货膨胀在当今的缺口是正的且相当高,那么通胀将会在未来向下走。家庭与公司的行为都是"向前看的",那么它们会预期中央银行将会收紧货币政策从而使得当前的价格水平回归到目标价格中。对于一个给定的政策利率，预期通货膨胀的减少将会升高实际利率，而这将会保持总体需求并使得产出与价格回归均衡①。

15.2.2 防止流动性陷阱

当经济代理人的行为都是向前看的，盯住价格的货币政策可能减少了经济滑入流动性陷阱的概率。原因在于，正如上文所提到的一个可信的货币政策体制一定会是自我稳定的，因此在名义利率上的变化更小，从而减少了触碰流动性陷阱的几率。模拟的结果显示，无论是在有着基准的"向前看"的经济代理人行为中还是在有着显著的、不同的"向后看"的经济代理人行为中，可信的盯住价格水平的货币政策是防止经济落入"流动性陷阱"的有效手段②。结果还显示：改为盯住价格的货币政策比提高通货膨胀目标在减少落入"流动性陷阱"方面更加有效③。而且，正如 Sevensson（1997）所说的，以过去通胀目标的速率逐渐转变为盯住价格的货币政策可能意味着更低的转换成本且对于央行的可信性风险更小，相比于使通胀目标更高或者使通胀目标取决于过去的产出缺口。

一个相关的但却截然不同的问题是：到底哪种货币政策体制能够更好地帮助经济走出"流动性陷阱"。当经济陷入了"流动性陷阱"，盯住价格水平的货币政策在此时引入，则稳定的实际利率效应可能并不会显现，因为家庭和企业可能会质疑这种货币体制长期宣称的目标。即使央行的可信性已经保证了，盯住价格水平货币政策的稳定特性可能会消失因为需求相对于实际利率的弹性在"流动性陷阱"的情况下可能会变小，这种情况下，传统的货币政策转换机制被弱化了。非传统的货币政策行为，例如扩大中央银行的资产负债表和改变中央银行的资产构成，可能在这种情况下更加适合。

---

① 货币当局不完全被信任的案例将会在本章后面的部分讨论。
② 通过这样做，盯住价格的货币政策自动模拟了最优的跨时期政策，这在面临通货紧缩的情况下需要中央银行提前采取行为使得通货膨胀在未来高于目标通货膨胀率一段时间。
③ Cover 和 Pecorino 在一个包含了一定程度上的"向后看"消费行为的动态 IS – LM 模型中也发现了相同的结果。

专栏15.1 价格目标值与高通胀目标制，以防止经济触碰零利率

盯住价格水平的货币政策可以帮助经济在面临非常弱的需求时避免触碰到零利率下限。在盯住价格水平的货币政策中，当一个负面的需求冲击使得通货膨胀降低甚至使得通货膨胀变为负值，那么家庭与企业将预期货币政策当局将会在未来制造更高的通货膨胀率，这要在经济已经走出需求亏空的困境，以保证价格水平重新回到了目标路径之中。这种自动调整机制意味着在盯住价格水平的机制下，在经过一个负面的需求冲击之后实际利率将会自动回落，这有助于抵消部分冲击。这种自动稳定机制在盯住通货膨胀的情况下是缺失的，因为在那种情况下，"过去的就是过去的"，在经济走出需求不振的情况后，中央银行无法令人可信地保持通货膨胀在目标通胀之上。为了在盯住通货膨胀的机制下，减少触碰零利率界限的风险，另外一个选择就是提高通货膨胀率的目标。

一个简单的DSGE模型可以用于阐述这两种体制在这一点上的不同之处，至少当家庭和企业的行为都是"往前看"的。该模型包含利润最大化的企业以及效用最大化的家庭，在这个模型中，企业生产不同的货币并且有着定价权，但是在每个阶段仅仅有一部分企业可以重新对其产品进行重新定价。在这种环境中，有一个可信的正的长期的通货膨胀目标 $\overline{\pi}$，实际通货膨胀为 π_t 以及产出缺口 y_t，这两项服从"向前看"的新凯恩斯-菲利普斯曲线（15.1）以及一个动态的IS曲线[1]（15.2）。在这些等式中，r_t^n 是自然的实际利率，u_t 和 v_t 分别是价格和总需求的随机扰动项。价格调整的频率（θ）是被假定与货币政策体制相关的，是不变的。另外的一些参数是结构性的：β 代表了贴现率，而 σ 是风险厌恶的协方差，k 是一个结构性参数，它是 β、σ 的一个函数，ϕ 是劳动供给的弹性，ε 是不同货物之间的相互替代性，χ 是均衡时的资本份额[2]。在这个框架下，福利损失函数可以计算如15.3的代数式，用稳定消费中的均衡损失（Woodford，2003；Gali，2008）。

$$\pi_t = (1-\beta)\overline{\pi} + \beta E_t[\pi_{t+1}] + ky_t + \mu_t \qquad (15.1)$$

$$y_t = E_t[y_{t+1}] - 1/\sigma\,(i_t - E_t[\pi_{t+1}] - r_t^n) + v_t \qquad (15.2)$$

15 通胀目标制?

$$W_a = -\frac{1}{2}E_o\left[\frac{\varepsilon}{\lambda}(\pi_t - \bar{\pi})^2 + \left(\sigma + \frac{\phi + \alpha}{1-\alpha}\right)y_t^2\right] \quad (15.3)$$

这个分析框架允许不同的货币政策的比较,它被定义为根据不同经济变量,政策利率的工具规则。有着传统协同因素的传统泰勒规则(15.4)被比做非常柔和的盯住价格水平的法则(15.5),其中,p_t代表了对数价格水平,且$p_t = p_{t-1} + \pi_t$。如 Gali(2008)的论述,结构性参数的值已经被设定,而 Smet 和 Wouters(2003)和 Gali、Gertler 和 Lpoez - Salido(2007)等所用的估计值用于校正需求和成本导致的冲击[3]。在传统的泰勒规则和温和的价格目标制下,保持$\bar{\pi} = 2$的通货膨胀目标是分别在假定了通货膨胀目标以及目标价格路径的倾斜度的情况下得到的。在另一种模拟中,包含了 Blanchard 等考虑到的期权,假定的通货膨胀目标$\bar{\pi}$变为0.04。

$$i_t = r_t^n + \bar{\pi} + 1.5(\pi_t - \bar{\pi}) + 0.5y_t \quad (15.4)$$

$$i_t = r_t^n + \bar{\pi} + 0.2(p_t - \bar{\pi}t) + 0.5y_t \quad (15.5)$$

在专栏表15.1中现实的模拟结果显示了当经济面临持续的价格和需求冲击时,盯住价格水平体制的强有力的稳定效应。即使在刚刚研究的柔和的盯住价格水平规则中(其中的价格偏离因素非常小),政策利率的稳定性也要比一个标准泰勒规则下的强。结果,零利率界限是永远触碰不到的。相反,在泰勒规则下的货币政策中,名义利率是负的百分之十。价格目标制所体现出的更强的稳定性减少了波动带来的福利损失,较之于盯住通货膨胀水平。模拟结果显示:升高目标通胀也会减少触碰零利率界限的几率,但是其有效程度并不能与价格目标制相媲美。

专栏表15.1　通胀目标值和价格目标制的效应对比

	标准通胀目标制	软价格盯住	4%的通胀目标制
短期名义利率为负的时间占比(%)	10.0	0.0	2.3
名义利率标准差	0.8	0.2	0.8
资本实际成本标准差	0.3	0.2	0.3
通胀的标准差	0.5	0.2	0.5
产出标准差	0.6	0.7	0.6
产出通胀波动导致的福利损失(相当于平稳水平的减少值,%)	16.0	3.0	16.0

注:每次的模拟都是在1000次以上的随机的冲击后得出,如 Blanchard 和 Khan(1980)。

专栏表 15.2　　　　　　　　后视行为下的刺激效应

	标准通胀目标制	软价格盯住	4%的通胀目标制
短期名义利率为负的时间占比（%）	9.2	0.0	1.6
名义利率标准差	0.7	0.2	0.7
资本实际成本标准差	0.3	0.2	0.3
通胀的标准差	0.5	0.2	0.5
产出标准差	0.2	0.4	0.2
产出通胀波动导致的福利损失（相当于平稳水平的减少值,%）	2.8	1.1	2.8

注：同专栏表15.1中注释。

应该指出的是，模型包含了相当强的假设。尤其是，所有的企业认为通货膨胀率目标将会在长期内实现，而且将会根据纯粹的"向前看"的方式调整其价格预期。据 Woodford（2033：213-16），该假设在其扩展形式中有所放宽，60%（$\gamma=0.6$）的企业不会重估它们的价格，它们将会根据过去的通货膨胀率制定价格，而非按照长期的通货膨胀率目标 $\overline{\pi}$。在这个环境下，菲利普斯曲线变为一种混合的形式（15.6），而且波动引起的福利损失由（15.7）给出。专栏表 15.2 得到的结果显示在基准、"向前看"的模型中所得到的结论在延伸模型中仍然适用：在盯住通货膨胀的货币政策体制下，利率波动更加剧烈且零利率界限被触碰的频率更高。

$$\pi_t = \frac{\gamma \pi_{t-1} + (1-\beta)(1-\gamma)\overline{\pi} + \beta E_t[\pi_{t+1}] + k y_t + \lambda \mu_t}{1 + \beta \gamma} \quad (15.6)$$

$$W_o = -1/2 E_o \left[\frac{\varepsilon}{\lambda}(\pi_t + (\gamma \pi_{t-1} + (1-\gamma)\overline{\pi}))^2 + \left(\sigma + \frac{\phi + \alpha}{1-\alpha}\right) y_t^2 \right] \quad (15.7)$$

这个混合模型包含了很多假设，其中包括了工资弹性和完善的金融市场。尽管工资并非弹性，无论是名义的还是真实的，可能会缩小盯住通胀和盯住价格水平货币体制的福利缺口，但是很有可能不会改变触碰零利率界限的频率。原因在于增加工资的惰性等于包含更多的稳定性而且基础模型已经相当稳定，因为冲击都是高度自相关的，然而延伸的模型包括了很多额外的因指数化带来的惰性。相反，我们可以推测通过引入流动性约束来放松完善金融市场这个假设可以部分减少盯住价格体制的好处，因为盯住价格体制在实际利率上的稳定反馈仅仅影响到的是不受流动性约束的家庭。另外一种有价值的延伸在于，在开放式经济中对于两种货币体制。最后一种延伸可以是使得很多参数都是与货币政策体制相关的，可以由价格的调整频率开始。

价格目标制保护利率不会到达零利率极限的能力还可以用于降低目标路径的斜率，因此在长期中平均了通货膨胀率，也可以作为一种减少通货膨胀经济成本的方式[4]。上述两个模型意味着盯住价格的路径的斜率可以很低，并可以导致很低的通货膨胀率，从而大大减少了触碰零利率界限的风险。相反，盯住通货膨胀率的货币体制很快导致了不可忍受的、很大几率的触碰零利率界限的风险。

专栏表 15.3　较低的均衡通胀水平时的通胀目标制和价格目标制之间的比较：短期名义利率为负的时间占比（%）

	基准模型		60%的后视指数的模型	
	标准泰勒规则	软价格盯住	标准泰勒规则	软价格盯住
均衡通胀为2%	10.0	0.0	9.2	0.0
均衡通胀为1%	18.0	0.05	17.0	0.05
均衡通胀为0.5%	23.0	0.13	22.0	0.16
均衡通胀为0	28.0	0.84	22.0	0.84

注释：

1. 通货膨胀目标 π 是可信的，如果公司按照这个通胀率增加其产品的价格。Woodford（2003：213）解释了有一个正的通胀率目标的新凯恩斯—菲利普斯曲线。福利损失函数的偏差在这种环境下正好是 Woodford（2003）命题 6.5 的解释。

2. $k = \lambda \left(\sigma + \dfrac{\phi + \alpha}{1-\alpha} \right), \lambda = \dfrac{(1-\theta)(1-\beta\theta)(1-\alpha)}{\theta(1-\alpha+\alpha\varepsilon)}$

3. 对应值分别为：$\beta = 0.99$，$\theta = 2/3$，$\alpha = 1/3$，$\varepsilon = 6$，$\sigma = 1$，$\phi = 1$。冲击为 $AR(1)$，其标准差 $\sigma(u_t) = 0.1$，$\sigma(v_t) = 0.297$，自相关值 $\rho(u_t) = 0.88$，$\rho(v_t) = 0.93$。最后，$r_t^n = 0.02$

4. 讨论最优的通货膨胀率，参见 Cogley（1997），Schmitt-Grohe、Uribe（2010）和 Coibion，Gorodnichenko 和 Wieland（2010），可以得到有关零利率界限结果的一些信息。

15.2.3　计划和签订合同的固定名义稳定效应

盯住价格水平的货币政策能够更好地笃定长期的价格水平，从而有助于排除外来货币购买力的许多不确定性。价格目标制决定了实际价格水平紧紧围绕着长期的价格水平波动。一个有用的结果就是价格的波动性并不会随着时间的推移而变大。相反，在盯住通货膨胀的体制下，经济冲击影响价格水平，而价格水平又被用做下一个阶段目标通胀的基准。因为中央银行并不需要因为偏离基准而买单——"过去了的就是过去的"——价格水平遵循一种漂移的随机波动。换句话说，在盯住通货膨胀率的情况下，一次性地对于通胀的冲击将会对于价格水平有着永久性的冲击。另外，价格的波动性会随着时间的增加而推移，这意味着在将来，货币的购买力将会变得越来越不确定。

现代模型模拟显示：在两种不同的货币体制下，大量的差异会出现。图 15.1 显示，在专栏 15.1 中的基础模型中，即使两种货币政策体制盯住相同的稳定状态的通货膨胀率，相同的冲击也会导致不同的价格水平轨道。尤其是，即使是软价格水平盯住，比如在基础模型中所用的，也会将

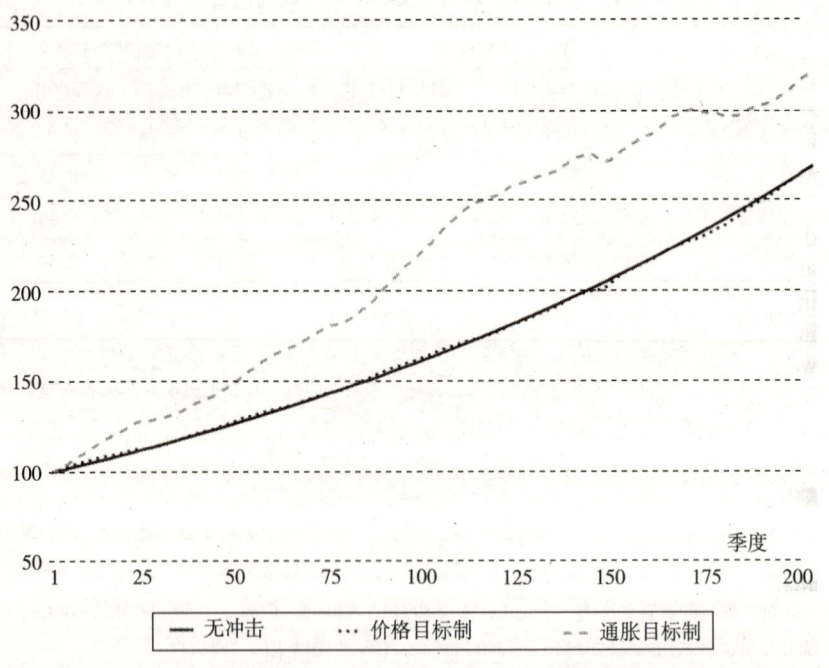

注：基于专栏 15.1 中同样的基准动态模型，在标准通胀目标制的泰勒规则和软价格盯住不同的货币政策体制下，市场冲击时的价格变动路径。

图 15.1 长期的价格水平：价格目标制和通胀目标制的模型效应比较

价格水平紧紧地"摁在"目标价格路径上①。在通胀目标制下,经济冲击将会对价格水平产生永久性的效应,这是图15.1所显示出的模型模拟结果,这个事实同样可以在历史数据中发现。图15.2比较了OECD中四个最大的经济体的历史价格水平与其盯住目标通胀率时的价格。

在两种货币政策体制下,通货膨胀变化性也不会不同。传统的经济学家认为:在价格目标制下,短期的通货膨胀波动性会增加,因为试图降低通货膨胀将会导致价格水平的非预期增加。这可以适用于冲击是纯随机的或者持续性较差的;价格目标制可以要求过去的波动相互抵消了。然而,当冲击都是高度自相关的,正如历史经验告诉我们的②,价格目标制将会降低通胀的短期波动性,如果货币当局可以规定一条政策或者是以一种自由的方式作为。再一次,预期通胀就在这种效应的源头。例如,在一段持续的成本冲击之后,在价格目标制下,期望通胀率将会下降,其原理在于通过菲利普斯曲线使得实际通胀下降,因此部分抵消了持续冲击的效应。同样的推理方式适用于一段持续的需求冲击。

保证了货币在未来的购买力对经济有着重要的作用。一个直接的结果就是它可以通过降低长期中的名义合约成本来降低价格风险,从而使得长期的规划更加便利③。另外,在价格目标制下,长期中的平均通货膨胀率更加确定,相比于盯住通货膨胀率,人们可以预期在价格目标制下,长期利率中包含的通货膨胀风险溢价将会更低④。如果五年期的通货膨胀风险溢价位于30到110个基点这个区间中,那么收益将是非常可观的。反过来,实际利率的降低将会提高投资收益率并提高潜在的经济增长。

另外的一个对于经济增长的贡献是,价格目标制降低了资本实际成本

---

① 在盯住价格水平的体制下,价格水平长期的斜率系数要更低,这是图15.1所出现的结果,实际上它仅仅是价格水平盯住通货膨胀率体制的一种不固定的特征结果,也是在特定模拟下随机冲击的构造。在货币政策的目标下,价格水平的对数根据不同的冲击进行平均后,在两种货币体制下也会显示出相同的长期斜率。对应的是,如果货币政策是在自由方式下进行的,价格水平的对数将会在盯住通货膨胀率的情形下显示出更陡的斜率(Sevensson, 1999)。

② 见Smets和Wouters(2003)。

③ 这种好处可能会受制于实践,因为如果这种好处要高于指数化的执行成本,那么指数化合约将会变得更加普遍。需要指出的是,指数化合约尤其是在工资设定方面,需要工资严格的惰性,而这种惰性降低了福利。

④ 结果依赖于一个假设,即在盯住价格水平的体制下,货币政策是完全可信的。

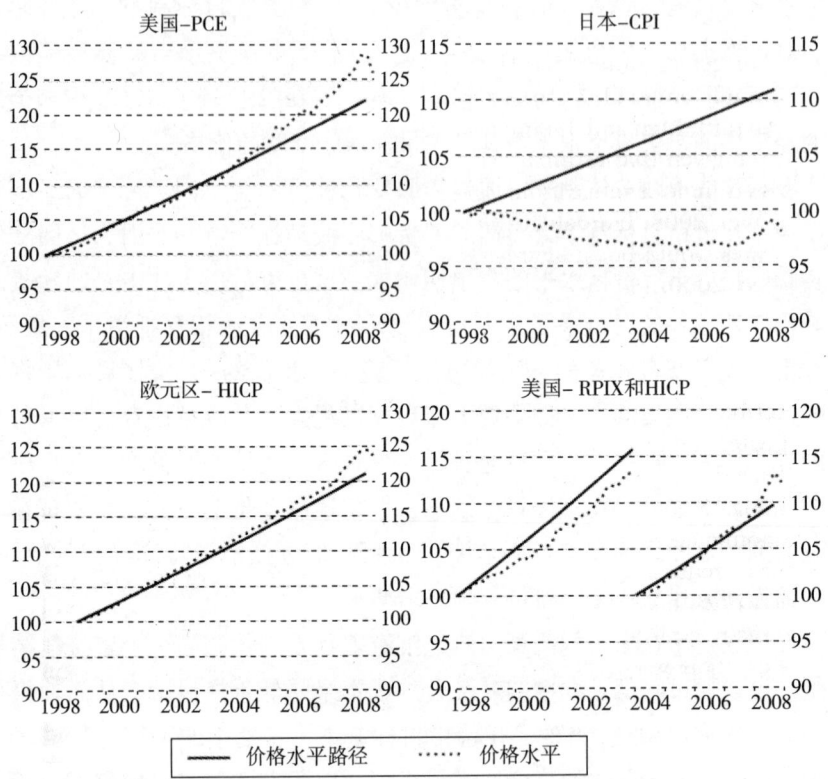

注：对于美国，价格稳定目标是1.9%的通货膨胀率。样本期是从1998年开始，以便与别国比较。对于日本，价格稳定目标是1%的通货膨胀率。样本期是从1997年实施日本银行法案规定货币政策目标时开始。对于欧元区，价格稳定目标是2%的通货膨胀率。样本期是从成员国的汇率固定开始。对于英国，价格稳定目标在2003年12月前是2.5%的通货膨胀率，之后为2%。在2003年12月前，政府当局规定的物价指数是零售物价指数（RPI）扣除利息支付之后的（RPIX），之后为消费者物价指数（CPI）。样本期是从政府当局开始通过利率来实现通胀目标之时开始。

数据来源：美国经济分析局（BEA）、日本数据库、欧元区的欧盟统计局和英国的国家统计办公室和欧盟统计局。

图15.2 价格指数和价格目标路径：指定国家，1998—2008年

的变动性。原因在于：上文所讨论的期望通常降低了名义利率和期望通胀的变动性，这降低了实际利率的波动性。

价格目标制可能降低了工资指数化的最优水平，这有助于缓冲第二轮的通货膨胀效应。当经济中的代理人期望过去的价格水平上升是永久性的，那么他们倾向于要求一次性的补偿以保持他们的实际工资。而当价格的上升被认为是可以反转的，那么补偿往往等于他们工资购买力的临时损失。这种工资的上升要比在盯住通货膨胀水平的上升要低①。

在价格目标制下，未预期到的通货膨胀将会导致更小的重新分配效应。主要的原因在于不同的经济代理人有着不同的资产组合，尤其是当年轻人和穷人过多代表了负债者时。

专栏 15.2　通胀目标制和价格目标制下的再分配效应

在通胀目标制下，通胀的冲击会腐蚀名义资产和负债长期的真实价值，但是在价格目标制下则没有那么强烈。因为上述的腐蚀效应，因此在这两种体制中的选择，就具有了分配效应。再分配效应将会反映社会不同团体和部分资产组合构成的差异。尤其是，年轻的中产阶级和穷人往往是净负债者，而社会上的富人和老人往往是资产的剩余方。在许多发达国家，政府往往是净负债者，而家庭部门和外国部门往往是借款人。

由于价格目标制在长期内提供了一种名义价格的稳定机制，在长期内名义价格的变化幅度较之于盯住通货膨胀的体制都变得较小。Meh、Rios-Rull 与 Terajima 发现在盯住通货膨胀的体制下，再分配的效应十分明显。在一个模拟加拿大经济的模型中，一次百分之一的价格变动将会引起 GDP 百分之五点五的再分配。正如上文所说，一般来讲，赢者往往是那些年轻的穷人和年轻的中产阶级，输者往往是老人和富人。而且，在通胀目标制下，家庭的净福利损失是 GDP 的 0.4%。

Meh、Rios-Rull 与 Terajima 还研究了不同的财政政策转移对于家庭的产出和福利的影响。他们研究了一个降低劳工税的例子，当价格水平的冲击改善了政府的资产组合。代理人的劳动生产力是不同的，而且对于劳动与储蓄的偏好也是不同的，不同类型的财政政策转移会有一种非零效应，尽管经济中代理人之间的再分配冲击是零和的。因为这些原因，在价格目标制下，将会有非零效应。正如我们从文章讨论的部分中可以看到，作者发现在通胀目标制下，这种效应会变得更大。

数据来源：Meh、Rios-Rull 与 Terajima（2008）。

---

① 通过使得工资降低变薄而缓冲第二轮的通胀效应所带来的潜在好处，需要在实际的指数化实践中得到估量，当指数化并不是普遍实施的，那么潜在的优点将会变小。

15.2.4 减少资产价格泡沫的可能性

在价格目标制下,较之于在盯住通货膨胀的体制下,资产价格的波动可能更加容易避免。举个例子,在经济经历过一个负面的需求冲击之后,货币政策正处于逐渐减弱的循环阶段,利率可能在一段时间内保持在低于自然利率的水平。正如图15.3所展示的,在盯住通货膨胀的体制下,货币政策的减弱可能更加激进。在这种情形下,政策利率在三到五年内降低了很大一部分,盯住通货膨胀可能要比价格目标制更加容易产生资产泡沫。更加普遍的是,价格目标制较之于盯住通货膨胀的体制降低了名义和实际利率的波动性(见专栏表15.1),这样就创造了一种环境,在这种环境下,资产泡沫更加不容易发展。基于利率活动是非常暂时的,我们得出这个结论,然而,根据定义泡沫就在价格偏离其根本价值时发生[①]。

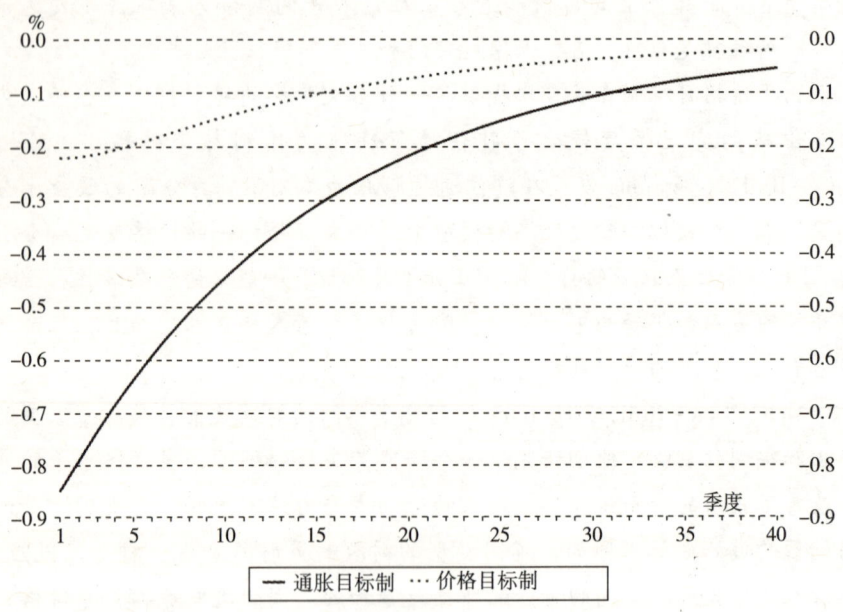

注:需求冲击为1%的GDP。政策的反应是基于专栏15.1中的基准模型。
数据来源:作者计算。

图15.3 名义利率对负面需求冲击的反应

[①] 泡沫的形成不可以用表15.1下的模型进行研究。参看 Ahrend、Cournede and Price (2008),可以看到"低名义利率"、"资产价格泡沫"和"金融市场无节制"相关的讨论。

15.3 对价格目标制的主要担忧

15.3.1 更大的产出波动性

一般来说，中央银行非常关心货币政策对于产出波动性的意义。直到最近，由 Fischer（1994）提出的主流观点，即价格目标制将会引致太大的产出波动性，这意味着盯住通货膨胀的体制更加受欢迎。直觉告诉我们，在价格目标制下，货币政策应当对于经济冲击反应剧烈，如果它的目标是使得价格重新回到既定的价格水平，这样会引致利率水平和产出的波动性。对比来讲，在盯住通货膨胀的体制下，中央银行仅仅需要部分地调整价格水平的变化。

事实上，针对货币政策体制将对产出波动性产生什么效应这一命题，理论和模拟给出了非常模糊的结果，而且结果十分依赖于模型的特制以及所选择的参数。在专栏 15.1 中所呈现的两个 DSGE 模型中，与通胀目标制相比，价格目标制减少了通货膨胀和利率水平的波动性，却承担了更大的产出波动性的成本。COletti、Lalonde 和 Muir（2008）在一个更加细致的环境中得到了完全一样的结果，这个环境是加拿大中央银行模型套用在加拿大和美国经济上。在 Sevensson 的高度个性化模型中，产出缺口的波动性并不会受到货币体制的影响，这可以归因于该模型缺乏 IS 曲线。在一个政策可以自由选择的模型中，Cover 和 Pecorino（2005）发现盯住价格水平的货币体制与盯住通货膨胀的货币体制相比，也减少了产出的波动性。

经济代理人"向前看"行为的程度对于盯住价格水平的货币体制的有效性，已经由很多文献进行过研究了。Williams 使用大规模的联邦董事会模型为美国经济研究了这个问题。作者比较了单一货币政策的表现，并发现了货币体制对于通货膨胀和产出波动性的影响随着"向前看"行为的程度改变而改变。他发现在理性预期下，盯住价格水平而非通货膨胀几乎不产生额外的产出和通胀的波动性，因为预期通胀帮助稳定了通货膨胀，同时减少了稳定产出的成本。Smet（2003）、Guender 和 Oh（2006）以及 Vestin（2006）也获得了同样的结果。

15.3.2 更容易受到模型不确定性的影响

相对于标准的通胀目标泰勒准则，价格目标制可能更加容易受到模型不确定的影响。既然货币当局经常使用不完美信息，即不知道哪种参数化模型才是经济的客观反映，因操作原因选取那些更不容易受到模型不确定性影响的货币政策规则是可取的。这正是考虑到经济代理人"向前看"行为的那个模型，而"向前看"行为正好是盯住价格水平模型成功的关键。Jaaskela（2005）在一个给定的基本模型中研究了这个命题，假定模型中政策规则的各项系数都是最优化的，经济的真实模型则由一系列的其他参数来描述。换句话说，货币当局使用一系列的参数而非管理经济的经济结构来最优化政策反应函数的参数。作者发现，价格目标制在通货膨胀和产出波动方面都表现较差，这意味着，当小费和定价策略由强烈的"向后看"的行为主导时，福利发生了损失。该结果的主要原因在于，盯住价格水平机制所内含的有益的期望通道需要极少量的"向后看"的行为。在盯住通货膨胀的体制下，损失函数的值相对稳定，甚至当货币当局在判断经济代理人"向后看"的行为发生错误的时候。然而，在盯住价格水平体制下，"向后看"的行为的程度是相当高的[①]。而且，盯住价格水平有着一些"向前看"的行为，因为对于冲击过程中的变化和错误假定反应更加稳健，也更不容易产生不确定性。

在模型中加入流行的"向后看"的效应以及强烈的汇率效应可能会使得盯住价格水平体制的表现要差于盯住通货膨胀的体制。Batini 和 Yates（2003）研究了一个开放式经济，其中的利率进入一个强烈的"向后看"的菲利普斯曲线。在这种情况下，开放经济使得通货膨胀水平和价格水平在两种货币体制下变得更加剧烈，但是价格目标制产生的波动要更加剧烈一些。这是因为在他们的"向后看"的模型中，通过未对冲的利率平价条件，引入了更高的利率和汇率波动。事实上，模型的不确定性和不完美的政策校正规则因此支持了盯住通货膨胀的体制。

15.3.3 中央银行的可信性面临更大的负担

对于盯住价格水平货币政策体制的最后一个担忧在于它依靠市场力量

[①] 例如，在一个标准的包括了"向后看"行为以及价格水平的平均久期的盯住价格水平的模型中，例如 Gali and Gertler（1999）使用的模型，即使有无穷小量的企业是向后看的，模型持续的程度也不足以在 Jaaskela 的模型中产生一种状况，即盯住通货膨胀的体制完全胜过盯住价格水平的体制。在使用 Gali and Gertler 的"向后看"行为程度的结构性估计的 Jaaskela 的模型中，经济在盯住价格水平完胜盯住通货膨胀的区域内是十分稳定的。但是，当盯住价格水平在 Jaaskela 的模型中表现非常差的时候，价值区间就在于某些简化的菲利普斯曲线的估计值。

来维持价格稳定的能力是基于货币当局高度的可信性。使用上文所提到的论据，伴随供给方的冲击是预期通货膨胀的上升，经济代理人肯定认为货币当局必将会降低利率，这样才会使得价格水平上升从而使得价格水平在未来回归到预期价格。如果价格水平最终并未很快地回归到合理的价格水平，经济代理人将会怀疑中央银行完成货币政策目标的能力。如果央行的可信性丧失，当面临价格水平下降，经济代理人将不会修订他们对于未来通货膨胀的预期，从而自我约束的机制也就失效了。Shukayev 和 Ueberfeldt（2008）研究了中央银行从盯住通货膨胀向盯住价格水平的转变的情形，结果显示只要公众担心货币政策可能会回归到老政策，即新货币政策体制的承诺并不是完美的，那么自我约束机制依然是非常脆弱的。在他们的模型中，需要花费接近两年半的时间才能使得新的盯住价格的货币政策体制获取足够的可信性，这种可信性是价格目标制在福利增加方面要优于盯住通货膨胀的体制。

而且，如果央行的可信性一开始就是比较低的，这种情况下可能使得货币当局选择非常短期的货币政策，在这种情况下，福利将会在盯住通货膨胀的体制下损失更小。这是在价格目标制下，随着货币政策时间的缩短会引致太多的产出缺口的波动性。

但是，即使是在货币当局已经有了非常高的可信性，盯住价格水平体制是个要求非常高的体制，这个事实可能也会以侵蚀央行的可信性结束。以那一个小型的开放式经济作为例子，在这个经济体内，汇率的波动往往要比在一个非开放的经济体内剧烈，价格目标制要比盯住通货膨胀的体制操纵起来更加困难。这可能会威胁到货币体制的可信性，因为朝着盯住价格水平这条道路的潜在成本是比较高的。这对于发展中国家尤其适用，因为在盯住通货膨胀的体制下，这些国家的实际价格与目标价格偏离颇大。事实上，对于许多国家而言，在某些情况下，尤其是对于那些遭受到贸易冲击的开放式国家，最优的货币政策体制是盯住通货膨胀。

15.4 执行问题

15.4.1 反馈与政策范围

中央银行的目标是在中期而非立刻达到稳定物价的目标。这是因为货币政策的传导机制都是通过作用于滞后变量，而且试图中和短期的对于价格水平的冲击会导致更大的利率和产出缺口的波动性。渐进地对这些冲击作出反应可能会避免这些多余的波动性。那么货币政策最优的政策范围是什么呢，或者说，货币当局将通货膨胀引回到目标通胀所花费的时间应当是多少？Smet（2003）研究了一个小规模的向前看的模拟欧元区的模型。在他的模型中，货币当局的目标是最小化利率和产出缺口的波动性，但有一条约束：必须在指定的时间跨度内完成给定价格目标和通货膨胀目标。作者发现，在盯住通货膨胀和盯住价格水平两种货币体制下，设定一个短期的期限可以减少通货膨胀的波动性，但是付出的成本确实增加了产出缺口和利率的波动性。这个结果后面的直觉告诉我们，当政策范围非常短时，中央银行会对于通货膨胀冲击反应剧烈，使得货币政策工具和产出缺口变得非常剧烈，但同时保留了通胀（或通货紧缩）的压力[①]。

Smets（2003）还发现，对于一个给定的政策范围，在价格目标制下，产出与利率的波动性往往更大一些。第一个研究结果的原因在于使得价格水平回归目标要比使得通货膨胀水平回归目标要求更高。第二个研究结果的原因曾经在294页提到过，即预期通道有助于稳定通货膨胀。事实上，将两种货币体制所需的最优政策范围相比较，作者发现在盯住价格水平体制下，最优政策所需要的时间范围更大些。这是因为延长了时间范围改善了产出缺口与通胀波动性的博弈[②]。

一个相关但截然不同的概念是最优预测或反馈时间范围。这是指中央银行形成政策规则中的通胀预测所需的时间范围，例如中央银行对于实际通货膨胀和实际价格偏离目标通胀和目标价格的反应时间[③]。正如以前，Coletti、Lalonde 和 Muir（2008）也发现了在货币当局盯住价格水平的情况下，最优的反馈时间范围要更长些。另外一个执行问题是在盯住价格水平的路径上选择一个最优的波段。

15.4.2 盯住通货膨胀和盯住价格的货币政策体制无大差异时

在实践中，盯住通货膨胀的货币政策体制可以被"粉饰"，这样它就

[①] 应该指出专栏15.1中的模型相比于Smet的模型，并没有加入对于向目标通胀靠拢（价格水平）的约束。事实上，图15.3所呈现的脉冲响应函数并不应该解释为指示了任何最优的预期范围。

[②] 事实上，在盯住价格水平下最优时间范围可能是在盯住通货膨胀的最优时间范围的两倍，这也降低了预期通道的作用。

[③] 例如，中央银行将会在下一年或者本年度对通货膨胀偏离目标通胀的状况作出反应。

可以在操作中起到与盯住价格水平的货币政策体制类似的作用。尤其是，盯住价格水平的货币政策体制较之于盯住通货膨胀的货币政策体制，可以看做是更为激进的模型政策，尤其是在它加重了修正通货膨胀偏离的权重。在这一点上，Chadaha 和 Nolan（2002）与 Coletti、Lalonde 和 Muir（2008）研究的结果显示：在盯住通货膨胀的体制下，在泰勒规则中增加通货膨胀的权重并降低产出的权重会导致产出和通货膨胀的波动性。

这种可能的等值性非常重要，因为改变货币政策可能会有很大的转换成本。一个巨大的障碍交流在于在不同的年份宣称不同的通货膨胀目标。例如，当成本推动通货膨胀高于目标通货膨胀时，货币当局不得不在接下来的几年中使得通货膨胀低于目标通货膨胀率。这可能是要求相当高的，如果在过去实际通货膨胀率与目标通货膨胀率偏离已经很大。为了保持中央银行的可信性，中央银行不得不对其达到目的的任务十分清楚。正如在上一部分讨论的，缺乏盯住价格水平货币政策的国际经验，可能在实施阶段也会对中央银行的可信性造成伤害，因为期间增加了学习成本。所有的这些将会使得在盯住价格水平的货币体制下中央银行的交流策略变得更加复杂，而且为了保证两个货币体制能够温和地过渡，需要一个非常有效的交流策略。

然而，尽管两种货币政策体制的结果可能会十分相似，但是激进的价格目标制可能会失去盯住价格水平体制拥有的自动稳定优势。结果，当有一小撮人的决策是"向前看"的，激进的盯住通货膨胀的货币体制可以获取与盯住价格水平体制相同的价格变化，只是其成本是实际利率更大的波动性。

15.4.3　历史经验受限[①]

在瑞典，一战和 1928 年大萧条以后的产出损失使得金本位失去了合法性；在失去了金本位后，人们在 1931 年的秋天采用了盯住价格水平的货币体制。新的货币体制受到经济专家的广泛支持，它的主要目标是阻止价格继续下降，这在 20 世纪 20 年代后期是非常典型的现象。但是，在瑞典克朗变为浮动汇率之后，价格上升的潜在风险并没有包括在内。

当新的货币政策体制在 1931 年秋天第一次建立，货币当局仅仅发表了

---

① 更多的细节描述，可以参见 Berg and Jonung（1999）。

一个简短的声明,即中央银行将保持克朗的购买力作为目标。央行、货币学家、议会以及公众经过八个月的讨论之后,完善的货币政策体制在 1932 年 5 月完成了。该货币政策体制的主要内容有:(1) 货币政策旨在抵御通货膨胀和通货紧缩;(2) 目标是将价格水平恢复到 1931 年末期的水平:恢复到 1928—1929 年的价格水平并不被推荐,因为这将意味着货币政策太松,将会最终导致通货膨胀和名义工资的螺旋上升[①];(3) 货币政策不应当盯住某一特定的价格指数,这样简单的或者正式的指数看起来都是不可行的,然而,为了操作目的,瑞典央行开始研发了一种每周计算的消费价格指数;(4) 声明克朗的浮动是临时的,一旦内外部条件允许,金本位应马上恢复。事实上,瑞典已经成为唯一一个有价格水平目标的国家。表 15.1 展示了一些总结和许多瑞典盯住价格水平的一些细节。

表 15.1　　　　　　　　　　瑞典的价格目标制

特征	描述
引入/采用	废止金本位制度后(1931 年 9 月 27 日)
采用的主要原因	通货紧缩
货币体系改革	货币体系经议会通过(1932 年 5 月)
法定框架	在货币体系变革前后瑞典央行法未变
相关价格指数	每周的 CPI 以及其他物价指数如零售价格和原材料价格
采用时期最重要的操作目标	自 1931 年 9 月后的消费者商品价格的平均水平
说明	间接税和季节因素
暂时策略与长期策略	暂时回归金本位
政策工具	贴现率、外汇市场操作、公告
汇率的角色	从 1933 年 7 月到二战开始,将克朗盯住英镑
货币总量的角色	没有对货币体系的说明
目标独立性	瑞典央行设定政策目标
政策工具独立性	是
责任	没有提及政策失效时的责任

数据来源:Guender 和 Oh (2006)。

---

① 有趣的是,关税、其他税以及季节性价格变动等使得价格水平上升被认为是与货币政策保持一致的,并不需要货币当局的反应。

从 1928 年至 1932—1933 年（见图 15.4），消费者指数和 WPI 指数下降得非常凶猛。这反映了金本位制度所带来的国际范围内的通货紧缩压力。当瑞典在 1931 年放弃金本位制时，它最开始采用了浮动汇率制度。因为害怕通货膨胀，瑞典央行最开始采取了紧缩的货币政策（见图 15.5），使得名义利率由百分之六上升为百分之八。结果，经济的短期活力下降，失业率攀升。后来，货币政策放松以阻止经济下降，政策利率在 1934 年降低到了 2.5%，这个利率一直维持到二战的爆发。考虑到利率变化，克朗在 1932 年到 1933 年之间是贬值的，在这个期间，人们发现回归到金本位并不是一个可靠的选择，瑞典央行便将克朗盯住英镑。1933 年开始，消费价格指数稳定上升，批发价格迅猛上升。

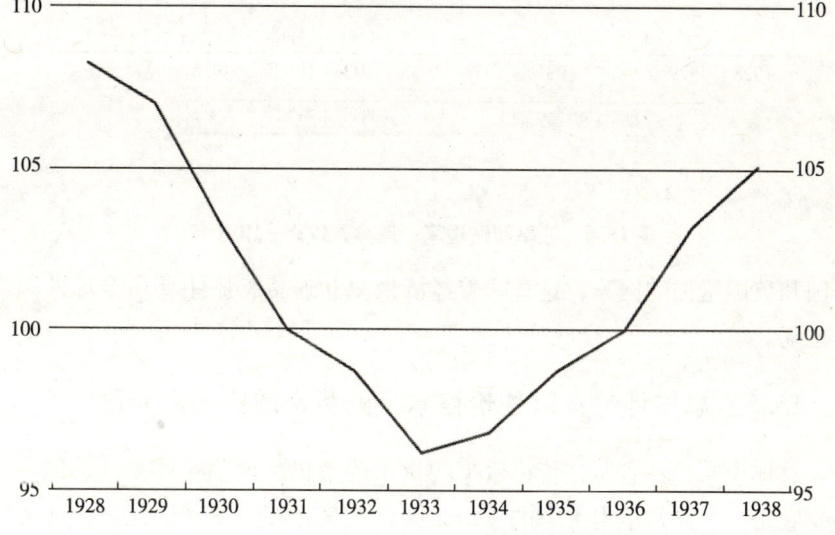

数据来源：瑞典央行。

图 15.4　在实行价格目标制前后的瑞典 CPI 变化，1928—1938 年（1931 年指数 = 100）

考虑到以下几个因素，瑞典的货币政策是否在阻止进一步的通货膨胀发挥了效用还很难衡量：（1）没有一个特定的范围来衡量货币政策的有效性；（2）央行决定将克朗盯住英镑，这就产生了一个问题，即货币政策的目标在多大程度上对于稳定价格水平是有效的：英国价格和汇率不断变化，因此对于瑞典货币政策的成功意义重大；（3）利率政策看起来跟随像

欧元区与金融危机

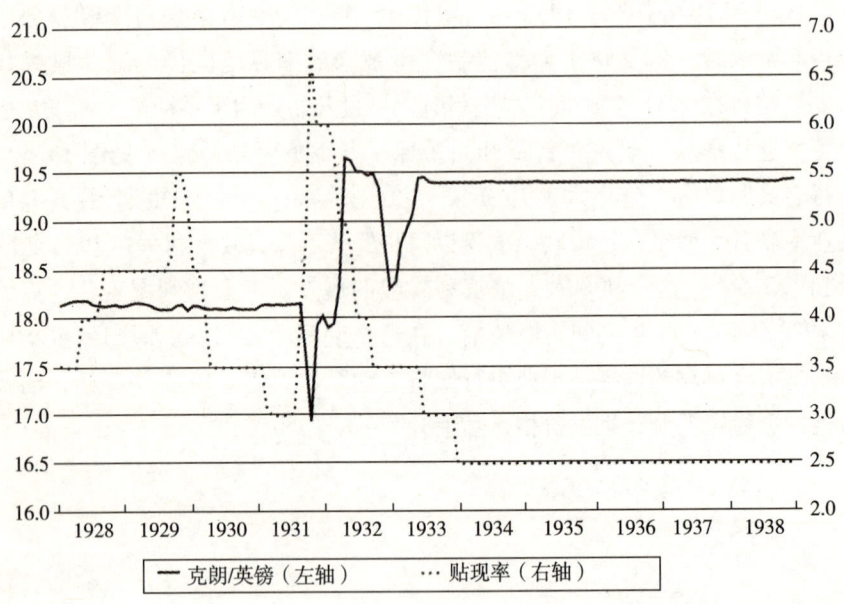

数据来源：瑞典央行。

图 15.5　汇率和贴现率：瑞典，1928—1938 年

美国和英国这样的国家，这意味着经济恢复和通货膨胀主要由全球的因素来推动。

15.5　总结评论：盯住价格水平的货币政策与欧元区

总体说来，尽管盯住价格水平的货币政策仍然面临一些挑战，但是不妨碍它是一个非常值得考虑的货币政策，尤其是在通货紧缩比过去几十年都要严重的经济环境中。在欧元区，在现行规定货币政策的目标是保持价格稳定的条约中，盯住价格水平的货币政策是可以被采用的。欧元区央行仅仅需要改变它们对于价格稳定的定义即可。有人可能会认为，盯住价格水平的货币政策更多地是从字面上遵从条约，而非按照当今对于价格稳定性的解释，即欧元区和谐消费价格指数（HICP）每年的通胀率不超过两个百分点。然而，即使按照这样作出改变，当今的欧元区所能接受的通胀标准仍然是会基于通货膨胀率，因为这种规定已经写入欧元区运行的条约中。

当今欧盟拥有众多国家，但它们的经济并不是完全整合的，在两种货币政策体制中选择所涉及的一个问题是，当面临经济冲击时，哪种货币体制将会最小化国家之间的通货膨胀差异。这个问题也可以表达为：哪一种货币政策体制将会导致更加稳定的通货膨胀率。正如上文所说，虽然盯住价格水平的货币政策体制一开始给人的感觉是它可能会导致更大的通货膨胀波动，但是大多数现代模型发现该模型由于内含了预期通道所产生的自我约束机制降低了通货膨胀的波动性。而且，在当今的欧元区，即使依然按照曾经的通货膨胀标准，盯住价格水平的货币政策体制将会关注价格水平的聚合，在价格水平走向分散的时候，欧盟区国家的经济能量也会在摒弃差异的同时整合剩余国家的经济。

最后，如果欧元区国家采用了盯住价格水平的货币政策体制，这可能与美国和日本的货币政策产生差异，它们的货币政策是盯住通货膨胀率，尽管并不是非常严格的盯住通货膨胀率。这种不同可能在面临不对称的冲击时会加剧汇率的波动性，因为市场的参与者预期不同的利率反应。然而，如果更多的经济体采用了盯住价格水平的货币政策体制，其所内含的更低的利率波动性将会导致更低的汇率波动性。采用盯住价格水平的货币政策体制对于汇率波动性的影响，无论是单边的还是广泛应用的，看起来是一个非常值得继续研究的课题。

参考文献

Ahrend, R., B. Cournède and R. Price (2008). 'Monetary policy, market excesses and financial turmoil', OECD Economics Department Working Paper, No. 597.

Amano, R., S. Ambler and P. Ireland (2007). 'Price level targeting, wage indexation and welfare', Paper presented at the seminar 'New Developments in Monetary Policy Design', sponsored by the Bank of Canada and CIRPÉE, 25–26 October, Montreal, http://tinyurl.com/3alsdaa.

Ambler, S. (2009). 'Price-level targeting and stabilization policy: a review', *Bank of Canada Review*, Spring: 19–29.

Ang, A., G. Bekaert and M. Wei (2008). 'The term structure of real rates and expected inflation', *Journal of Finance*, **63**(2): 797–849.

Angeris, A. and P. Arestis (2008). 'Assessing inflation targeting through intervention analysis', *Oxford Economic Papers*, **60**: 293–317.

Aoki, M. and H. Yoshikawa (2006). 'Uncertainty, policy ineffectiveness, and long stagnation of the macroeconomy', *Japan and the World Economy*, **18**: 261–72.

Batini, N. and A. Yates (2003). 'Hybrid inflation and price-level targeting', *Journal of Money, Credit and Banking*, **35**(3): 283–300.

Batini, N. and E. Nelson (2001). 'Optimal horizons for inflation targeting', *Journal of Economic Dynamics & Control*, **51**: 891–910.

Benati, L. (2008). 'Investigating inflation persistence across monetary regimes', *Quarterly Journal of Economics*, **123**(3): 1005–60.

Berg, C. and L. Jonung (1999). 'Pioneering price level targeting: the Swedish experience 1931–1937', *Journal of Monetary Economics*, **31**: 525–51.

Bernanke, B. and V. Reinhart (2004). 'Conducting monetary policy at very low short-term interest rates', *AEA Proceedings and Papers*, **94**(2): 85–90.

Blanchard, O. and C. Khan (1980). 'The solution of linear difference models under rational expectations', *Econometrica*, **48**(5): 1305–11.

Blanchard, O., G. Dell'Ariccia and P. Mauro (2010). 'Rethinking macroeconomic policy', IMF Staff Position Note, No. **10/03**.

Calderón, C. and K. Schmidt-Hebbel (2008). 'What drives inflation in the world?', Central Bank of Chile, Working Paper, No. **491**.

Chadha, J. S. and C. Nolan (2002). 'Inflation and price level targeting in a new Keynesian model', *The Manchester School*, **70**(4): 570–95.

Cogley, T. (1997). 'What is the optimal rate of inflation?', *Federal Reserve Bank of San Francisco Economic Letter*, No. **97–27**.

Coibion, O., Y. Gorodnichenko and J. Wieland (2010). 'The optimal inflation rate in New Keynesian models', National Bureau of Economic Research Working Paper, No. **16093**.

Coletti, D., R. Lalonde and D. Muir (2008). 'Inflation targeting and price-level-path targeting in the global economy model: some open economy considerations', *IMF Staff Papers*, **55**(2): 326–38.

Cover, J. P. and P. Pecorino (2005). 'Price and output stability under price-level targeting', *Southern Economic Journal*, **72**(1): 152–66.

Crawford, A., C. Meh and Y. Terajima (2009). 'Price-level uncertainty, price-level targeting and nominal debt contracts', *Bank of Canada Review*, Spring: 31–41.

Dhyne, E. *et al.* (2006). 'Price changes in the euro area and the United States: some facts from individual consumer price data', *Journal of Economic Perspectives*, **20**(2): 171–92.

Eggertsson, G. and M. Woodford (2003). 'The zero interest-rate bound and optimal monetary policy', *Brookings Papers on Economic Activity*, **34**(1): 139–235.

Fatás, A., I. Mihov and A. K. Rose (2006). 'Quantitative goals for monetary policy', European Central Bank Working Paper, No. **615**.

Fischer, S. (1994). 'Modern central banking', in F. Capie, C. Goodhart, S. Fischer and N. Schnadt, *The Future of Central Banking: The Tercentenary Symposium of the Bank of England*, Cambridge University Press.

Galí, J. (2008). *Monetary Policy, Inflation and the Business Cycle*, Princeton University Press.

Galí, J. and M. Gertler (1999). 'Inflation dynamics: a structural econometric analysis', *Journal of Monetary Economics*, **44**: 195–222.

Galí, J., M. Gertler and D. López-Salido (2007). 'Mark-ups, gaps and the welfare costs of business fluctuations', *Review of Economics and Statistics*, **89**(1): 44–59.

Giannoni, M. (2010). 'Optimal interest-rate rules in a forward-looking model, and inflation stabilization versus price-level stabilization', Columbia University, 28 April, mimeo.

Guender, A. and D. Y. Oh (2006). 'Price stability through price-level targeting or inflation targeting? A tale of two experiments', *Journal of Economics and Business*, **58**: 373–91.

Hördahl, P. (2008). 'The inflation risk premium in the term structure of interest rates', *BIS Quarterly Review*, September: 23–38.

Jääskelä, J. P. (2005). 'Inflation, price level and hybrid rules under inflation uncertainty', *Scandinavian Journal of Economics*, **107**(1): 141–56.

Kryvtsov, O., M. Shukayev and A. Ueberfeldt (2008). 'Adopting price-level targeting under imperfect credibility: an update', Bank of Canada Working Paper, No. **37**.

Lilico, A. (2000). 'Price-level targeting – the next objective for monetary policy?', *Institute for Economic Affairs*, Oxford.

Meh, C. A., J.-V. Ríos-Rull and Y. Terajima (2008). 'Aggregate and welfare effects of redistribution of wealth under inflation and price-level targeting', Bank of Canada Working Paper, No. **31**.

Mishkin, F. and K. Schmidt-Hebbel (2001). 'One decade of inflation targeting in the world: what do we know and what do we need to know?', National Bureau of Economic Research Working Paper, No. **8397**.

(2007). 'Does inflation targeting make a difference?', National Bureau of Economic Research Working Paper, No. **12876**.

Nakamura, E. and J. Steinsson (2008). 'Five facts about prices: a reevaluation of menu cost models', *Quarterly Journal of Economics*, **123**(4): 1415–64.

Parkin, M. (2009). 'What is the ideal monetary policy regime?', *CD Howe Institute Commentary*, No. **279**.

Rudebusch, G. (2002). 'Assessing nominal income rules for monetary policy with model and data uncertainty', *Economic Journal*, **112**: 402–32.

Schmitt-Grohé, S. and M. Uribe (2010). 'The optimal rate of inflation', National Bureau of Economic Research Working Paper, No. **16054**.

Smets, F. (2003). 'Maintaining price stability: how long is the medium term?', *Journal of Monetary Economics*, **50**: 1293–1309.

Smets, F. and R. Wouters (2003). 'An estimated stochastic dynamic general equilibrium model of the euro area', *Journal of the European Economic Association*, **1**(5): 1123–75.

Svensson, L. E. O. (1997). 'Optimal inflation targets, "Conservative" Central Banks, and Linear Inflation Contracts', *American Economic Review*, **87**(1): 98–114.

(1999). 'Price-level targeting versus inflation targeting: a free lunch?', *Journal of Money, Credit and Banking*, **31**(3): 277–95.

Vestin, D. (2006). 'Price-level versus inflation targeting', *Journal of Monetary Economics*, **53**: 1361–76.

Williams, J. C. (2003). 'Simple rules for monetary policy', Federal Reserve Bank of San Francisco, *Economic Review*: 1–12.
Woodford, M. (2003). *Interest and Prices*, Princeton University Press.
Yun, T. (1996). 'Nominal price rigidity, money supply endogeneity, and business cycles', *Journal of Monetary Economics*, **37**(2): 345–70.

16 欧元区的非均等性及其影响欧元区未来的原因

Wendy Caelin[①]

欧元区成员国之间的不均衡困扰着欧元区的未来发展。作为一个整体，欧元区的表现令人满意，但在过去的十年，其成员国的主要宏观经济数据（通货膨胀率、经常账户头寸以及实际有效汇率）被认为是不一致的。这种不均衡指出了问题的根源。它与欧洲央行的可信性无关，而在于，用统一的货币政策来指导不同的国家是非常困难的。这些问题是由于成员国的劳动市场差异和共同货币区的各国政府所采用的用于稳定经济的手段差异引起的。

欧元区的十年发展历程说明，货币政策体制的选择可以影响经济的实际产出。经济中的私营部门和公共部门对于经济单一货币的期望是乐观的。与许多观察家的预期不同，私营部门的工资和价格的制定者并没有对共同货币区经济的持续增长作出及时的反应。公共部门也忽视了稳定过剩需求的必要性。市场没有对经济的紧张形势作出反应：在 2010 年早期的主权债务危机爆发之前，欧元区政府债券的利差依然保持在非常低的水平。

欧元区的经验显示，跨越国家的政策将无法有效约束私人和公众部门的行为。欧元区的问题需要各国的响应。各国是否有动力去从根本上解决欧元区的紧张局势并成功实施将决定着欧元区的未来。

笔者关注欧元区的两个实际问题。马斯特里赫特条约规定，成员国有义务在保持财政可持续性的前提下，稳定自己国家的经济。即使对于一个实际不存在的而能独立制定财政政策的慈善社会机构而言，也很难履行马斯特里赫特条约规定的这条义务。在缺乏足够的成本弹性的情况下，这是共同货币区成员国面临的共同问题。第二个问题是关于欧元区的具体问

---

① 非常感谢 Christian Dustmann、Costas Meghir、Jacques Melitz、David Soskice、Luigi Spaventa 和 David Vines 对这些问题的讨论，也非常感谢他们对本章的早期版本的讨论。

题，这个问题是由于欧元区最大成员国德国的体制特征所引起的。

各国的通货膨胀与欧元区平均通货膨胀水平的偏离论证了建立合适的宏观经济政策框架的必要性（这不仅仅是巴拉萨—萨缪尔森效应）。在一个货币政策独立、名义价格稳定的国家，央行通过提高或者降低其利率水平使得通货膨胀靠近其目标水平。欧洲中央银行为应对冲击所作出的决策会影响整个欧洲地区，但是某个国家的通货膨胀高于欧元区的平均通货膨胀水平，那么该国国内的政策必须作出回应。尤其是，财政政策必须使用以降低该经济体的需求水平。

爱尔兰的经历是实施稳定政策失败的一个案例（见 Lane，第四章）。在欧元区刚刚建立的时候，爱尔兰的增长模式是由依靠贸易品部门增长的"凯尔特之虎"模式转变为依靠非贸易品部门的发展，即建筑业的蓬勃发展和房地产的价格泡沫。欧元区成员国关系是爱尔兰冲击的原因之一，这是因为爱尔兰加入欧洲货币联盟降低了资金成本，也是由于欧元一开始对于美元和英镑发生了不同比例的贬值。

欧元区单一的名义利率为经济冲击提供了一种传播机制。这种机制被称为"Walters 批评"效应，因为 Alan Walter 曾发表言论批评英国的欧洲货币体系成员国身份（如 Walters，1990）。他的观点是，欧元区内部的同一利率将会使得像爱尔兰这种国家的实际利率更低，因为这些国家的通货膨胀要高于欧元区的平均通货膨胀。欧洲货币体制的会员规则中规定，国内冲击的放大通过抵押杠杆引入，这种杠杆就是上升的房价会刺激私人消费和房地产投资。这就会导致顺周期的财政政策，建筑业和房地产繁荣导致的税收增加会促进政府减税并增加政府支出。这又反过来促进房地产的繁荣。

然而，这些欧洲货币联盟相关的效应本可以被各国适当的稳定机制所抵消。考虑到超越国家层面的稳定增长公约（SGP）无益于爱尔兰的财政政策稳定（因为爱尔兰的财政盈余且政府负债率很低），危机的诞生完全是因为国内政策和稳定机制的缺失。

可以从另外一个角度思考共同货币区国家的经济稳定问题，即在工资和价格水平名义刚性的情况下，以标准新凯恩斯主义的方式考虑这个问题（如 Carlin 和 Soskice，2005）。从考虑中央银行的损失函数开始，中央银行致力于将实际通货膨胀向目标通货膨胀靠拢，将产出向均衡靠拢，并将其

16 欧元区的非均等性及其影响欧元区未来的原因

应用于一个共同货币区的国家政策制定者。在这样的情况下，政策制定者致力于最小化本国的通货膨胀与共同货币区的平均通货膨胀之间的差异，我们称之为 π^*。为了简化，我们假设共同货币区内的平均通货膨胀率等同于目标通货膨胀率。这就产生了如下的最优问题和最优政策规则：

$$\text{Min } L_t = (y_t - \bar{y})^2 + \beta(\pi_t - \pi^*)^2 \quad \text{国家政策制定者的损失函数}$$
$$\text{s. t. } \pi_t = \pi_{t-1} + \alpha(y_t - \bar{y}) \quad \text{菲利普斯曲线}$$
$$(y_t - \hat{y}) = -\alpha\beta(\pi_t - \pi^*) \quad \text{最优产出缺口}$$

y_t 与 π_t 分别是在时间点 t 的产出和通货膨胀率，$\bar{y}$ 是均衡产出，π^* 是共同货币区的通货膨胀率目标，β 是目标政策制定者损失函数对于通货膨胀的权重，α 是后视行为的菲利普斯曲线的斜率。如果政策制定者的目标是使经济在达到目标通货膨胀时也回归到均衡产出，那么在当前通货膨胀率偏离的前提下，最优的产出缺口是政策制定者应当选择的产出缺口（使用稳定政策工具）。

在共同货币区的情况下，国家的政策制定者在观察到本国通货膨胀与共同货币区通胀率的偏离后，使用财政政策选择合适的产出缺口来应对。在爱尔兰的情况中，如果爱尔兰政府遵循了这种最优财政政策的规则，它就应该紧缩其自有的财政政策以应对经济冲击引起的高通货膨胀率①。关于财政政策是否能有效影响产出的辩论非常激烈。但是，英国的证据（Cloyne，2011）证明了 Romer（2010）的结果，即税收的改变对于产出有着显著的、长久性的影响。

进一步探讨最优的财政政策是非常重要的。正如我们看到的，简单地用财政政策代替货币政策规则，并通过财政政策来选择最优产出缺口不足以保证财政可持续。我们可以通过一个最简单的冲击案例来说明，在这个例子中，货币政策（一国的央行独立）和财政政策（共同货币区的国家）都用于稳定经济。我们列举一个临时的特定通货膨胀冲击的例子（如国内工资的快速上涨所引起）。那么在持续存在通货膨胀的前提下，共同货币区内实施自由汇率体制国家的财政政策是否能很好地替代货币政策。在弹性汇率下，中央银行和外汇市场预测出减少多少产出可以使经济回归到目

---

① 如果到了国家的繁荣是杠杆循环的结果的程度，使用旨在稳定该周期的政策工具是可取的。

标通胀（如 Carlin 和 Soskice，2010）。中央银行通过提高利率和名义汇率来紧缩政策。这将会使经济重新回到目标通货膨胀的均衡路径上。一旦经济重新回到均衡，经济中的实际变量（产出和实际汇率）就重归初始水平，政府的财政赤字和经常账户也会如此。

现在考虑一个完全一样的临时的特定通货膨胀冲击，该情况发生在共同货币区的一个国家。我们假设财政政策的实施使得产出和通货膨胀回归到均衡水平。然而，一旦经济回归到均衡，由于经济一直保持着更高的通货膨胀率（尽管下降），本国的实际汇率将会发生升值。工资和价格水平也会受高于均衡水平的失业率的影响，这与汇率弹性的情况相同。消费和投资在均衡水平是没有发生变动的，因为实际利率被共同货币区的名义利率和国内通货膨胀率（与 CCA 的目标通货膨胀率相同）所压低。然而，汇率的实际升值导致净出口的下降，为达到均衡产出，政府将增加支出或减税。简而言之，基本的财政平衡被打破了。

这表明共同货币区发生的财政失衡不仅仅由于政府的"挥霍无度"，也可能由于在汇率浮动和盯住通货膨胀的体制下，政府面临暂时的通货膨胀冲击所采用同样的"最优"政策而导致的非理想结果。这说明共同货币区国家的最优政策不应仅仅盯住通货膨胀：在因为暂时的通货膨胀冲击发生的调整之后，为了使得财政平衡保持不变，价格水平必须回归至其原始价格水平，这样就可以使得实际汇率保持不变。与在可变汇率的条件下相比，仅仅使通货膨胀回归至目标通胀是不够的①。

原则上来讲，积极的财政政策可被用做稳定政策，但是它最终会比盯住通货膨胀的情况下付出更大的产出成本。其原因在于，考虑到持续的通货膨胀过程，为使价格回归到最初的水平，累积产出缺口将会更大。如果稳定政策不能保证抵消特定的市场冲击对实际利率的总影响，那么对实际利率和政府债务的影响将会持续。

在弹性汇率下，原则上来讲财政政策可用于稳定经济，但在实际运用中，它的政治特质和公众的质疑解释了为什么政府在这样的经济情况下更加倾向于使用货币政策。实行货币政策的任务可以直接交给一个独立的中

---

① 通货膨胀是最简单的模型，因为在可变汇率的条件下，实际汇率在新的均衡下是保持不变的。在更加复杂的情形下，例如面临总需求和总供给冲击时，同样的结果也会出现。

16 欧元区的非均等性及其影响欧元区未来的原因

央银行。相反，财政政策涉及了税收，其天然具有政治特性。这使得财政政策很难像货币政策那样得到运用。然而，一个独立而精明的财政政策委员会，如上述例子中的计划者，可以为实现宏观经济稳定而提供建议及政府财政审计。在欧元区之外的欧盟国家，瑞典财政政策委员会和英国刚刚成立的预算责任办公室承担了这份责任。对于欧元区的国家而言，不能独立使用货币政策来稳定经济，单独的财政政策委员会的作用尤为明显。正如瑞典财政议会年度报告所述（瑞典财政政策委员会，2010），它的任务不仅在于稳定经济，也是为了在面临人口和其他问题时保证政府的支付能力。财政政策的额外需求使得监督其用于稳定经济的任务更具挑战性。

为什么在美国货币区域中，稳定政策的问题并没有引发讨论？部分原因在于联邦税和转移支付机制繁荣存在使得联邦政府可以保证各州免受地域收入的冲击。尽管 Sala – I – Martin 和 Sachs（1991）最初测算显示，区域人均收入每下降 1 美元，将会引起联邦税收 34 美分的下降和转移支付 6 美分的上升，但是最近的高级计量手段所得出的估计值说明稳定作用一般，约为 10% ~ 20%（Melitz 和 Zumer，2002）。这仍大于欧盟预算所带给成员国的几乎可忽略的稳定作用。近期的数据对区域间的劳动流动能应对美元区的地区冲击这一结论提出质疑（Rowthorn 和 Glyn，2006）。简而言之，关于美元区的稳定性依然疑云重重，以及一系列解释欧元区与美元区差异的因素也是令人费解：冲击的本质及其持续性、工资和价格的弹性、要素的流动性和稳定性政策。

如果劳动市场是完全富有弹性的，那么任何的稳定性政策都是不需要的。在劳动市场缺乏弹性的情况下，在一个货币联盟中，财政政策在宏观经济稳定中所发挥的作用可能会被工资政策所代替或者承担。这种可能性取决于集体议价的制度安排，由于德国使用这种政策，所以在欧元区十分重要。这就提到了欧元区不均衡的第二个问题。德国是欧元区最大的成员国，它的体制特征和产业结构给其他成员国带来特殊的困难。

从宏观经济的角度出发，加入共同货币区与德国为伍就意味着较低的通货膨胀率，这看起来是很有吸引力的。然而，正如上面所提到的，其中的一个结果就是实际汇率的分散，这是因为通货膨胀率或者说是每单位劳

欧元区与金融危机

动成本并没有向德国聚拢①。从 2000 年开始，德国有能力通过限制名义工资和更快的产出增长率来实现较大的实际汇率贬值。尽管这部分反映了德国竞争力的复苏，更重要的是，它展示了德国必要时在欧元区实施汇率贬值的能力。图 16.1 展示了欧元区四大成员国实际有效汇率的离散状况。

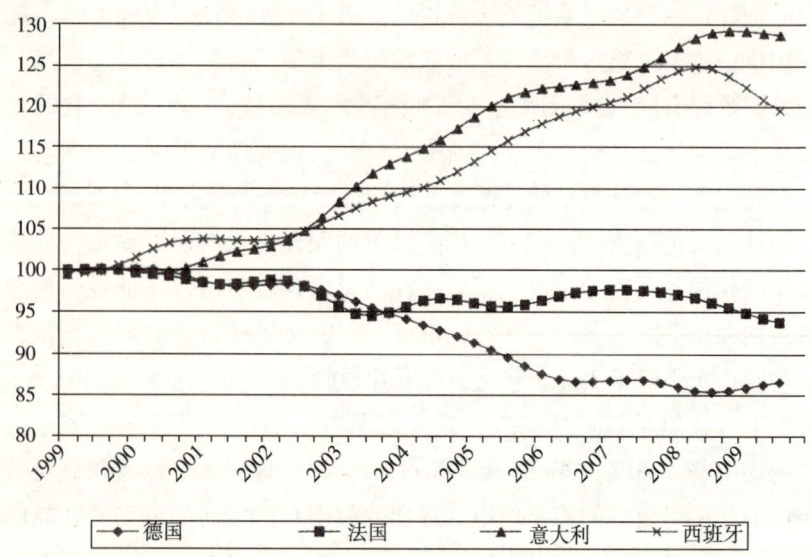

注：季度实际有效汇率（制造业的单位劳动成本）与其他十六个欧元区国家。
数据来源：欧盟委员会。

图 16.1　实际有效汇率，1999—2009 年（1999 年 = 100）

尽管没有传统的弹性劳动市场，德国就像其他的欧元区北部国家（一些欧盟国家并不是欧元区国家，如瑞典、丹麦）一样，它的薪资制定部门协调名义价格增长。工会统一在多年度交易中适当地增加名义工资，大公司的工会在工资和工作时间上与公司协商，以换取公司的固定资产投入和培训投入。工会在德国经济核心出口部门发挥了重要的作用，其作用在于限制了熟练工人的议价能力。德国的出口导向性模型需要贸易部门的工会来控制非贸易部门工资制定者的权利。

德国通过工资约束代替了稳定性的财政政策。换句话说，经济面临负

---

① Windy Carlin 与 Andrew Glyn 对英国财政部的文书中已经高度重视了这种可能性所带来的危害。

面的需求冲击时，德国在浮动汇率环境下限制工资，实现货币的实际贬值从而稳定需求，而不是通过降低国内利率来达到货币的名义贬值。对于那些无法协调工资的国家（或没有非常弹性的劳动力市场）[1]，只能够依赖于财政政策来稳定经济，但是这样又会出现刚刚讨论过的难题。事实上，对于德国来讲，其出口部门是其经济中非常有活力的部门，限制财政政策的斟酌使用有着非常重要的意义，因为这会弱化工资制定者议价的动力。

对于欧元区没有类似的或替代单位成本控制机制的其他国家而言，就会出现上面所讨论的问题——这不是临时的通货膨胀冲击，这样的国家都有一个特点，即单位劳动成本有着上升的趋势。这部分说明了各国调整单位成本以达到2%的欧元区平均通货膨胀的失败，也部分地说明了德国将成本增长控制2%以下的成功。考虑到欧元区国家制度特点和产业结构的变动，我们很难看到这个问题在未来的有效解决。

欧元区的前十年历程展示出欧元区货币政策框架大体是健康的。但是其所面临的第一个危机就是欧元区内部的分化。当一些国家的财政运转良好时，有效精致的财政议会有助于经济的稳定性和持久性。但是，即使这样，对于共同货币区的某些国家而言，如何与有着额外的工资协调部门的德国相处也是个问题。

参考文献

Allsopp, C. and D. Vines (2008). 'Fiscal policy, intercountry adjustment and the real exchange rate within Europe', *European Economy Economic Papers*, **344**.

Beetsma, R. (2008). 'A survey of the effects of discretionary fiscal policy', Working Paper, University of Amsterdam.

Carlin, W. (2010). 'Good institutions are not enough: ongoing challenges of East German development', CESifo Working Paper, No. **3204**.

Carlin, W. and A. Glyn (2003). 'British exports, cost competitiveness and exchange rate arrangements', in HM Treasury, *Submissions on EMU from Leading Academics*, Stationery Office, Chapter 5: 57–61.

Carlin, W. and D. Soskice (2005). 'The 3-equation New Keynesian model – a graphical exposition', *Contributions to Macroeconomics*, 5(1), Article 13, www.bepress.com/bejm/contributions/vol5/iss1/art13.

---

[1] 有趣的是，在2000年后通过劳动市场的弹性，东德相对于西德发生了大规模的实际贬值，而非是使用传统的工资协调模型。

(2008). 'German economic performance: disentangling the role of supply-side reforms, macroeconomic policy and coordinated economy institutions', *Socio-Economic Review*, 7(1): 67–99.

(2010). 'A New Keynesian open economy model for policy analysis', CEPR Discussion Paper, No. **7979**.

Cloyne, J. (2011). 'What are the effects of tax changes in the United Kingdom? New evidence from a narrative evaluation', CESifo Working Paper, No. 3433.

Geanakoplos, J. (2009). 'The leverage cycle', *National Bureau of Economic Research Macroeconomics Annual*, Chicago University Press.

Lane, P. R. (2011). 'The Irish crisis', Chapter 4 in this volume.

Mélitz, J. and F. Zumer (2002). 'Regional redistribution and stabilisation by the center in Canada, France, the UK and the US: a reassessment and new tests', *Journal of Public Economics*, **86**(2): 263–86.

Romer, C. and D. Romer (2010). 'The macroeconomic effects of tax changes: Estimates based on a new measure of fiscal shocks'. *American Economic Review*, **100**: 763–801.

Rowthorn, R. and A. Glyn (2006). 'Convergence and stability in US employment rates', *Contributions to Macroeconomics*, **6**(1), Article 4.

Sala-i-Martin, X. and J. Sachs (1991). 'Fiscal federalism and optimum currency areas: evidence for Europe from the United States', National Bureau of Economic Research Working Paper, No. **3855**.

Swedish Fiscal Policy Council (2010). *Report of the Swedish Fiscal Policy Council 2010*, Stockholm.

Walters, A. (1990). *Sterling in Danger*, London: Fontana.

17　欧元区：如何重拾信心？

Vitor Gaspar[①]

Athanasios Orphanides 在其公开的重要言论中指出，全球危机揭露了欧元区监管的缺失。他关注了欧洲金融稳定的新体制。在本节简短的论述中，笔者将集中关注财政持续性和预算纪律。

17.1　人口上的转变、全球危机和债务水平

在聚焦欧元区具体问题之前，笔者想就人口因素做一些简短评论，因为这将决定今后几十年中的预算趋势。美国 2009 年的报告预示着一个重要的人口趋势，世界人口将在 2050 年停止增长，届时全球人口将达到 90 亿（2010 年接近 70 亿）。这将会打破数世纪以来的人口纪录。这是一种划时代的转变，对于全球经济、政治和社会平衡有着极为重要的意义。

这种转变首先发生在发达国家。例如，欧盟二十七个成员国的总人口预计从 2010 年至 2050 年将轻微下降（尽管移民显著）。欧盟二十七个成员国的人口在世界人口中所占比重也将由 7.2% 下降至 5.4%[②]。其他情况不变的话，人口的缓慢增长增加了医疗养老体系的公共债务负担。而且，自 20 世纪 70 年代以来 OECD 国家的公共债务已经翻番，而且全球危机加速了这一趋势。这种变化是以自动稳定器、经济的随意扩张和为稳定金融体系所发生的干预成本[③]。在和平时期，这样的公共债务快速积累是史无

[①] 作者是葡萄牙中央银行的特别顾问。非常感谢 Isabel Gameiro 和 Paul Hiebert 的批评指正。本文若有错误，责任在作者。本文仅是作者自己的观点，不代表葡萄牙中央银行或欧元体系的观点。

[②] 在 1950 年，相关数据为 14.8%。

[③] 正如 Trichet 于 2010 年在 Jackson Hole 会议上的报告中所说，欧元区公众债务对 GDP 的比率在 2007 年后的四年间上升了 20% 多（见 Trichet，2010）。

前例的。因此,公共财政的持续性是一个非常关键的挑战,全球危机使其变得更加紧迫。

17.2 欧元区的预算规则和预算程序

欧元区的经济构成反映了一种观点,即旨在稳定宏观经济的政策为市场经济正确发挥作用提供了良好的环境,这一过程促进了市场竞争进而导致经济的持续增长。货币政策的首要目标是价格稳定性,货币政策的执行被完全托付给独立的欧洲央行。里斯本条约(欧洲联盟运行条约)包含相关条款以免央行受到财政当局干扰。123 条款禁止了货币性财政融资,124 条禁止财政的优先准入的金融机构。而且,条款 125 排除了欧盟或者其他国家所担保的金融债务,122 条款限制了对于处在危机国家的金融援助。众所周知,143 条款并没有预见欧元区国家的相互帮助[①]。

考虑一个非常重要的问题,即在禁止货币性财政融资、优先准入以及援助的情况下,市场规则是否足以确保财政纪律。这个问题早在二十年前就由 Delors Report 提出(1989:24):

在某种程度上,市场力量可以施加纪律性的影响……但是,经验显示对于市场的观察并没有提供强有力的信号,而且大型的资本市场的准入在某些时候确实有助于为经济不平衡融资……市场力量所施加的约束要么太缓要么太急。

在另外一篇文章中,Lamfalussy(1989)提出对加入货币联盟的国家而言,市场规则的有效性确实存在着值得怀疑的地方[②]。Delors Report 认为在单一市场和单一货币联盟中的国家必须接受相应政策的约束。这种观点在欧洲联盟运行条约的相关规定已经得以体现。条款 120 和 121 规定,成员国在使用经济政策时必须考虑到联盟的共识和目标。如果某成员国并没有按照经济政策大纲方针(BEPGs)的规定行事且危及经济和货币联盟的稳定运行,那么它将可能会受到欧盟委员会和欧盟议会的警告。126 条款规定成员国需承担法律责任以避免过度的赤字。稳定增长公约(SGP)完

[①] 该观点由 Marzinottto、Pisani-Ferry 以及 Sapir 提出(2010)。
[②] Restoy(1996)、Bernoth、von Hagen 和 Schuknecht(2006)以及 Schuknecht、von Hagen 和 Wolswijk(2008)分别提出了实证证据以及进一步的讨论。

善了欧洲联盟运行条约的条款①。稳定增长公约清晰地区别了预算监管的阻止手段和过度赤字程序的修正手段。阻止手段由 Regulation EC1946/97 提出（经 Regulation EC1055/2005 修订）。修正手段由 Regulation EC1467/97 提出（经 Regulation EC1056/2005 修订）②。欧洲联盟运行条约第 126 条款的第 16 段预见了在违反规定时制裁的可能性。

17.3 主权债务的市场行为

欧元区的诞生伴随着主权债务市场一体化的出现。Capiello、Engle 和 Shephard（2006）发现了在 1999 年欧元诞生之后不久，欧元区各国所发行的债券收益逐渐一致。在欧元区成立的最初十年中，主权债务的利差是非常低的（很少超过 30 个基点，平均值更低）③。

全球危机之后，这种情况发生了急剧的改变。利差逐渐缓慢扩大，在 2008 年 9 月雷曼兄弟破产之后，利差急剧扩大。在 2009 年一段时期中，市场的形势似乎开始缓和。但是，从秋季开始利差再次扩大，而且信用违约互换（CDS）的点差增加，这反映债券市场受某些因素影响，市场形势紧张。在 2010 年 5 月早期，欧元债券市场处于非常动乱的状态，只是在欧元区宣布了强有力的政策之后才逐渐稳定。在目前（2010 年 9 月）债券市场的紧张仍在持续。

Schuknecht、von Hagen 以及 Wolswijk（2008，2010）将债券收益率差价解释为市场动荡和危机。这些学者寻找利差和基本面之间的系统性联系，有着十分重要的政策意义。尤其是，市场规则 直贯穿整个时期，虽然在最近市场规则的作用更为明显。

证据显示，市场规则在危机前是"太缓慢太微弱"，而在危机后又是"太突然又太具破坏性"。稳定增长公约和里斯本条约的某些条款以及衍生法律未能阻止那些本来应该被阻止的事件发生。这样的失败需要欧元区监管的重大调整。这个问题对于宏观经济和金融稳定性都是至关重要的。

---

① 查看 SGP 的起源，Stark（2001）和 Costello（2001）。
② 相关的法律条文可以查看相关网站（http://europa.eu/legislation_summaries/economic_and_monetary_affairs/stability_and_growth_pact/index_en.htm）。
③ 例如，Gerlach、Schuulz 和 Wolff（2010）中所引用的。

17.4 范龙佩特别工作小组的成果

上述讨论的问题在 2010 年 3 月变得明朗。3 月 26 日欧盟理事会交给范龙佩特别工作小组一个任务，即研究相关问题的经济监管，并给出关于改善危机救助框架和优化预算约束的措施①。范龙佩特别工作小组的研究包含三个基本因素：

- 第一，对各国财政政策实施强有力的监管，有效防止并纠正过度财政赤字和债务。
- 第二，有效监管各国的产品竞争力情况，旨在修正宏观经济的不平衡。
- 第三，危机管理框架。

在范龙佩特别工作小组的成果中，欧洲央行管理委员会（ECB, 2010）特别强调了防范风险管理框架下道德风险相关机制的重要性。正如 Jean Tirole 说的，在危机中，政策制定者的选择非常有限，只能选择那些看起来"又坏又丑陋的政策"②。围绕这个问题的唯一办法在于设计一个事前机构来实施激励以确保审慎行为。为了保证如此，确保只在危机状况下才实施金融援助是十分必要的。在极端危机状况下所采用的规则对于形成激励一直是十分重要的。欧盟委员会在 2010 年 9 月 29 日提出了一系列法律提案，范龙佩在 10 月 21 日最终提出了一份报告（包括一系列具体的建议）。

全球性的金融危机证明了各国之间前所未有的相互依赖。欧元区各国之间的联系尤为紧密。为适应各国之间的强化的相互依赖，需要进行相应的制度安排。欧元区的建设一直在进行。如果它成功了，那么它将会使旨在稳定经济的政策框架建立在更为坚实的制度基础上。

---

① 欧盟理事会的结论（2010），3 月 26 日。
② Jean Tirole 对于会议"葡萄牙在欧元区的经济发展"的贡献，由 Banco de Portugal，Tirole（2010）组织。

参考文献

Bernoth, K., J. von Hagen and L. Schuknecht (2006). 'Sovereign risk premiums in the European government bond market', SFB/TR Discussion Paper, No. **150**.

Capiello, L., R. Engle and K. Shephard (2006). 'Asymmetric dynamics of correlation of global equity and bond markets returns', *Journal of Financial Econometrics*, **4**(4): 537–72 (an earlier version of the paper was released as European Central Bank Working Paper, No. **204**).

Costello, D. (2001). 'The SGP: how did we get there?' in A. Brunila, M. Buti and D. Franco (eds.), *The Stability and Growth Pact: The Architecture of Fiscal Policy in EMU*, New York: Palgrave Macmillan.

Delors Report (1989). Committee for the Study of Economic and Monetary Union, *Report on Economic and Monetary Union in the European Community*, Luxembourg: Office for Official Publications of the European Communities

European Central Bank (ECB) Governing Council (2010). *Reinforcing Economic Governance in the Euro Area*, www.ecb.int/pub/pdf/other/reinforcingeconomicgovernanceintheeuroareaen.pdf.

European Commission (2010). 'A new EU economic governance – a comprehensive package of proposals', COM (2010) 522, final; COM (2010) 523, final; COM (2010) 524, final; COM (2010) 525, final; COM (2010) 526, final; COM (2010) 527, final, http://ec.europa.eu/economy_finance/articles/eu_economic_situation/2010-09-eu_economic_governance_proposals_en.htm

European Council Conclusions (2010), 26 March 2010, www.consilium.europa.eu/ueDocs/cms_Data/docs/pressData/en/ec/113591.pdf.

Gerlach, S., A. Schulz and G. Wolff (2010). 'Banking and sovereign risk in the euro area', Centre for Economic Policy Research Discussion Paper, No. **7833**.

Lamfalussy, A. (1989). 'Macro-coordination of fiscal policies in an economic and monetary union', in Committee for the Study of Economic and Monetary Union, *Report on Economic and Monetary Union in the European Community*, Luxembourg: Office for Official Publications of the European Communities

Marzinotto, B., J. Pisani-Ferry and A. Sapir (2010). 'Two crises, two responses', *Bruegel Policy Brief*, 01.

Restoy, F. (1996). 'Interest rates and fiscal discipline in monetary unions', *European Economic Review*, **40**: 1629–46.

van Rompuy Task Force on Economic Governance (2010). 'Strengthening economic governance in the EU', Final Report of the task force to the European Council, Brussels, 21 October, www.consilium.europa.eu/uedocs/cms_data/docs/pressdata/en/ec/117236.pdf.

Schuknecht, L., J. von Hagen and G. Wolswijk (2008). 'Government risk premiums in the bond market: EMU and Canada', European Central Bank Working Paper, No. **879**, published in *European Journal of Political Economy*, 25, 2009: 371–84.

(2010). 'Government risk premiums in the EU revisited: the impact of the financial crisis', European Central Bank Working Paper, No. **1152**.

Stark, J. (2001). 'The genesis of a pact', in A. Brunila, M. Buti and D. Franco (eds.), *The Stability and Growth Pact: The Architecture of Fiscal Policy in EMU*, New York: Palgrave Macmillan.

Tirole, J. (2010). 'Monitoring the indebtedness of banks and countries: reflexions on regulatory reforms and international institutions', 14 May, www.bportugal.pt/pt-PT/EstudosEconomicos/Conferencias/Documents/2010DEP/jeantirole.pdf.

Trichet, J.-C. (2010). Lunch address on 'Central banking in uncertain times: conviction and responsibility', Jackson Hole Conference on 'Macroeconomic Challenges: The Decade Ahead', www.ecb.int/press/key/date/2010/html/sp100827.en.html.

United Nations (2009). *World Population Prospects: The 2008 Revision, Population Database*, New York: United Nations, http://esa.un.org/unpp/.

18 如何重塑欧元区的信心?

Stefan Gerlach

如何在希腊公共债务危机之后强化公众对欧元计划的信心?最重要的是消除主权债务的风险,主权债务风险很容易导致在欧元区的银行业危机。这需要处理好各国财政政策和欧元区统一货币政策的冲突,这需要通过加强支持财政政策的机构。

笔者认为需要采取三方面的措施:加强稳定增长公约(SGP);确保财政政策受到严格监督和监管;必须建立一个长期的、可信的危机解决机制,确保投资者不过度融出资金且政府不过度融入资金。

18.1 加强SGP

事后分析可见,稳定增长公约存在一系列缺点,这些缺点削弱了其有效性。对稳定增长公约作出改变显得尤为必要。

第一,需要赋予过度赤字程序(EDP)更多的自主性。SGP本来应当发挥润滑剂的作用。但是,财政政策影响着收入和财富的分配,因为具有很强的政治敏感性。因此,政府不再评论其他国家的财政政策以期望别的国家也这样对待自己。而且,因为它们持续地对一系列的问题作出反应,不太可能一个国家要求别的国家遵守同样的规则。

第二,SGP的批准必须是渐进的。事实上EDP在赤字占GDP的3%时发挥作用是有问题的,因为它需要政府在经济本来已经非常弱的时候紧缩财政政策。这将会使财政政策是顺周期的,因此实施这条规则是十分困难的。

而且,赤字处在3%以下的国家很容易发现自己已经突破了约束,它基本上没有激励措施来实施这条规则。而且,事实上很难判断过量的赤字到底是因为坏的政策还是坏的环境,这也使得政府在实施SGP的时候显得犹豫。

第三，债务的比率要比赤字比例更应该得到关注。一个债务比例为100%而赤字比例为2.5%的国家并没有施展财政政策的空间。

第四，应当为好的财政政策创造激励。尤其是，激励措施应当代替市场规则，尽管市场规则一直缺乏，因为投资者和借款人期望其债务很大时得到补助。

18.2 财政监管

为了减少监管压力的角色，应当创立欧洲金融稳定机构（EFSA）来提供欧元区的财政监管，保证国家按照 SGP 的规则行事。它将会提供每年的财政政策年度发展报告；而且，它将会决定哪些国家处在"监管体制"、"加强的监管体制"及"严格监管体制"中，下面将会作出陈述。

这样的一个机构应该是一个小机构而且不介意处在争议中。这需要独立于欧元区政府、欧盟委员会以及欧洲议会。决定一个国家是否遵从了 SGP 的条例涉及判断，而并非是机械地运用规则，这样的判断仍由九个人以上的专家委员会投票作出。委员会成员应当是银行、财政政策或者是货币政策的专家，他们不应该是公务员，而且不能从外界寻求和接受建议。

当然，另外一个建立泛欧元区财政监督机构的选择是依靠国家财政议会。但是，几乎没有欧元区国家有着这样的政府分支，所以，这使得第一个建议变得更加可行。

18.3 制裁

新的体制应该对于越来越严的制裁有多个触发点。这要求 SGP 在更小的赤字上发挥作用。而且，对于债务水平的关注要比以往更加强烈。

举个例子，一个国家正在经历高于 1.5% 的赤字比率和高于 60% 的债务比率应当进入一个"监管体制"。这种体制要求这些国家向欧盟成委员会、欧洲中央银行和欧洲金融稳定机构提供财政稳定预算结果和预算计划的数据。但是，这里并不假设直接的政策行为需要马上跟上。

如果预算赤字大于 GDP 的 3%，或者债务比率大于 90%，该国家将进入"加强的监管体制"。这将要求政府呈现缩减赤字和债务的计划。这些计划需要得到欧盟委员会、欧洲央行和欧洲金融稳定机构的审阅和评论。

如果预算赤字超越了 GDP 的 5%，或是公共债务已经超越了 GDP 的

110%，该国家进入了"严格监管体制"。而且，国家预算在采用之前需要呈献给欧盟委员会，欧洲央行和欧洲金融稳定机构。在这种体制下，欧盟委员会和欧洲金融稳定机构将派出代表实时实地跟踪公共财政的发展。很少有国家欢迎欧洲组织的逐渐涉入和导致的公众讨论。这将为改善财政政策提供动力。

18.4　财政稳定问责

因为市场规则不希望在危机不断积累的过程中发挥作用，一个新的机制需要被发现以为减少债务提供激励。财政稳定问责的引入解决了这个问题。在该体制下，债务高于 GDP 90% 的国家将会付出千分之三 GDP 的代价。该罚款由国家政府上交至欧盟委员会，如果欧元区政府达到了某个基准则该罚款将会被退还。净损失将会为零：该发放将会造成收入在国家间的再分配，这将会导致更加审慎的财政政策。

考虑到当前公众财政极为虚弱的国家，这些规则仅仅要等到 2011 年后才能使用。因为只有小部分国家的公众债务每年都延期付款，所以达到 60% 的界限仍需要几年时间。但是，如果该问责是可信的，政府现在将会有动力来减少债务从而降低问责的可能性。

18.5　加强欧洲金融稳定安排（EFSF）

但是即使一个修正和加强版的 SGP 能够减少欧洲公众债务的可能性，但是某些风险仍然会存留。尽管 EFSF 已经得以建立来解决主权债务危机，但是它仅仅才维持了三年。这提高了一种风险，即债务人和债权人预期在这段时间过后，他们将会回到危机前的阶段，那个时候有着不明显的财政保险。

与其取决于含糊的政策来限制赤字，还不如把事情说开，即援助只有在经济和政治条件都非常吸引人的时候才会发生，这将导致没有政府或者投资者愿意冒主权债务危机的风险。

例如，欧元区政府可能会同意任何一个从 EFSF 寻求财政支持的政府的要求，但是这样的要求将会导致其未偿付贷款账面价值下降 30%。如果这是可信的，这种条件将会使得那些面临财政问题的投资者犹豫是否向政府贷款。相似地，任何支持将会伴随着严格的条件而且需要预算经欧盟委员会和 EFSF 通过。这些条件将会导致更高的政治借款成本，而且比现行的制度为财政审慎提供更好的激励。但是，如果这样的体制是可信的，那么 EFSF 必须是永久性的。

18.6　结论

恢复信心需要解决欧元区国家财政政策和超越国家的货币政策的矛盾。SGP 必须变得更加自动化，而且变得需要承担一系列更严重的惩罚措施。大额赤字的政治成本必须上升，以抑制借款，而且投资者被抑制向那些财政混乱的国家借款。为了达到这个目标，需要更强的制度。是时候回到制度建设的轨道上去了。

19 如何解救欧元？来自美国的经验

Jacques Melitz

欧元区的一些问题将该体系的一些失败之处显现出来。然而，信心的流逝却比人们想象得更快。人们曾经担心欧元区是否能够存活下去。然而，货币体系并没有解散仅仅因为错误的行为。相反，作为一种规则它们度过了非常困难的一段时期。一股无可抗拒的政治力量引发了单一货币区的危机，与货币的表现无关。为什么当时实施着不负责任的财政政策的有可能违约的国家，而且其赤字比率仅占3%的情况下会引发"拯救欧元"的疑问。这个问题并没有得到应有的关注。人们往往想当然地认为脱离了稳定增长公约（SGP）是导致欧元区振荡的主要原因。然而，如果我们环顾现在和以前的世界，地区政府管理混乱的财政并没有将货币体系搞垮的趋势。与通常小病的诊断一样，为欧元区提供的恢复建议集中在加强SGP，这增加了对于财政政策的联合整治控制并为政府的错误提供了联合保险。但是，如果问题的关键在于官方的纲领，即主权违约与欧元是不相融合的？如果危机的规模是由金融市场的罪行导致的，基于这个信条，欧元区的未来处在危机中？如果假设欧元区的持续性意味着金融市场的罪行，十分不同的是，没有什么管理可以比得上希腊违约能够将欧元区搞混乱？那正是美国的例子所解释的，而且正是笔者所捍卫的。在那种情况下，正确的道路看起来是十分不同的。它意味着将重点从避免政府违约转移到时刻保证银行体系的稳定和可支付性，而不管某些成员国的财政困难。

在美国，不论何时低水平的政府处于财政困境中，国家和地方市政发生违约的可能性是相当大的；然而救助并不是想当然的。纽约在1975年违约；二战后最大的违约事件发生在1983年，当华盛顿公共电力提供系统破产；奥兰治县在1995年发生违约。在过去的几十年中，许多地方政府都处在违约的边缘，比如费城和克利夫兰。在美国没有SGP。然而，美国的财政约束要比欧盟的坚固得多。所有的州都有自己的平衡预算法案，除了佛蒙特州；但这些规则都是自己加上的。两个地区财政规则的不同可以解释为，当冲击在美国时，低水平的政府无法而且不会兑现自己的债务，债权人将承受冲击的一大部分。

许多基本的分析是相关的。考虑那些不能发行货币而且没有援助指望的国家。理论告诉人们信贷配给是非常可能的。当政府债券承诺的利率上升时，额外的信贷资源将会在某一点枯竭，因为对于政府债券的期望收益率会降低。这种情况肯定会发生，因为更高的名义利率伤害了政府的支付能力，而且使得违约变得更加可能。风险转移仅仅在信贷配给开始时降低了利率。

我们在比较2007至2009年金融危机发生时，美国和欧洲货币联盟的状况。这次危机均给两个地区带来了可怕的财政问题。根据CDS的细查，加利福尼亚和伊利诺伊州现在有了更高的债务违约可能，相比较于葡萄牙和西班牙。这在几个月内可能是真实的。下一步考虑两个地区分别作出的反应。伊利诺伊州停止支付50亿美元的支票。在2009年的7月，加利福尼亚州延期了工资的支付。另外，公共服务部门的工资开始缩减。内华达州在高额教育和福利的支出上作出了巨额的削减。对于西班牙和葡萄牙来说，以前从来没有发生过这样的事情。偶尔有利率高于德国债券的时候。葡萄牙和西班牙政府被迫作出了降低政府支出的决定，但是它们曾经很有能力且很愿意保持借钱的状态。

部分原因在于葡萄牙和西班牙相较于美国而言，更容易提高税收收入。但是问题的另一个部分在于在欧洲更有可能获得资助。希腊就是一个典型例子。希腊在2010年一直有能力以高于葡萄牙和西班牙十年政府债券收益200个基点借入资金。如果计算一下，如果不是很有可能获得资助，这是不可能发生的。事实上，根本没有必要计算，在二月、三月和五月就出现了这样的事情，那时候希腊债券在没有公众支持和欧洲央行的支持下本应该发行失败。如果希腊可以很有可能获得救助，那么葡萄牙和西班牙也可以。

基于上述观点，欧洲货币联盟视政府违约为厄运的策略将会使成员国的债务越陷越深，而且弱化了那些本来可以解除债务约束的力量，并因此产生了救助的可能性。但是实际的救助最有可能在欧元区解散时发生。如果需要对整个欧元区征税来救助一个国家，那么可以想象，德国、荷兰和奥地利将会接连离开欧元区，从而形成分散的货币联盟①。

模仿美国选择相反策略、更大程度上依赖市场来规范成员国、为主权风险定价这三者的危害是什么呢？答案在于政府违约对于支付系统和银行的外部影响，而且这个问题将会通过传染加剧。但是这些危险同样在美国存在。如果美国联邦政府允许伊利诺伊和加利福尼亚在今天的市场环境下违约，那么利率升水将会导致大多数州政府陷入债务，继而一系列州政府发生违约。因为这个原因，联邦政府也有可能涉入。但是如果我们观察美国处理这项问题时所采取的机构方式，我们发现答案存在于国家对于银行和中央银行最后贷款人的审慎原则。并没有统一的言论表明州政府违约是与美元所不相容的。相反，金融系统的联合支持与国家下一级政府的联合支持是有着明显界限的。欧洲会愚蠢到采取同样的策略，并停止而合并这两个问题吗？

考虑到欧洲央行有着完全的最后贷款人能力，摒弃稳定增长公约是支柱，问题在于采用欧洲货币联盟对银行广泛使用的审慎政策。这个观点是十分危险的②。市场在金融困难的时候相信这个观点，市场相信什么非常重要。根据笔者观点，稳定增长公约仍然被看做好行为的代码，这些好行为改善了欧洲的公共财政并使欧洲央行的任务变得简单。但是主要的哲学在于如果欧元区某个国家陷入了不负责任的财政困境，并与稳定增长公约相悖，那么其债权人和纳税人将会承受其冲击。需要采取各种措施来保证欧元区金融系统的稳定性，银行将会受到救助而非政府。任何对于成员国政府的救助将不会与欧元体系相关，但是会与国际货币基金组织相关，或者如果救助来源于欧盟而且欧元从未出现，那么救助将会是已存项目的一部分。

---

① 有人可能会说希腊已经得到了救助。但是目前为止希腊债务的债权人并没有经历信用事件。而且，希腊以外的国家也并没有宣称要对希腊的债务负责。因此，根据笔者惯例，并没有发生救援。但是，讨论没有围绕这些词语的选择。

② 如果我们认真考虑政府违约会导致欧元区的解体，我们必须得出结论欧元并没有长远的未来；这是命中注定的。Reinhart 与 Rogoff（2009）的文章证明了这个观点。

参考文献

Reinhart, C. and K. Rogoff (2009). *This Time is Different: Eight Centuries of Financial Folly*, Princeton University Press.